KB243832

문학이란 무엇이었는가
1920년대 동인지 문학의 근대성
What was Literature?

저자 김행숙
고려대학교 국어교육과를 졸업하고, 동 대학원 국문과에서 「1920년대 동인지 문학의 근대
성 연구」로 박사학위(2002)를 받았다. 1999년 『현대문학』으로 등단하여 시를 쓰고 있으며
시집으로 『사춘기』가 있다. 논문으로는 「근대시 형성기에 있어서의 '감정'의 의미」, 「법률
의 수사학」 등이 있으며, 『문학의 새로운 이해─문학의 이동과 움직이는 좌표들』(공저)이
라는 책을 썼다. 요즈음은 근대적인 표상과 관념들이 구성되는 기원의 장면과 그것들이
변모되고 해체되는 오늘날의 양상을 아울러 살피는 작업을 하고 있다.

문학이란 무엇이었는가
1920년대 동인지 문학의 근대성

1판 1쇄 인쇄 2005년 5월 20일
1판 1쇄 발행 2005년 5월 30일

지은이 / 김행숙
펴낸이 / 박성모
펴낸곳 / 소명출판
출판고문 / 김호영
등록 / 제13-522호
주소 / 137-878 서울시 서초구 서초동 1621-18 (란빌딩 1층)
대표전화 / (02) 585-7840
팩시밀리 / (02) 585-7848
somyong@korea.com / www.somyong.com

ⓒ 2005, 소명출판

값 20,000원

ISBN 89-5626-158-X 93810

문학이란 무엇이었는가

1920년대 동인지 문학의 근대성

What was Literature?

김행숙

소명출판

책머리에

내겐 박사학위 논문을 준비하기 전부터 이상한 불안감이 있었다. 나를 매혹시킨 문학적인 텍스트에 흠뻑 빠졌다가 나와야 하는 일, 꼼꼼하게 읽고 그 '문학성'을 따지는 일, 그리고 논문의 체계와 문장으로 설명해내는 일 등이, 내가 시를 쓰는 데 어떻게든 영향을 미치고 간섭을 할 것이라는 예감 같은 게 있었는데, 나로선 이 예감을 환영할 수 없었다. 나를 감동시킨 '개성'을 그렇게 오랫동안 붙들고서 감당할 자신이 내게는 없었던 것이다. 그래서 1920년으로 거슬러가게 됐다. 나는 비겁하게 문학적인 '산봉우리들'을 피해 갔다.

처음에, 1920년 전후의 텍스트들은, 말하자면 『학지광』·『태서문예신보』·『창조』·『폐허』·『백조』·『장미촌』 등등은 나의 눈을 피곤하게 하는 자료 더미들이었다. 예견했던 대로 이 자료들은 내게 미학적인 자극이나 충격을 거의 주지 않았다. 그런데도 나는 점차 이 자료들을 읽는 일에 어떤 흥미를 넘어 모종의 흥분을 느끼며 몰두하게 되었다. 이 자료 더미들 속에선 '문학 자체'가 갑작스럽게 떠오르고 있었다. 나는 이 자료들을 통해 '문학성 자체'가 '구성'되고 있는 장면을 보았다. 다시 말해, 나는 불경하게도 '문학의 기원'을 들추고 있었던 것이다. 문학을 '본질'로서가 아니라 '역사'로서 마주하고 있었다. '신성한 신화'는 '소란한 역사'가 되었다.

이광수의 「문학이란 하(何)오」란 질문이 생경했던 때를 '이 시대'에 마주하는 일은 곤혹스러운 것이기도 했다. 그건 '이 시대'를 다시 물어야 하는 일이 될 수 있기 때문이다. 문학의 위기가 운운되는 이 시대에, '역사적인 구성물'로서의 문학을 확인하고 문학의 신화를 세속화하는 건, '위기'를 '역사적인 존재'의 운명으로 수락하고 나아가 그 '죽음' 또한 사적 운명으로 받아들이게 한다. 역사에 영원한 제국은 없지 않은가. 나의 근원적인 문제의식은 1920년 어름이 아니라 뜻밖에도 2000년 그 이후에 놓여 있었다. 나는 미리 겁을 집어먹고 몇 개의 '산봉우리'를 피해 갔다가 겁도 없이 '근대문학사의 운명'과 맞닥뜨리게 된 것이다. 20세기 초기로부터 돌멩이가 날아왔다. 그 돌멩이가 21세기를 살고 있는 내게 일으킨 파문을 이 건조한 논문은 숨기고 있다. 그러나 논문을 쓰는 동안, 한편으로 내내 따라다녔던 물음은 이런 것이었다. 내가 서 있는 여기는 어딘가? '이 시대'에 시는 무엇일 수 있는가?

'문학이란 무엇인가'가 아니라, '문학이란 무엇이었는가'를 묻는 자리에 논문을 쓰고 있는 내가 놓여 있다는 것을 나는 차츰 깨닫게 되었다. 과거형이라니! 그 '문학'은 오늘날 너무나도 자명해진 것이지만, 또한 동시에 근본적인 회의와 의심의 대상이 되고 있는 것이다.

'문학이란 무엇이었는가'를 묻는 자리에서 나는 묘한 기분으로, 가라타니 고진[柄谷行人]의 책에서 처음으로 읽은, 1907년 나쓰메 소세키[夏目漱石]의 『문학론』 서문을 떠올리고 있다.

나는 이곳에서 문학이란 무엇인가 하는 문제를 근본적으로 해결해야겠다고 생각했다. 그와 동시에 남은 일 년을 이 문제를 연구하기 위한 첫 번째 기간으로 전부 사용하리라고 생각했다.

　나는 하숙집에 틀어박혔다. 모든 문학서적을 트렁크 속에 집어넣어 버렸다. 문학 서적을 읽고 문학이 무엇인가를 알려고 하는 것은 피로 피를 씻는 일과 마찬가지라고 생각했기 때문이다. 나는 심리적으로 문학이 무슨 필요성이 있어 이 세상에 탄생하고 발달하며 쇠퇴해 가는가를 알아내고자 맹세했다. 또한 사회적으로 어떠한 필요가 있어 존재하고 흥륭하며 소멸되는가를 알아내고자 맹세했다.

　소세키는 19세기 유럽에서 확립된 '근대문학'을 국비 장학생으로 영국에 건너가 2년 간 공부했다. 영문학자로서의 소세키는 그런데 그가 근대의 본고장에서 공부한 이 '근대문학'이 문학의 유일한 길인가에 대해 고민했다. 그리하여 그는 이미 '주어진 문학'이 아니라 '주어지지 않은 문학'을 생각해 보기에 이르렀던 것 같다. 그는 이렇게도 말했다. "주어진 서양 문학사를 유일한 진리로 인식하여 무엇이든지 이에 비추어 생각한다는 것은 시야가 너무 좁아지는 일일지도 모른다. 역사니까 아마 사실인 것은 틀림없을 것이다. 하지만 나는 주어지지 않은 역사라면 얼마든지 머릿속에서 구성 가능하고 조건만 갖춰지면 언제든지 이를 실현하는 것이 가능하다고까지 주장해도 상관없으리라고 믿고 있다"

　오늘날 우리가 문학의 위기라고 말하는 건, 좀더 구체적으로 말하면 19세기 유럽에서 성립해서 융성하였던 '근대문학'의 위기라고 할 수 있다. 20세기 초 한국에선 이 '근대문학'이 '주어진 역사'로서 별다른 의심 없이 받아들여졌다. 20세기 초 이른바 문학청년들이 보여준 열정은 말 그대로 뜨거웠다. 이들에게 일본을 거쳐 서양에서 건너온 '주어진 역사'는 빛이요 미래였다. 이들은 '주어지지 않은 역사'에 대해선 꿈에도 생각하지 않았던 것 같다. 이들에겐 '전근대'와 '근대'의 선택만이 있는 걸로 보였다. 뒤쳐졌다는 생각, 빨리 따라잡아야 한다는 생각이 이들을 사로잡고 있었다. 한편으로 우리의 계몽운동과 근대화의 목표가 그랬듯이 말이다.

그리고 한 세기가 흐른 후에, 근대문학은 그 역사성마저 역사 속으로 사라진 자명한 것이 되었으나 다른 한편으로 이제 우리는 그것에 대한 의심과 회의를 근본적으로 시작하고 있다. 그러나 이 의심마저 우리는 의심해봐야 한다. 이 의심조차 '주어진 의심'일 수 있다. 근대 '바깥'조차 '주어진 바깥'일 수 있다. 어쩌면 우리는 '의심'과 '해체'조차 헐레벌떡 배우고 있지는 않은지. 나는 유행처럼 또 한 시대를 통과하고 있는 건 아닌지.

여전히 '문학이란 무엇인가'와 '문학이란 무엇이었는가'는 혼동되고 있다. 그렇지만, '문학이란 무엇인가'라는 질문은 '문학이란 무엇이었는가'라는 질문과의 대결을 통할 때만, 그리하여 그것과 충돌하고 그것 바깥으로 튕겨져 나올 때라야 현재적인 의미에서 지금도 문제적일 수 있을 것이다. 달리 말해, '문학이란 무엇이었는가'를 넘어서는 자리에서 '문학이란 무엇인가'라는 질문은 '주어지지 않은 역사'를 향해 열릴 것이다.

이런 역사적 맥락에 놓인다면, '문학이란 무엇인가'는 해명되고 이해되는 게 아니라 실천되는 것이다. 그것은 다시 구성되는 어떤 것이다. 또다시 백 년쯤 후에 우리가 놓인 '여기'는 '문학이란 무엇이었는가'라는 물음이 자리하게 되는 곳일지도 모른다. 그렇게, 오늘날 '문학이란 무엇인가'를 묻는 일은 '문학이란 무엇이었는가'라고 질문하는 일과 겹쳐지게 될 것이다.

서문을 빌려, 이 책 바깥에 내가 있었던 이야기를 늘어놓았다. 그렇게 이 책은 이 책 바깥에서 쓰여졌다. 그렇게 문제는 내가 있는 '여기'겠지만, '여기'에서 무엇을 할 수 있고 무엇을 하고 있는지는 모르는 채 이제 또 한 걸음 떼어놓아야 할 때인 듯싶다.

서문을 빌려 고마움의 표시를 할 수 있다면, 부모님, 부모님 같은 선생님, 고맙습니다. '빈 자리' 같은 자식이지만, 그분들의 사랑과 믿음은 내게 언제나 따뜻한 불빛이다. 부족한 원고를 읽어주고 정성들여 책으로 만들어준 소명출판과 박성모 사장을 만날 수 있었던 건 내게 행운이었다. 이 자리에서 표내진 않았지만 떠오르는 얼굴이 많아지니, 마음이 그득하다. 이 책으로 그 마음을 조금이라고 전할 수 있으면 좋겠다.

2005년 4월
김 행 숙

문학이란 무엇이었는가

1920년대 동인지 문학의 근대성

차례

책머리에 · 3

제1장 서론

1.

    1920년대 초기는 '문학적인' 매체가 본격적으로 등장하기 시작한 시기다. 『창조(創造)』(1919.2~1921.6) · 『폐허(廢墟)』(1920.7~1921.10) · 『백조(白潮)』(1922.1~1923.6) 등의 동인지들은 문학영역을 특성화한 최초의 정기간행물들이었다. 동인지의 기획은 근대적인 분화와 전문화의 논리에 기반하여 '신문학운동'을 전개하려는 데 있었다. 이러한 동인지를 중심으로 한 1920년대 초기의 문학적 열정과 노력의 많은 부분은 오늘날 우리가 당연시하는 문학적 관습과 제도를 마련하는 일에 바쳐졌다. 이 시기의 동인지들은 현재 우리에게 너무나 자명하게 여겨지는 것들이 역사적으로 구성되고 있는 현장을 보여준다.

    이 책에서는 바로 이 구성에 참여하고 있는 다양한 층위의 텍스트들이 어떠한 논리로 배치되어 있었으며 어떤 기능과 효과를 발휘했는지 살펴봄으로써 동인지 문학의 지형을 드러내보려고 했다. 근대문학이란 '무엇'이고, 근대란, 근대소설이란 '무엇'인가에 대한 질문이 새로움과 효용성을 유지하고 있었던 동인지 문학의 장(場)에서 오늘날의 관점으로 그 '무엇'을 미리 규정하고 가려내는 것이 아니라, 잡히지 않는 그 '무엇'을 둘러싸고 분포되어 있었던 다양하고 이질적이기조차 한 담론들이 작동되는 방식에 주목함으로써 우리는 근대문학이 '역사적인 구성물'임을 확인할 수 있을 것이다. 다시 말해, '근대문학이란 무엇인가'라는 질문법을 '어떤 근대문학인가'라는 질문법으로 전환한 자리에 이 책은 놓여 있다.

동인지를 담당했던 1920년대 초기의 문학청년들은 근대의 근본 파토스라고 할 수 있는 "근본적으로 새롭게 출발하려는 결심"[1]으로 충만해 있었다. 문학사에서 1920년대 초기를 동인지시대라고 말할 수 있는 이유를 이 시대 문학인들이 각각의 잡지들을 구심점으로 하는 소그룹의 동인의식에 특별히 투철했기 때문이라곤 할 수 없다. 오히려 『창조』·『폐허』·『백조』등의 동인지들은 서로를 극복하고 배제하는 논리가 아니라 서로를 이해하고 포괄하는 시대적이고 세대적인 연대감에 토대를 두고 있었다. 이를테면, 『폐허』 후기에서 "오즉 갓튼 者만 갓튼 者를 이해하는 것이다"라고 말할 때, '같은 자'란 폐허 동인으로 한정된 몇 명의 동료가 아니라 근본적으로 새롭게 '근대문학'을 실현하고자 한 일군의 문학청년들을 가리킨다.[2] '같은 자'가 드러내는 배타성은 동인지 사이의

---

1) Wolfgang Welsch, 주은우 역, 「근대, 모던, 포스트모던」, 『모더니티란 무엇인가』(김성기 편), 민음사, 1994, 405면.
2) 남궁벽, 「폐허잡기」, 『폐허』 2호, 151~152면. "오즉, 갓튼 者만 갓튼 者를 理解하는 것이다. 現今 朝鮮社會에서, 우리에 對한 眞正한 批判과 同情을 要求하려는 것은, 도로혀 부지럽슨 일이다. 賢寡, 愚衆은, 어느 社會에서던지 避치 못할 事實이다. 처음부터 우리는, 現今 朝鮮社會에 對하야, 理解를 要하는 것도 아니요, 同情을 求하는 것도 아니다. 우리는 다만, 우리 信仰 下에서 勇進할 뿐이다. 아아, '오즉, 갓튼 者만 갓튼 者를 理解하는 것이다.' 우리는, 그 '갓튼 者'의 出現을 欣求하며 前進할 뿐이다."

차별성을 주장하는 데로 귀결되지 않고, 오히려 이들 사이를 공고하게 묶으면서 '우중(愚衆)'과의 경계를 표시해주는 기능을 하고 있었다. 이들에게 '우중'은 자신들과 동시대를 살아가는 전근대인들이었다. 동인지 문학인들은 자신들을 '근대의 첨단'을 선취한 소수의 엘리트 집단으로 차별화했다. 즉, "현과(賢寡) 우중(愚衆)" — 현명한 자들은 적고 우매한 자들은 많은 법이니, 근대인은 소수며 전근대인은 다수다. 이들은 동시대를 두 가지 시간대로 양분했다. 이들이 문학적인 타자로 설정했던 것도 '전근대적인 문학'과 '전근대적인 문인'이었다. 동인지 문학인들의 동료의식은 이렇듯이 선명한 타자를 기반으로 하고 있었다. '근대문학'의 내포는 여전히 애매했고 그 의미는 동인지 문학의 현장에서 채워지고 생성되고 있었지만, 근대문학과 전근대문학을 가르고자 한 이분법적 의식만은 명료했다고 할 수 있다. 동인지 문학의 표면에 혼란스럽게 떠돌고 있는 낭만주의·상징주의·퇴폐주의·표현주의·입체파·자연주의·사실주의 등의 다양한 외래사조들도 동인지 문학인들의 동료 의식을 가르는 계기가 되지 않았다. 이것들은 근대문학의 기표들이었기 때문에 1920년대 초기의 문학 현장에서 충분히 공존할 만한 것이었으며, 이것들이 서구에서 갖는 이질적인 역사적 맥락과 성향은 새롭게 배치되고 변용되면서 동인지 문학인들의 텍스트 속으로 흡수되었다. 개별 동인지를 가로지르는 집단적인 '동인(同人) 의식'이 1920년대 초기의 문학적 현상과 성격을 특징짓고 있었다고 말할 수 있다.

동인지 문학인들이 집단적으로 과시한 새로운 감수성과 문제의식이 1920년대 초기 동인지의 출현과 함께 비로소 등장했던 것은 아니다. 동인지 문학인들이 스스로에게 부여했던 문학적 과제는 1910년대 중반 이후 이광수를 비롯한 문학도들에 의해 제기된 '문학─근대문학이란 무엇인가'라는 담론을 구체화하고 실천적으로 증명해내는 일이었다고 할 수 있다. 그러나 이들은 동인지라는 독자적인 문학의 장(場)을 기획함으로써 문학의 자율적 영역을 구축하려는 이론적인 모색에 물질적인 형상을 마련하면서 당당하고 엄숙하게 '시작'을 선포한다. 이들은 근대문학사에서 전면적으로 '시작'을 의식하고 결심할 수 있었던 첫 세대가 아니라 차라리 마지막 세대였다고 할 수 있을 것이다.

　동인지 문학이 근대적인 분화의 구도에서 점유했던 예술적인 근대성은 다른 층위의 사회적인(자본주의적인) 근대성과 이중적인 관계를 맺고 있었다. 동인지 문학인들은 분화를 진화론적인 관점에 서서 긍정적인 발전의 계기로 이해했다. 즉, 예술적인 근대성은 사회적인 근대성과 동시에 진행되어야 하는 근대적 프로젝트의 일부였던 것이다. 사회적인 근대화 프로그램과 동인지 문학인들의 미학적인 기획은 전근대에 대한 수정과 혁신의 비전을 공유하고 있었기 때문에 두 가지 근대성 사이에는 시대적인 연대감이 흐르고 있기도 했다. 그러나 한편으로 근대적인 분화의 기획은 각 영역간의 소외와 대립을 내장하고 있는 것이었다. 근대적인 분화의 구도에서 자율적인 영역을 획득해 낸다는 것은 각 영역 간의 '차이'를 뚜렷하게 한다는 것을 의미한다. 동인지 문학인들은 이 차이를 적극적으로 부각시키면서 사회적인 근대성을 반성하는 위치에 자신들의 담론을 배치하기도 했다. 동인지 문학인들은 '문명 예찬자'이면서 동시에 '문명 비판자'였다. 우리는 앞으로 예술적인 근대성의 영역 안에서 문명예찬과 문명비판이 공존할 수 있었던 동인지 문학의 논리와 지형을 살펴보게 될 것이다.[3] 이때 간과되어서는 안 되는 문제가, 동인지 문학인들이 활동했던 시대에는 근대성의 원리와 특수한 형태로 결합된 식민지체제가 현실을 규정하는 유력한 힘으로 작동하고 있었다는 것

---

[3] 20세기 초반 모더니즘이라는 공통적인 이름으로 묶이는 다양한 문학운동들(상징주의, 표현주의, 입체파, 미래파, 구성주의, 초현실주의 등)이 자본주의적 근대성과 맺는 관계가 천차만별이었다는 점에 주목한다면(Perry Anderson, 김영희·유재덕 역, 「근대성과 혁명」, 『창작과비평』, 1993년 여름, 345면), 동인지 문학에서 드러나는 모순적인 국면들은 단일하게 그 속성을 규정할 수 없는 예술적인 근대성의 다양한 면모가 동시적으로 표출된 예라고도 볼 수 있는데, 이를 통해 우리는 미적 실천들 사이에 존재하는 여러 층위의 차이점들에 대해 사유할 수 있을 것이다.

이다. 이러한 역사적인 조건이 근대성을 비전으로 내건 이들의 기획 곳곳에 미묘하고 복잡하게 얽혀 있다.

2장에서는, 식민지 근대의 성격과 1920년 전후 새로운 지식 계층의 지적 지평을 살펴 볼 것이다. 이를 통해 1920년대 초기 동인지 문학이 놓여 있었던 시대적 지형을 구체화하고 동인지 담론이 위치해 있는 지점과 작동 방식을 가늠해 볼 수 있을 것으로 생각한다.

3장에서는, '문학' 개념과 '예술가' 관념을 구성해 낸 논리와 함께 장르체계에 대한 인식과 개별 장르를 특성화시키는 논리에 대해 검토할 것이다. 이러한 논리들에서 새로운 방식으로 주체를 정립하고 세계를 설명해 내고자 하는 시도와 욕망을 엿보게 될 것이다.

4장에서는, 동인지 문학의 장(場)에서 상호 내적으로 연관되어 있으면서도 대립적인 면모 또한 분명히 드러내는 세 가지 인식형태를 분절해 살피기로 한다. 이 세 가지 인식의 층위는 '주체'의 태도와 위치를 어떻게 배치했는가와 긴밀한 상관성을 갖는다. 이에 대한 이해는 동인지 문학의 지형을 전체적으로 조감하는 데 유용한 좌표가 될 수 있으리라 기대한다.

5장에서는, 주체가 대상과 관계 맺는 방식을 내장하고 있는 '표상'들이 어떻게 새로이 짜여지고 어떤 힘을 발휘했는지를 고찰해봄으로써 근대적인 욕망이 구체적으로 작동되는 양상을 검토해보고자 한다. 이 과정에서 주체의 욕망이 표상에 투사되고 표상작용이 주체의 욕망을 산출하는 상호 관계를 확인할 수 있을 것이다.

결국 '동인지'라는 문헌에 포진해 있는 다양한 텍스트들을 중심으로 1920년대 초기의 문학적 지형을 복원해 보고자 하는 것이다. 동인지가 문학 영역을 특성화한 최초의 정기간행물로서 1920년대 초기의 문학적 비전과 기획이 투사된 매체며 당시의 문학 활동이 이 매체를 중심으로 펼쳐졌다는 점에서, '동인지 문학'이라는 용법이 '1920년대 초기 문학'의 함량과 범위에 미칠 수 있을 것이다. 동인지의 필진들이 1920년대 초기 문학적 담론을 담당했던 필자층의 대부분이었다는 점도 고려되었다. 앞으로 중점적으로 검토하게 될 잡지와 그 필진은 다음과 같다.

『泰西文藝新報』(1918.9~1919.2 : 통권 16호) : 장두철[海夢, H. M.], 이일[東園], 김억[岸曙], 황석우[象牙塔], 백대진
『創造』(1919.2~1921.6 : 통권 9호) : 김동인[琴童, 시어딤], 전영택[秋湖, 長春, 늘봄], 주요한[별꽃], 김환[白岳, 흰뫼], 최승만[極熊], 이광수[春園], 이일[東園, 南星], 박석윤[새별], 오천석[天圓, 에덴], 김명순[望洋草, 彈實], 임장화[蘆月], 김찬영[惟邦, 砲耿], 김관호, 김원주[一葉], 김억[岸曙]
『廢墟』(1920.7~1921.10 : 통권 2호) : 염상섭[霽月, 橫步], 남궁벽, 오상순, 황석우[象牙塔], 김억[岸曙], 김영환, 김찬영[惟邦, 砲耿], 김원주[一葉], 나혜석[晶月], 이병도, 이혁로, 민태원[牛步]
『薔薇村』(1921.5) : 황석우[象牙塔], 변영로, 오상순[空超], 박종화[月灘], 박영희[懷月], 노자영[春城], 박인덕, 정태신[又影], 신태악[槿圃], 이훈
『白潮』(1922.1~1923.6 : 통권 3호) : 홍사용[露雀], 박종화[月灘], 나도향[羅彬], 박영희[懷月], 현진건[憑虛], 이상화[尙火], 노자영[春城], 이광수[春園], 안석주[夕影], 원세하[雨田], 오천석[天園, 에덴], 이종열, 김기진[여덜 뫼, 八峯], 방정환
『廢墟以後』(1924.2) : 오상순, 염상섭[霽月, 橫步], 김정진[雲汀], 홍명희, 주요한[별꽃], 최남선[한샘], 변영로, 현진건[憑虛], 김명순[望洋草, 彈實], 김억[岸曙], 조명희, 정인보

2.

1920년대 초기는 문학사적인 하나의 시기로 독립적으로 조명되어 왔다. 기존 문학사에서 '근대문예사조의 등장',[4] '근대문학의 성장',[5] '근

대문학의 전개',[6] '개인과 민족의 발견',[7] '근대적 주체와 문학 양식의 발견'[8] 등등의 표식이 붙여진 이 시기는 근대적인 미학이 마련된 때로 자리매김되어 있다. 이 시기의 '문학사적 위치나 의의'는 대개 1910년대 계몽주의 문학과의 '차이'를 통해 설정되었다. 1920년대 초기의 문학적 현상에 대해 극히 부정적인 평가를 내리고 있는 논의들조차도, 즉 사춘기적 감상성과 현실 도피, 서구주의자의 근시안과 서구문예사조의 혼입 등등의 혐의에 초점이 맞춰져 있는 논의들의 경우에도 이 시기의 문학사적 위치를 인정하는 위에서 출발하거나, 그럼에도 불구하고 문학사적 의의만큼은 인정해야 한다는 데로 나아가는 게 대부분이다.

지금껏 이 시기의 문학에 대해선 시·소설·비평 등의 개별 장르 경계 내에서 상당히 많은 연구 성과가 축적되어 왔고, 작가론의 형태로도 많이 논급되었다. 그러나 논의의 경계를 분할함으로써 부분적인 심도를 얻을 순 있었겠지만, 한편으로 1920년대 초기 문학적 환경 속에서의 위치와 관계의 그물을 펼쳐 보이기는 어려웠다. 1920년대 초기의 '이색적인 문학 풍토'[9]를 대변하는 '동인지'에 대한 연구도 대체로 개별 잡지 연구에 한정되어 있다. '동인문단시대'·'동인지시대'[10] 등으로 1920년대 초기가 통용되긴 해도, '동인지'라는 문헌이 그 시기의 문학적 지형을 드러내는 데 적극적으로 쓰인 경우를 찾긴 어렵다. 문학사적인 조명을 받는 몇몇 작가들의 발언이나 작품들이 동인지에서 취택되어 연구자의 관점과 문맥으로 옮겨졌을 뿐이다.

---

4) 백철, 『신문학사조사』, 신구문화사, 1999. 이 책은 저자가 밝힌 대로 『조선신문학사조사』라는 이름으로 1947년에 상권, 1949년에 하권을 낸 것을 합본한 것이다.

5) 윤병로, 『한국 근·현대문학사』, 명문당, 1991.

6) 조연현, 『한국 현대문학사』, 인간사, 1961.

7) 김윤식·김현, 『한국문학사』, 민음사, 1973.

8) 권영민, 『한국 현대문학사』 1, 민음사, 2002.

9) 김우종, 『한국 현대소설사』, 선명문화사, 1974, 100면.

10) 여기서는 '동인문단시대'라는 용어는 김우종의 『한국 현대소설사』에서, '동인지시대'라는 용어는 윤병로의 『한국 근·현대문학사』에서 뽑았다.

지금껏 1920년대 초기 문학 혹은 동인지 문학을 전체적으로 구성하는 과제는 문학사의 몫이었다고 할 수 있다. 1920년대 초기 문학의 중심 매체였던 『창조』·『폐허』·『백조』 등의 동인지 문학에 대한 본격적인 연구는 임화의 「조선신문학사론 서설」(『조선중앙일보』, 1935.10.9~11.13)과 「소설문학의 20년」(『동아일보』, 1940.4.12~4.20)에서 시작되었다고 할 수 있다.[11] 동인지 문학은 임화가 구상했던 신문학사의 구성원리를 분명하게 드러내는 자리였다. 임화는 Literature의 역어를 통해 확립된 조선의 근대문학은 서구적 문학의 이식으로부터 시작되었다고 명료하게 말한다. 그가 근대문학사라는 용어를 대신해 신문학사라는 이름으로 문학사를 구상한 이유는 '신(新)'이 내뿜는 '시작'의 분명함과 절연감을 존중했기 때문이다. 이러한 관점에서 서구문학의 수용이 적극적으로 이루어진 1920년대 초기는 문제적인 시기로 부각된다. 임화의 이 같은 규정은 이후 백철의 『신문학사조사』나 조연현의 『한국 현대문학사』로 이어진다.

실제로 동인지를 중심으로 한 1920년대 초기 문학인들은 '이식'의 필요함과 조급함을 문면에 드러내었으며, 이식의 주체로서의 자신에 대해 선구자적인 의식을 갖고 있었다. 1920년대 동인지 문학인들에게 서구의 근대문학은 '보편'의 위상을 가진 것이었다. 임화가 근대문학을 "근대정신을 내용으로 하고 서구문학의 장르를 형식으로 한 조선어문학"(373면)으로 규정할 때, '서구문학'이란 다름 아닌 근대의 '보편문학'이었다. '서구문학'이 '보편문학'으로 전이된 데는, '서구적 의미의 근대'를 '세계사적 근대'로 전이시킨 제국주의의 역사가 은폐되어 있다. 백철의 『신문학사조사』의 서론에는 이러한 역사적 국면을 군사적인 수사학을 통해 노출하는 부분이 있다.

---

11) 또한 「개설 신문학사」 서론(『조선일보』, 1939.9.2~1939.9.15)과 「조선문학 연구의 일 과제─신문학사의 방법론」(『동아일보』, 1940.1.13~1.20)은 임화가 기획했던 문학사의 구성원리를 이론적인 층위에서 보여주는 논문이다. 임화의 문학사적 저술에 대한 검토는 『임화 신문학사』(임규찬·한진일 편, 한길사, 1993)를 텍스트로 삼았다. 이후 인용은 『임화 신문학사』의 쪽수만 밝히도록 하겠다.

近世의 한국은 近代思潮에 대하여 그것을 받아들일 아무 준비도 없었을 뿐
아니라, 하나의 반동적인 현실을 이루고 있었다. 그러나 近代思潮는 이러한 한
국적인 것보다도 훨씬 객관적인, 그리고 세계역사의 필연적인 세력으로 韓國近
海를 공격해 온 것이다. 한국의 현실이 요구하건 말건 일방적으로 강요해온 至
上命令的인 사실이었다. 필경은 근대적인 것을 막는 그 墻壁을 깨뜨리고 근대
세력은 한국에 흘러들어왔으며 그리하여 한국엔 근대적인 大轉換期가 다가온
것이다. (19면)

그러나 이러한 서술이 한국근해를 공격해 온 근대사조의 보편성—
백철의 표현으로 하면 객관성 혹은 필연성—을 의심하는 계기로 이어
지지는 않는다. 체계적이고 과학적인 문학사를 기획했던 임화에게 이
'보편'에 대한 믿음은 막스 베버의 의문이었던 "왜 유럽 이외의 지역에
서는 서양에 고유한 특성인 합리화의 궤적에 따라 과학적, 예술적 발전
과 국가적, 경제적 발전이 이루어지지 않았는가"와 동일한 문제로 확장
된다.12) 사적(史的) 기술인 문학사에서 기원의 역사성이 은폐될 때, 개별
적인 역사 전체가 막스 베버의 경우에서 드러나듯이 보편사로 전이된
서구사에 의해 재단된다. 임화는 자생적으로 근대에 도달하지 못한 조
선 사회의 역사적 성격을 아시아적 정체성에서 찾고, 이 정체성의 원인
을 원시사회 붕괴의 비전형성에까지 소급한다. 따라서 임화의 비유에
의하면, 조선 사회에는 원시사회에서부터 밀린 "숙제"가 쌓여 있다. 임
화의 이식문학론은 식민지 근대의 특수성을 역사적 현장에서부터 과거
로 그 기원을 소급함으로써 은폐한다. 역사발전의 보편적 진로를 전제
하고 있는 그의 목적론적 사관에서 서구문학을 보편문학의 기표로 인지
했던 식민지 근대의 특수성은 자생적으로 근대를 성취하지 못한 역사의
불행을 상기시키는 역할을 하게 된다. 임화는 이와 같은 부정의 방식으
로 근대의 단절적 국면에 역사적 인과성을 보충한다. '근대'와의 갑작스

---

12) M. Weber, *Die protestantische Ethik*, Bd.I, Heidelberg, 1973; J. Habermas, 이진우 역, 『현대성
의 철학적 담론』, 문예출판사, 1994, 19면에서 재인용.

러운 만남에 의해, 서구적 의미의 근대와 무관한 과거 역사까지 근대의 문제로 소환되고 재구성되는 것이다. 임화의 이식문학론에 대해 강한 문제제기를 함축하고 있는 김윤식·김현의 『한국문학사』가 주장하는 내재적 발전론 또한 '근대'의 이름으로 과거가 재편성되고 있다는 점에서 역사성이 거세된 '보편적 근대'의 표상을 작동시킨 서구중심주의의 기반 자체를 문제화하고 있는 것은 아니었다. 이와 같이 '보편적 근대'라는 표상은 1920년대 초기뿐 아니라 오늘날에 이르기까지 큰 효력을 발휘하고 있다.

임화의 문학사 기획에서 한문학이 문제시된 맥락을 살펴보면, 그것이 신문학의 개념 정의에서 파생된 자국어문학이라는 조건에 부합하지 않았기 때문이다. 임화는 조선문학 전사(全史)의 범위와 대상을 규정할 때, "조선의 문화사와 같이 부자연하게 변칙적인 경로를 밟아온 지역의 문학에 대해서는 (…중략…) 약간 개변(改變)될 필요"가(20~21면) 있음을 전제한 후 한문학사를 조선문학 전사에 포함시킨다. "지나문학, 기타 외국문학 중에서 조선문으로 썩 잘 번역된 것이면 조선문학의 교과서로 써도 좋다"고 하면서도 조선사람이 쓴 한문학은 조선문학에서 축출하려 했던 이광수의 극단적인 견해에 비해, 임화는 "고유한 내용을 고유한 언어로 표현한 문학이 원칙적으로는 문학의 불변한 특성"이지만 이 원칙을 적용하기 곤란한 역사적 특수성을 들어 원칙의 부분적인 개변이 필요하다는 입장을 취하고 있다. 그러나 임화의 사유가 결코 이 원칙 자체를 의심하거나 원칙이라는 것이 만들어진 역사성을 인식하는 데로 나아가지는 않는다. 문제는 항상 원칙에 비추어진 '변칙적인 경로를 밟아온' 조선의 특수한 역사인 것이다.

'근대문학'의 개념이 확립되면서, 전근대의 글쓰기 양식들은 그것들이 산출된 시대의 지평이 아닌 근대의 지평에서 새롭게 분류되고 가치 매김된다. '문학사'는 문학이 자율적 영역을 획득하게 된 근대의 산물이다. 그러나 문학사가 자신의 역사성을 보지 못할 때, '근대'의 시선은 문학사 전체를 가로지르면서 판단의 주체가 된다.

단테, 복카치오에서 기산(起算)한다면 7세기 6백년이요, 고전주의 시대로부터 기산한다면 3세기 2백년, 실로 우리 신문학의 30년에 비한다면 장구하고 거창한 시간이다. 이것을 만일 근대문학의 자연한 형성이 요(要)한 시일이라 할 것 같으면 그것을 이식(移植)하고 모방하는 데도 백년을 불하(不下)하리라는 것은 근대 일본문학사를 보아 명백하다.

메이지(明治)·다이쇼(大正)·쇼와(昭和) 3대에 긍(亘)하여 근대일본문학이 자기 형성을 요한 시일은 실로 백년, 세기로는 두 세기다. 다른 곳의 몇 백년 혹은 근 백년이 조선에선 약 30년으로 단축되어 창황히 지나간 것이다.

이러한 역사적 시간의 단축은 이식문화사의 한 특징이거니와 동시에 그 문화 내용의 조잡과 혼란은 필수의 결과로 연구자에게 막대한 곤란을 맛보게 하는 것이다. (11면)

임화에 따르면 물려받은 "숙제"와 함께 "시간의 단축"이라는 문제는 신문학사의 부담으로 작용한다. 실제로 동인지를 비롯한 신문학 초기의 잡지들에서 읽을 수 있는 '시간의 단축'에 대한 욕망은 대단히 현실적인 것이었다. 그러나 이상적인 단축의 방법이 서구 역사를 순차적으로 밟아 가는 축소복사의 형태여야 한다는 생각은 문학사적인 욕망을 대변하는 것이지 1920년대 초기의 역사적 장면에서 작동했던 실제적인 욕망은 아니었다. "문화 내용의 조잡과 혼란"이라는 임화의 요약은 백철의 『신문학사조사』에서는 「문예사조의 혼란」이라는 항목으로 드러나고 조연현의 『한국 현대문학사』에서는 「문예사조의 혼류와 그 전개」라는 항목에서 시대적 성격으로 규정된다. 이러한 규정은 동인지 문학에 대한 비판의 한 유형을 형성한다.

임화가 이 시기의 사조적 혼란 가운데서 주요한 문학적 흐름으로 지적한 것은 『창조』·『폐허』를 중심으로 한 자연주의와 『백조』를 중심으로 한 낭만주의다. 임화에 의하면, 『창조』·『폐허』의 자연주의는 대담한 현실폭로를 통해 사실주의 건설의 기초를 담당했음에도 불구하고 현실의 전면을 총체적으로 드러내기보다는 "안일한 단편습색(斷片拾索)과 세부묘사로 자기를 한정"함으로써 소시민성을 벗어나지 못했으며, "암담한 현실가운데서 발생하는 감정과 정서"를 통해 현실로부터 도피하여 환상으로 나아간『백조』를 중심으로 한 낭만주의 조류에 휩쓸려 갔다. 이 과정을 임화는 "자연주의로부터 낭만주의에의 과도(過渡)"(337~351면)라고 요약한다. 그리고 낭만주의 조류가 "자연주의 하향기에 본류로써 번영"했던 국면을 자연주의 문학이 지녔던 "진보적 역할의 종언과 신경향파 문학이 교체되는 황당한 국면"으로 파악한다. 신경향파 문학의 前史로써 파악된 자연주의와 낭만주의는[13] 임화가 고백했듯이 "동시대의 공서자(共棲者)"였지만, 그는 양자 사이에 근소한 시간적 선후가 있는데 이 시간적 차이는 "예술사적 또 정신사적 발전의 객관적 법칙성에 의하여 (…중략…) 지극히 필요한 사실"이므로 의미 있게 해석되어야 한다고 주장한다.

임화가 제기한 이 시간적 구분은『창조』(1919.2~1921.6)・『폐허』(1920.7~1921.10)・『백조』(1922.1~1923.6)의 발행년도와 밀접한 관련이 있다. 이것은 그의 시기 구분이 '『창조』・『폐허』: 자연주의 /『백조』: 낭만주의'라는 대응에 기초하고 있기 때문이다. 백철・조연현의 문학사에서도 이와 흡사한 대응 관계가 발견된다. 사조사의 성격이 뚜렷한 백철의 문학사는[14]『창조』에

---

13) 임화는 신경향파에 내재해 있는 두 계열이 자연주의와 낭만주의로부터 유래한다고 설명한다. 즉 김기진・박영희・송영・김영팔 등에 나타나는 강렬한 주관의식은『백조』를 관류하던 낭만적 주관주의와 관계되며, 최서해・이기영 등은 주관의 표현보다 대상의 묘사가 작품의 중심 모티브인 점으로 보아 자연주의의 영향을 압도적으로 받은 작가로 평가된다(398면).

14) 백철은 자신의 문학사에 사조사(思潮史)라는 이름을 붙인 가장 현실적인 이유로 신문학이 시작된 이래 문학운동이 이루어지는 "패턴"을 지적하고 있다. 그가 신문학사에서 추출한 '패턴'이란, "선진한 외국문학을 받아들이는 데 있어서 어떤 대표적인 작품을 통해서 운동을 확대시키기보다 우선 주조적(主潮的)인 것을 이론과 소개로써 받아들여서 일종 사조적인 문단 분위기가 앞서고 차츰 구체적인 문학운동, 즉 작품에의 반영을 일으키고 하는 것이 순서로 된" 것이다(14~16면). 구체적인 문학사 서술에서 백철

이르러 소설에서는 자연주의적인 리얼리즘이 시에서는 상징주의가 싹을 틔웠다고 파악한다. 그리고 『폐허』의 경우는 명확한 사조로서 표현되지는 않았지만 퇴폐적 경향으로, 『백조』의 경우는 병적 요소가 두드러진 낭만주의로 규정할 수 있다고 보았다. 또한 조연현에 따르면, 『창조』는 사실주의적 경향이 강했으며, 『백조』는 낭만주의적 경향이 강한 잡지였다. 『폐허』의 경우는 동인들의 다양한 지향을 존중해 하나의 사조로 포괄하진 않았지만, 퇴폐적 경향으로 보았던 백철의 견해를 반박하면서 낭만주의적 성격을 부각시킨다.[15] 임화가 신경향파 문학을 근대문학 도정의 지향으로 보았던 데 반해, 조연현은 순수문학을 근대문학의 발전적 방향으로 설정하고 있다. 조연현은 각 동인지의 사조적인 차이에 주목하면서도 그것들의 공통적인 성격을 순문학운동으로 결론짓는다.[16]

1920년대 초기의 대표적인 동인지 『창조』·『폐허』·『백조』의 성격을 개별적으로 변별하거나, 이러한 구별을 통해 사조적인 추이를 시간적으로 구성하는 방식은 몇 가지 기본적인 문제점을 안고 있다. 첫째, 이들

이 서구문예사조를 원전으로 삼아 한국 근대문학의 미숙성을 계속해서 지적하게 되는 것은 그가 신문학사의 구성원리로 삼은 '패턴'이 서구문예사조의 틀 바깥을 인정하기 어렵게 되어 있기 때문이다.

15) 조연현은 「문예사조의 혼류와 그 전개」라는 장에서 이 시기 문학인들의 "문예사조에 대한 개념적인 착란"을 구체적으로 지적하고 있다. 이 지적에 의하면, "『창조』의 동인들은 사실주의와 자연주의를 同義異語로서 해석했고, 『폐허』의 동인들은 그들의 낭만의식을 퇴폐주의라는 명목으로서 스스로 낭만주의와는 다른 문학상의 一潮流로서 자부했으며, 『백조』의 동인들은 상징주의와 낭만주의를 동일한 개념으로서 이해했다."(324~325면) 조연현은 이와 같은 혼란과 착란의 원인은 "시간적 후진성"과 "공간적 미숙성"에 있는데, 이 때문에 한국 근대문학은 구라파의 "모형(축소판)"과는 다른 특수한 성질을 갖게 된다고 본다(331~332면).

16) 이러한 결론은 「순문학운동으로서의 후기신문학운동」(312~321면)이라는 항목에 정리되어 있다. 순문학운동으로서의 공통적인 면모는 네 가지로 요약되는데, 이는 ① 계몽주의에의 거부, ② 구어체문장의 확립, ③ 구체적 문예운동의 전개, ④ 형식 치중의 경향이다. 이 중 ④ 형식 치중의 경향은 "초기의 純同人誌 시대, 즉 『창조』·『폐허』·『영대』·『백조』 등의 시기를 지나 『개벽』, 『조선문단』 및 『문예공론』 등의 準同人誌이지만 汎文壇的인 시기에 들어서면서부터" 추상적 관념세계에 머물렀던 순동인지시대에 대한 반성이 이루어지면서부터 생긴 경향이라고 한다.

잡지의 발행시기는 근소한 차이가 있지만, 부분적으로 그 시기가 겹칠 뿐 아니라 몇몇 동인들의 경우 문학적인 변모없이 이중으로 참여하기도 했다. 둘째, 각각의 잡지들이 뚜렷하게 지향으로 삼는 사조를 밝히고 있지 않고, 서로에 대한 대립적인 의식 또한 분명하게 표명한 바가 없다. 셋째, 기존 연구에서 각 잡지의 주류적 성향으로 부각한 자연주의, 낭만주의는 잡지 자체의 성격적 측면보다는 장르적 특성과 관련되어 있다.[17) 그리고 더 중요한 것은 이러한 경향들 간의 내적 연관성을 살피는 것이며, 사조와 장르간의 상관성을 떠받치고 있는 논리에 대한 해명이다.

1920년대 동인지 문학에 대한 연구는 1960년대까지 이식문화론과 전통단절론의 논리로 외래사조의 영향을 밝히는 데 집중되어 왔다. 이러한 논의들은 동인지 문학인들이 의식했던 단절적 국면을 포착하고 있으나, 그 국면이 갖는 역사성을 추상화시킨다. 위에서 살핀 것처럼 서구문학사나 서구사조와 부합하지 않는 측면들은 '조잡과 혼란', '혼류'와 같은 규정으로 제약됨으로써 이 측면들에 작동하고 있는 동인지 문학 내부의 논리는 지워져 버린다. '사조'와 '개별 잡지'의 맞대응은 동인지 문학의 혼란스러운 양상에 대해 문학사가 부여한 질서라고 할 수 있는데, 이 또한 동인지 문학 내부의 지형도를 탈역사화한다.

김윤식·김현의 『한국문학사』는 "이식문화론과 전통단절론은 이론적으로 극복되어야 한다"는 명제를 강력하게 제기하고 있다. 이는 이식문화론과 전통단절론이 상정하고 있는 '보편근대'의 표상이 만들어지고 실제적인 위력을 발휘하게 된 세계사의 역학적 구도를 반성적으로 검토

---

17) 백철과 조연현의 경우, 사조적 경향을 잡지별로 구분하면서도 이를 다음과 같이 장르적 층위에서 설명하기도 한다. "사실주의적, 자연주의적인 경향이 소설을 통하여 구현되었다면 낭만주의적인 경향은 시를 통하여 구현"되었다. "근대의 사실주의 및 자연주의에 대한 자각이 근대소설에 대한 자각과" 긴밀하다면, "낭만주의적인 자각은 근대시에 대한 자각과" 밀접하다(조연현, 앞의 책, 333~334면). 이와 흡사한 백철의 언급은 『신문학사조사』, 127면 참조.

하게 한다.

> 그(進步라는) 어휘는 進化論의 확산에 의해 각 방면으로 흩어져, 문학에 있어서는 브륀느띠에르의 장르의 進步라는 개념으로, 사회주의자들에게 있어서는 社會主義에의 進步라는 개념으로 확대된다. 그때의 진보란 역사적 필연성에 의해 객관성을 띤 발전을 의미한다. 그 진보의 개념은 휴우머니즘의 옷을 입고, 서구라파 문명의 영향권 내에 있는 거의 모든 지역으로 번져나가 서구라파의 정신적·물질적 우월성을 과시하는 어휘로 변모한다. 서구라파식의 유형에 따라 進步한다. 그것은 서구라파의 식민지정책에 희생된 거의 모든 후진국을 지배한 사고방식이다. (12면)

이와 같이 김윤식·김현의 문학사는 '보편근대'라는 표상에 은폐되어 있는 역사적 과정을 드러냄으로써, "한국이 뒤쫓고 있는 서구라파 역시 그 한계를 지니고 있는 한 문화체"임을 논증한다. 보편적 근대라는 표상은 조작된 역사적 구성물이고 그런 의미에서 서구화를 근대화로 보는 것은 "미망"이다.

『한국문학사』에서 파악한 근대의식은 "자체내의 구조적 모순과 갈등을 이해하고 그것을 극복하려는 의식"이다. 이렇게 설정된 근대의식 자체는 매우 추상적이고 포괄적이어서 역사적인 범주로서의 현실적인 규정력을 확보하기 어렵다. 다만 여기서 강조하고자 하는 것은 내부의 동력이다. 『한국문학사』가 근대의 기점을 "일본과 서구라는 변수"가 아직 작동하지 않았던 영정조 시대로 끌어올린 것은 기원을 순수하게 함으로써 '내재적인 발전'의 토대를 구축하려는 이론적인 노력이라 할 수 있다. 물론 이것은 1970년대 역사학계의 학문적 성과를 수용한 것인데, 이때 영정조 시대 근대성의 맹아(萌芽)란 결국 서구 자본주의에 비추어 취택된 것으로 보인다.[18] 조동일의 『한국문학통사』의 경우는 이 시기를

---

18) ① 경영형부농(經營型富農)이 생겨나고 양반이 소작농으로 전락하는 등 신분제도에 있어서 혼란의 징후가 보인다. ② 상인계급이 대두하기 시작하면서 화폐가 전국적으로

"중세문학에서 근대문학의 이행기"로 설정하면서, 『한국문학사』와 마찬가지로 이 시기에 "축적된 역량"을 근거로 이식문화론을 비판한다.[19]

근대성의 맹아로 파악된 조선 후기의 다양한 면모가 오늘날의 자본주의나 근대문학과 근본적으로 연락된다는 생각에 따르면 서구와 일본이라는 변수는 단지 연속적인 역사발전 과정에 가속도를 붙인 요인이면서 한국 근대화의 체계적인 진행을 왜곡시킨 요소로서 제한된다. 다시 말하면 서구와 일본이라는 부정적인 변수가 없었다면 한국의 근대화는 어떤 콤플렉스도 없이[20] 내부적인 자체 동력을 통해 정상적으로 이루어졌을 것이라는 역사적인 가정을 깔고 있다. 그러나 "이런 식의 근대성 구성이 과연 서구적인 근대의 보편성으로부터 자립적인 것인가"하는 근본적인 문제제기와 더불어,[21] 『한국문학사』는 다음과 같은 문제점을 내재하고 있다. 서구의 실체와 보편근대라는 표상과의 연결을 떼어놓는 방법으로 『한국문학사』가 취한 전략은 보편근대라는 표상이 서구의 식민화 정책과 결부되어 있는 역사적인 구성물이라는 것을 밝히는 것이었다. 이는 근대성의 문제가 제국주의 혹은 식민지 문제와 밀접한 상관성이 있음을 보여주는 것인데, 이를 통해 『한국문학사』는 서구문학을 개별화, 상대화시킨다. 그런데 정작 한국문학의 경우에 이르면 식민지성의

유통된다. 직업의식이 점차 생겨나 전통적 신분제도에 대한 확신을 흩어지게 한다. ③ 실사구시파(實事求是派)가 성립되어 당대의 사회적 제반 제도에 대한 회의를 표명한다. ④ 관영수공업(官營手工業)이 쇠퇴하고 독자적인 수공업자들이 점차 대두하여 시장경제의 형성을 가능케 한다. ⑤ 시조 가사 등 재래적 문학장르가 집대성되면서, 점차로 판소리, 가면극, 소설 등으로 발전된다. ⑥ 서민계급이 점차 성장하면서 서민과 양반을 동일한 인격체로 보려는 경향이 생겼다. 인간 평등에 대한 점차적인 자각과 욕망의 노출은 동학의 인내천 사상으로 집약된다. (김윤식 · 김현, 앞의 책, 20~21면)

19) 조동일, 『한국문학통사』 1, 지식산업사, 1989, 49~50면.
20) 『한국문학사』에서는 식민지성 혹은 주변문화성의 성질로 향보편(向普遍) 콤플렉스, 새것 콤플렉스를 지적한다(14~15면).
21) 이광호, 「문제는 근대성인가」, 『미적 근대성과 한국문학사』, 민음사, 2001, 60면; 최원식, 「한국문학의 근대성을 다시 생각한다」, 『창작과비평』, 1994년 겨울; 고미숙, 「근대계몽기, 그 생성과 변이의 공간에 대한 몇 가지 단상」, 『비평기계』, 소명출판, 2000.

극복이라는 당위적 명제에 이끌려 근대성과 식민지성 사이의 내밀한 관계는 가려져 버린다. 『한국문학사』에서 동인지를 중심으로 한 1920년대 초기의 문학적 상황을 생략한 점이나, 문자(한글)나 문체(언문일치)에 대해 보여준 지대한 관심에 비해 근대적인 장르의 문제에 대해 소홀한 점 등은 외래적인 요인을 최소화하고자 했던 의도의 산물이라 할 수 있다.

『한국문학사』에서는 김소월·한용운·이상화가 1920년대 시사(詩史)에 중요한 작가로 평가되며, 염상섭·최서해가 1920년대 소설사에 뚜렷한 성과를 남긴 작가로 기록된다.[22] 이들은 『한국문학사』에서 사용한 용어를 빌리면 "대표자로서의 개인"인데, 『한국문학사』는 이들을 통해 식민지시대의 문학적 고투를 드러내고자 했다. 김윤식·김현은 「방법론 비판」에서 문학사가 역사와 달리 "예외적 개인"에 초점을 두게 되는 것은 문학적 집적물이 가진 독특한 성격 — ① 상상력의 소산이다, ② 수정 보완될 수 없다, ③ 작품은 옳거나 틀리거나 하지 않다 — 으로부터 기인한다고 말한다. 그리고 문학사 기술에서 가장 중요한 것은 "문학적 집적물을 부분과 부분의 상호 관계로 이루어지는 전체로 파악하는 일"이라고 보았다. 하지만 『한국문학사』는 동시대의 문학적 집적물들이 형성하는 관계망을 문학사의 실제 기술을 통해 보여주는 데로 나아가지 않는다. 『한국문학사』의 '예외적 개인'들은 사회·정치적인 조건과 개인적으로 대결하고 있는 식민지시대 예술가의 한 유형으로 조명될 뿐이다.

특히 김소월과 한용운 그리고 이상화를 중심으로 재구성된 1920년대 시사의 지형도는 『한국문학사』에서 '전통의 연속성'과 '리얼리즘 정신'이라는 가치가 차지하는 위상을 선명하게 보여준다. 1920년대 초기의 문학을 파악하는 데 있어서 외래사조와 그 영향을 일방적으로 강조해온 1960년대까지의 연구 관행을 극복하는 한 방식이 『한국문학사』에서 마련되었다고 할 수 있다. 1920년대 낭만주의를 '민요조 서정시 양식'이

---

22) 김동인, 현진건은 "식민지 시대를 산 개인의 고뇌를 무난하게 드러내고 있는 작가"로서 "추가"의 형식에 의해 조명된다(153면).

라는 범주를 통해 규명하고자 했던 1980년대의 새로운 연구 관점은[23] 『한국문학사』에서 김소월을 부각시켰던 논리와 여러 면에서 상통한다. 실제로 전통의 현대적 계승을 강조한 민요조 서정시 계열의 작품들은 동인지 문학에 대한 반성적인 국면을 보여준다고 할 수 있을 것이다. 그러나 전통지향적인 흐름에 대한 문학사적 강조가 동인지 문학의 성격을 부정적 계기로만 제한하는 데서 출발한다면, "부분과 부분의 상호 관계로 이루어지는 전체"에 대한 이해는 왜곡될 수밖에 없다.

지금까지 살핀 대로, '이식 문화론'의 관점에서는 물론 '내재적 발전론'의 논리에서도 1920년대 초기 문단을 주도했던 동인지 문학 내부의 담론이나 사유의 장(場)에 대한 이해는 미흡했다. 1920년대 초기 동인지 문학의 표면에서 관찰되는 다양한 사조적인 주장들 심층에 작동하고 있는 '낭만적 상상력'을 통해 동인지 문학의 내재적인 논리를 고찰하고 있는 김홍규의 연구는 이러한 맥락에서 선구적인 성과라 할 수 있다.[24] 1990년대 접어들면서 근대성에 대한 고찰은 추상적인 이론의 수준에서가 아니라 역설과 균열을 곳곳에 드러내는 역사적인 근대성 내부에서 다시 시작되어야 한다는 문제제기와 더불어, 1920년대 초기 문학에 대한 연구는 새로운 면모를 보이고 있다.[25] 동인지에 분포되어 있는 다양

---

23) 선구적인 논의로는 '민요시파'(김억 · 주요한 · 홍사용 · 김소월 · 김동환 등)라는 호칭을 제안하고 있는 오세영의 논문(『한국 낭만주의시 연구』, 일지사, 1980)을 들 수 있다.

24) 김홍규, 「1920년대 초기시의 낭만적 상상력과 그 역사적 성격」, 『문학과 역사적 인간』, 창작과비평사, 1980.

25) 먼저 1900년대가 근대성 논의의 심화와 관련해 새로운 방식으로 조명되었다. 권보드래의 『한국 근대소설의 기원』(소명출판, 2000), 김동식의 「한국의 근대적 문학 개념 형성과정 연구」(서울대 박사논문, 1999), 고미숙의 『한국의 근대성, 그 기원을 찾아서』(책세상, 2001)가 대표적인 성과라 할 수 있다. 1920년대 초기 문학은 미학적 근대성에 접근하고자 할 때, 특별히 문제적인 대상으로 떠오르게 된다. 동인지 문학을 문학사적 단위로 새롭게 구성하려는 최근의 연구 경향은 1920년대 동인지 문학에 관련한 개별 논문들을 묶어낸 논문집, 『1920년대 동인지 문학과 근대성』(깊은샘, 2000)과 『1920년대 문학의 재인식』(깊은샘, 2001)에 잘 드러난다. 여기서 특히, 차승기의 「'폐허'의 시간」, 오문석의 「1920년대 초반 '동인지'에 나타난 예술이론 연구」, 김예림의 「1920년대 초반 문학의 상황과 의미」, 김현주의 「민족과 국가, 그리고 '문화'」, 차혜영의 「1920년대 초

하고 종종 이질적으로 보이기도 하는 텍스트들 간의 지적 긴장과 충돌과 연대가 '만들어내는 것'에 주목한다면, 1920년대 초기의 문학적 지형과 그 의미를 새롭게 드러낼 수 있을 것이다.

동인지라는 문헌을 적극적으로 탐사하여 1920년대 초기 문학의 미학적 의의를 새롭게 밝힌 사례로 먼저, 황호덕의 논문을 들 수 있다. 그러나 텍스트의 확장과 세심한 분석이 돋보임에도 불구하고 그가 사용한 '미적 주체' 개념이 동인지 내의 텍스트 활용에 특권적인 지위를 발휘하고 있어서 동인지 문학의 다층적인 양상이 가려져 있다.[26] 차혜영은 1920년대 전반기 문학을 대상으로 근대문학 형성의 내적 논리와 소설 양식화의 관계를 '문학자체의 생산 환경의 변모', '문학을 구성하는 이데올로기의 변모', '근대주체의 형성' 측면에서 탐색했다.[27] 황종연은 김동인 소설을 통해, "주체와 객체의 분리, 자아와 세계의 대립이라는 근대적인 삶의 원초적인 사건"을, "주관／객관, 내면／외면, 고백／관찰, 낭만주의／리얼리즘 등과 같은 대립들의 원점에 놓이는 근대적인 글쓰기 주체의 형성"을, "근대적 주체 내부에 존재하는 자기부정과 자기초월의 변증법"을 드러내 보여주었다.[28] 조영복은 동인지 담론을 분석하

기 동인지 문단형성과정」 등의 논문을 들 수 있다.

26) 황호덕, 「1920년대 초 동인지 문학의 성격과 미적 주체 담론」, 성균관대 석사논문, 1997. 그의 '미적 주체'라는 개념은 동인지 문학의 성격을 규명하는 데 있어서 사조적인 접근 방법이 도달하기 어려운 동인지 문학의 공통 지향에 대한 이해를 가능하게 한다. 계몽 주체에 맞서는 미적 주체의 등장은 '문학의 자율성'이나 '미적 근대성'이 자리잡는 데 있어서 매우 중요한 장면이라 할 수 있다. 그렇지만 이 시기의 '미적 주체'를 '계몽 주체'에 분명하게 대립시키기는 어렵다. 황호덕은 "근대적 이성의 대사회적 계몽성과 근대적 감수성의 개인적 주체성은 근대자아의 사회적 · 개인적 측면의 개진으로 동일한 기원을 갖는 동시에 분리 불가능한 것"(7면)이라는 진술을 통해 미적 주체와 계몽 주체의 기원적 동일성을 강조하고 있지만 그가 문제시한 문학사의 이항대립, 즉 '계몽주의 문학／동인지 문학'의 대립을 기존 연구와 다른 방식으로 설명하거나 해소하고 있는 것은 아니다. 여전히 '이성／감성' '사회성／개인성'이 이분법적으로 계몽주의 문학과 동인지 문학을 강력하게 변별하고 있는 것이다.

27) 차혜영, 「1920년대 한국소설의 형성과정 연구─근대형성의 내적 논리와 단편소설의 양식화 과정을 중심으로」, 한양대 박사논문, 2001.

여 계몽과 내면의 문제에 대해 새로운 이해를 제시하기도 했다.29) 그러나 아직까지 동인지 문학의 전체적인 지형을 드러내는 데 이르지는 못하였고, 따라서 동인지 담론의 다층적인 면모와 내적 연관성을 보여주는 데 미치진 못하고 있다. 이 책에 도움을 준 기존 연구 성과들은 본문에서 좀더 검토될 수 있을 것이다.

이제 이 책의 본론을 열기 전에 덧붙여 둘 말은, 동인지 문헌을 대할 때, "과거가 늘어놓는 자기 이야기에 관해 의심하면서도 다른 한편으로 자기 시대의 당파성 역시 마찬가지로 의심"해 보아야 한다는 것이다.30) 다시 말해, 과거가 남겨놓은 텍스트들에 빠지지 않으면서도 현재의 지평을 과거로 투사하지 않아야 한다. 이러한 입장을 견지할 때, 너무 자명하게 여겨졌던 과거가 생소하게 떠오를 것이고, 그 생소한 과거에서 길을 잃지 않고 그것의 지형을 읽어낼 수 있을 것이다.

---

28) 황종연, 「낭만적 주체성의 소설―한국 근대소설에서 김동인의 위치」, 『김동인 문학의 재조명』(문학사와비평학회), 새미, 2001.
29) 조영복, 「동인지 시대의 담론과 '내면―예술'의 계단」, 『한국 현대시와 언어의 풍경』, 태학사, 1999. 그는 여기서 "3대 동인지는 춘원의 「무정」식 계몽주의를 뛰어 넘는 다른 계몽적 욕망의 산물"이었다고 보고 있다.
30) Paul Hamilton, 임옥희 역, 『역사주의』, 동문선, 1998, 9면.

제2장
동인지의 발생과 역사적 조건

1. 새로운 창작 계층과 문화적 계몽주의

1) 신지식인층의 역사적 조건과 '문화운동'

1910년대 후반에 이르면, 일본 유학생과 그 졸업생들을 중심으로 한 '신지식인'들이 특수한 계층적 성격을 드러내게 되는데, 이는 우리 근대사에 있어서 '신지식층의 본격적인 등장'을 의미하는 것이었다.[1] 이들 신지식층이 보여주는 지적 스펙트럼을 살피는 일은 1920년대 초기 동인지 문학의 지형을 이해하는 데 있어 상당히 중요하다. 왜냐하면 동인지 문학인들이 '신지식인'으로서의 자의식을 분명하게 드러내고 있을 뿐만

---

1) 박찬승, 『한국 근대정치사상사 연구』, 역사비평사, 1992, 112~122면 참조.

아니라, 동인지 문학 자체가 이 지적 스펙트럼의 일부였기 때문이다. 신지식층이 식민지 현실 위에 펼쳐 놓은 담론의 장(場) 내부에서 동인지 문학인들은 자신들의 담론을 차별화시키려는 노력과 함께 담론의 장 내부에 속해있음을 또한 부각시키고자 했다.

① 우리 社會는 너무도 貧寒하다. 精神的이나 物質的이나. 그럼으로써 힘업는 우리지만은 안이 떠들 수는 업는 것이다. 우리의 '말'이나 '글'이 文明한 諸國의 學博士의 '말'이나 '글'에 比하기는 힘이 든다 하드래도 우리 社會 全體의 程度에 比한다 하면 自尊하는 것이 아니라 우리나라 사람의게는 學博士가 안인가. 그럼으로 우리의 짐은 무거운 것도 깨닷겟다. (…중략…) 우리의 만히 듯고 본 바로써 우리 社會에 傳할진댄 우리 社會는 未久에 燦爛한 光彩를 쐴 것이다.[2]

② 푸른 풀 도다나는 形勢로, 우리 社會에 新文化運動이 燦爛하게 니러나는 이 째에 비록 過去의 成績이 보잘 것업시 貧寒하지만 엇젯든 이제 一週年 記念號를 發行하게 되엇스니 참 깃붐니다. 再昨年 十二月 어느 날인가 君과 東仁 君이 내게 차자와서 純文藝 雜誌를 하나 해보쟈고 議論하든 생각남닛가. 그거시 어제 갓흔데 아― 벌서…… 努力합시다. 근기잇게 나아갑시다.[3]

예문 ①은 '근대문학'에 대한 이해가 너무나 "냉담(冷淡)"하고 "암매(暗昧)"한 조선의 대중에게 '자연주의'를 소개함으로써 근대문학의 가치를 이해시키고자 한 「문예에 대한 잡감」이라는 글에서 뽑은 것이다. 이 예문에서 우리가 확인할 수 있는 것은, 1920년대 초기는 문예사조 하나를 소개하면서도 시대적이고 역사적인 사명감을 표명할 수 있었던 때였다는 사실이다.[4] 또한 이 예문에서 우리는 '신지식'을 선취한 자의 자부심

---

2) 極雄, 「文藝에 對한 雜感」, 『창조』 4호, 48~49면.
3) 늘봄, 「벌꼿 君의게」, 『창조』 5호, 88면.
4) 다음의 예문은 진화론적인 수사학을 동원하여 '근대문학'의 건설에 대한 시대적인 사명감을 드러내고 있다. "中國 사람덜까지 自由詩 運動을 니르키고 「살로메」를 飜譯하는 판에(『백조』 1호에 박영희의 번역이 실려 있다) 안자서 우리 靑年은 너머나 安逸한

과 의무감을 읽어낼 수 있다. 당시에 서구의 '근대문학'은 '신지식'에 속했고, 동인지 문학인들은 '신지식인'이라는 자의식을 분명하게 가지고 있었다.

②에서 알 수 있듯이, 1920년대 초기에 순문예 잡지를 발행하고 이를 통해 문학 행위를 한다는 것은 "푸른 풀 도다나는 형세로, 우리 사회에 신문화운동이 찬란하게 니러나는" 시대적인 움직임에 부응하는 것이었다.[5] 1920년대 초기의 지적 스펙트럼을 포괄하는 '문화운동' 내부에는 다양한 층위의 담론들이 분포되어 있었다. 1920년대 초반 문화운동의 주요한 구호는 신문화건설 · 실력양성 · 정신개조 · 민족개조였으며, 청년회운동 · 교육진흥운동 · 물산장려운동 등으로 전개되었다.[6] 동시대 지식청년들의 동향 속에서 동인지 문학의 위치를 파악하기 위해서는 다양한 층위의 담론들 사이의 상호연관성과 그 특수성이 밝혀져야 할 것이다. 우선, 이들의 담론과 활동을 조건짓고 있었던 식민지 현실이 어떠한 것이었는지부터 살펴보기로 한다.[7]

1910년 '합병'으로 대한제국은 완전히 멸망하고 한반도는 '조선'이라는 일본제국의 한 지방이 되었다.[8] 일본은 보호통치 기간(1905~1910)에

꿈을 꾀고 잇지 안는가. 두렵건대는 日人에게 쩌러지고 中人에게 쩌러저 아조 東亞의 落伍者가 되지 아늘까. 아아 생각만 하여도 무섭소이다. 우리의 억개의 짐이 그러텃 무겁소이다."(벌곳, 「長江 어구에서」, 『창조』 7호, 56면)

5) 당시 상해 임시정부에서 활동하고 있었던 주요한이 『창조』 동인들에게 보낸 편지형식의 글들에는 '문화운동'에 대한 그의 관심이 잘 반영되어 있는데, 몇몇 예를 들어보면 다음과 같다. "지금 朝鮮 안에는 큰 文化運動이 내면으로조차 니러난다지요? 各地에 日刊新聞과 月刊雜誌가 많이 생긴다니 오래 衰하엿든 朝鮮 文化의 復活의 曙光이 이에 니르른 줄노 압니다. 아오는 멀니서 그 完全 純眞한 發達를 바라고 빌고 잇슴니다만은……아々ㅡ."(「長江 어구에서」, 『창조』 4호, 59면) "나는 째째로 이 支那 青年의 文化運動과 우리나라 青年의 思想界와를 比較합니다. (…중략…) 그러나 우리는 決코 悲觀할 것 아니지오. (…중략…) 우리 이 조고만 雜誌의 使命도 적지 아늘 줄 압니다."(「長江 어구에서」, 『창조』 5호, 74면)

6) 박찬승, 앞의 책, 167~304면 참조

7) 이를 위해 주로 참조한 저서는 다음과 같다. 박찬승, 위의 책; 강만길, 『한국현대사』, 창작과비평사, 1984; M. 로빈슨, 김민환 역, 『일제하 문화적 민족주의』, 나남, 1990.

구축한 기반을 바탕으로 한반도에 강력한 식민정부를 세웠다. 1905년 '보호조약'의 강제체결시 일본은 '한국의 문명개화에 대한 지도'를 명분으로 내세우면서 한국이 문명개화, 실력양성을 이룩하면 일본은 물러갈 것이라고 했지만, 합병을 대비하여 엄격한 신문지법(1907·1908·1909)을 통과시킴으로써 언론에 대한 통제권을 확보하고, 새로운 보안법(1907)을 마련해 정치적인 행위를 엄격히 제한하는 한편, 사립학교령(1908)을 통해 학교신설에 대한 규제요건을 강화했다. 1910년 한반도를 장악한 식민정부는 1919년 3·1운동 이전까지 헌병경찰제도를 기조로 한 이른바 '무단정치'를 실시했다. 일본 천황에게 직속되어 있었던 조선총독은 일본 내각의 통제를 거의 받지 않고 행정권·입법권·사법권·군대사용권 등을 모두 행사할 수 있는 식민지 조선의 절대권력자였는데, 일본 육군이나 해군의 대장만이 그 자리에 임명될 수 있었다. 초대총독 데라우치 마사다케(寺內正毅)는 식민지를 마치 "병영"처럼 만들었다.[9] 그럼에도 '합방'은 조선에 대한 일본의 '지도 계발'과 일한 두 민족의 '융합 동화'를 통하여 조선의 문명개화를 달성하기 위한 것이라고 선전되었다. 그러나 일제가 표방한 소위 '동화정책'은 민족적인 주체성을 없애기 위한 것이었고, '문명개화'를 표방한 각종 지배정책은 식민지에서의 자원과 인력의 수탈을 목적으로 하고 있었다. 초대 총독 데라우치는 궁극적인 동화의 가능성에 대한 증거로서 일본과 조선 사이의 인종적 동원성(同源性)을 강조했지만, 이것은 일본의 우수성을 전제로 한 것이었다. 종주국 국민과 식민지 주민에 대한 불평등은 이중적인 법률체계로 뒷받침되었다. 일본은 교육·출판·단체활동·범죄판결·회사소유권에 이르기까지 조선인을 대상으로 한 법과 조선 내에 거주하는 일본인을 대상으로 한 법을 따로 두어 차별 적용하였다. 또한 고등교육이 식민지에는 맞지 않는 것으

---

8) 따라서 1910년 이후 한반도 구역을 통칭할 때 사용하게 된 용어는 全國 또는 國內가 아니라 全局이나 局內였다.

9) M. 로빈슨, 앞의 책, 20면.

로 규정한 교육정책에 따라 '보통교육'과 하급 기술인력 양성을 목표로
한 '실업교육'만을 강조함으로써 숙련노동자를 요구하는 식민지 경제정
책을 뒷받침했다. 학교도 분리시켜 종주국 국민과 식민지 백성 사이의
차이를 분명히 했다. 일본은 합병과 함께 『황성신문』·『대한매일신보』
등 조선 내의 신문 전체를 폐간시키고 조선총독부의 기관지인 『경성일
보』와 그것의 한글판인 『매일신보』만을 두었고, 발행 중인 한국어 잡지
와 서적 또한 엄격하게 통제하였다.

　일본은 이 같은 자신들의 지배정책을 가리켜 '문명의 덕화(德化)를 베
풀고 있는 것'으로 선전하였고, 총독부 주변의 어용지식인들과 기관지
인 『경성일보』와 『매일신보』는 그 선전에 앞장을 섰다. 일본의 지배정
책을 이론적으로 합리화해 준 것은 '사회진화론'이었다. 사회진화론은
다윈의 진화론으로 대표되는 생물학의 이론적 성과가 사회현상을 설명
하는 데 기능적으로 적용됨으로써 19세기 후반에서 20세기 초반 서구의
정치·사회·경제 현상을 설명해주는 강력한 이론체계로 작용했다. 서
구의 산업사회에서 부르주아 시민계급과 노동자계급 사이의 갈등이 첨
예해진 19세기 말경, 사회진화론은 진화론적 발전과 자연도태라는 생물
학에서 유추된 진화론적 개념을 통해 각종 사회적 불평등과 인종적 불
평등을 합리화하고 제국주의의 팽창노선을 뒷받침하는 정책적 이데올
로기로서의 면모를 보여준다. 약자의 패배를 자연의 법칙으로 설명하는
사회진화론의 논리에 따르면, 제국주의적 침략과 군국주의적 확장은 힘
있는 민족국가의 당연한 권리이며 수순이다.[10] 일본은 근대국가를 성공
적으로 급조했을 뿐 아니라 제국주의 대열에 빠르게 진입한 국가였다.
일본은 진화론적인 국제 무대에서 빠르게 적응한 '적자(適者)'의 입장에
있었다. 일본에게 있어서 러일전쟁과 한국의 병합은 일본의 이러한 위
상을 확인시켜 준 결정적인 사건이었다.

---

　10) 전복희, 『사회진화론과 국가사상』, 한울, 1996, 9~43면 참조

19세기 중엽 이후 제국주의의 확장을 폭력적으로 경험한 동아시아의 경우, 이들 국가들이 직면한 상황과 요구에 따라서 사회진화론에는 새로운 기능이 부과되었다. 일차적으로 사회진화론은 국제사회의 냉혹한 정치현실을 설명해주는 이론이었다. 나아가, 이러한 현실에서 도태되지 않고 독립을 유지하기 위해서는 근대화가 긴요하다는 판단에 이론적 바탕이 되어 주었다. 사회진화론은 조선에 1880년대 말부터 일본과 중국, 미국을 통해 수용되기 시작해서, 1890년대 말 이후에는 '생존경쟁' '우승열패'라는 어휘가 계몽적인 논설에서뿐만 아니라 교과서나 창가 등의 노래에서도 빈번하게 사용될 정도로 대중적인 논리가 되었다.[11] 서구에서 그리고 제국주의 대열에 들어서게 된 일본에서 사회진화론이 강자의 권리를 정당화하는 이데올로기로 기능했다면, 국가 상실의 위기에 처한 한국에서 진화론적 수사학과 논리는 제국주의 세력에 대응할 수 있는 실력을 갖추자는 '자강운동'에 사생(死生)의 비장함과 절박감을 부여했다. 한말의 자강운동은 1910년대 이후 실력양성운동론으로 이어진다.

1910년 국망 이후 상당수의 청년들이 일본 등지로 유학을 떠나 신지식과 신사상을 흡수하는 데 열중했는데, 이들에게 있어서 '신지식'의 의미는 '근대문명' 바로 그것이었다. 식민지 시기 일본 유학생에게 일본은 근대화의 모델로서의 성격과 '식민지 모국(母國)'으로서의 양가적인 성격을 지니고 있었다.[12] 다시 말해, 식민지 조선에 있어서 일본은 민족국가 성립이라는 근대의 기반을 탈취한 적대적인 타자이면서 동시에 근대의 창구 기능을 한 모순적인 존재였다. 한말과는 달리 고급관료로의 진출이 차단된 식민지 체제 속에서, 귀국 후 이들 신지식인들은 교육이나 언론 활동을 통해 서구사상을 소개하고 한국민족이 처한 새로운 현실을 타개할 방안을 개진하고자 했다. 그들은 자신들이 습득한 신지식, 신사

---

11) 전복희, 위의 책, 140면.
12) 류시현, 「1910~20년대 일본유학 출신 지식인의 국제정세 및 일본인식」, 『韓國史學報』 7호, 1999.9, 283면.

상을 토대로 나름대로의 방안을 내놓았는데, 그것은 대체로 교육과 산업의 진흥을 주된 내용으로 하는 '실력양성론'과 유교사상이나 봉건적인 구관습을 강도 높게 비판하면서 근대자본주의사회의 사상과 가치관을 도입하고자 했던 '구사상·구관습 개혁론'이었다.[13] 이들은 유학과정에서 보고 배운 근대자본주의 문명을 조선에 실현함으로써 국권회복의 발판을 마련하고자 했다. 1910년대 신지식인들에게 미친 사회진화론의 영향력은 상당히 커서 이들에게 약육강식과 우승열패는 20세기 사회의 철칙으로 이해되었다. 따라서 이들이 주장한 '실력양성론'이나 '구사상·구관습 개혁론'은 '선실력양성 후독립론'의 구상을 바탕으로 하고 있었다. 이들은 일본에 대한 직접적인 '저항'보다는 실력양성을 통한 '경쟁'의 방법이 더욱 현실적인 방안이라고 믿었지만, 식민지 체제 속에서 '실력'을 키운다는 것은 생각만큼 현실적일 수 없는 것이었다. 이들의 입장은 국내외의 전체적인 사상계에 비춰 본다면 부르주아민족주의 우파에 해당하는데, 무단정치하의 국내상황에서 허용될 수 있는 한계치였다고도 할 수 있다. 근대문명에 압도되었던 신지식인들이 제안한 '실력양성론'이나 '구사상·구관습 개혁론'은 일제가 내세운 '식산흥업'이나 '민풍개선정책'[14]과 표면으로 본다면 별반 다르지 않았다. 따라서

---

13) 박찬승, 앞의 책, 110~165면 참조.

14) 병합 이후 일본은 한반도에서의 산업정책으로 '식산흥업'을 표방했지만, 이것은 일본 자본주의의 상품시장과 원료 확보를 위한 것이었고 실제로는 상공업 부문에서의 한국인의 자본축적이 이루어질 수 있는 가능성은 제도적으로 억압되었다. 1910년 12월에 발표된 '회사령'은 일제의 이러한 입장을 잘 보여주는데, 이 법령을 통해 일본은 회사 설립을 총독허가제로 하고 유사시에는 총독이 회사의 해산을 명할 수 있도록 함으로써 한국인들의 기업활동의 자유를 사실상 박탈하였다. 1910년 이후 일본이 식민지 개척의 경제적 기반을 확립하기 위해 역점을 두어 행한 '토지조사사업(1910~1918)'은 일본의 식민통치에 유리한 여러 가지 복합적인 효과를 가져다주었고, 반대로 조선 농민에게는 돌이킬 수 없는 타격을 주었다. 한편, 일본은 보다 효율적인 한국지배를 위해 1910년대 초부터 '민풍개선정책'을 펼쳤는데, 일본의 입장에서도 조선인이 부르주아적인 윤리·도덕·관습(시간의 절약, 근검·저축, 납세의 의무 등등)을 내면화하는 일은 중요했다. '민풍개선' 사업은 지방 조직인 '교풍회(矯風會)'라는 것에서 시작되었다. 교풍회에서는 주로 도박의 일소, 관혼상제에서의 검약, 조혼 등 폐습의 금지 등을 그 규약 내용으로

'독립'이라는 목표가 희미해지게 될 때, 이들의 실력양성론은 타협주의로 변질될 가능성도 그만큼 컸다.

1910년대 후반, 전 세계적으로 큰 영향을 미친 1차 세계대전과 러시아혁명은 신지식인들 내부의 사상적 분화를 촉진시켰다. 러시아 혁명에 성공한 소련이 세계 피압박 민족의 옹호자를 자처하고 나섬으로써, 사회주의와 마르크스주의에 대한 관심이 크게 고조되었다. 미국의 윌슨은 전후(戰後) 문제 처리에 관한 제안으로 1918년 1월에 이른바 '민족자결주의'가 포함된 '14개 원칙'을 발표했다. 이러한 국제 분위기 속에서 신지식인들은 조선을 비롯한 약소국들이 당장은 강대국과 경쟁할 힘이 없더라도 독립을 요구할 수 있는 이념적 근거를 발견할 수 있었다.[15] 1910년대를 거쳐 이후 국내외의 신지식층은 부르주아 민족주의계열과 사회주의 계열로 분명하게 갈라서게 된다. 또한 민족주의계열 내부에서도 좌우파의 분화가 이루어졌으며, 사회주의계열 안에서도 아나키스트, 맑스−레닌주의자 등의 다양한 스펙트럼이 펼쳐져 있었다.[16]

한국 민족주의사에서 가장 위대한 사건으로 말해지는 '3·1운동'은 1910년대 후반의 이러한 국제적인 분위기 속에서 일어났다.[17] 또한 합병 후 10년을 통해 한국인이 겪게 된 민족 차별의 일상화된 경험은 친

하고 있었다('민풍개선정책'과 '교풍회'에 대해서는 박찬승, 위의 책, 128면 참조).

15) 심원섭, 「주요한의 동경 유학시대」, 『한·일 문학의 관계론적 연구』, 국학자료원, 1998, 349~355면.

16) 류시현, 앞의 글, 292면.

17) 3·1운동을 처음 기획했던 이른바 48인의 부르주아 민족주의자들이 구상한 운동 방법은 ① 파리강화회의와 미국 대통령 윌슨에게 조선의 독립을 지원해 달라는 청원서를 보내는 것, ② 일본 정부에 독립 의견서를 내는 것, ③ 국내에서 독립 선언서를 발표하여 일본의 통치에 불복한다는 것을 내외에 표시하는 것, ④ 각 지방에서 선언문을 낭독하고 만세 시위를 하는 것 등이었다. 이 네 가지 방법은 독립 청원과 독립 선언으로 다시 요약되는데, 이때의 독립 선언은 독립 청원을 뒷받침하기 위한 성격이 더 강하였다. 즉 그들의 운동론은 파리강화회의에 참석하는 열강의 도덕성과 일본의 이성에 크게 기대를 걸고 있는 것이었으며, 그 가운데서도 특히 미국의 지원을 크게 기대하고 있는 것이었다(박찬승, 앞의 책, 168~169면).

일세력을 확대한 동시에 한편으로는 민족의식을 더욱 고취시키고 일본 지배에 대한 적대감을 심화시켰다. 일본의 입장에서 볼 때, 3·1운동은 10년 간의 식민정책이 실패로 돌아갔음을 입증하는 것이었다. 일본은 강력한 군사력을 동원해 시위를 탄압하는 데 성공했지만, 헌병을 동원한 무단정치로도 1919년 3월의 민중시위를 사전에 방지하는 데는 실패했다. 3·1운동의 여파 속에서 후임 총독으로 임명된 사이토 마코토[齊藤實]는[18] 일본 정부의 위임을 받아 과감하게 식민정책을 수정했다. '문화정치'를 표방한 새로운 식민정책은 상당히 효율적인 지배양식이었다고 할 수 있다. 노골적인 강압정책은 보다 유연하면서도 효율적인 조정·유화정책으로 대체되었다. 일본은 한편으로 일부 악법을 개정하고 헌병대를 경찰병력으로 대체하여 국내외의 여론을 회유하고, 아울러 언론과 단체활동에 대한 제약을 대폭 완화함으로써 엘리트의 정치적·문화적 배출구를 마련해줌과 동시에 지식인들의 사상적 동향에 대해 손쉽게 정보를 보유할 수 있게 되었다. 그러나 유화정책의 뒤에는 더욱 강화된 통치기구가 작동하고 있었다. 단적인 예로, 사이토는 교원이나 문관들의 칼을 풀게 하고 정복헌병의 경찰행위를 없애면서 곧바로 경찰병력을 증강시켰다. 1919년에서 1924년에 이르는 동안 사이토는 "식민지에서의 정치·언론 행위에 대해 억압과 관용 사이의 팽팽한 외줄을 타고 있었다."[19]

식민지 기간 중 1920년에서 1924년까지의 기간은 한반도 내에서 활동한 지식인들에게 있어서 상대적으로 개방적인 시대였다. 일본의 새로운 식민지 지배정책이 표방한 '문화정치'의 공간에서 '문화운동'이라는 이름으로 다양한 층위의 담론들이 배치되고 활동들이 전개되었다. 1920년

18) 그는 식민지 기간에 임명된 총독 가운데 유일한 문관 출신이었다. 일본은 '문화정치'를 내세우면서 조선 총독부의 직제를 개정해 '총독은 육해군 대장으로 보임한다'는 조목을 없애고 문관도 총독으로 임명할 수 있도록 바꾸었지만 이후 해방될 때까지 조선 총독 6명이 모두 육해군 대장출신으로 임명되었다(강만길, 앞의 책, 26면).
19) M. 로빈슨, 앞의 책, 21면.

대 초기 '문화'라는 기호는 식민당국에 의해서도 이용될 수 있었고, 반체제적인 지식인에 의해서도 활용될 수 있었다. 문화정치를 내세운 식민당국은 독립을 위한 준비운동으로서의 '문화운동'을 '체제 내적인 운동'으로 나아가 '친일어용적인 운동'으로 유도하고자 했고, 이러한 전략은 실제로 상당히 성공을 거두기도 했다. 당시에 '문화운동'이 확산되는 데 주도적인 역할을 한 것은 『동아일보』와 『개벽』이었다.[20] 이밖에도 1920년대 초기 쏟아져 나온 각종 정기간행물들은 다양한 방식으로 '문화운동'의 자장 속에서 자신들의 담론을 생산해내었다. 우선, '문화운동'을 주도했던 담론들을 중심으로 문화운동의 윤곽을 그려보기로 한다.

　이 '문화운동'을 추동했던 논리는 크게 두 가지로 나누어질 수 있다. 한편에서는 서구자본주의가 모델이 되는 '문화적인 진보'를 이룩하기 위해서는 무엇보다도 '실력양성'이 긴급하다는 진화론적인 논리가 여전히 힘을 발휘하고 있었다. '민립대학기성운동'이나 '물산장려운동' 등이 문화운동에 포섭될 수 있었던 논리가 여기에 속한다. 다른 한편에서는 진화론을 대신하여 세계는 정의 · 인도 · 평등 · 자유의 원칙에 입각하여 개조되고 있고 또 개조되어야 한다는 새로운 세계사 인식을 바탕으로 '조선의 개조' 즉 '신문화건설'이 주장되고 있었다.[21] 1920년대 초 각 신

---

20) 총독부는 1920년 1월 6일 『동아일보』 · 『조선일보』 · 『시사신문』 3개의 신문을 허가했다. 『조선일보』의 발행주체는 조일(朝日) 동화주의 단체인 대정실업친목회였고, 『시사신문』의 발행인은 신일본주의를 표방한 국민협회의 민원식이었다. 『동아일보』는 부르주아민족주의 우파 진영인 김성수가 『매일신보』의 이상협을 끌어들여 창간했다(김민환, 『한국 언론사』, 나남, 1996, 212면). 『창조』에서는 이들 신문 중 『동아일보』의 발간에 대해서만 일종의 축사를 써서 환영과 기대를 표시했다. "다시 바라노니 東亞日報는 가장 進步한 現代的 文化運動의 先鋒將이 되어라."(6호, 74면) 『동아일보』에는 당시 송진우 · 장덕수 · 이상협 · 진학문 · 장덕준 · 이광수 · 김양수 등이 중심이 되어 이론적 기반을 제기하고 문화운동의 방향을 잡아나가는 역할을 하고 있었다. 『개벽』지에서는 이돈화 · 김기전 · 박달성 등이 중심이 되어 문화운동의 선전 계몽작업을 전개하였다(박찬승, 앞의 책, 167면).
21) 당시 신지식층의 많은 이들은, 세계는 이제 '민족문제'의 차원에서 강자와 약자의 차별이 없는 세계로, '노동문제'의 차원에서 부자와 빈자의 차별이 없는 세계로 개조되고 있다고 생각했다. 그리고 이러한 세계개조의 대기운에 우리 조선도 순응하여 '조선의

문·잡지에서 '개조'라는 말은 시대적인 키워드이자 유행어였다. 이 두 가지 논리는 부분적으로 대립하기도 했지만, 대체로 상호보완적인 효과를 발휘하고 있었다. 일부에서는 '노동본위주의'를 내세우면서 사회주의적 경향의 '개조' '신문화건설'을 주장하기도 했는데, 그보다는 '현대 문명'의 수립이라고 막연하게 표현되는 '근대사회로의 개조'를 지향하는 경우가 훨씬 많았다. 당시의 '개조론'은 '반자본주의'보다는 '반봉건 근대화'의 방향에서 주로 전개되었다.[22] 이러한 맥락에서 '문화'라는 기호는 '문명'의 의미로 작동했다. 또한 1920년대 초기 '신문화건설'을 표방한 청년회를 비롯한 각종 문화운동단체들이 지·덕·체를 통한 인격수양을 강조하고 이를 위한 사업을 중점적으로 전개한 데서 드러나듯이, 당시의 '개조론'은 정신적 측면에서의 개조를 강조하는 관념적인 성향이 농후했다. 문화적인 사회의 기초로 개인의 고상한 인격이 설정될 때, 문화주의는 곧 인격주의와 통하게 되고, 예술·과학·도덕·종교 등은 인격의 완성을 위한 도구로 이해된다. 이광수의 「민족개조론」(『개벽』, 1922.5)이 위치하고 있는 지점이 바로 여기다.[23]

이러한 '문화운동'의 구도 내에서 동인지 문학인들이 취한 차별화 전략은 우선 동인지라는 독특한 출판물을 고안해내었던 데에서 찾아질 수 있다. 1924년 초반에 나온 한 동인지의 후기에서는, 4~5년 동안 조선에서도 "잡지광(雜誌狂)"에 든 것처럼 "나도 잡지! 너도 잡지!"하면서 숱한 잡지가 "우후죽순의 기세로" 쏟아져 나왔다고 쓰고 있다.[24] 이렇게 쏟

개조', 즉 '신문화의 건설'이 절대적으로 필요하다고 하는 것이 1920년경 문화운동의 논리구조였던 것이다(박찬승, 위의 책, 179면).

22) 박찬승, 위의 책, 199~200면. 물론 '개조' 논의의 다양성을 무시해서는 안될 것이다. 특히 1920년대 중반 이후, 사회주의는 지식인 사회의 주도 담론으로 떠오르며 문단의 구도를 재편하는 계기로 작용한다는 점에서, 넓은 의미의 사회주의에 토대를 둔 '물적 개조론'을 포함해 1920년대 초기 '개조사상'의 다양한 편차는 세심하게 가려져야 할 것이다.

23) 박찬승, 위의 책, 209~217면.

24) 「同人記」, 『폐허이후』, 136면.

아져 나온 각종 출판물들 가운데서 1920년대 초기의 동인지들은 문학을 특성화한 출판 형태라고 할 수 있다. 표제에 '문예'를 내세운『태서문예신보』(1918)의 경우에도 실제로는 비문예적인 기사들이 문예적인 글들을 압도할 정도로 많은 분량을 차지하고 있었다. 동인지 이전에 문학작품이 발표되는 지면은 주로 종합잡지나 신문 등이었으므로 당연히 기사나 논설 혹은 논문 사이에 작품들이 끼여 있었다. 이와 같은 배열 형태에서 문학을 분리해 낸 것이 이 시기 동인지들의 특색이다. 이 같은 동인지들은 1910년대 이후 문학의 자율적 영역을 구축하고자 했던 기획이 가시적으로 표면화된 것이라고 할 수 있다. 동인지 문학인들은 이러한 의미에서의 '시작'을 결심하고 선언한 동료들이었다.

> 1918년 12월 스무 닷새날 밤이었다. (…중략…) 실력이 부족하여 일본에게 병합된 한국이라, 이 기회에 윌슨 대통령의 제창에 따라서 한국은 마땅히 그 국권을 회복해야 된다는 부르짖음이 동경 유학생(선각자로 자임하는) 새에 맹렬히 부르짖어졌고, 그 날(1918.12.25) 크리쓰마쓰 축하를 핑계삼아 청년회관에 집회하여서 거기서 드디어 커다란 결의까지 한 것이었다. (…중략…) 처음에는 우리들 새에서 아까의 集會의 이야기가 사괴어졌다. 그 집회에서는 徐椿이 우리(耀翰과 나)에게 독립선언문을 기초할 것을 부탁했었지만, 우리는 그 任이 아니라고 사퇴(뒤에 그것은 春園이 담당했다)했었는데, 사퇴는 하였지만 내 하숙에서 마주 앉아서는 처음은 자연 話題가 그리로 뻗었었다. 처음에는 화제가 그 방면으로 배회하였었지만 耀翰과 내가 마주 앉으면 언제던, 이야기의 종국은 '문학담'으로 되어 버렸다.
> "정치 운동은 그 방면 사람에게 맡기고 우리는 문학으로 ─"
> 이야기는 문학으로 옮았다.[25]

상당히 극적으로 구성된 김동인의 회고에 따르면,『창조』의 발간은 "정치 운동은 그 방면 사람에게 맡기고 우리는 문학으로" "신문학 운동

---

25) 김동인,「文壇 30년의 자취」(『新天地』, 1948.3~1949.8),『김동인평론전집』(김치홍 편), 삼영사, 1984, 421~422면.

42   문학이란 무엇이었는가

을 일으켜 보자"는 취지에서 이루어진 것이었다. 김동인은 애국적인 선각자의 임무는 자신의 것이 아니라고 분명하게 말할 수 있는 새로운 유형의 지식인이었다고 할 수 있다. 정치 영역과 문학 영역을 명확하게 가름으로써 김동인은 『창조』 발간의 의미를 3·1운동의 역사적인 중량감과 대등한 수준에서 견줄 수 있었다.[26] 한 연구자가 주목한 대로, 우리는 여기서 '탈정치'를 표방함으로써 "근대적 분화와 전문화의 논리 속에서 '문학이라는 것' '소설이라는 것'의 전문성을 새롭게 권위화하는" 장면을 볼 수 있다.[27]

그러나 '탈정치'가 '탈계몽'을 의미하는 것은 아니었다. 동인지 문학인들이 근대적인 교육을 통해 획득한 '전문적인 지식'은 개화기이래 계몽에 견고하게 결합되어 있었던 '애국'이라는 의미를 상대화한다. 이들의 전문적인 지식이 발휘되는 계몽의 영역은 정치적인 장이 아니라 문화적인 장이었다. 때문에 이들은 동시대 지식청년들이 전개했던 '문화운동' 내부에 자신의 자리를 분명하게 주장한다. 백조 동인들이 『백조(白潮)』를 발간하면서 사상잡지 『흑조(黑潮)』의 발행을 병행하려고 생각했던 것은, 그들의 말을 빌리면 "전적(全的) 문화생활"에 대한 이상을 실현하고자 함에서였다.[28] 동인지 문학인들은 문예잡지를 통해 당시에 펼쳐진 '문화운동'의 다양한 스펙트럼의 '일부'를 담당하고자 했다고 할 수 있다. 그러

---

26) "잃어버린 國權을 회복하려는 '3·1운동'의 실마리가 표면화하기 시작한 것이 1918년 크리스마스 저녁이요, 민족 4천년래의 신문학운동의 봉화인 『創造』잡지 발간의 의논이 작성된 것이 또한 같은 날 저녁이었다. 뿐더러 그 『創造』 창간호가 발행된 1919년 2월 8일(『창조』 1호에는 발행일이 2월 1일로 되어 있다)은 또한 '3·1운동'의 前哨인 「동경 유학생 독립선언서」 발표의 그 날이었다. 조선 신문학 운동의 봉화는 기묘하게도 3·1운동과 함께 진행하였다."(김동인, 위의 글, 423면)

27) 차혜영, 「1920년대 초반 동인지 문단 형성 과정」, 『1920년대 문학의 재인식』(상허학회), 깊은샘, 2001, 125면.

28) 「六號雜記」, 『백조』 1호, 141면. 박종화는 백조시대를 회고하는 글에서 낙원동에 사무실을 둔 '백조사(白潮社)'의 간판을 '문화사(文化社)'라 한 것은 사상잡지 『흑조(黑潮)』의 발간 계획을 고려했기 때문이라고 술회하고 있다(박종화, 『역사는 흐르는데 청산은 말이 없네』, 삼경문화사, 1979, 430면).

나 이들은 자신들의 활동이 '문화운동'을 단순하게 '보조하는' 일부라고 생각하진 않았다. 이들은 자신들의 '문학'이 "문화의 꽃"[29]이며, 문화의 수준을 재는 척도라고 생각했다. 즉 동인지 문학인들은 자신들의 역할을 한정시킴으로써 그들의 위치를 특권화하고자 했다고 할 수 있다.

동인지 문학인들이 '문화운동'에서 주목했던 측면은 독립을 위한 준비 운동으로서의 논리가 아니라 근대시민사회를 모색한 운동으로서의 성격이었다. 이들은 1910년대 이광수가 보여준 '구사상·구관습 개혁론'의 과격성을 좀더 밀고 나가고자 했다. 이 점에서 볼 때 이광수는 동인지 이전의 문학인으로 쉽게 과거화시킬 수 없는 존재였다. 이광수는 동인지 문학인들이 인정했던 유일한 선배였다고 할 수 있다. 이광수는 『창조』 2호부터 동인으로 추대되었으며, 『백조』 동인으로도 이름을 올렸다.[30] 다음 장에서는 이광수의 계몽주의가 지닌 특수한 일면을 고찰

29) 벌꽃, 「長江어구에서」, 『창조』 5호, 74면.
30) 『창조』 2호 「나믄 말」에서는 "새로이 春園 李光洙 君이 우리 同人이 된 것을 報告하는 榮光을" 가졌다고 기록하고 있다. 『창조』에서 새로 동인을 받으면서 '영광'이라는 표현을 사용한 것은 매우 이례적인 경우였다. 당시 상해에서 『독립신문』의 주간 일을 맡고 있던 이광수는 『창조』 5호까지 작품을 실지 않았는데, 6호 인쇄가 거의 끝난 상태에서 도착한 춘원의 원고는 특별 대접을 받아 「특별부록」으로 꾸며지기도 했다("朝鮮新文學界에 巨星이요 奇蹟인 春園 李君이 오랫동안 우리 文壇에서 자최를 끈어 우리가 몹시 寂寞을 늣기든 바이오, 더구나 우리 創造 同人으로서 一週年 記念號를 發行한 今日까지에 아직 한번도 그 作品을 실어서 우리와 밋 讀者 여러분이 가치 同君의 驚異的 傑作을 낡는 즐거움을 가지지 못한 것은 크게 遺憾으로 생각하엿더니, 이번에 멀니서 多事한 中에서도 우리 創造에 玉稿을 보내주셧기 우리는 깃쑴을 이기지 못하야 비록 印刷가 거의 마치게 되엿지만은, 보는 일에 밧붐으로 이번 號에는 原稿가 밋지 못할 줄 아랏든 요한 君의 詩와 合하야 特別附錄를 만드러 여러분의게 提供하는 바이올시다"). 앞서 5호에는 五山人이라는 필명을 사용한 춘원의 제자가 쓴 「K 선생(이광수)을 생각함」이라는 글이 실려 호평을 받기도 했다("第 五號에 揭載된 作品 中에는 五山人 君의 「K 선생을 생각함」이란 글을 推賞코져 합니다. 好個의 小品으로 近日 我文壇의 百眉라 하기를 셔슴지 안씀니다." 벌꽃, 「長江어구에서」, 『창조』 7호, 54면; "五山人의 「K 선생을 생각함」 참말로 조흔 作品이다. 作者는 이것을 感想이라 하엿지만, 참 잘된 作品이다." 김동인, 「글동산의 거둠」, 『창조』 7호, 66면). 이러한 사실들은 『창조』 동인들이 이광수를 잡지의 권위를 높여줄 수 있는 선배로서 인정했다는 것을 보여준다. 그런데 『창조』 마지막 호인 9호(丁榮泰, 「創造 八號를 낡음」, 94~95면)에는 이광수의 글에 대한 혹독한 비판이 실려 있다. 이것은 8호에 실린 이광수의 「文士

함으로써, 이광수와 동인지 문학인들이 동시대의 지평에서 어떻게 연관되어 있었으며 또 어떤 논리로 자신들의 입장을 차별화시켜 갔는지 살펴볼 것이다.

2) 감성적 계몽주의-이광수의 경우

춘원 이광수의 계몽적 문학을 통렬히 비판함으로써 자신의 문학적 위상을 분명히 했던 김동인을 포함한 1920년대 동인지 작가들은 이광수가 부르짖었던 계몽의 내용에 가장 적극적인 동조자였다고 할 수 있다. 김동인은 이광수 문학의 계몽적이고 선언적인 '태도'에 대해 비판하면서도, 한편으로 그 계몽의 '내용'에 당시의 젊은이들이 보여준 호응이 매우 열렬했음을 회고한다.

그(이광수-인용자)가 처음에 社會에 던진 文學은 反逆的 宣言이었었다. 實로 勇敢한 동키호테였다. 그는 儒敎와 예수敎에 宣戰을 布告하였다. 그는 父老들에게 宣戰을 布告하였다. 그는 結婚에 宣戰을 布告하였다. 온갖 道德, 온

와 修養」이라는 논설과 「偶感」이라는 시편에 대한 분개에 가까운 비판이었다. 여기에서 우리는 동인지 문학인들과 이광수가 뚜렷하게 갈라서는 장면을 목격하게 된다. 이러한 과정을 세심하게 고찰한 한 연구자는 "『창조』와 춘원 사이의 일은 근대 문단 형성의 한 드라마였다"고 결론지었다(이경훈, 「춘원과 『창조』」, 『현대소설연구』 14호, 한국현대소설학회, 2001.6). 한편 이광수는 『백조』 동인으로 창간호에서부터 참여했다. 『백조』 1, 2호에서 우리는 이광수의 글을 발견할 수 있다. 그러나 이광수는 3호부터 동인 명단에서 제외된다. 저간의 사정은 박종화의 회고에서 엿볼 수 있는데, 이광수가 상해에서 귀국하면서 소위 '귀순장'을 썼다는 의혹과 그의 「민족개조론」이 불러일으킨 반감이 크게 작용했던 것으로 보인다(박종화, 앞의 책, 434면; 윤병로, 『박종화의 삶과 문학-미공개 월탄일기 평설』, 서울신문사, 1992, 45~49면). 『백조』 2호(박종화, 「嗚呼 我文段」, 143~145면)에는 『개벽』에 실린 이광수의 글 「文學에 뜻을 두는 이에게」에 대한 과격한 비판이 실리기도 했다. 이 비판의 논조를 과격하게 만든 것은 무엇보다도 이광수의 "全能의 神이 絶對한 啓示를 宣하는 態度로 傲然히 스스로 尊的 地位에 占據하여 大膽히 '弟妹들이여'"라고 말하는 방식에서 비롯하였다. 동인지 문학인들에게 이광수는 더 이상 존경하는 선배가 아니라 논쟁의 상대였다.

갖 制度, 온갖 法則, 온갖 禮義 — 이 勇敢한 동키호테는 在來의 '옳다'고 생각
한 온갖 것에게 反逆하였다. 그리고 이 모든 反逆的 思潮는 當時 全 朝鮮 靑
年의 一致되는 感情으로서 다만 衆人은 참아 이를 發說ㅎ지를 못하여 沈默을
지키던 것이었다. 衆人 靑年 階級은 아직껏 남아 있는 道德性의 뿌리 때문에
혹은 禮儀 때문에 이를 發說ㅎ지 못하고 있을 때에 春園의 反逆的 旗幟는 높
이 들렸다. 靑年들은 모두 그 旗幟 아래 모여들지 않을 수가 없었다.[31]

이광수의 계몽의식은 개인과 개인을 억압하는 사회라는 대립적 구도
에서 선명하게 표출된다. 여기에서 개인을 억압하는 외부적인 힘은 유
교적이고 가부장적인 인습과 권위로 나타난다. 당시의 상황에서 개인을
억압하는 세력으로 외세가 뚜렷하게 설정되지 않았다는 점은 "문단의
혁명아"[32]로 불렸던 이광수의 혁명적 성격의 보수성으로 지적될 수 있
다. 이미 반봉건의 문제는 갑오경장이 상징적으로 보여주듯이 사회 제
도 내에서 수용하고 지향한 것이었으며 제국주의적 자본주의가 적극적
으로 권장하고 있는 것이기도 했다.

1900년대의 애국적인 계몽의 주체가 집단적인 목소리를 냈던 것은 반
외세라는 민족적인 단위의 문제를 계몽의 선결적인 과제로 설정하고 있
었기 때문이라 할 수 있다. 이광수가 계몽의 주체로서 개인을 부각시킨
것은 일면 개인의 자율성과 개성에 대한 보다 철저한 자각과 관련된다.
그러면서도 그는 한편으로 끊임없이 스스로를 민족주의자로 내세웠으며
개성의 순치를 강조하기도 했다. 이광수가 보여준 계몽 담론의 전개 과
정을 살필 때 우리는 변증법적인 계기들로, 혹은 관심의 넓이와 폭으로
설명되지 않는 논리적인 균열들을 곳곳에서 발견하게 된다. 그 균열의
일부는 이광수와 동인지 문학 사이에 호오(好惡)가 교차하는 특수한 관계
를 이해하는 데 중요한 몫을 담당할 것이다. 이광수의 계몽주의는 정

---

31) 김동인, 「朝鮮近代小說考」(『조선일보』, 1929.7.28~8.16), 『김동인평론전집』, 67면.
32) 白一生, 「文壇의 革命兒야」, 『학지광』 14호, 1917.4.

치·제도적인 변환의 프로그램이 제외되고 문화적인 진흥을 계몽의 방법이자 목적으로 삼고 있었다. 민족의 운명이 달린 기획으로 야심차게 내놓았던 「민족개조론」(1922)에서 그는 이상적인 '개조동맹(改造同盟)' 단체의 기본적인 조건으로 無정치성을 꼽는다. 이광수에 따르면 "민족개조운동의 첫소리"로 그 역사적 의의가 큰 독립협회가 실패할 수밖에 없었던 주요한 원인은 "정치적 색채를 가졌던 것"에 돌려진다. 그랬기 때문에 민족적인 반감을 크게 불러일으켰던 이광수의 「민족 개조론」이 외려 식민당국으로부터 환영을 받을 수 있었다. 그가 구상한 민족 개조란 개개인의 심성 개조에 기초한 것이었다.[33] 그가 보여주는 감성적인 경향은 그의 문화적인 계몽주의와 밀접한 연관이 있다. 그가 절대적인 가치를 부여했던 '정(情)'을 중심으로 1920년 전후의 낭만적 문학과 대화적 관계를 유지했던 동시대 계몽주의의 특수한 한 양상을 살펴보기로 한다.

(1) 계몽의 목적으로서의 '情'

이광수는 개인의 본원적 욕구인 개성의 발현과 감정[情]의 표출을 제한하고 억압한다는 점에서 유교적인 인습에 강력하게 반발한다.

> 無限한 時間에 비길 째에야 五十年이나 百年이나
> 이와 갓흔 목숨이 앗가와 貴重한 自我를 쩍거?
> 自我! 自我! 이곳 업스면 목숨(사름)이 안이오 機械라.
>
> 이 곰이 수풀을 단이다가 (自由로 自在로)
> 偃然히 섯난 저 놉흔 바위를 보매
> 문득 제가 그의 壓迫을 밧난 듯하야── 貴重한 自我가 그의 壓迫을 밧난

---

33) 이광수, 「民族改造論」(『개벽』, 1922.5), 『이광수 전집』 17권, 삼중당, 1964. 이러한 '민족개조론'과 '개조동맹론'의 논리 위에서 그는 1922년 2월 박현환·김윤경 등과 함께 수양동맹회(修養同盟會)를 결성한다(박찬승, 앞의 책, 216면).

듯하야,

목숨을 내어 부치고 싸홈이라── 힘이
잇난 째까지 氣力이 잇난 째까지 목숨이
잇난 째까지.
그러나 그는 成功을 期함은 안이오,
다만 自我의 權力을 最高点에까지 伸長
함이라.
다시 말하노라 그는 決코 成功을 期함은
안이오,
다만 自我의 權力을 最高點에까지 伸長
함이라.

그는 죽엇도다 그럿토다 그는 죽엇도다.
(…중략…)
그의 그 쩗은 一生은 全혀全혀 自由니라
그는 일즉 自然의 法則以外에는 自由를
썩근 적 업나니라.
곰아! 곰아!
──孤舟,「곰(熊)」부분(『少年』3년 6권,
1910.6, 53~54면)

『청춘』(1914.10~1918.9)에 거듭 등장하는 삽화. '북극곰'
은 지리적인 확장을 놀랍게 경험한 세대의 의지와 비전을
반영하고 있다. 그리고 북극의 혹독한 추위는 이들이 놓여
있는 식민지 현실을 환기한다. 단군신화의 근대판 버전?
이광수는 최승만에게 '極熊(북극곰)'이란 호를 지어주기도
했다.

행갈이를 했다 뿐이지 논설에 가까운
진술들로 이루어져 있는 이 시는, 개인과
개인의 자아를 압박하는 사회와의 싸움
을 곰과 바위의 싸움이라는 단순한 알레
고리로 나타내고 있다. 전영택의 「운명」
이라는 소설에서는 이 시를 선행 텍스트로 깔고 있는 듯한 주인공의 다
음과 같은 발언을 발견할 수 있다. 주인공 동준은 출옥 후 알게 된 애인
의 배신에도 절망하지 않고 스스로의 삶에 충실하겠다는 결심을 "나는

명일(明日)노 즉시 도라가서 여전히 춘원군의 소위 곰이 되겟나이다. 부
즈런이 내가 하든 사무(事務)를 보겟나이다"라는 편지 구절로 표명한
다.[34] 여기서 유추할 수 있는 것은 이 시의 '곰'이 개인적인 상징의 범
위를 넘어 당시에 어느 정도 관용적인 의미를 획득하고 있었다는 점이
다. 이광수는 "자아의 권력"과 자유를 위해, 자아를 압박하는 존재에 대
한 알레고리인 바위와 목숨을 걸고 싸움을 펼치는 곰을 통해서 자아의
가치를 고창한다. 우리가 여기서 주목해야 할 것은 이 싸움의 성격이다.
"귀중한 자아"를 압박하는 듯한 바위는 "기천년(幾千年) 풍상(風霜)에도
엄연한 그 위의(威儀)를 유지한 존재며, 곰의 죽음 이후에도 전과 다름
없이 "무한한 시간" 속에 우뚝 서 있는 존재다. 곰 또한 성공을 꿈꾸며
이 싸움에 도전한 것은 아니라고 두 차례의 반복을 통해 강조하고 있다.
패배가 자명한 이 싸움의 의미는 싸움의 성과에 있는 것이 아니라 싸움
자체에 있다. 다시 말하면 싸움을 통해 자아의 불굴의 의지를 보여주는
데 이 싸움의 가치가 있기 때문에, 오히려 성공의 가능성이 적으면 적을
수록 불굴의 의지는 강조되고 개인의 영웅성은 부각된다. 개인의 영웅
성이 극적으로 드러나기 위해 싸움의 결말은 비극적이어야 했다고 할
수도 있다.[35] 이때 이 비극성은 현실적이라기보다는 낭만적이다.
　　한 존재에게 "기계"가 아닌 살아 있는 존재로서의 가치를 부여하는
자아의 핵심적인 자질은 다른 어떤 것과도 구별되는 개별적인 고유성에

---

34) 長春, 「運命」, 『창조』 3호, 56면.
35) 개인과 사회의 대립이라는 구도는 「獄中豪傑」(『대학홍학보』 9호, 1910.1)에도 선명히
　　각인되어 있다. 이 대립의 비극적인 면모는 자유를 맘껏 향유하던 산중 호걸 부엉이가
　　철창에 갇힌 신세로 전락해버렸다는 상황설정에 이미 마련되어 있다. 옥중에서의 조롱
　　과 모욕의 삶은 "살고 죽은" 즉 죽음만도 못한 비참한 노예 생활에 불과하다. 이 글 마
　　지막에서 이광수는 부엉이에게 다음과 같이 통렬하게 촉구한다. "너— 부엉아, 서럴지
　　고, 너— 부엉아, 서럴지고! 끓어라, 네 이빨로, 너를 얽맨 쇠사슬을! 네 이빨이, 닳아져
　　서, 가루가, 되도록! 깨뜨려라, 발톱으로, 너를 가둔, 굳은 獄을! 네 발톱이, 닳아져서, 가
　　루가, 되도록! 네 이빨과, 네 발톱이 닳아져서, 없어지고, 네 용기와, 너의 힘이 衰하여
　　서, 없어지면, 네 심장에, 있는 피를, 뿌리고 죽어이라!"(『이광수 전집』 1권, 548면)

있다고 이광수는 생각했다. 자아의 고유성은 다른 말로 바꾸면 개성이라 할 수 있는데, 이광수는 개성의 토대로 이성보다는 감성을 강조했다. 따라서 그는 청년들에게 "정육(情育)"을 힘주어 설파하게 된다.

> 人은 실로 情的動物이라, 情이 發한 곳에는 權威가 無하고, 義理가 無하고, 知識이 無하고, 道德·健康·名譽·羞恥·死生이 無하나니, 嗚呼라 情의 威요, 情의 力이여, 人類의 最高 勸力을 握하였도다.[36]

그는 '정'에서 기존의 모든 권위를 압도할 수 있는 에너지를 보았다. 이광수에게 '정육'은 계몽의 과정이었으며 '정'의 실현은 계몽의 목적이었다. 그의 단편 「무정(無情)」(1910)은 유교적인 인습으로 인해 자살하게 되는 여인의 비극적인 인생을 다루고 있다. 여인을 자살로 몰고 간 유교적인 인습을 이광수는 '무정(無情)'한 것으로 보았다. 이 소설에서 중요하게 부각시킨 유교적인 인습의 내용은 결혼이 사랑을 바탕으로 이루어지지 않고 부모에 의해 결정된다는 것이다. 그는 또한 한 논설에서 조선 가정의 문제점 중 하나로 애정이 부족하다는 점을 지적한다.[37] 이때 부정의 대상이 된 것은 부자(父子)간의 자연스러운 '정'의 유로(流路)를 차단하는 유교적인 권위와 예법이었다. 그는 '무정(無情)'한 상태에서 '유정(有情)'한 상태로 나아가는 것을 계몽의 과정으로 생각했다. 장편 『무정(無情)』의 마지막 대목은 이러한 그의 생각을 분명하게 보여준다.

> ① 해마다 각 전문학교에서는 튼튼한 일군이 쏟아져 나오고 해마다 보통학교 문으로는 어여쁘고 기운찬 도련님, 작은아가씨들이 들어가는구나! 아니 기쁘고 어찌하랴.
>
> ② 어둡던 세상이 평생 어두울 것이 아니오, 무정할 것이 아니다. 우리는 우

---

36) 이광수, 「今日 我韓青年과 情育」(『대한흥학보』 10호, 1910.2), 『이광수 전집』 1권, 474면.
37) 이광수, 「朝鮮家庭의 改革」(『매일신보』, 1916.12.14), 『이광수 전집』 1권.

리 힘으로 밝게 하고 유정하게 하고, 즐겁게 하고 가멸케 하고, 굳세게 할 것이로다.

③ 기쁜 웃음과 만세의 부르짖음으로 지나간 세상을 조상하는 「무정」을 마치자.

어둠에 반대인 밝음 혹은 빛은 서구 계몽주의자들이 흔히 사용했듯이 계몽의 메타포다. 서구 계몽주의에서 말한 이 빛은 이성의 빛이었다. 그런데 ②에서 보이듯이 이광수에게 어둠과 빛의 대립은 '무정(無情)'과 '유정(有情)'의 대립으로 나타난다. 그의 계몽의 빛은 감성의 빛이었다고 할 수 있다. ①은 밝고 유정(有情)한 미래를 준비하는 현실의 낙관적인 측면이다. ③의 "지나간 세상"은 어두운 세상이요 무정(無情)한 세상이었다. 작가의 말대로 이 "지나간 세상을 조상하는" 것이 작품『무정』이라면, "「무정」을 마치자"라는 말은 작품을 종결짓는다는 의미를 넘어서 지금부터는 유정(有情)한 세상으로 나아가자는 주장을 함축하고 있다고 볼 수 있다.

작품『무정』에서 애정의 삼각관계를 보였던 형식, 선형, 영채가 갈등 관계의 남녀에서 계몽의 동료로 변모하게 되는 계기는 삼랑진 역에서 목도하게 되는 수재(水災)였다. 수재민의 비참함은 민족의 비참함을 상징적으로 보여주는 것인데, 이 장면에서 이들은 지극한 동정심(同情心)을 느끼고 이 같은 동정심의 발로에서 자선음악회를 개최하게 된다. 이광수는 '동정(同情)'을 '유정(有情)한 사회'를 만드는 심리적 기초이면서 동시에 '유정(有情)한 사회', 즉 문명 사회의 본질적인 속성으로 파악하였다. 그는 "동정의 척도"를 문명과 인격의 척도로 삼는다.

同情은 精神의 發達에 正比例하나니 (精神의 發達은 곧 人道의 發達이니, 人類의 根本的, 主的 文明이라, 物質的 文明도 精神的 文明에 對하면 枝葉的, 從的이니 健全한 精神的 文明을 基礎로 아니한 物質的 文明은 眞되지 못하고 善되지 못하여, 人類에게 福利를 줌보다 禍害를 줌이 많으니라) 精神 發達의 度가 높은 個人이나 民族은 同情의 念이 富하고 精神發達의 度가 낮

은 個人이나 民族은 同情의 念이 乏할지라. 이를 現代에 보아도 文明諸國 人
士는 同情이 豊富하여 ……38)

　　이러한 그에게 계몽주의자는 "동포의 냉랭한 심정의 온도가 올라가"
도록 하는 "Heater"에 비유되기도 했다.39) "정신의 발달에 정비례"한다
고 생각한 '동정'을 문명의 척도로 내세운 이광수는 물질적 문명보다 정
신적 문명을 우위에 두었다. 따라서 그는 민족의 이상을 정치적인 독립
과 경제적인 발달에서 찾지 않고 문화적인 성취에서 구하게 된다. 그는
"앵글로색손족이 영토가 광대하고 황금이 누적(累積)함으로 세계에 양반
이 아니라, 셰익스피어와 뉴톤·에디슨 같은 이를 내었으므로" 문명인
이 되었다고 말한다. 그는 「우리의 이상」이라는 논설에서 "정치적으로
나 문화적으로 다 갓치 우월한 지위를 점할 수 잇다하면 게서 더 조흔
일이 업건마는, 그러치 못하고 만일 二者를 不可得兼할 경우에는 나는
찰하리 문화를 취"하겠다고 말함으로써40) 문화적 계몽주의자로서의 한
정적인 입장을 단적으로 보여준다. 우리 민족은 세계문화사에 공헌하는
것으로 세계사적 의의와 위치를 확보해야 한다는 그의 주장은, 현상윤
으로부터 정치·경제적인 측면을 배제한 소극적인 계몽이라는 비판을
받았는데,41) 이때의 소극성은 이광수의 현실 타협적인 측면과 통한다.
　　장편 『무정』에서 수재민을 위해 열린 자선음악회는 이광수의 문화적
계몽주의의 일면을 상징적으로 보여준다. 동정의 마음에서 마련된 자선
음악회는 집과 논밭을 수마에 잃어버린 수재민에 대한 동정심을 음악을
통해 많은 사람들에게 고취할 수 있을 것이라는 발상을 깔고 있다. 음악
회에 참석한 사람들이 흘린 감동의 눈물은 수재민에게 "따뜻한 밥 한
그릇과 국"으로 돌아갈 것이다. 이광수는 사람을 유정(有情)하게 하고 감

---

38) 이광수, 「同情」,(『청춘』 3호, 1914.12),『이광수 전집』 1권, 557면.
39) 이광수, 「H君의게」,『창조』 7호, 59면.
40) 이광수, 「우리의 理想」,『학지광』 14호, 1917.11, 1면.
41) 현상윤, 「李光洙君의 「우리의 理想」을 讀함」,『학지광』 15호.

동의 눈물을 흘리게 하여 동정이 넘치고 유정(有情)한 사회로 만드는 데 문화의 기능이 있으며 목적이 있다고 생각했다.[42] 이때의 문화는 현실의 모든 궁핍과 모순을 감성적인 위로와 관념적인 이상으로 보완하거나 은폐한다.

(2) 계몽의 방법으로서의 '情'

이광수에게 '정'은 문장이나 웅변의 감화력을 결정짓는 요소로 강조되기도 한다. 그는 감정이 실려있는 문장이나 웅변이 독자나 청중을 설득하는 데 더 큰 효과를 발휘한다고 생각했다. 이광수의 다음 문장은 웅변의 수사학에 감정이 발휘하는 기능을 분명하게 보여준다.

> 이제 二人이 有하니 ① 一人이 曰 "我는 韓土에 生하며, 韓土에 長하며, 韓土에 死하리니 我는 韓土를 受할 義務가 有하다." 하며 ② 他 一人은 曰 "韓土 韓土여, 爾果其何완데 憶爾懷爾에 思慕戀戀하며 傷爾哀爾에 熱淚滂沱오"하니, 此 二者 中 뉘 能히 韓山을 爲하여 血을 濺할까. 情育을 其勉할지어다.[43]

①에 비해 ②에는 감정을 표시하는 어휘가 두드러지게 나타난다. 억(憶)・회(懷)・사모연연(思慕戀戀)・상(傷)・애(哀) 등의 어휘가 그것이다. 또한 ②의 문장은 어미 '~오'나 호격 '~여'를 통해 주관적 감정을 노출하고 있다. 뿐만 아니라 감정의 극적인 반응이라 할 수 있는 눈물[熱淚]이 흘러 넘치는 것으로 문장이 종결되고 있다. 이광수는 언술에 드러난 감

---

42) 이광수는 「文學이란 何오」(『매일신보』, 1916.11.15~11.23)에서 문학의 실효로 몇 가지를 거론했는데, 그 중 다음과 같은 대목은 문학에 '자선음악회'와 같은 기능이 있음을 잘 보여준다. "情의 滿足을 目的"(『이광수 전집』 1권, 508면)으로 삼는 문학은 人情世態를 이해하게 함으로써 "人類의 最覺한 德이요, 多數 善行의 原動力되는 同情心이 發하여 富者가 貧者를, 貴子가 賤子를, 善者가 惡者를 同情하게"(511면) 한다.
43) 이광수, 「今日 我韓靑年과 情育」, 『이광수 전집』 1권, 475면.

정의 양을 그대로 내면의 파토스와 진정성에 연결시킨다. 따라서 ①의 화자와 견주어볼 때 ②의 문장을 구사하고 있는 화자는 더 진실한 애국심을 소유한 자로 의심 없이 받아들여지며, 그 문장은 더욱 강한 계몽적인 효과를 발휘하게 된다고 이광수는 생각했다.

또한 그에 따르면 '정'으로부터 이루어지는 행위는 당위에 의한 억지가 아니라 자발적인 것이므로 표리부동하지 않다. 이러한 '정'이야말로 "신성한 독립적 도덕" ─ 사회나 전통과 같은 외부로부터 규정된 도덕이 아니라 스스로의 내면으로부터 우러난 자율적인 도덕의 토대가 되어야 하는 것이다. 이광수는 자발적인 행위의 추진력으로 정을 긍정했는데, 그가 강조한 자발성은 특이한 역설을 함축하고 있다. 이광수는 앞에서 보았듯이 "정이 발(發)한 곳에는 권위가 無하고, 의리가 無하고, 지식이 無하고, 도덕·건강·명예·수치·사생(死生)이 無하나니, 오호라 정의 위(威)요, 정의 역(力)이여, 인류의 최고 권력을 악(握)하였도다"라고 정의 절대적 의의를 선포한다. 그러나 이 진술은 같은 글에서 아래와 같은 논리로 변용된다.

嗚呼라 人類를 爲하여 組織한 社會 國家가 도리어 人에게 苦痛을 與하는 機械를 作하며, 人을 爲하여 成立한 法律·道德이 도리어 人을 誤하는 網과 窄을 作하였나니, 如斯코 어찌 社會 國家가 安保함을 得하며 法律·道德이 彰然함을 期하리오 猶尙 社會 國家는 此를 察지 못하고 다만 人에게 義務의 念만 灌注키를 是務하며 法律·道德에만 服從키를 是求하니, 俗談에 闢을 門이라고 開하려는 類며 腹瘡背樂의 愚를 當함이로다.
情育을 其勉하라. 情育을 其勉하라. 情은 諸義務의 原動力이 되며 各活動의 根據地니라. 人으로 하여금 自動的으로 孝하며, 悌하며, 忠하며, 信하며, 愛케 할지어다. 盲理性의 統御指導 無코는 君子되지 못한다 하니 그 或然할지니 眞正하고 深刻한 事業은 情에서 湧할 者일진저. (474~475면)

인용문을 살펴보면, 사회·국가의 법률이나 도덕이 인간에게 고통을 주는 이유는 그것들이 악법이거나 악습이어서가 아니라 외부로부터 주어진 의무이기 때문이다. 여기서 요구되는 것은 법률이나 도덕의 개혁이 아니고 법률이나 도덕을 내면화하여 자발적인 준수로 유도하는 것이다. 이를 위해서는 "맹이성(盲理性)의 통어지도(統御指導)" 대신에 '정'을 육성해야 한다고 이광수는 주장한다. 이때의 자발성은 스스로 판단하고 비판하는 자율적인 인간의 속성이라기보다는 "자동적"으로 체화된 복종의 감각에 가깝다.

이광수는 1920년대 초에 '민족성 개조'를 주창하면서 자기가 원하는 모든 덕목이 "습관"을 이루어 체화된 상태를 "七十而從心所欲不踰矩(마음이 하고자 하는 바대로 행해도 도에 어긋나지 않음)"의 경지에 빗대어 표현했다.[44] 여기서 이광수는 더 이상 자유의지의 실현을 고창하는 '혁명아'가 아니다. 오히려 위 글의 맥락은 푸꼬가 분석한 근대 규율권력의 속성과 작동방식을 연상시킨다. 푸꼬에 따르면, 근대적인 권력은 각각의 개인이 자발적으로 자신의 감독자가 되는 시스템—내면화된 감시체계에 의해 최소의 비용으로 계속적으로 행사된다.[45] 이광수의 '민족성 개조' 구상은 이러한 규율권력의 그물망에서 벗어나지 못한다. 그는 좋은 습관이 '정의적(情意的) 영역'(성격)에 뿌리내리게 될 때[46] 다시 말하면 자동화될 때, 개인은 의무의 고통에서 해방되고 국가는 '안보'를 유지할 수 있다고 말한다. 여기에서 우리는 「곰」의 영웅성을 도출시킨 개인의 내면과 개인을 둘러싼 외부 사이의 낭만화된 대립 구도마저 찾아 볼 수 없다.

---

44) 이광수, 「民族改造論」, 『이광수 전집』 17권, 196면.
45) Michel Foucault, 오생근 역, 『감시와 처벌―감옥의 역사』, 나남출판, 1994, 289~329면 참조. 한국의 '식민지적 근대'의 특징을 푸꼬의 문제 의식이었던 권력과 규율화의 측면에서 고찰한 것으로는 『근대주체와 식민지 규율권력』(김진균·정근식 편, 문학과학사, 1997)이 있다. 이 책에서 근대성 담론의 원리로 지적한 "해방과 규율화의 서사"(20면)는 이광수의 계몽담론을 이해하는 데도 도움이 된다. 이광수는 자아해방의 기획을 통해 그리고 규율의 내면화를 통해 개인의 주체화 모델을 제시했다고 할 수 있다.
46) 이광수, 앞의 글, 195면. 그는 같은 글에서 긍정적 의미의 예의에 대해 "規律에 服從하여 秩序를 지키는" 심성이라고 말하기도 한다(190면).

봉건적 인습은 개선되어야 할 내면의 결함으로 전이되고 식민지 체제의 모순이나 불합리는 묵과된다. 그는 복종해야 하는 정치원리 자체가 보편적 이성에 부합되어야 한다는 사실을 고려하고 있지 않았다.

(3) 인생의 예술화를 위한 '情'

1920년대 초기의 문단에서 '인생을 예술화하자'는 주장은 '인생을 위한 예술'이나 '예술을 위한 예술'과 같이 빈번하게 사용된 문학적 명제다. 이 주장은 '인생을 위한 예술'의 관점에서뿐 아니라 '예술을 위한 예술'이라는 관점에서도 사용되었다. 이광수는 대체로 '인생을 위한 예술'의 입지에서 '인생을 예술화하자'는 주장을 펼쳤다. 이광수가 제안한 '인생의 예술화'는 그와 동인지문학인들 사이에 새로운 의미의 간극이 발생했음을 보여주는 한 가지 표지다. 그들 사이에서 이 문학적 구호는 동음이의(同音異義)였다고 할 수 있다. 결론부터 말하자면, 이광수가 생각한 '예술화된 인생'은 '도덕적인 인생'의 다른 표현이었고, 이것은 그의 초기 논설들이 보여준 반역적 면모(앞에서 본 김동인의 표현으로 하면 '용감한 동키호테')와는 상당히 이질적인 것이었다.

이광수는 문학의 자율적 근거로 '감정'을 전제했는데, 도덕의 잣대로 감정의 위계를 설정하느냐 그렇지 않느냐에 따라 그의 문학적 주장은 매우 다른 양상을 띤다. 「문학(文學)이란 하(何)오」(1916)에서 그는 재래의 조선문학이 유교도덕에 매여 조선인의 사상·감정을 자유롭게 표출하지 못했기 때문에 발전이 없었다고 비판하면서, 신문학은 도덕률을 고려하지 말고 "실재한 사상과 감정과 생활을 여실하게 만인의 안전(眼前)에 재현"할 것을 당부하고 있다.[47] 또한 현상모집 소설을 읽고 이광수는 투고한 작품들이 "전습적(傳襲的)·교훈적인 구투를 탈(脫)하야 예술적

---

47) 이광수, 「文學이란 何오」, 『이광수 전집』 1권, 516면.

에 들어가는 기미(氣味)가 잇"었다고 말하고, 이러한 경향이야말로 "신흥하는 문학의 핵심"이라고 강조한다.[48] 이광수에게 있어서 도덕률에 얽매이지 않는 자유로운 감정에 대한 긍정은 인습으로부터의 자아의 해방이라는 계몽기획과 결부되어 있었다. 이러한 '자아의 해방'이라는 주제는 동인지 문학인들의 모토이기도 했다. 이광수에게 이 주제는 권선징악적 교훈성과 달리 직설적이고 교조적으로 문학작품에 드러나더라도 문학의 '예술성'을 크게 손상시키지 않는 것으로 보였다. 이 때문에 그의 작품이나 문학론에 낭만적인 성향과 계몽적인 언설들이 작가로서의 갈등 없이 공존할 수 있게 된다. 이광수가 종종 문면에 드러내었던 계몽의 직설화법에 대해서 혹독하게 비판했던 김동인이 이광수 문학의 감성적이고 낭만적인 성향을 동시에 비판하는 대목에서 우리는 이광수 문학의 이중성과 함께 낭만성과 계몽성의 밀접한 관계를 엿볼 수 있다.

> 우리들(『創造』의 문예운동 – 인용자)의 보여주려 한 것은 결코 新舊의 道德이나 戀愛 自由를 주장하는 이러한 (이광수의 – 인용자) 小局部의 것이 아니고 人生의 問題와 煩悶이었다.
> (…중략…) 그 不滿과 不滿足은 「춘원」의 條目에도 말한 바와 같이 春園의 作品의 主潮가 너무 小局部의 問題요 그의 作風이 너무 感傷的이며 그의 作의 影響이 너무 데카당스的 風潮를 靑年 社會에 흘렸으며 그의 作品 그것이 當時의 小說作家 志願 靑年들에게 소설에 대한 그릇된 觀念을 줌에 대하여서라.[49]

신(新)도덕과 자유연애라는 국부적인 문제에 치중했던 이광수의 작풍(作風)이 너무 감상적이고 그의 작품의 영향으로 데카당스적 풍조가 만연했다는 김동인의 비판은, 이광수가 동인지 문학이 주류를 이룬 당시의 문단에 던졌던 비판과 거의 일치한다. 이광수는 근래의 작가들이 "문사

---

48) 이광수, 「懸賞小說考選餘言」, 『靑春』 12호, 1918.3, 98면.
49) 김동인, 「朝鮮近代小說考」, 앞의 책, 70~71면.

라 하면 반듯이 연애를 담(談)"해야 한다고 생각하고 있으며 "데카당스의 망국정조(亡國情調)가 풍미(風靡)하여 마치 아편 모양으로, 독주 모양으로 청년 문사 자신과 및 순결한 그네의 독자인 청년남녀의 정신을 미혹"하고 있다고 비판했다.50) 이광수가 감정을 도덕의 잣대를 가지고 우월한 감정과 열등한 감정으로 구분하고, 문학가의 인격적 수양을 강조하는 경향으로 기울게 되는 데에는 감상적이고 퇴폐적인 문단의 분위기에 대한 비판적이고 보완적인 인식이 작용하고 있었다.51) 「문사와 수양」(『창조』8호), 「예술과 인생」(1922) 같은 논설은 과격한 낭만성과 감상성에 대한 그의 우려와 비판적인 태도를 잘 보여준다. 그는 "도덕적 수양의 중심은 열등감정의 억압에 있다"고 보았다.52) 이광수는 철저한 자아의 해방, 개성의 해방, 감정의 해방이라는 과격한 계몽주의적 노선을 온건하게 수정함으로써 낭만적 성향의 문학과 거리를 두게 된다.

> 나는 생각하기를, 人生을 행복되게 하는 길은, 첫째는 예수의 가르침대로,
> 「人生을 道德化하라.」
> 타고르의,
> 「人生을 藝術化하라.」

---

50) 이광수, 「文士와 修養」, 『創造』8호, 14~15면.
51) 이광수가 카프에 대항 논리를 전개하는 방식도 이와 흡사하다. 「中庸과 徹底」(『동아일보』, 1926.1.2)에서 이광수는 감정을 '상(常)'의 감정과 '변(變)'의 감정으로 구분한다. '변'의 감정은 카프의 혁명적 열정과 극단성에서 노출되는 증오·쟁투·저주·살륙 등의 열등감정이며, '상'의 감정은 일상생활에서 누구나 느끼게 되는 희노애락의 감정인데, 그는 항구성과 보편성을 가진 문학은 '상'의 문학이라고 역설한다. 그는 또한 「文學에 대한 所見」(『동아일보』, 1929.7.23)에서 문학적 감동을 "尊卑"의 질적 차이로 구분한다. 그는 애와 증오, 관서(寬恕)와 분노, 숭엄과 외설의 감정 사이에는 존(尊)과 비(卑)의 질적 차이가 있다고 보았다. "尊한 예술품은 마치 하늘에서 내려온 사다리와 같아서 우리를 높은 데로 끌어 올"리지만, "卑한 것은 無底한 奈落으로 끌어 내린다"고 한 데서 잘 드러나듯이, 감정에 존비(尊卑)의 차이를 설정할 때 그는 문학의 도덕적 감화력을 문학적 가치의 중심에 놓는다. 그리고 문학 작품에 존비(尊卑)의 질적 차별이 생기는 것은 작가의 인격에 달려 있으므로 인격적 수양을 작가의 의무로서 강조한다.
52) 이광수, 「藝術과 人生」(『開闢』19호, 1922.1), 『이광수 전집』16권, 31면.

함에 있다 합니다.

各個人이 幸福되려니 人生의 藝術化가 필요하고, 各개인이 社會的 生活을 하려니 人生의 道德化가 必要한 것이외다.[53]

이광수는 같은 글에서 "예술이란 인생에게 위안을 주는 것"이라고 했는데, 인생을 예술화하라는 말은 위안을 주는 기능을 가진 예술의 속성을 내면화하라는 뜻으로 해석된다. 이광수에게 이러한 예술의 내면화는 곧 도덕화를 의미한다. 도덕화한다는 것은 "열등감정을 억압"하고 "마음속의 악마"를 쫓아내는 것을 뜻했다. 그가 언급했듯이 그에게 있어 예술화한 생활과 도덕화한 생활은 "이종(二種)의 생활이 아니요, 단일한 생활의 양면(兩面)"이었다.

이광수는 마음의 평화나 행복은 외부의 상황과 무관하게 자족적일 수 있기 때문에, 결국 모든 불행의 싹은 마음에서 싹트는 것이라고 생각했다. 그리하여 그는 "사람아 너를 먼저 개조하라!"고 외친다. "경제적 생활이 파산의 경(境)에 빈(瀕)하고 또 악정(惡政)의 압박하에 인민"이 처해 있는 식민지 상황에서 그는, "정치조직을 고치고 경제조직을 고치고 사회조직을 고치는 등의 외적 치료를 하더라도 인생의 행복은 증진되지 아니할 것"이니 피폐한 민중의 영혼을 풍요롭게 할 "예술을 주어라"고 역설한다. 그가 생각한 '무정(無情)에서 유정(有情)으로의' 진보는, 물질적 조건의 변화 없이도 인격적 수양과 문화적 발전을 통해 성취할 수 있는 것이었다. 마르쿠제의 말대로, 인간은 결코 빵만으로는 살 수 없다는 진리가 영혼의 양식이 빵의 부족을 보충할 수 있다는 해석에 의해서 치명적으로 훼손당하고 있는 것이다. 현실들 사이의 명백한 대립은 아름답고 심오한 문화 안에서 용해되고 화해에 이른다.[54]

---

53) 이광수, 위의 글, 30면.
54) H. Marcuse, 최현 · 이근영 역, 「변증법적 범주로서의 문화」, 『美學과 文化』, 범우사, 1982, 39~42면.

이광수가 「여(余)의 자각한 인생」이라는 초기의 논설에서 "밖에서 얻으려고 살피지 말고 안을 보아라! 너희들의 갈 방향을 가리키는 자침(磁針)과 같음을 너희들 안에 담아주지 않았느냐"고 부르짖은 것은, 다른 어떤 것에도 기대지 말고 자아의 욕구, 즉 "정신의 호령"을 쫓아서 밖으로 나아가 이를 실현하라는 의미였다.[55] 이때 인간의 내면에 있는 자침은 외부를 향해 놓여 있는 것으로 인식되었다. 그러나 그는 이 자침의 방향을 수정하라고 말한다. 그는 자침의 방향을 내부로 돌려서 내면적 충족을 이루라고 권고한다. 그에게 있어서 인격은 문화적 · 예술적 이상을 대변하는 것이라고 할 수 있다.

3) 문화적 계몽주의와 유미주의의 결합

'전적(全的) 생명'이라는 말은 『창조』·『백조』·『폐허』 등 1920년대 초기 동인지나 이들 동인지의 담당 계층이었던 중산층 유학생들의 의식을 대변했던 『학지광』 같은 잡지에서 개인과 예술의 궁극적 가치를 수렴하는 말로 사용되었다. 이들은 '전적 생명'의 표현이 곧 존재의 진실한 표현이며 진정한 예술이라고 생각했다. 이러한 '전적 생명'의 표현은 "喜를 喜로 하고 怒를 怒로 하고 哀를 哀로 하고 樂을 樂으로" 표현할 수 있는 감정의 자유를 전제한다. 동인지 문학인들은 작품에 드러낸 감정의 격렬함과 양으로써 자아의 진실성을 입증하려고 했다. 그런데 "조물주의 본의(本意)"인 이러한 자유가 제도와 인습에 의해 제한되고 억압되어 있기 때문에, '전적 생명'을 온전히 드러내기 위해서는 제도와 인습의 파괴가 먼저 이루어져야 했다. 『폐허』의 '폐허의식'은 파괴가 건설의 토대라는 생각을 보여준다.

---

55) 이광수, 「余의 自覺한 人生」(『少年』 8호, 1910.8), 『이광수 전집』 1권, 551~552면.

「폐허」라는 題目은, 獨逸詩人 실테르의,
  넷것은 滅하고, 時代는 變하엿다,
  내 生命은 廢墟로부터 온다.
는 詩句에서 取한 것이다.56)

  '폐허'는 옛것이 완전히 파괴되어 '무(無)'의 순수성과 성스러움이 감
도는 곳으로 선포된다. 염상섭은 "이 처참하나 거룩한 '성전'에 드러온
청년의 무리"에게서는 "(도덕의) 말뚝과 채쭉에 신음하던 자의 묵은 우
수는 스러지고, 지금의 사랑과 미래의 영화를 꿈꾸는 자의 단(甘) 미소
가, 구변(口邊)에 흘러감니다"라고 『폐허』 창간의 의의와 감격을 밝혔
다.57) 그러나 이처럼 순수하고 성스러운 '폐허'는 1920년의 현실이 아니
라 그들의 관념 속에만 존재하는 현실이었다. 이들은 절대적이고 완전
한 폐허를 요구했다. 순수한 폐허에서만 순수한 생명이 싹을 틔울 수 있
다고 생각했기 때문이다. 도덕적 허위와 인습에 대한 철저한 부정은 한
편으로 스스로를 "모든 속박을 탈(脫)하고 학문과 생활의 자유를 구하려
하는 문예부흥적의 이태리인"으로 내세우게 했으며,58) 다른 한편으로는
삶의 외부적 조건으로부터 도피하게 했다. '망각'이나 '죽음'이 초월의
계기로 애용된 것은 '절대적 폐허'와 '절대적 자유'라는 과격한 요구가
계몽의 노력을 무용하게 만들었기 때문이기도 하다. 그들이 결국 요구
한 것은 '개선'이 아니라 '파괴'였던 것이다. 이 시기의 문인들이 보여준
죽음에 대한 찬미, 자아의 '전적 생명'의 표출을 억압하고 왜곡하는
세력들이 전멸한 순수한 '폐허'의 세계에 대한 동경이기도 했다. 허위와
인습에 찌든 세상, 오염된 세상을 초월해 있는 순결한 장소로서 그들이
발견해 내었던 것은 '꿈'과 '죽음'이었다. 그러나 '꿈'은 깰 수밖에 없는
순간적인 것이었고, 죽음은 영원한 것이었지만 생명의 약동이 정지된

---

56) 「想餘」, 『폐허』 1호, 128면.
57) 염상섭, 「廢墟에 서서」, 『폐허』 1호, 1~2면.
58) 이병도, 「朝鮮의 古藝術과 吾人의 文化的 使命」, 『폐허』 1호, 10면.

세계였다.

계몽의 요구가 이처럼 과격해진 이유는, 그들이 놓여 있었던 식민지라는 조건에서 계몽의식이 사회·정치적인 개혁운동으로 발전하여 실질적인 삶의 개선으로 나아갈 수 없었기 때문이기도 하다. 이들이 추구한 절대적 자유는 정치적인 자유가 아니라 문화적이고 예술적이고 내면적인 자유였다. 계몽주의가 현실에서 작동할 때에는 끊임없이 그것의 실현가능성을 검토받게 된다. 그러나 현실적인 힘을 발휘하지 못하는 이념의 영역에 머물러 있을 때, 계몽의 요구는 이상적이고 절대적인 성향을 나타내게 된다.[59] 이때에는 실현 가능성에 대한 모색이 쉽게 타협의 혐의를 받게 된다. 그러나 이러한 배타성이나 과격성은 정치적으로, 즉 현실적으로 어떤 위험도 감수할 필요가 없다. 이들은 현실에 대해 관념적으로 절망했지만 현실적으로 이들은 안전했다.

이들에게 예술은 절대적 자유가 실현될 수 있는 유토피아적인 영역으로 사유되었다. 그러나 현실은 자아 해방과 동시에 자아의 고립이라는 형벌이 주어지는 수난의 장소로 여겨졌다. '전적 생명'의 표출은 그것을 왜곡하고 억압하는 현실을 뚫고 나와야 하는 것이었다. 이 같은 자아 해방을 통해 개인의 삶은 진정한 의미를 획득하게 되지만, 그 삶은 현실로부터의 소외감을 감당해야 하는 힘겨운 것이 된다. 이 소외감은 현실이 변함 없이 적대적이기 때문인데, 이로 인해 삶은 비장해진다.

　　'自我'를 表現하고 '自我'의 本領을 發揮하야 自己的 生活을 하려함이, 곳 우리에게 天이 賦與한 特殊한 權利며 同時에 이 權利를 行使하여야만 할 義

---

59) 김수용, 『예술의 자율성과 부정의 미학』, 연세대 출판부, 1998, 133~137면 참조. 필자는 독일의 슈투름 운트 드랑 운동을 과격화된 계몽주의라는 관점에서 보고 있다. 여기서 그는, 시민 계급의 입지가 강화되어 있어서 계몽운동이 곧바로 현실적인 정치·사회 개혁으로 발전해갈 수 있었던 영국, 프랑스의 계몽주의가 강한 현실적 경향을 보이는 데 반해, 정치적 사회적 해방이 요원했던 독일의 경우에는 계몽주의 사상으로 무장한 지식인들이 개혁의지를 펼칠 현실적 조건이 성숙하지 못했기 때문에 이념적 과격성을 보이게 되었다고 분석한다.

務도 잇는 것이다. (…중략…) 우리가 主我的 生活을 함으로 말미암아 생기는 모든 世間의 輿論이나 批評을 少毫도 介意할 것 없이 亂天의 標的이 될지라도 굽히우지 안코 正直하게 大膽하게 悲壯하게 줄기차게 反抗的 態度로 나가지 아니하면 안이 될 것이다.[60]

이들이 토로한 소외감과 비장감은 자아 해방의 가치를 부각시키고 수식하는 기능을 했다. 이들의 '오뇌'는 "생활난의 고생이나, 허영심에 뜬 초조나, 속적(俗的) 성공열에 달른 불만"과 차원을 달리하는 고상하고 정신적인 것으로 격상된다.[61] 오상순은 「시대고와 그 희생」이라는 글에서 우리 시대의 고뇌는 자기 속의 참자기를 절대로 긍정하는 데서 생긴다고 했다. 부연하면, 참자기의 요구는 "가장 열렬한 가장 맹렬한 가장 심각한 충동적 감정으로" 우리의 근저(根柢)에서 솟아나는데, 이것을 절대적인 것으로 긍정하는 것은 "전율할 고독의 적연(寂淵)에 뛰여드러가"는 일이다. 그런데 이 고독과 비극이 반동적으로 참자기의 요구를 더욱 매력적으로 만든다고 그는 말한다. 이와 같이 이들의 절망과 고독은 자아실현의 가치를 증명하고 미학적으로 수식하는 것이었다.

> 나는 살련다 나는 살련다
> 바른 맘으로 살지못하면 밋처서도 살고 말련다.
> 남의 입에서 세상의 입에서
> 사람 靈魂의 목숨까지 끈흐려는
> 비웃음의 쌀이
> 내송장의 불상스런 그꼴 우흐로
> 소낙비가 치내려 쏘들지라도―
> 짓퍼불지라도
> 나는 살련다 내 뜻대로 살련다.
> 그래도 살 수 업다면―

---

60) 변영로, 「主我的 生活」, 『학지광』 20호, 1920.7, 56면.
61) 오상순, 「時代苦와 그 犧牲」, 『폐허』 1호, 59면.

(…중략…)

죽으면 — 죽으면 — 죽어서라도 살고는 말련다.[62]

이 시에서 '산다'는 것은 단순히 육체적인 생명을 영위한다는 것을 뜻하지 않는다. "내 뜻대로" 사는 것이 진정하게 사는 것이라고 이 시는 말하고 있다. '산다'는 것이 의지의 표명이 되는 이유가 여기에 있다. 그러나 소낙비처럼 퍼부어지는 세상의 비웃음이나 멸시는 "영혼의 목숨"을 끊으려고 한다. 이러한 세상과 타협하여 영혼의 순결성이 손상된다면 그것은 살아도 사는 것이 아닌 게 된다. 오히려 죽음이 영혼의 순결성을 보존해 준다면 죽음을 통해 사는 역설이 성립하게 된다.

이 시기의 일군의 문인들은 자신들을 이해해 주지 않는 현실에서 느끼게 되는 소외감과 고립감을 보상해줄 세계를 구하고자 하였다. 예술적인 유토피아는, 이상화의 시 구절을 빌려 말하자면, 현실의 "외나무다리 건너"에 있었고 "오즉 꿈속에만 잇"었다.[63] 그들이 발견한 세계는 자족적인 것이었지만 이때의 자족은 현실로부터 완전히 절연된 고립을 바탕으로 하는 것이었다. 이들은 현실의 고립감을 자발적이고 관념적인 고립으로써 보상받고 초월하고자 했다고 할 수 있다.

적어도 四五世紀동안 지내온 老大의 俗惡이라는 것과, 「稗史小說이라고」 몹시 놀으든 것과, 僧家의 美術이 振興되지 못허든 것도, 이 사람의 神經에 기름 부어주지 못헌 큰 까닭이요 軸에 기름읍는 機械가 回轉헐 수 읍소! 나는 이 機械에 부어줄 기름 만드는 것과, 깔댁이 맨드는 것이 第一 몹시 急헌 줄 아오 (…중략…) 아아, 이 사람들의 神經이 完全히 運轉하야 作用허는 날이, 나의 再生허는 날이요 (…중략…) 나도 이때에는 와일드의 本能的 色情主義나, 소로구부의 極端的 厭世主義의 作物들까지도, 滋味스럽게 읽어볼 줄 아오[64]

---

62) 이상화, 「獨白」(『동아일보』, 1923.10.26), 『이상화 전집』(김학동 편), 새문사, 1987.
63) 이상화, 「나의 寢室로」, 『백조』 3호, 14면.
64) 최승구, 「情感的生活의 要求」, 『학지광』 3호, 1914.12, 17~18면.

위 인용에서 최승구는 생활과 정감의 관계를 기계와 윤활유의 관계에 비유하고 있다. 그리고 그는 자신의 예술을 통해 사람들이 정감적인 생활을 하는 데 기여하겠다는 포부를 밝히고 있다. 이러한 생각은 앞에서 살펴본 이광수의 생각과 일맥 상통하는 것이다. 그런데 그는 사람들이 완전하게 정감적인 생활을 누리게 되면 "와일드의 본능적 색정주의(色情主義)나 소로구부의 극단적 염세주의"가 표현된 작품까지도 흥미 있게 읽을 수 있을 것이라고 말한다. 여기서 우리는 그가 말한 정감적 생활이 생활의 도덕화와 무관한 생활의 예술화였음을 알게 된다. 일군의 동인지 문학인들은 이와 같은 논리로 예술과 인생의 매개 고리를 마련하고자 했다.

김동인이 "우리 사회를 순예술화(純藝術化)한 사회로 만드릅시다"라고 말했을 때, 그의 제안은 예술을 진정으로 이해할 수 있는 사회를 만들자는 말이었다.[65] 김동인이 볼 때, 참예술적 작품을 이해하는 것은 "참자기, 참사랑, 참인생, 참생활"을 이해하는 것이었다. 그는 사람들이 소설에서 타락을 연상하는 것은 "참자기, 참사랑, 참인생, 참생활"을 이해하지 못하기 때문인데, 사회가 예술화되면 소설에서 문화를 연상하게 될 것이라고 생각했다. 이 같은 논리에는 사회를 문화적으로 향상시켜야 한다는 문화적 계몽주의가 자리잡고 있다.[66]

이때 문화적 향상은 도덕이나 인격의 향상을 가리키는 것이 아니라 미(美)를 향수할 수 있는 미적 능력의 향상을 의미하는 것이다. 김동인이 말한 "참자기, 참사랑, 참인생, 참생활"은 도덕적인 정당성과는 무관한 것이었다. 오히려 위선적인 도덕을 거부하는 데에서 자기, 사랑, 인생, 생활의 진실성은 더 잘 표현된다고 할 수 있다. 이들이 드러낸 문화적

---

65) 김동인, 「소설에 대한 조선사람의 사상을」, 『학지광』 18호, 1919.8, 47면.

66) "藝術 잇는 곳에 文明이 잇고, 文明 잇는 곳에 幸福이 잇소 하고, 幸福은 우리가 眞心으로 求하는 바오."(김동인, 같은 글) "藝術을 平民化하라는 것보다 平民을 藝術化하도록 教養함이 可할 즉, 換言하면 詩畵는 詩畵대로 無限히 向上하야 가고, 平民은 此를 理解하도록 教育함이 올치 아니한가?"(나경석, 「洋鞋와 詩歌」, 『폐허』 1호, 33면)

계몽주의는 유미적인 성향을 강하게 지니고 있었다.[67] 김억은 「예술적 생활」이라는 글에서 이런 성향을 좀더 분명하게 보여준다.[68] 여기서 김억은 작가의 "중심생명"이 표출된 진정한 예술은 "진인생(眞人生)의 이상(理想)에 상응"하는 것이기 때문에, "인생의 최고 목적은 예술적되는 그곳에 잇다"고 말한다. 그는 또 이런 의미에서 "예술적 이상을 가지지 못한 인생은 공허며, 딸아서 無생명이며 무가치"한 것이라고까지 단언한다. 인생의 최고 목적을 예술화하는 데서 찾은 것은, 그가 예술의 가치를 절대적인 것으로 상정하고 있음을 보여주는 것이다.

    그는 현실과 이상의 간격을 곧 현실과 예술의 간격으로 생각했다. 그는 불만족스러운 현실을 '전적 생명'의 요구를 만족시키는 예술로써 보충하라고 한다. 사람들은 예술적이고 문화적인 생활을 통해 사회적 존재로서의 부자유를 참아낼 수 있게 되는 것이다.[69] 그러나 이때의 예술은 아름다움이라는 매개를 통해 도달한 환상적 실재일 뿐이다. 예술의 형식 속에서만 존재 가능한 행복은 단지 가상에서의 행복일 뿐인 것이다.

2. 『태서문예신보』의 구도

    『태서문예신보(泰西文藝新報)』(이후 『신보』로 약칭)는 1918년 9월 26일에 창간되어 1919년 2월 17일까지 16호를 발행한 타블로이드판 8면의 주간지다. 『신보』의 발행은 『창조』(1919.2.1) 창간호가 발행될 당시까지 지속

---

67) 김윤식은 "『창조』가 지향하는 문학 역시 계몽주의의 범주에 속하는 것이었으나, 그 계몽주의적 성격이 이른바 예술지상주의였음은 문학사적 사건"이었다고 간파한 바 있다(「김동인 소설이 놓인 자리」, 『한국문학의 근대성 비판』, 문예출판사, 1993, 139면).
68) 김억, 「藝術的 生活」, 『학지광』 6호, 1915.7.
69) H. Marcuse, 앞의 책, 52면 참조.

되고 있었던 셈인데, 『창조』 1호, 2호(1919.3.20)에는 『신보』의 광고가 실려 있다.[70] 또한 『창조』 2호의 「기증신간」을 소개하는 난에서도 『태서문예신보』의 이름을 발견할 수 있다. 이로 미루어, 『신보』가 16호 이상 발행되었을 가능성도 배제할 수 없다.

이 장에서 『신보』에 주목하고자 하는 이유는 동인지 출현과 그것이 거의 동시대의 산물이었다는 데에도 있겠지만, 더 중요한 이유는 『신보』 특유의 텍스트 배치와 그 논리를 통해 1920년대 초기 지식청년들의 일반 계몽 담론과 동인지 담론의 상호관계를 유추해 볼 수 있기 때문이다. 『신보』는 표제에 '문예'를 내세웠지만, 비문예적인 기사들이 차지하는 분량과 그것들의 성격을 묵과하지 않는다면 그 실질은 종합 주간지에 가깝다. 여기서는, 동인지의 경우엔 찾아보기 어려운 비문예적인 기사들이 문학적인 텍스트들과 함께 『신보』의 지면에 배치될 수 있었던 논리에 대해 검토할 것이다. 이를 통해서 동인지 작가들이 근대적인 분화의 구도에서 점유하고자 했던 예술적인 근대성이 사회적인(자본주의적인) 근대성과 관계한 한 양상을 구체화할 수 있을 것이다.

1) 『신보』의 구성과 버려진 텍스트들의 의미

『신보』에 대해 문학사적 의미를 적극적으로 부여하는 경우를 보면, 『신보』는 1910년대 후반에 나온 최초의 문예 전문지로 해외시와 시론을 적극적으로 번역하고 소개함으로써 1920년대 한국시의 출발점이 되었다는 것이다.[71] 이때 자주 인용되는 글이 『신보』의 창간사에 해당하는

---

70) 1호에 실린 광고에 의하면, 2월 1일에 17호까지 발행했다고 하는데, 16호 발행 일자가 2월 17일인 것으로 미루어 착오가 있었던 듯 하다.

71) 정한모, 『한국 현대시문학사』, 일지사, 1974, 243~292면 참조. 백철의 경우, 외국문예를 주로 번역하고 소개한 문예주간잡지로 새로 시작할 문단적인 지반에 위치하고 있다고 평가한다(『신문학사조사』, 111~114면).

윤치호의 제1호 권두 사설(에듸토리알)이다.[72]

　태서의 유명한 쇼셜 시됴 ?? 가곡 음악 미술 각본 등 일체 문예에 관한 기사를 문학 대가의 붓으로 즉접 본문으로붓터 충실하게 번역하야 발힝할 목적이온바 다년 경영하든 바이 오날에 데일호 발간을 보게 되엿습니다. 강호제위의 인독ᄒ여 주심을 짜러 일반기자들은 붓을 더욱히 가다듬어 취미와 실익을 도모하기에 일층 로력을 더ᄒ겟습니다.

『신보』는 소설·시조·가곡·음악·미술·각본 등 문예에 관한 일체를 다루겠다고 했지만, 음악·미술에 관한 기사는 실린 적이 없고 각본의 경우 윤백남의 창작희곡(「國境」, 12호) 한 편이 실렸을 뿐이다. 이런 사정을 통해 우리는 『신보』의 '문예' 개념이 예술 일반을 포괄하는 '문학과 예술'로 기획되었지만 실제적으로는 시와 소설을 중심으로 하고 있었음을 알 수 있다. 그러나 근대시사의 출발점으로서 자리매김되는 『신보』에서 상당한 분량을 차지하고 있는 소설들은 연구의 관심에서 비껴나 있었다. 번안에 가까운 번역의 수준뿐 아니라 작품 자체의 수준도 근대소설사의 요구 수준에 미달하고 있다는 판단 때문일 것이다. 창작 소설의 경우도 소설가로서의 분명한 의식을 가지고 있었다고 보기는 어렵다.[73] 그러나 작품의 완성도를 오늘날의 기준으로 판단하기 전에, 『신

---

72) 윤치호는 『독립신문』(1896.4.7~1899.12.4)의 주필로 활약했던 경력을 갖고 있다. 그는 『독립신문』의 논설을 통해 사회진화론의 확산에 큰 역할을 담당했으며 1911년 105인 사건에 연루되어 구속될 때까지 애국계몽운동에 몸담았다. 그러나 1915년 석방된 후 정치적으로 변향하여 친일인사가 되었다(윤치호의 사회진화론적 사상과 논리에 대해서는 전복희, 앞의 책, 114~134면 참조). 윤치호는 『신보』의 발행인으로 1호 권두사설에 자신의 이름을 분명히 적었지만, 『신보』 편집에 직접적으로 관여하거나 이 사설을 제외하고 『신보』 지면에 이름이나 필명을 남기지 않았다. 그러나 이후의 사설들이 필자를 밝히지 않은 점, 1호 사설에서 두드러지게 나타나는 사회진화론과 문명개화 사상이 이후 사설들에도 같은 논리로 반복된다는 점에 주목할 때, 윤치호는 『신보』의 사설란을 통해 지속적으로 자신의 생각을 개진했을 가능성이 높다. 1호 사설에서 극명하게 드러나듯이 『신보』의 사설들은 태서의 문예를 소개하는 맥락이 사회진화론에 토대를 둔 문명론에 있었다는 것을 보여준다.

보』의 소설들에 작동하고 있는 근대에 대한 욕망에 주목할 필요가 있다. 이때의 '근대'에 대한 욕망은 『신보』의 동력이면서 이 시기에 펼쳐진 담론들의 동력이었다.

『신보』는 문예전문지로 평가되는 경우가 많지만, 실상 비문예적인 기사들이 문예적인 글들을 압도할 정도로 많은 분량을 차지하고 있다. 매호 권두에 실린 「사설(에디토리알)」이나 유명한 실업가·연설가·발명가·교육가 등의 인물을 소개하고 있는 「세계적 성공담」, 세계 여성들의 생활 형태를 유형화하고 있는 「세계부인특색」은 『신보』의 주요 고정란이다. 이러한 고정란에서뿐만 아니라 비문예적인 기사나 투고는 『신보』에서 쉽게 찾아볼 수 있다. 『신보』에서는 이러한 기사들이 독자에게 직접적인 '실익'을 가져다 줄 것으로 기대하고 있었다. 소설이나 이러한 텍스트들을 전부 오려낸다면 『신보』는 십여 페이지에 불과한 아주 얄팍한 자료가 될 것이다. 앞에서 인용한 『신보』 제1호의 사설은 다음과 같은 발언으로 이어진다.

> 그러나 우리는 아러야 ᄒ겟다. 빗호야 하겟다. 이전에 문을 잠그고 혼자 사든 시디에는 이 아러야 ᄒ고 빗호여야 할 씨다름이 이다지 긴졀치는 아니ᄒ엿다. (…중략…) 그러나 이졔는 모든 것이 그와 갓지 아니ᄒ다. 문은 사면으로 열니인 지 벌서 오리다 우리는 아새아주 외에 구라파가 잇는 것도 안다. 황인종 외에 빅인종 잇는 것도 안다. 알 뿐만 아니라 저희들과 함께 살게 되엇다. 슬허도 함께 살어야 한다. 함께 산다. 홈께 살면서 저희의 무엇과 무엇을 아지 못ᄒ면 손히는 갈곳 업시 우리의 것이다.

이 사설의 주장은 "세계에 대한 지식을 넓혀야겠다"는 것이다. 비문예적인 글들이나 문예적인 글들은 이러한 요청에 기반하고 있다. 『신

---

73) 『신보』의 소설들은 신소설 이후 이광수의 「무정」에 이르고 있던 소설의 발달 과정에서 볼 때 오히려 후퇴한 것이었기 때문에 근대소설사에 어떠한 기여나 공헌도 하지 못했다고 정한모는 단정하고 있다(앞의 책, 246면).

보』의 편집인들은 문이 사면으로 열린 개화의 시대에 지식의 결여는 실제적인 손해로 직결된다는 위기의식을 갖고 있었다. 낭만적이고 퇴폐적인 시들이나 프랑스 상징주의 또한 이 지식에 포괄되는 것이었다고 할 수 있다. 세계적 대발명가 에디슨이나 세계에 제일 큰 실업가들이 투르게네프·베를레느·쏘로굽·모파상 등과 함께 동일한 평면에 배치될 수 있는 시대의 지평을 『신보』는 보여준다. 「독조의 소리」에 투고된 들뜬 목소리들을 통해 우리는 당대의 독자들이 이 배치에 대해 어떤 모순이나 분열을 느끼지 않았다는 사실을 확인하게 된다. "세계적 성공담이며 쏘로굽의 인싱관 갓흔 당더 걸작이 비츌ㅎ와 청년의 성공 비결과 인싱의 최난 문뎨를"(13호) 일러주고 해결하는 데 도움을 준『신보』에 대해 감사를 표하는 글들이 「독조의 소리」 대부분을 차지하고 있다.

이 같은 상황에서 김억의 「프란스 시단」(10호, 11호), 「쏘로굽의 인생관」(9호부터 14호에 걸쳐 연재), 투르게네프와 베를레느의 시를 중심으로 한 번역시, 「봄은 간다」 등의 창작시, 시론의 성격을 갖춘 「시형의 음률과 호흡」 등이 보여준 문학적인 성과는 근대문학사에 있어서 『신보』의 역할과 김억의 역할을 동일시하게 할 만큼 중요하게 평가받아 왔다. 그러나 『신보』 연구가 김억에 대한 작가론으로 귀속될 때, 단순히 『신보』의 텍스트 대부분이 배제된다는 사실에 문제점이 있다기보다는 이 시기의 특이한 문학적 지형도를 지워버리게 되는 결과에 문제가 도사리고 있다.

『신보』는 우리에게 이미 자명한 것으로 굳어진 문학적 전제들이 제안되고 구성되는 현장을 보여준다. 여기에서 근대문학에 부합하는 '문학적'인 텍스트와 미달하거나 비껴나 있는 텍스트를 분명하게 가를 수 있는 자명한 전제나 기준은 없다. 낙관적이고 건설적인 「세계적 성공담」과 비관적이고 자폐적인 「쏘로굽의 인싱관」이 나란히 "당더의 걸작"으로 병렬되는 『신보』의 배치를 모순되고 미숙한 것으로만 치부해버리고 마는 것은 근대문학의 기원에 자리하고 있는 이 시기 담론의 현장성과 특유한 구조를 은폐하는 일이 된다.

지금까지 『신보』는 『신보』의 맥락에서가 아니라 연구자의 선험적인 문학사적 가설에 의해 극히 부분적으로 발췌 인용되는 자료였다. 『신보』가 최초의 문예 전문지로 인식된 것도, 1920년대 낭만주의 미학의 기원으로 평가된 것도, 텍스트의 맥락을 지워버렸기 때문에 성립할 수 있는 가설이었다. 이런 가정 위에서라면 『신보』는 계몽의 반대편에 놓이게 되지만, 『신보』를 가능하게 했던 것은 계몽의 욕망이었다. 또한 이런 방식의 문학사 구성에는 계몽성과 낭만성의 관계를 단순하게 대립시키는 이분법이 작용하고 있다. 그러나 『신보』는 계몽성과 낭만성이 근대성이라는 가치에 의해 평면화되는 배치를 보여 준다.

　　『신보』에서는, 오늘날이 "부자는 귀ᄒ고 빈자는 천ᄒ며, 강자는 승(勝)ᄒ고 약자는 패ᄒᄂᆫ"(「에듸토리알」, 14호) 때라는 위기 의식이 거듭해서 강조되고 있다. 이러한 때에 우리에게 요구되는 덕목은 과거의 "소극적 덕목"인 "(비가 곱ᄒ도 참고 쌈을 마저도 참는) 졈잔"이 아니라 "활동, 분투, 개혁, 창작, 근면"과 같은 "적극적 덕목"이니, "양반 군자의 탈을 씌박지르고 양각(兩脚)을 홀 수 잇는 디로 쌜리 놀여 속보(速步)도 ᄒ고 그래도 부족ᄒ면 다름질도" 해야 한다고 말한다. "오늘은 활동자의 오늘이오, 이 세계는 활동자의 세계"라는 인식과 함께 계몽은 절실한 시대 과제로 부상한다. 사설의 제목들만 일별해 보아도 『신보』에 흐르는 계몽의 논조를 짐작할 수 있다. 그러나 「우리는 아려야 ᄒ겟다」(1호), 「우리는 읽어야 하고 읽을 줄을 아려야 한다」(2호), 「대아(大我)-인류의 뎨일 큰 문톄」(3, 4, 5, 6호), 「대아(大我)-희망」(7, 9호), 「대아(大我)-인격」(10, 11, 12, 13호),[74] 「대아(大我)-진취주의」(14호), "씨여라 눈을 쩌라"(16호)와 같은 사설들이 구체적이고 현실적인 계몽의 방안을 내놓고 있는 것은 아니다. 민족국

---

74) 이 논설들에서 "인격"이라는 용어는 다음과 같은 의미로 쓰였다. 재능과 인격을 구분할 때, 재능은 이해력에 관련되고 인격은 실천력과 결부된다. 인격은 도덕적 가치이면서 의무를 수행할 수 있게 하는 능력이고, 시인이나 화백 또는 정치가의 고유한 천성과도 통한다. 또한 감정을 "强喜, 强怒, 强哀, 强樂"으로 치우치지 않게 조절해준다.

가에 대한 담론이 봉쇄된 식민지 상황에서 계몽의 주체가 현실적인 개혁을 실천할 공공의 장소를 구상할 수 없었기 때문이다. 계몽의 주체가 되어야 한다는 당위만이, 계몽의 초월적인 모델인 서구 문명만이 높은 어조로 강조될 뿐이었다.

이러한 현실과 모델 사이의 아득한 차이가 이들에게 시간의 압박으로 작용했다.

> 저도 사람이오, 나도 사람이어든, 나의 저에게 비하야 열등(劣等)함은, 아니, 열등홀뿐만, 아니라, 그 차이가 너무 머러서 거의 피차간에 비교흐지도 못홀, 얏고 천한 지위에 써러져잇슴은 웬일인가! 나의 무능흠을 싱각흐고 져의 능흠을 보니, 슯흐고 분하다. (…중략…) 져의 뇌와 져의 마음에난 져의 뜻대로 굽으럿다, 폇다 홀 능력이 잇거날, 나는 두뇌도 업는 것은 아니오 가슴속에서 펄럭어리는 심장도 업슴은 아니며, (…중략…) 시기에 응하고, 마음과 뜻을 짜러서, 굽히고, 필, 산 힘이 업스니, 션됴의 탓이냐, 산쳔의 탓이냐, 왼 까닭이냐!
> (「오분의 꿈」, 9호)

감탄 부호가 난무하는 이 텍스트가 방법적으로 택한 극단적인 대조의 방식이 노리고 있는 것은 경쟁심을 촉발하는 것이다. 이런 대조의 방법은 계몽 담론에서 쉽게 눈에 띄는 수사다. 여기서 '저'와 '나'의 처지의 차이는 '문명국의 개인'과 '조선의 개인'이 놓인 조건의 차이다. 위의 인용은 이 차이를 자신의 뜻을 실행할 수 있는 개인 능력의 여부에서 빚어진 것으로 파악한다. 즉 문제의 핵심을 개인의 주체성의 문제로 옮겨 놓고 있는 것이다. 내가 확고한 주체로 서게만 되면 나를 둘러싼 상황과 조건을 바꿀 수 있다는 순진한 낙관주의가 자기 비하적이고 절망적인 표현들에 전제되어 있다.[75]

---

75) 이는 "不平을 만히 품은 사람처럼 將來가 有望한 사람은 업고 不平을 만히 말하는 사람처럼 前途가 光明한 사람은 업는 것이외다. 不平은 破壞를 計劃함이오 破壞는 建設을 意味함이니 不平은 곳 建設이라"(최승만, 「불평」, 『창조』 3호)와 같은 논리라고 할 수 있다. 이런 역설은, 앞서 살폈듯이, 『폐허』의 창간사라고 할 수 있는 「폐허에 서

이때 문제는 '어떻게'가 아니다. '어떻게'가 생략되어 있는 계몽의 전망 속에서 차이의 극복은 시간적인 극복의 문제로 바뀐다. "남이 일보를 가면 나는 십보를 가드리도 뎌들을 짜라 가랴면 전정(前程)] 요원"(「써여라 눈을 써라」, 16호)하다는 생각이 이들을 압박한다. "어느 방면으로던지 파괴홀 것 파괴ㅎ고, 수선홀 것 수선ㅎ고 건설홀 것 건설"하자는 발언에는 시간을 단축해야 한다는 조급함이 배여 있다. 이때, 파괴와 수선과 건설은 체계적인 기획이 아니라 동시적이고 평면적인 작업이 된다. "이십년의 경험보다 일 년의 읽난 것이 낫다"(「우리는 읽어야 하고 읽을 줄을 아러야 한다」, 2호)는 표현에서도 시간에 대한 압박감을 느낄 수 있다. '경험'보다 '책'이 지식을 습득하고 축적하는 데 있어서 시간을 절약할 수 있게 한다고 생각했던 것이다.

『신보』의 편집인들은 그러한 대표적인 책이 『신보』라는 자부심을 갖고 있었다. 문명국가인 태서의 진보적인 인물과 문예를 소개하는 『신보』가 애독될 때 변화와 계몽의 계기가 자연스럽게 마련될 것이라는 생각이 『신보』의 편집자들에게는 있었다. 이들은 『신보』 자체를 계몽의 효과적인 수단으로 생각했다. "익독하여 주시는 이가 미일 답지함은 즉접 우리사회의 발면됨을 증거하는 바"(「바랍니다—편즙실에셔」, 2호)이니, 『신보』의 기사를 하나도 빼놓지 않고 처음부터 끝까지 읽어 줄 것을 여러 차례에 걸쳐 당부하고 있다. "귀보는 세계를 보는 눈이오, 세계를 듯는 귀"(「독자의 소리」, 9호)라고 말하는 한 독자는 『신보』를 읽기 전에 자신은 장님이었지만 이제는 눈을 떴다고 『신보』에 대한 감상을 피력한다. 이런 반응은 『신보』 편집인들의 자부심이 되어 주었다.

『신보』는 한문이 섞이지 않은 순언문표기를 내세웠다. 그 이유는 계몽의 선봉인 『신보』를 "사농공상을 물론ㅎ고 남자이나 녀자이나 로인이나 청년이나 다 갓치"(「우리는 아러야 ㅎ겟다」, 1호) 읽을 수 있어야 한다는 생각

서」에도 잘 드러난다. 여기서 폐허의 공간은 새로운 창조와 건설을 위한 바탕으로 설정된다.

때문이다. 이들은 "우리의 문예를 근본격으로 세우랴면 일부분의 인사를 위함보다 됴션 일반을 목표"로 해야하기 때문에 "언문쓰기를 연구ㅎ고 언문읽기를 가리키려 ㅎ는 것이 본보의 주의"(「독ㅈ의 소리」, 5회)라고 했다.[76] 그러나 일반적인 글쓰기에서 언문쓰기의 방식이 확립되어 있었던 것은 아니었다. 특히 사설 같은 글쓰기에서 언문체는 낯선 것이었다. 그것은 연구되어야 하고 가르쳐져야 하는 것이었다. 이런 조건에서『신보』의 언문쓰기 주의는 철저하게 지켜지지 못했지만,[77]『신보』에서 우리는 언문쓰기가 계몽의 맥락에서 모색되었다는 것을 알 수 있다.

2)『신보』의 근대인들

(1) 근대성의 담당자로서의 청년－열렬한 계몽주의자와 고독한 예술가

『신보』의 실질적인 독자는 청년학생들이었다. 그래서『신보』의 필자들은 "우리 청년계를 위ㅎ야서 노력과 고심을 앗기지 아니ㅎ시고 터셔 문예를 소기ㅎ기에 골몰하신 션셩"(「독ㅈ의 소리」, 13회)이 된다. 사실 필자들의 신분도『신보』의 독자들과 크게 다르지 않았다. 이 시대는 노인에게 지혜를 구하는 때가 아니었다. 오히려 노인조차 가르쳐야 하는 때라는 생각이 지배적이었다. 노인은 과거를 의미했고, 과거로부터의 연속적인 발전으로서가 아니라 과거와의 절연를 통해 현재는 재구성되어야 하는 것이었다. 이들은 새로운 '기원'을 꿈꾸고 있었다. 그리고 '기원'이

---

76) 이는 "한문자를 좀 셕어 쓰시면 더 됴흘 듯 한데"라는 독자의 바램에 대한『신보』의 대답이다. 이 시기의 글쓰기는 대체로 언한문으로 이루어져 있었다.

77) "언한문이라도 좃습니다. 마난 될 수 잇는 티로 …… 언문으로 ㅎ여 주시옵소셔"(6호, 「바람니다」), "다음호붓터 간리한 언문일치의 언한문 긔수를 돔 긔지하려 합늬다"(「독ㅈ의 소리」, 6호)에서 알 수 있듯이『신보』에서 언한문이 완전히 배제되었던 것은 아니다. 「天秤에 걸닌 文藝와 宗敎」(13호) 같은 글은 한문에 국문으로 토를 단 정도의 언한문으로 되어 있기도 하다.

될 이 시대의 무대 중심에 청년(자신)이 있다고 생각했다. 따라서 "우리 본향(本鄕)을 향상 발달케 호고 후진들을 인도홀" 인물은 '청년계'에서 배출되어야 한다(「K兄님에게」, 16호).

로인을 가릇치는 교단이나 소년을 가릇치는 강단에 어나 것이 중홀까요 로 인은 인셩의 반노를 훨신 지니고 사회상에 이익보다 히가 만은 싱활에 날로 더 드러가지만은 소년은 쟝차 사회의 전 칙임을 다 지고 모든 것을 총지하고 발전 식일 사명을 가젓서요 (…중략…) 로인은 과거요 소년은 쟝릭 아니야요
— 李一, 「후회」, 14호

이 소설의 주인공 김의호는 "견고훈 목뎍과 고상한 리상과 빅절불굴 호는 졍신"을 가진 이상적인 청년이다.『신보』소설 대부분의 주인공은 이 같은 청년이다.[78] 그는 시(신체)를 쓰고 그림을 그리며 태서문예신보 에 논문을 기고하기도 한다. 그는 처음에 영혼을 구원할 목사가 되겠다 는 포부를 가지고 있었다. 그러나 "로인은 과거요 소년은 쟝릭"라는 사 실을 깨닫고 교사가 되기로 진로를 바꾼다. 이 같은 목표의 변경으로 말 미암아 주위로부터 경박한 자라는 오해를 받지만 그는 이 뜻을 굽히지 않는다. 그에게는 현재와 미래가 중요했고, 현재와 미래의 주인공은 청 년과 소년이었던 것이다. 이들은 미래에 속해 있는 세대라는 점에서, 또 한 소년시대와 "청년시디는 마음과 기억역이 뎨일 민첩하고, 분명호고, 쏘한 부드러와서, 웃더한 모양으로든지 그 인도되는 방향과 모양디로 변호기 쉬운 째"(「세계에 데일 큰 실업가—특별히 청년을 위호야」, 1호)여서 계 몽의 효과가 가장 잘 발휘된다는 점에서 이들의 교육은 무엇보다도 중 요했다.

김억의 「나의 어린 벗들아」(6호)나 「가난한 벗에게」(16호)에서 호명 받

---

78)『신보』소설에 등장하는 청년들이 모두 긍정적인 덕목들만 드러내고 있는 것은 아니 다. 엘리트의식과 지적 허영심에 빠져 있거나 방탕한 생활 면모를 보이는 인물군이 이 시기 청년의 또 하나의 자화상이었다.

은 벗들 역시 청년과 소년이다. 청년과 소년는 "현대에 임의 목숨을 밧" 은 자들이다. 김억은 이 현대에서 "살음다운 살님을 구(求)"하기 위해서 는 "무엇보다도 현대를 이해"하고 현대 사조를 이해해야 한다고 역설한 다. 이것이 김억이 생각한 『신보』의 역할이었다(「나의 어린 벗들아」). 그러 나 김억이 인식한 현대의 사조는 문명화를 추진하는 계몽의 노선과 다 른 맥락에 놓여 있었다. "현실세계를 밧하고 다른 즐거움의 세계"가 있 는데, 이 세계가 바로 "진정한 나"를 찾을 수 있는 예술의 세계라고 그 는 생각했다(「가난한 벗에게」). 즉 그가 생각한 현대의 사조는 현대예술의 사조였다.[79] 그는 현실세계와 구분되는 자율적인 예술의 세계에서 현대 성을 감지하고 있었던 것이다. 그에게 그 세계는 서구의 낭만주의나 상 징주의가 보여주는 세계였다. 여기서 청년들은 현실로부터 소외된 고독 한 예술가의 모습을 보여주게 된다.

『신보』에서 청년은 두 얼굴을 가지고 있었다. 진취적인 계몽의 전망 과 의욕을 가진 젊은이의 모습이 그 하나라면, 현실로부터 이해받지 못 한다는 고독감에 시달리면서도 이 고독감을 진정한 현대예술가의 징표 로 삼았던 젊은이가 다른 한편에 놓여 있었다. 그러나 이 두 청년은 서 로를 서로의 타자로 생각하지 않았다. 『신보』에서 젊은 예술가의 타자 는 속악한 부르주아가 아니라 문명의 세례를 받지 못한 완고하고 고루 한 아버지였다. 따라서 젊은 예술가의 고독은 현실이 문명화되었기 때 문이 아니라 문명화되지 못했기 때문에 빚어진 것으로 전도된다. 두 명

---

79) 이와 같은 생각의 편린들은 1920년대 동인지들에서도 확인할 수 있다. 한 예를 들면, 현대 미술사조('큐비즘'과 '포스트임푸레쓔니즘')를 소개하고 있는 김찬영의 글(「現代 藝術의 對岸에서」, 『창조』 8호)에서 "藝術은 恒常 時代思潮의 先驅됨은 누구던지 認 容ᄒᄂᆞᆫ 바다"와 같은 구절을 들 수 있다. 이런 진술을 통해, 예술사조를 시대사조와 거 의 동일시하고 시대사조를 이끄는 선봉으로 간주했던 사고 유형을 읽을 수 있다. 여기 서 예술사조와 시대사조 사이의 골 깊은 대립은 뚜렷하게 인식되지 않는다. 예술의 세 계와 현실의 세계 사이의 대립이 극단적으로 설정되면서도 예술사조와 시대사조 사이 의 불화가 크게 부각되지 않은 것은 사회적인 계몽의 과제(반봉건의 문제)가 예술적으 로도 여전히 근본적인 문제였다는 데서 주로 기인한다.

의 청년은 파괴의 대상인 '전통'이라는 동일한 타자를 갖고 있었던 것이다. 이 견고한 타자 앞에서는 낙관적인 진보의 전망을 가진 청년도 또한 고독했다고 할 수 있다. 『사상충돌』(4호, 5호에 연재한 해몽의 소설)에 보이는 발명가의 고독은 예술가의 고독과 크게 다르지 않다.[80]

(2) 근대와 전통의 틈에 낀 신여성 – 연애의 조건과 가정의 윤리

『신보』에서는 여성문제에 상당한 지면을 할애하고 있다.[81] 이는 근대적인 여성상에 대한 특별한 관심과 모색이 있었다는 것을 말해준다. 신여성이 논의되는 맥락은 대부분 근대적인 연애와 가정의 문제에 관련되어 있다. 청년이 계몽의 주체로서 설정되어 있었다면, 여성은 계몽의 과정을 거쳐 청년의 보조자나 동반자가 되어야 할 미완의 존재였다. 『신보』 1호부터 연재되었던 「애(愛)」라는 소설은[82] 연애와 결혼의 조건에 유(有)교육이 놓여 있음을 노골적으로 보여준다.

자기는 일로붓터 이 세상에서 대발전을 흐지 아니하면 아니될 몸으로 아모리 사랑흔다 홀지라도 아모 교육도 업는 시음여자에게 장가를 들 수는 업는 일이

---

80) 발명에 천재성을 가진 민식은 '발명'의 가치를 이해하지 못하고 가업을 물려받으라는 아버지와 충돌한다. 이 갈등에는 부모의 뜻에 따르는 것이 자식의 도리라는 '효' 관념이 개입해 있다. 부모로부터 이해받지 못한 민식은 결국 미치게 되고 죽음에 이르게 된다. 고립되고 좌절된 욕망이 '미치광이'의 형상으로 그려지는 데서도 우리는 '발명가'의 열정이 '예술가'의 열정과 크게 다르지 않다는 것을 확인할 수 있다.

81) 『신보』의 여성에 대한 지면 분배는 "특별히 녀자에게 필요한 기사를 게재흐여주시는 것 얼마나 고마운지요"(「독즈의 소리」, 5호)와 같은 독자의 반응으로 이어졌다. 이 같은 기사의 예를 들어보면, 「世界夫人의 特色」(3~9호), 「미국의 처음 녀변호스는 로서아녀자」(1호), 「세계에 하나인 여자지판관」(7호), 「인도의 녀문학가」(3호), 「世界의 明女優」(4호), 「我의 告白－너가 실험한 힝복으로의 길」(6~9호), 「我의 苦生－버지니아 홀트부인」(11, 12호), 「나의 사랑흔난 녀즈동모에게」(11호) 등이 있다.

82) 번역 소설이라고 하지만 번안 수준이라고 할 수 있다. 소설의 인물들은 모두 우리식 이름으로 바뀌어 있고, 소설의 서사나 갈등에도 번역자의 시대의식이나 문제의식이 겹쳐져 영향을 끼치고 있는 것 같다.

며, 혜명이도 역시 서울사롬에게로 시집올, 몸은 아니다. (3호)

　이 부분은 소설의 여주인공 혜명에게 미묘한 연애감정을 느끼고 있었던 청년 미술가 장준옥의 독백이다. 여기서 우리는 '시골 / 서울'과 '무(無)교육자 / 유(有)교육자'라는 대립쌍을 발견하게 된다. 이 부분으로만 보면 장준옥을 속물적인 출세주의자로 볼 수도 있겠지만, 사실 이 소설에서 장준옥은 예술적인 천재성과 고상한 이상을 가진 인물로 그려진다. 서울이라는 공간과 교육이라는 경험은 새로운 신분의 조건이었고, 이 신분은 정신적인 우월감을 바탕으로 하고 있었다. 이 시기에 유행한 '자유연애'는 낭만적인 분위기에 물들어 있었지만, 서로를 이해할 수 있기 위해서는 영혼이나 인격의 수준이 비슷해야 하며 이 수준을 결정하는 것이 신교육의 경험 정도라고 생각되었다. 자유연애는 상당히 까다로운 조건을 내재하고 있는 것이었다. 그러므로 장준옥이 제시하는 조건은 자유연애의 당연한 조건인 것이다.

　혜명이가 서울로 와서 신여성으로 변신할 수 있었던 배경에는 두 가지 요인이 있다. 첫째, 예상치 못한 엄청난 유산의 상속자가 되어 '돈'을 소유할 수 있었기 때문인데, 돈은 그녀에게 쉽게 교육의 기회를 제공하고 그녀의 신분을 상승시키는 실질적인 힘이 되어 주었다. 정신적인 우월감의 토대에는 자본주의적인 물질의 힘이 작용하고 있음이 여기에서 드러난다. 둘째, 순박한 시골 소녀의 사랑의 욕망이 교육의 욕망으로 서울에 대한 동경으로 치환되었기 때문이다. 그녀는 사랑의 조건을 구비하기 위해 교육의 장인 서울로 상경한다. 그녀가 받게 된 교육은 상당한 수준의 것이었지만 그녀를 매력적이고 교양이 풍부한 여성으로, '교제 사회'에서 돋보이는 여성으로 장식하는 기능에 머문다.[83]

---

83) 장준옥이 혜명에게 "미술가 된 자기의 지위에서 생각되난 더로" 귀부인(신여성)의 조목을 일러주는 대목을 보자. "신사를 더ᄒᆞ야 미술에 더한 담화도 하지 아니하면 녀ᄌᆞ라 홀 만호 녀ᄌᆞ가 아니고, 소셜, 연극, 그림 됴각 등에 이르러도 모다 그 닉력과 현시의 유힝되는 것ᄭᅡ지도 아러야 ᄒᆞ며, 알뿐만 안이라 됫다든지 됫지 못하다든지 비평(批評)

물론, 「미국의 처음 녀변호사는 로서아 녀자」, 「세계에 하나인 여자지판관」, 「인도의 녀문학가」, 「세계적 명여우(明女優)」 등의 기사에서 소개되고 있는 여성들은 사회의 각 방면에서 특별한 성취를 거둔 여성들이다. 그러나 이들 여성들로부터 취하고자 하는 것은 여성의 사회적 아이덴티티가 아니라, "대표적 법관―성공한 녀자"이면서 동시에 "순량한 시악시―모범적 여자"(「세계에 하나인 여자지판관」)의 덕목들을 유지하고 있다는 점이다. 여자 재판관에게는 "법관석만 써나면 저난 아조 활발한, 유쾌한, 다정한 녀자"가 되어야 하는, 즉 법관석에서는 '남자 같은 여자'가 되고 가정에서는 '여자 같은 여자'가 되어야 하는 이중의 요구가 부과되는 것이다. 가장 자유롭고 대담한 여성상으로 소개된 미국 여성들도 "결혼을 하며, 가정을 세우고 그러케 되면 의외로 부인다운 부인이 된다. (…중략…) 자기 어머니와 갓흔 어머니가 된다"(「세계부인특색」, 6호)는 점에서만 긍정될 수 있었다. 여자 같은 여자, '부인다운 부인'의 덕목들은 전통적인 여성의 덕목과 크게 다르지 않다. 이 점에서 전통을 확고한 타자로 설정했던 청년과 달리 신여성의 경우에는 타자가 분명하지 않았다. 『신보』에서 추구한 신여성의 한 끝에는 춘향(「유힝 가곡부―신춘향가」, 1·2호)이가 있고 다른 한 끝에는 여자 재판관이나 여자 변호사가 있었다고 할 수 있다.[84]

신여성에 대한 부정적인 이미지는 '부인다운 부인'의 덕목을 결여했

도 홀만 ᄒᆞ여야 ᄒᆞ고, 지어 의복ᄭᅡ지라도 아름다온 의복을 아름답게 입을 줄 아러야 합니다. ……" 이렇게 "여자라 할 만한 여자"의 조목을 열거해 나가는 장준우 앞에서 시골 소녀 혜명은 "나는 녀ᄌᆞ라고 홀만흔 곳이 하나도 업습니다 그려"라고 울먹이며 말한다. (3호)

84) 1920년대 한 동인지에서도 여성에 대한 이러한 두 가지 요구를 확인할 수 있다. 애인에게 배신을 당한 한 청년은 "나는 이러케 哀願합니다. 우리 半島 女子界에 對하야. '覺醒하시오 反省하시오 저―아메리카 저―유롭 女子 社會를 보고 그리고 삶 보담도 일에 누림을 覺醒하시오'"라고 열변을 토한 후, 바로 이어서 "천한 娼妓의 身分으로 女子의 할 만한 貞操를 직히든 春香이와 春園 先生이 지으신 『無情』에 박영채"야말로 "女中君子, 女中英雄"이라 할 수 있을 것이라고 말한다(白野生, 「一年後」, 『창조』 6호, 69면).

을 때 나타난다. 신여성의 허상을 다소 코믹하고 풍자적으로 그리고 있는 윤백남의 희곡 「국경(國境)」(12호)에서 신여성 영자는 "남녀동등권이니 가정개량이니 예전처럼 심창에 드러안질 필요가 업고 아모조록 교제에 힘을 써서 은연중 남편의 지위를 견고하게 ᄒ는 것이 오날 부인의 직책"이라고 생각한다. '교제'는 새로운 풍속도를 반영하는 신어(新語)다.85) 계몽담론과 더불어 애국적인 열정 속에서 만들어지기 시작했던 학생회, 청년회, 부인회 등 각종 계몽적인 모임들은 병합 이후 대부분 친목단체로 그 성격이 제한되거나 변질되었다. 신여성은 이 단체의 일원으로 참여함으로써 사회적인 자기정체성과 특수한 위치를 확인 받고자 했다. 그러나 여기서 신여성의 정체성과 위치는 "남편의 지위를 견고하게 하는" 능력과 화술을 가진 여성으로 왜곡된다. 또한 모범적인 신여성은 우선 가정의 재래적인 가부장적 질서에 충실해야 했다. 그녀의 역할은 가정 밖에서도 가정 내에서도 내조에 있었던 것이다. 영자와 은행지배인 안일세, 이들 부부의 싸움의 발단은 영자가 저녁 준비도 해놓지 않고 음악회에 간 데서 비롯된다. 이 싸움은 집안에 금(국경)을 그어놓고 서로 이 금을 침입하지 않기로 하는 국면으로 전개되는데, 안일세가 꾀병을 부려 영자의 "무조건 항복"을 받아내는 것으로 끝난다. 이 '무조건 항복'은 영자가 입버릇처럼 얘기하던 남녀동등권의 허구성을 여실히 보여준다.

신여성은 '사업', 사회적인 일을 할 수 있는 여성이기도 했다. 그러나 '가족'과 '사업' 중에서 우선되어야 하는 것은 분명하게 가족이었다. 세계에 몇 되지 않는 여자문학가 중에 가장 명망이 있는 여성으로 소개된 미국의 으라인핫 부인은 「아(我)의 고백」(6~9호)에서 "이 성공이라난 것은 온전히 나의 가정이라는 토더 우에 세워논 것"(6호)이라고 고백한다.86)

---

85) 이를테면, 『매일신보』, 1911.10.3~10.11자에 걸쳐 게재된 「교제신법(交際新法)」이라는 기획물은 근대적인 에티켓들의 면면을 보여준다. '교제'라는 용어와 더불어 장유유서에 근간을 둔 유교적인 예의와는 다른 층위에서 에티켓이 수입되었던 것이다.
86) 그녀는 "요사이 소위 시부인이라난 명층을 숭빅ᄒ는 부인네가 가정을 경홀히 성각ᄒ난 폐단이 잇난 것은 아조 불힝한 일이외다"고 지적한다.

무명으로 기고한 「나의 사랑ᄒᆞ난 녀ᄌᆞ 동모에게」(11호)라는 글은 '연애'보다 '사업'을 중요하게 생각했던 자신의 과거에 대한 후회와 공허감을 바탕으로 여자동무들에게 "(남자에게는 사업문뎨, 명예문뎨가 더 중대ᄒᆞᆯ는지 모릅니다마는) 연인라는 것은 녀자에게는 싱명 문뎨"임을 일러주고자 하는 글이다.[87] 이 글에서 그녀는 "꿈ᄶᆞ든 나의 무릅 우에 안긔엇슬 어린아히의 사랑홈과 나의 모든 오날의 성공을 밧구"고 싶다고 진지하게 말한다.

『신보』에서 모색한 여성의 근대성은 중매—부모의 뜻에 의한 결혼이 아닌 자유연애에 의한 결혼이라는 구상에 종속되어 있었다. 근대적인 여성은 근대적인 남성의 대화상대, 연애상대로서 규정된다. 때문에 신여성은 가정 밖에서 전통의 단절을 선언했던 청년들의 경우와는 다르게 가정 내에서 전통의 윤리와 새로운 가치관 사이에 끼여 있을 수밖에 없었다.

계몽성과 낭만성의 교묘한 결합을 특히 잘 보여주는 것이 바로 이광수가 시대의 화두로서 던진 바 있었던 '자유연애'의 조건과 분위기다. 자유연애는 낭만적인 시와 소설의 중요한 주제였고 따라서 낭만적인 분위기에 감싸여 있었지만, 유교적인 남녀관과 제도에 도전하는 계몽의 기획을 분명하고 민감하게 부각시키는 계몽의 강령이기도 했다. 더욱이 신여성의 교육은 자유연애의 조건과 매우 밀접했다. 이 계몽의 강령은 전통을 동일한 타자로서 공유했던 낭만주의와 함께 한 공동의 과제였다. 여기에 또 덧붙는 문제는 신여성에게 부과된 이중적인 요구에서 볼 수 있듯이 타자화했던 전근대적인 윤리가 그 이면에 드리워져 있었다는 것이다.

---

87) 1920년대 초기의 한 동인지에서도 유사한 권고를 전해들을 수 있다. "女子의 몸으로 職業을 가지는 것은 不幸한 일이다. 不自然한 일이다. (⋯중략⋯) 女子에게는 이 世上의 무엇보다도 神聖하고 貴中한 天職이 잇다. 이 天職을 修行하기에 妨害되지 안이하는 範圍에 限하야 女子의 職業은 不幸이 안이다."(민태원, 「音樂會」, 『폐허』 2호, 121면)

3) 『신보』에 나타난 근대성의 두 가지 층위

(1) 자본주의적 근대성과 '실익'

『신보』는 창간사에서 밝힌 대로 '취미'와 '실익'이라는 두 가지 목적을 가지고 있었다. 『신보』의 텍스트는 "고상한 취미와 실익적 니용"(「바람니다」, 9호)이라는 가치에 의해 의의를 보장받았다. 『신보』의 편집인들은 예술을 통해 '고상한 취미'를 고양시키고, 자본주의적 성공 비결을 소개함으로써 '실익적 내용'을 확보하고자 했다. 이 두 가치는 그 기원을 서구문명이라는 근대의 모델에 둠으로써 동일한 평면에 배치된다. 먼저, '실익적 내용'에 부합하는 텍스트들을 살펴보기로 하자.

> 이제 민사쓰 ㅎ나만 입고 엠포리아에 드러온 지 十년 되는 오날 와셔는 만여원이나 되는 그 부쳐를 다 갑고, 八천여원즈리 집을 지엇다가 그 집이 쪼 젹어셔 二만五쳔원 가격의 건축을 ㅎ엿스며 콜로리드에 八쳔원 가격의 정즈까지 지엇스며 十년 젼에 민사스바람으로 지나가든 사람을 치어다보든 거리 사람들을 이제난 흐거훈 써이면 자동차 우에서 니리다보며 지나갑니다. (왈트 마숀, 「追悔」, 14호)

위의 글은 십 년 전만 해도 몸에 걸친 맨사쓰 하나와 빚뿐이었던 사람이 고급저택과 별장과 자동차로 대변되는 부를 누리게 된 성공 비결을 소개하고 있다. 「세계적 성공담」에서 다루어진 인물들의 공통점은 궁핍하고 불우한 환경에도 불구하고 이를 극복하고 성공했다는 것이다.[88] 그리고 성공의 정도는 대체로 위의 인용에서처럼 '돈'의 액수로

---

88) "사십삼년 전에 손에 괭이 자루를 잡엇든 시골쑤기 아히가 二十九세에 뜻을 명하야 가지고 이제난 셰계에 뎨일 놉흔 집의 주인이 되엇다."(「世界的成功兒」, 5호) "셰상에서 니가 웃거게 ㅎ야서 일주일에 오원식 밧든 심부름 ㅎ난 아히의 몸으로 일년 빅六十만원의 봉급(俸給)을 밧게 되엿나냐고 뭇는 사람이 마니 잇습니다."(「新鋼鐵王 슈왓뿌씨의 성공한 리유」, 7호) "큰길 가운데셔 놉흔 목소리로 웨여가며 오고가는 사람에게 신문지 팔든 아히가 四十三세에 대학교 교장"(「世界的成功談」, 9호) "몸을 빈궁에 이

측정된다.89) 이러한 성공 스토리는 요즘도 TV나 신문지상에 종종 소개되는 종류의 것이다. 이런 이야기를 통해 자본주의적 빈부격차와 계층의 차이는 사회적 차원의 문제에서 개인적 차원의 문제로 전이된다. 물론 여기서의 가난은 민족적인 가난이라는 면이 겹쳐져 있었지만, 해결은 개인의 각성이나 노력에 전적으로 달려 있었다. 이때 강조되는 덕목은 성실·인내·금욕과 같은 프로테스탄트의 개인윤리다.90) 이것은 「세계적 성공담」의 주인공들이 보여주는 공통적인 자질이었다. 이들은 또한 한결같이 강한 목표의식을 소유한 자들로 소개된다. 이 목표는 "저의 평싱을 지비홀 목표"(「세계적성공담」, 12호)로서 회의나 반성의 대상이될 수 없는 것이었다. 이 목표 앞에서 중요한 지식은 실용성이 그 가치를 가늠하는 도구적 지식이다.

> 무엇이든지 당신에게 제일 요긴한 것만 모흐십시오 (…중략…) 인류의 뇌속에는 태양 밋혜 잇는 것이면 무엇이든지 다 기억할 만콤, 즉 기억시킬 만콤 한 자리는 업습니다. 당신의 뇌를 불필요한, 구진한, 엇던 것으로 막으지 말고, 담언 신선한, 활발한, 식물노만 먹이여야 합니다. 당신의 활동하는 일에 대하야 곳 실용할, 긴절한 지식과 갓혼. (…중략…) 민활한 기억력에는 청결한 뇌가 대단히 필요합니다. (…중략…) 마음속으로붓터 혹 갓혼 쓸데없는 것들을 너어 보너여야 합니다.
>
> ─「셰계에 뎨일 큰 실업가」, 2호

여기서 실용적인 지식 외의 것들은 뇌를 어지럽히는 쓸데없는 것일 뿐이다. 목적에 소용이 닿지 않는 지식과 기억은 "혹"으로서 "청결한

러 샤회의 최상층을 향흐고 싸혼"(「世界的成功談」, 12호)

89) "세상에서 너가 웃더케 흐야서 일주일에 오원식 밧든 심부름 하난 아히의 몸으로 일년 빅六十만원의 봉급(俸給)을 밧게 되엿나냐고 뭇는 사람이 마니 잇습니다."(「新鋼鐵王 슈왓뿌씨의 셩공한 리유」, 7호) "씨의 말은 셩대(聲帶)에서 쎌리어 나아오는 금가루이다. 겨는 두시간 연셜에 三쳔사빅원을 밧엇든 일도 잇다."(「世界的演說家」, 13호)

90) "열심과 인닉의 길은 셩공의 궁전으로 드러가나니라"(「터셔격언집」, 3호) "인닉(忍耐)난 셩공의 어머니외다"(一海生, 「인닉난 셩공의 모」, 10호)

뇌", 곧 정신 위생에 해로운 것으로 간주된다. 이럴 때, 합리성은 목적과 수단의 효율적인 연결로서만 이해된다. 위의 발언에서는 부르주아 사회의 타락한 목적 이성이 유용성이라는 가치로 긍정되고 있다.

이러한 긍정 속에는 서구 문명의 편에서 볼 때 식민지 또한 하나의 수단이었다는 사실이 지워져 있다. 문명과 야만을 철저히 이분법적으로 사고했던 이 시기의 계몽주의자들에게는 문명에 겹쳐져 있는 야만은 보이지 않았다. 이들은 침략국들의 문명에서 야만을 보는 것이 아니라 피지배국가의 가난과 몽매함에서 야만을 본다. 이런 이들에게 문명국들의 전쟁으로 비쳤던 1차 세계대전 또한 문명에 대해 새로운 사고를 할 계기를 마련해 주지는 못했다. 이들이 이 전쟁에서 본 것은 서구의 놀라운 발명품들이었다. 이 발명품들은, "그들의 노력ᄒᆞᄂᆞᆫ 바를 증거"하는 것이었다. 그래서 전쟁은 "이편에셔 ᄒᆞᆫ 가지 놀라온 발명이 잇엇스면 뎌편에셔ᄂᆞᆫ 그보다 더 놀라온 발명"(「쎄여라 눈을 쩌라」, 16호)을 하는 이성의 경쟁으로 전도된다.91)

"부자ᄂᆞᆫ 귀ᄒᆞ고 빈자ᄂᆞᆫ 쳔ᄒᆞ며, 강자ᄂᆞᆫ 승ᄒᆞ고 약자ᄂᆞᆫ 패ᄒᆞᄂᆞᆫ"(「에듸토리알」, 14호) 약육강식의 진화론적 논리를 국권상실을 통해 체험했던 조선의 계몽주의자들에게 근대화란 부자가 되고 강자가 되는, 곧 서구와 동일화되는 것으로 받아들여졌다. 동일화가 목표가 될 때, 그리고 이 목표가 반성되지 않을 때, 서구 문명의 야만성이나 폭력성은 은폐될 수밖

---

91) 『학지광』 14호(1917.7), 15호(1918.3)에 실린 「最近의 文明消息」은 전쟁에 사용된 기기나 과학기술을 소개하고 있다. 巨砲, 潛航艇, 飛行機, 無線電信, 毒瓦斯, 裝甲自働車, 化學的食物, 火藥原料, 機關砲 등이 그것이다. 필자(極光)는 이를 통해 "科學이 얼마만치 威力잇다는 것을"(14호) 보여주고자 했다. 이와 대조적으로 염상섭은 「標本室의 靑개고리」(1921.5)에서 광인 김창억의 목소리를 빌어 세계대전을 성경에서 예언한 불의 심판에 비유하고 있다. 김창억은 "弱肉强食의 大原則에 쌀아, 世界萬國이, 干戈로써 서로 대하게 된 것이 卽 歐洲大戰亂"이라고 역설하면서 불의 심판이 끝난 이제는 "東西가 親睦할 時代"라는 전망을 피력한다(『염상섭전집』 9권, 민음사, 1987, 25면). 이 원대한 전망이 토대를 두고 있는 사상은 '톨스토이즘'과 '윌슨이즘'인데, 김창억이 광인으로 설정된 데에서 드러나듯이 이 두 사상이 동서화해의 전망을 산출할 수 있는 현실적인 기반이 되기에는 실로 공허했다.

에 없다. 이럴 때 서구의 이미지는 풍요로움과 기독교적 시혜로 나타나게 된다. 이 시기에 기독교는 하나의 종교였다기보다는 문명을 포장하는 어떤 이미지였다. 이 이미지를 통해 문명화는 약육강식의 제국주의적 논리를 은폐하고 민주적이고 평등한 유토피아를 향해 나아가는 도정으로 이상화된다. 아래의 글은 문명국의 기독교가 전파될 때 기대되는 변화에 대한 것이다.

> (一) 하느님의 아들 예수가 女人의 몸에 탄싱하심으로 압박을 밧든 婦人社會가 놉힘을 밧음이올시다. (二) 하느님의 아달 예수가 兒孩몸으로 生長ㅎ야 업수히 녀김을 밧든 兒童들이 貴에 녁임을 밧음이올시다. (三) 하느님의 아들 예수가 木手家 요셉의 家庭에서 誕生ㅎ셧슴으로 一般勞動社會를 놉힘이외다. (四) 하느님의 아달 예수가 世上을 爲하야 誕生ㅎ셧슴으로 世界同胞主義를 낫하녀셧습니다.
>
> ―「크리스마스에 對한 感想」, 12호

이 글에 따르면, 기독교 문명국가는 전근대 사회에서 압박을 받던 여성과 아동의 인격이 존중되는 사회며 천시되었던 노동의 가치가 합리적인 인정을 받는 사회다. 그리고 '세계동포주의'를 이상으로 품고 있는 사회다.[92] 여기서 기독교는 문명의 다른 이름이며 이상화된 이미지라고 할 수 있다. 계몽주의자들은 제국주의 열강의 폭력과 억압도 결국 이상적인 문명 안에서 해결될 수 있다고 생각했다. 여기에 근대화, 문명화의 딜레마가 잠재해 있다. 제국주의의 약육강식의 논리는 근대화를 진행시키는 도구적 이성의 속성과 닿아 있는데, 반성할 줄 모르는 이 이성에 기반하고 있는 문명을 향해 '세계동포주의'라는 도덕적 이상을 기대하고 있었던 것이다. 이 글은 기독교 정신에 토대를 두고 있는 것으로 여

---

92) 이 글의 요점은 같은 호에 실린 「크리스마스의 由來」에서 다시 볼 수 있다. 「크리스마스의 유래」에서는 여기에 나열된 항목들이 팟터슨 박사의 말에서 인용한 것이라고 밝히고 있다.

겨진 미국 윌슨 대통령의 민족자결주의에 대한 기대감으로 끝맺고 있다. 윌슨의 주장은 3·1운동에 영향을 미치기도 했지만, 그의 민족자결주의는 패전국의 식민지에만 적용되는 현실논리였다. 이는 승전국인 미국의 식민지에는 해당되지 않는 것이었으므로 자국의 손실을 감수할 필요가 없는 승전국의 논리였던 것이다.

『신보』의 계몽론자들은 조선의 빈곤이나 피지배 상태가 궁극적으로 문명을 통해서만 해결될 수 있다는 신념을 가지고 있었다. 첫 번째 방안은, 세계사를 움직이는 것은 물리적인 힘이므로 서구 자본주의와의 동일화를 목표로 문명화에 매진해야 한다는 자강(自强)의 논리로 귀결된다. 또 다른 전망은 문명의 도덕성에 대한 순진한 믿음에 내재해 있다. 문명 내부에 스스로 자국의 이익에 대한 맹목성을 버리는, 문명의 폭력성을 철회하는 도덕성이 잠재해 있다고 생각했던 것이다. 그러나 이 두 전망은 서로가 서로를 배제하거나 배반하는 관계에 놓여 있었다.

(2) 미적 근대성과 '취미'

김억은 「쯔란스 시단」(10호)에서 "웨 근대사조는 암흑의 비수(悲愁)를 늣기게 되엿는가"라는 질문을 던지고 있다. 이것은 데카당스를 소개하는 맥락에서 나온 물음이다. 그의 간략한 대답을 들어보자.

> 自然科學의 進步에 쏠아나오는 現實과 理想과의 衝突, 信仰과 夢想과의 消滅, 激烈한 生存競爭, 宗教와 科學의 衝突 이밧에 여러가지의 원인이 잇슴을 默認하면 그만이다. 毋論 이것의 詳細한 것을 바랄 슈는 업다.

이 간결한 답변에서 근대예술은 자연과학의 진보에 긍정적으로 동참할 수 있는 성격의 것이 아니라는 것이 드러난다. 예술적인 근대성은 계몽주의가 기획한 근대성과 이중적인 관계를 맺고 있다. 근대예술의 기반이 된 '예술의 자율성'은 가치들의 분화라는 관점에서 볼 때 계몽의 기획에 포함되는 것이었다. 예술은 미적 근대성이라는 개념을 통해 학문과 도덕으로부터 분리된 자기 영역을 확보하게 된다. 그러나 근대예술은 계몽주의적 이성과 진보에서 '빛'이 아니라 '어둠', 계몽의 부정성을 간파했다는 점에서 '반(反)근대적 근대성'의 성격을 지닌다.[93]

반(反)근대적 근대성의 미학에 토대를 둔 낭만주의는 『신보』를 비롯하여 1920년대 동인지 문학의 주류를 이루었다. 그러나 이때의 낭만주의는 계몽의 열정과 섞여 있었다. 이들이 속한 현실이 반(反)근대적 가치를 적극적으로 내세울 만큼 충분히 근대적이지 않았기 때문이다. 이들이 파악한 현실은 근대의 부정성보다는 전(前)근대의 부정성이 더욱 문제적이었다. 위의 인용에서 김억은 서구의 경우를 단편적인 지식으로써 약술하고 있을 뿐인 것이다. 그는 다른 글에서 우리의 경우는 "돈을 버려야 한다. 돈이 잇서야 남과 갓치 살 슈가 잇다. 엇지 말흐면 돈 하ᄂᆞ이 업셔셔 남의 뒤에 쩔어젓다고도 할 수가 잇다"(「사랑ᄒᆞᄂᆞᆫ 벗에게」, 16호)고 말한다. 물론 그는 "의리란 것과 량심을 희생으로 ᄒᆞ고 한갓 돈벌기에만 힘쓰난 민족들이야말로 가증(可憎)ᄒᆞ기도 ᄒᆞ다"는 제한을 둠으로써 '돈'의 가치와 구분되는 '예술'의 가치를 내세운다. 돈과 예술은, 자본주의적 근대성과 미적 근대성은 이렇게 제한된 조건에서만 적대적이었다. 『신보』에서 예술의 가치로 표면에 내세운 것은 '취미'였다. 이때 취미

---

93) 김진수, 『우리는 왜 지금 낭만주의를 이야기하는가』, 책세상, 2001, 107~112면 참조. 이 책에서 낭만주의의 성격으로 선명하게 부각시키고 있는 '反근대적 근대성'은 바로 이 책이 묻고 있는 '우리는 왜 지금 낭만주의를 이야기하는가'에 대한 대답이며 동시에 낭만주의가 현재에도 여전히 문제적일 수 있는 의의다. 즉 낭만주의는 근대 내부에서 근대성을 반성하는 지점으로부터 탄생한 사유라는 것이다. 그러나 '우리는 왜 지금 낭만주의를 이야기하는가'라는 질문에 내포되어 있는 근대에 대한 반성적 사유를 더욱 철저하게 밀고 나가기 위해서는 낭만주의 자체에 대해서도 반성할 수 있어야 할 것이다. 이때 우리의 질문은 '어떤 낭만주의인가'로 되돌아 갈 필요가 있다. 이것은 혁명적으로도 복고적으로도 실현될 수 있었던 낭만주의의 구체적인 역사와 굴곡을 검토하는 일이 된다.

는 현실의 궁핍을 보상하거나 위로하는 기능을 하는 것으로 규정된다.

> 아름다온 미술(美術)이 우리의 눈을 힝복스러웁게 홀 것이다. 우리에게는 미
> 술이 업슴은 아니로되, 몃사람이나 누리나냐. ???한 음악이 우리의 귀를 힝복스
> 러웁게 홀 것이다. 우리에게는 음악이 업슴은 아니로되 몃 사람이나 이 힝복을
> 누리나냐. 됴흔 시(詩)와 아름다온 글은 우리의 마음을 힝복스러웁게 한다. (…
> 중략…) 그러나 우리는 이 힝복을 누리는 사람이 과연 몃이나 되나냐. (…중
> 략…) 손만 너여밀며는 곳 으들 힝복을 거들쳐 보지도 안코, 여러 사람이 노력
> 과 금전을 희싱으로 흐고 저를 위흐야 힝복을 작만흐되 밧을 싱각도 아니흐니,
> 이러한 평싱에야 웃지 힝복이라는 것이 잇슬가보냐! 「에듸토리알」, 5호)

예술은 사람의 눈과 귀와 마음을 행복하게 함으로써 현실의 궁핍함
과 무관하게 인생을 행복하게 할 수 있다는 생각은 이광수나 20년 전후
의 문단에서 주장한 '인생의 예술화' '생활의 예술화'가 가진 논리와 동
일하다. 13호에 실린 「천칭(天秤)에 걸닌 문예와 종교」에서는 문예를 공
원의 화초에 비유한다. '문예—공원의 화초—유희품—취미적 생활'로 이
어지는 예술의 역할은 궁극적으로 현실의 곤궁을 망각하게 하는 데 있
었다. 이렇게 예술의 기능이 설정되면 문명과 예술의 대립적인 성격은
거세되고 보완적인 관계만 남게 된다. 그러므로 "문명홀스록 문예를 요
구"한다는 진술이 가능해지는 것이다.

『신보』에서 사용한 '취미'라는 용어에는 계몽주의자들의 유용론적 사
고가 묻어 있다. 사설이나 그와 유사한 성격의 글에서 이러한 논리는 전
면적으로 드러난다. 그러나 김억이나 황석우 등의 경우, 예술의 유용성에
대한 사고는 부차적이거나 표면적이다. 김억은 "현실세계를 밧하고 다른
즐거움의 세계"(「가난한 벗에게」, 16호)인 예술 영역의 자율성에 그의 관심의
중점을 두고 있었다. 그는 예술은 "내부생명을 표현"(「쯔란스 시단」, 11호)하
는 고유의 기능을 갖고 있다고 생각했다.[94] 최초의 근대시론으로 평가받

---

94) 이러한 생각은 「쏘로읍의 人生觀」에서도 드러난다(이 글은 대부분 김억이 직접 쓴

는 그의 「시형의 음율과 호흡」(14호)은 정형시(전통시)와 구분되는 자유시(근대시)의 특징을 운율의 새로움에서 찾고 있다. 이 글에 따르면 자유시의 운율은 "심장의 고동에 말미암아" 이루어지는데, "맘은 육체의 조화고, 정신은 육체의 조화"이므로 '심장의 고동'은 결국 마음의 고동이며 정신의 고동이라고 할 수 있다. 따라서 근대시의 가장 큰 특징인 자유로운 운율은 주관과 개성의 소산으로 파악된다.[95] 새로운 운율과 음악성에 대한 그의 모색은 내면으로 향해 있는 근대예술가의 시선으로 행해진 것이었다. 그러므로 새로운 글쓰기는 '내부생명', 즉 내면의 발견과 함께 가능했다고 할 수 있다. 1920년대 초기 문단에서 관용적으로 쓰인 '전적 생명'이라는 말은 바로 이 내면을 가리키고 있는 것이었다.

근대적인 예술가가 내향적인 인물로 설정되면, 그 이미지에 '신경쇠약'이 결부되는 것은 자연스럽다.[96] 그의 내면은 출구가 폐쇄된 자폐적인 것이기 때문이다.

맘속―그 깁흔 맘속에는 다른 사람이 들어오지 못ㅎ는 '나'라 ㅎ는 秘密한 곳이 잇다. 그 秘密한 곳을 차자 들어오는 사람은 한으도 업다. 웨그러냐 ㅎ면 한 사람도 나와 갓튼 사람도 업고, 한 사람도 나를 理解ㅎ는 사람이 업는 싸닭

작가론으로 평가하지만, '이쌔노프, 라즘니코쯔'라는 러시아인 이름이 부기된 것으로 보아 번역물이었던 것으로 보인다. 또한 10호 「바람너다」에서 "쏘로굽의 희결을 로서아 문학에 다디한 공을 싸은 岸曙군의 붓으로 충실히 번역"했다는 진술도 발견할 수 있다. 다만 이 시기의 산문 번역이 대체로 그러했듯이, 이 글도 번역자의 주관과 편집이 크게 작용하고 있는 듯 하다. "이 '物質的 세계의 物質'에서 벗어날 슈가 잇슬가, 이 物質의 煩惱를 어더케 避ᄒ홀 슈가 잇슬가, 또 이러한 物質은 人生 內面生活과 엇더ᄒ혼 意味, 엇더ᄒ혼 目的을 가졋슬가, ᄒ는 解答을 그는 '生'에셔 홀 슈 업시 '죽음'에셔 차졋다."(9호)
95) "詩는 詩人自身의 主觀에 맛길 째 비로소 詩歌의 美와 音律이 생기지요"
96) 소설 「후회」에서 주인공 김의호는 신경쇠약을 보이는 예술가의 이미지를 갖고 있다. 그런데 흥미로운 점은 그가 이런 이미지를 소유한 예술가이면서 계몽론자라는 점이다. 그는 그림을 그리고 시를 쓰면서 동시에 계몽적인 논설을 쓰고 교육가를 꿈꾸는 청년이다. 이렇게 낭만성과 계몽성이 한 인물 내에서 공존하는 것은 『신보』의 배치와 닮은 꼴이다.

이다.

—「孤獨」, 14호

「고독」은 김억이 번역한 모파상의 작품이다.[97] 여기에서 '나'의 진실
은 "다른 사람이 들어오지 못ᄒ는 깁흔 맘 속"에 자리한다. 이 소통 불
가능성은 '나의 독자성'에 대한 보존의 욕망에서 기인한다. 타인은 "나
와 갓튼 사람"이 아니라는 점에서 '나'의 내밀한 영역과 접촉할 수 없는
이 영역 바깥의 존재다. '나'는 고독감을 토로하는 약한 사내로 그려지
지만, 이런 구도에서 철저히 소외되는 것은 내 바깥의 타자들이라고 할
수 있다. 왜냐면 타자를 만든 것, 타자를 바깥으로 밀어낸 것은 내가 발
견한 '나의 내면'이기 때문이다. '이해'할 수 있는 정신적 수준이 '우정'
의 조건으로 '연애'의 조건으로 부상하게 된 것도 '고독한 내면'의 발견
과 근본적으로 닿아 있다.

문학사적인 조명을 거의 받지 못했던『신보』의 산문이나 소설이 보여
주는 새로움은 '묘사'에 대한 의식적인 편향에 있다. 4호부터 고정란으
로 자리잡은 「스켓취첩」은 사건이나 주장을 기술하고 있는 산문이 아니
다. 이 글의 '나'는 산책자일 뿐이므로 '나'의 도보는 특별한 장소를 향
해 있지 않다. '나'는 스케치북에 그림을 그리듯이 '나'의 눈에 비친 풍
경들을 묘사하고 이에 대한 약간의 감상을 덧붙이는 행위를 하고 있을
뿐이다. 이 무의미한 행위가 의미 있는 것으로 전도되는 자리에 새로운
'묘사'의 기원이 숨어 있다.

그 사이로는 미술학교에서 원근투시화법(遠近透視畵法)을 교수ᄒ올 쎅에 쓰는
그림가운데 잇는 것과 같은 곳은 길이 직힝으로 쎠처잇다.

—「스켓취 帖」, 4호

---

97) 김억은 이 번역작품을『창조』8호에 다시 수록한다.

이 인용문은 산책자인 내가 원근법적 시선을 갖고 있다는 것을 보여준다. 그러나 원근법적인 시선이 본래부터 존재했던 것은 아니다. 이 시선에는 "미술학교에서" 가르치는 근대적인 지식이 개입해 있다. '원근투시법'이라는 '바라보는 방법'이 '근대적인 지식'과 함께 새롭게 떠오른 것이다. 이 장면은 뒤에서 '근대소설'을 특성화해 내는 논리를 살피면서(3장 2절에서), 또 '관찰자로서의 주체'와 '사실의 발견'이라는 인식론적 사건을 논하면서(4장 3절에서), 상기될 것이다.

『신보』에서는 '예술'과 '취미'를 연결시킴으로써 그 표면에 예술의 기능성을 내세웠다. 이런 설정은 '계몽성'과 '낭만성'이 근대성이라는 이름으로 평면화되는 『신보』의 배치에서 볼 때 자연스러운 것이었다고 할 수 있다. 지금까지 살핀 대로 『신보』에서는 자본주의적 근대성과 미적 근대성이, 때로는 적대적인 대상으로 규정했던 전근대적인 가치까지, 상호적이고 병렬적으로 배치된다. 여기서는 이제껏 배제되어 왔던 텍스트들을 새롭게 읽음으로써 『신보』의 지형도를 읽어내고자 했다. 이 지형도를 전체적으로 조망할 수 있을 때, 지워진 계몽의 텍스트뿐만 아니라 미적 근대성의 기원이 그 기원의 역사성 속에서 드러날 수 있을 것이다.

제 3 장

'문학' 개념과 개별 장르에 대한 인식

1. 문학의 자율성과 예술가의 의미

1) '知·情·意'의 심성 구조와 '眞·善·美'의 분화적 가치

이광수는 1910년에 「문학의 가치」라는 제목의 글을 다음과 같이 시작한다. "여(余)와 같은 한서생(寒書生)이 '문학의 가치'를 논한다 하는 것은 자못 외월(猥越)한 듯하나 지금껏 아한(我韓) 문단에 한 번도 차등(此等) 언론을 견(見)치 못하였나니, 이는 곧 '문학'이라는 것을 한각(閒却)한 연유로다."[1] 이 말은 명백히 '「문학의 가치」라는 글'의 가치를 과장하고 있는 것이다. 그러나 그가 말하고자 하는 '문학'이라는 것의 내용이 새롭

---

[1] 이광수, 「文學의 價値」(『大韓興學報』 11호, 1910.3), 『이광수 전집』 1권, 504면.

게 구성된 것이라면, 그래서 "석일(昔日)의 문학과 금일의 문학을 혼동치 못할" 함의를 갖는 것이라면, 이 글이 쓰여진 1910년은 이와 같은 서두가 묘하게 적절한 때였다고 할 수 있다. 1900년대에 시가, 소설, 연극 등의 가치는 '풍속개량'의 차원에서 활발하게 모색되고 있었으나, '문학'이 이들의 상위 범주로서 논의의 대상이 되지는 않았다. 다시 말해, 시가나 소설 또는 연극이 논의되었던 지층에 이들을 공통으로 묶는 미학적인 기반이 아직 마련되어 있지 않았다. 이광수는 같은 글에서 '문학'이라는 용어의 의미 변환을 아래와 같이 요약한다.

그 意義는 본래 '一般學問'이러니, 人智가 漸進하여 學問이 漸漸 複雜히 되매, '文學'도 次次 獨立이 되어 其 意義가 明瞭히 되어 詩歌·小說 等 情의 分子를 包含한 文章을 文學이라 稱하게 至하였으며(以上은 東洋), 英語에 literature(文學)이라는 字도 또한 前者와 略同한 歷史를 有한 者라.

1900년대까지도 '문학'의 일반적인 용법은 '일반학문'을 가리키고 있었다. 이광수의 이 글은 '문학'의 함의가 '일반학문'의 하위 개념으로, 그리고 시가 소설 등의 상위 개념으로 급격하게 조정되기 시작한 국면에서 발표된 것이다.[2] 그러나 그는 '문학'의 내포가 일반학문에서 "시가·소설 등 정(情)의 분자를 포함한 문장"으로 전이된 과정을 "점점" "차차" 등의 부사어를 써서 점진적이고 완만하게 이루어져 온 것으로 파악하고 있는 듯이 보인다. 그는 이 과정을 괄호 속에서 동양의 경우라고 밝히고

---

2) 1900년 경부터 1910년대까지의 방대한 텍스트를 중심으로 '문학' 개념 형성을 살피고 있는 논문으로 김동식, 「한국의 근대적 문학 개념형성과정 연구」(서울대 박사논문, 1999)와 권보드래, 『한국 근대소설의 기원』(소명출판, 2000, 27~101면)이 있다. 황종연은 「문학이라는 역어(譯語)」(『한국문학이란 무엇인가』(공저), 민음사, 1995)에서, 리터래처의 역어임을 분명히 밝힌 이광수의 문학 어휘 용법이 서양문화의 충격 속에서 문학의 새로운 가능성을 발견한 동아시아 '신문학' 세대 공통의 문학경험과 연결되어 있으며, 문학의 자율적인 성격과 민족적 정체성의 개념들을 중심으로 하는 문학인식의 재편에 관련되어 있음을 실증적으로 보여준 바 있다.

있으나, '문학' 용법의 변환을 확정된 사실인 듯이 그가 진술할 수 있었던 데에는 'Literature'의 번역어로서 사용된 '문학'이라는 어휘의 용례가 크게 작용했다고 할 수 있다. 그가 약술한 동양에서의 '문학' 용법의 변천사란 실상 그가 생각한 'Literature'의 역사에 비춰 재구성된 것일 가능성이 높다. 이 점은 이광수의 본격적인 문학론이라 할 수 있는 「문학이란 하(何)오」(1916)에서 분명하게 드러난다. 「문학이란 하오」라는 글이 서론으로 삼고 있는 것은 '신구어의(新舊語義)의 상이'라는 항목이다. 그는 여기서 "어동의이(語同意異)한 신어(新語)가 다(多)하니 주의할 바"라고 하면서, 자신이 논하고자 하는 '문학' 또한 "서양인이 사용하는 문학이라는 어의를 취"한 신어(新語)의 하나임을 강조한다.[3] 『태서문예신보』가 태서문예의 '번역'을 목적으로 기획되었던 데에도 '문학' 개념의 이러한 전환이 큰 몫을 담당했다고 할 수 있다. 1920년대 초기 동인지 문학인들이 외국 작품 번역의 필요성을 크게 강조했던 것도 자신들이 서구와 동일한 '문학' 개념을 소유하고 있다고 생각했기에 생길 수 있는 일이었다.[4]

'문학' 개념의 전환에 있어서 이론적으로 결정적인 역할을 했던 것은 '지(知) · 정(情) · 의(意)'론 이었다. '지 · 정 · 의'론은 인간의 심리적 영역을 삼분한 체계였다. '지 · 정 · 의'론의 등장은 인간을 '심리적 구성체'로 보는 '관점'의 출현이다. 교육심리학의 지평에서 1900년대부터 학회지를 통해 소개되기 시작한 '지 · 정 · 의'론은 개인 내부에서 세 영역의 균형적인 발전이 이루어져야 한다는 교육적인 목표와 결부되어 있는 구

---

3) 이광수, 「文學이란 何오」(『매일신보』, 1916.11.10~11.23), 『이광수 전집』 1권, 507면.
4) "우리 中에 指導的 作家가 없다 하면(事實 없거니와) 우리가 먼저 할 것은 外國 作品의 飜譯이외다. (…중략…) 먼저 必要한 것은 指導的 作品이오 이것에 가장 適當한 것은 外國 作品의 飜譯이외다. (…중략…) 飜譯이란 것도 아모나 할 수 잇는 것이 아니게습니다. 엇던 째는 創作보다도 더 어려울년지도 모르겟습니다. 左右間 飜譯의 盛行이 오기 前에 우리 文藝의 發達을 期치 못할 것이외다."(벌못, 「長江 어구에서」, 『창조』 7호, 55면) "飜譯이 無한지라 外國의 藝術을 何로 依하여 輸入하여 我短을 棄하고 渠長을 取하며 我長을 取하고 渠短을 抛하여써 不朽 融合의 新藝術을 創設할 수 잇으랴."(박종화, 「嗚呼 我文壇」, 『백조』 2호, 141면)

상이었다. 1900년대 계몽교육을 뒷받침하고 있었던 강력한 논리는 '지(知)·덕(德)·체(體)'론 이었는데, 이 지점에서 '지·정·의'론은 보조적인 담론으로서 출현하였다. 여기서의 '정'에 대한 고려는 정서적인 교육을 통해 덕성 함양을 꾀한다는 차원에서 주로 논의되었다.5) 그러나 1910년대에 이르면 '지·정·의'론이 '지·덕·체'론을 대체하는 주도적인 담론으로 떠오르게 된다. '지·덕·체'론 이나 '지·정·의'론을 구성하고 있는 상호 배제적인 가치들은 각각 계발되어 양적인 균형과 질적인 통합을 이루어야 하는 것이었다. 그런데 '지·덕·체'론이 '체(體)'에 대한 논의를 중심으로 성립되었다면, '지·정·의'론은 '정(情)'을 강조하면서 구축되었다. 무엇보다도 양적인 균형을 중시하는 삼분 체계에서 특정한 한 요소를 강조하는 것은, 그 특정 요소가 부당하게 평가절하되어 있거나 억압되어 있다는 시대적 진단을 포함하고 있다. 그것은 이러한 의미에서 매우 '정치적'이다. '지·덕·체' 논의의 핵심에 놓여 있었던 "체육의 역할은 문약(文弱)을 공격함으로써 전통의 가치를 뒤흔드는 데 있었다."6) 반면에 '지·정·의'론에서 초점이 되었던 '정(감정)'의 역할은 유교적(봉건적)인 위계와 습속을 해체하는 데 있었다. 이 경우에 유교적인 전통 사회는 '정'의 자연스러운 유로(流路)를 차단하고 있는 권위적이고 억압적인 사회로 규정된다. 그리고 '문학'은 '정'의 유로가 보장되는 영역이라는 데서 그 가치가 주장되었다.

---

5) 김동식, 앞의 논문, 104면.
6) 권보드래, 앞의 책, 44면. 1900년대 계몽 담론의 최종 심급은 '애국'이었다고 할 수 있다. 국가 상실의 위기 앞에서, 성리학과 한시로 대표되는 재래의 사상과 문학은 민족을 문약(文弱)에 빠지게 하여 국가적 위기를 초래한 한 원인으로 진단되었고 문약의 기풍을 쇄신할 활로로서 상무(尚武) 정신이 강조되었다. "역사·전기물의 주인공은 대부분 무장이었고, 그밖에도 상무 정신은 학교 교육에서 군사적 요소의 도입을 통해 현실화되었다. 체조라는 교과목의 강조, 운동회(1900년대에 운동회란 일종의 군사훈련과도 같았으며 여러 날을 바칠 만큼 중요한 행사였다)의 성행 등은 이 상무의 정신을 통해 체육 사상이 구체화되었음을 알려주는 징표이다."(51~52면)

情이 이미 知와 意의 奴隷가 아니요, 獨立한 精神作用의 一이며, 從하여 情에 基礎를 有한 文學도 亦是 政治・道德・科學의 奴隷가 아니라, 差等과 並肩할 만한, 도리어 一層 吾人에게 密接한 關係가 有한 獨立한 一現象이다. 從來, 朝鮮에서는 文學이라 하면 반드시 儒教式 道德을 鼓吹하는 者, 勸善懲惡을 諷諭하는 者로만 思하여 此準繩 外에 出하는 者는 唾棄하였나니, 是乃 朝鮮에 文學이 發達치 못한 最大한 原因이라. 假令, 中國文學의 一種인 詩經이나 律詩 等을 讀할 時에도 上述한 偏狹한 觀念으로 詩中에서 道德的・勸善懲惡的 意味만 是求하려 하여 淸醇爛漫한 人情의 美를 賞玩할 줄 不知하니 讀詩의 本意가 何에 在하리요[7]

‘지・정・의’의 삼분 체계에서 ‘정’은 ‘지’와 ‘의’가 그렇듯이 ‘독립한 정신작용의 하나’로 규정된다. 그러나 “지와 의만 중히 여기고 정은 천홀(賤忽)히 하여 차(此)를 배척하며 무시하여” 왔으며 “정을 주(主)하는 문학도 유희소한(遊戲疎閒)에 불과하게 알아” 왔다는 역사적 진단과 결합하게 될 때,[8] ‘지・정・의’론은 ‘정’의 위상을 높이고 ‘문학’의 가치를 재정립하는 효과를 산출하게 된다. 또한 ‘정’의 독자적인 의의를 주장하는 데 있어서 ‘유교식 도덕’에 대한 공격이 수반되고, ‘정’에 기초한 ‘문학’의 자율성을 확보하는 데 있어서 ‘권선징악’적 주제가 비판되었던 대목은, ‘지・정・의’ 분류체계가 배제의 원리에 기반하고 있음을 말해준다.

이광수는 이제 문학 감상에서 취해야 할 것은 “도덕적・권선징악적 의미”가 아니라 “인정(人情)의 미(美)”라고 말한다. 그는 문학 창작과 감상의 ‘본의’를 “인정의 미”와 연결시켰다. 동인지 문학인들은 ‘감정’과 ‘미’의 연결을 좀더 논리적으로 설명하고자 했는데, 대체로 ‘미’는 “우리 감정에 적게라도 쾌감을 니르키우는 것”으로 정의되었다. ‘미적 쾌감’이 일어나는 과정을 한 동인지 작가는 다음과 같이 분석하기도 했다.

---

7) 이광수, 「文學이란 何오」, 509면.
8) 이광수, 「文學의 價値」, 504면.

우리가 그 靑色을 보고 淸爽혼 快感을 니르키우는 것은 決코 美가 그 靑色 가운데 存在ᄒ여 잇다가 우리에게 美的 快感을 주는 것은 안이겟다. 우리의 主觀 속에 잇는 感情이 그 靑色 우에 活動홀 쩌에 비로소 우리는 그 美的 快感을 엇는 것이겟다.9)

즉, '미'는 객관적인 실체가 아니라, 주관 속에 있는 감정이 작용할 때 비로소 어떤 대상이 획득하게 되는 특별한 가치라는 것이다.

'정('情)―예술―미(美)'의 연결 축은 '지(知)―과학―진(眞)' 그리고 '의 (意)―도덕―선(善)'의 연결 축과 더불어 근대적인 분화의 기획에서 한 축을 담당하게 된다. 이광수의 「문학이란 하오」에서 이러한 구도가 소개되는 자리는 '문학의 실효'라는 항목에 마련되어 있다. 여기서, "지·정·의 삼방면(三方面)"이 "완전히 발달한 정신"은 진·선·미에 대한 욕망이 균형하게 발달'된 것을 의미하는 것이었다. 이 균형이 깨진 인간형을 그는 "기형"이라 할 수 있다고 말한다. 그러나 그는 어느 한 쪽으로의 '치우침'이 '기형적'이라는 부정적인 평가를 동반하지 않는 특권적인 존재를 인정했는데, 이 존재는 "전문에 입(入)한 자" 즉, 전문가였다. 이 전문가의 논리를 밀고 나간 자리에서, 1920년대 초기 일군의 작가들은 '예술을 위한 예술'이라는 유미주의의 명제에 도달하게 된다. 1920년대 초기 문학의 장(場)에서 유미주의적 예술관에 대해 크게 우려를 표시했던 이광수 또한 이 명제에 내장되어 있는 전문화의 논리만큼은 인정했다. 그는 "Aats for art's sake(예술 위혼 예술)라는 예술상의 격언은 예술을 타부문의 문화(정치나 교육이나 종교)의 노예상태에서 독립식히는 의미에 잇셔서는 대단히 훌륭훈 격언"이라는 단서를 붙인 후에, 그러나 예술의 사회적 "전파력"과 "감염력"을 망각하고 이 논리를 극단적으로 밀고 나갈 때 개인에게나 민족에게 해악을 끼칠 수도 있음을 경계하고자 했다.10) 이광수의 「문학이란 하오」에서는, 문학의 '본의'와 '실효'를

---

9) 김유방, 「現代 藝術의 對岸에서」, 『창조』 8호, 19면.

美와 美에서 산출되는 정신적 즐거움에 두고, 문학의 '부산적(副産的) 실효'를 "불식부지간(不識不知間)에 품성을 도야하고 지능을 계발하게 되는 것"에서 찾았다. 1910년대 중반 이후 뚜렷하게 부각되기 시작했던 '정(情)-예술-미(美) / 知-과학-진(眞) / 의(意)-도덕-선(善)'의 삼분 구도를 의식하면서, 동인지 문학인들은 문학의 자율성과 위상을 정립해나가고자 했다. 이러한 모색은 '문학과 도덕' '문학과 과학' 사이의 차이와 연관성을 새롭게 설정하고자 한 다양한 시도에서 확인할 수 있다.

(1) 문학과 도덕

英善은 긔왕에는 文學이라면 찬미를 짓고 죠흔 노래를 짓고 高尙한 思想으로 論說을 짓고, 社會를 感化하야 善導할 만한 小說도 짓고 하는 것인 줄노만 아랏섯다. 그러나 남편의 感化와 가라침으로 Life is short, art is long이란 말도 듯고 씸볼니즘이니 로만티시즘이니 自然主義니 實寫主義니 하는 말도 만히 듯고, 그 뜻도 대강은 짐작하엿다. 남편의게 늘 들어서 예술이라는 거시 무어신 지도 희미하게나마 짐작하엿다. 그러나 어려서브터 純全하게 宗敎的으로 자라난 그는 宗敎 外에 다른 세계를 생각할 수 업섯다. '藝術이라는 거시 재미잇는 거시려니' 이러케는 생각하지만 그것의 高貴한 價値는 생각지 못한다. 그리고 自然主義 實寫主義니 하는 거시나, Art is for art's sake니 하는 생각은 다 宗敎에 違反되는 危險한 생각인 줄을 아랏다. 엇잿든지 文學에 너머 치우치면 危險한 줄을 분명히 아랏다. 11)

위의 소설에서 영선이라는 인물은 자신이 과거에 생각했던 '문학'과 남편을 통해 근자에 희미하게나마 짐작하게 된 '문학'이 다르다는 것을

---

10) 이광수, 「文士와 修養」, 『창조』 8호, 10~11면. 그는 이 글에서 공리적 관점에 서서 유미주의적 예술관을 비판한다. "文藝도 만일 個人의 特히 우리 民族의 生에 害를 주는 者면 맛당이 두드려부실 것이외다. Aats for life's sake야말로 우리의 取홀 바라 흠니다."

11) 전영택, 「生命의 봄」, 『창조』 7호, 16~17면.

알고 있다. 그녀가 생각했던 '문학'(찬미를 짓고 죠흔 노래를 짓고 고상한 사상으로 논설을 짓고, 사회를 감화하야 선도할 만한 소설도 짓고 하는 것) 그녀의 기독교 신앙 내에서 어떤 불협화음도 일으키지 않았다. 그러한 '문학'은 "종교 외에 다른 세계"에 속하는 것으로서의 자립성을 뚜렷이 하고 있는 것도 아니었고 따라서 종교와 이념적으로 대립할 독자적인 근거와 논리가 있는 것도 아니었던 것이다. 그러나 "Life is short, art is long" "Art is for art's sake"라는 문구와 "씸볼니즘이니 로만티시즘이니 자연주의니 실사주의니" 하는 전문적인 용어들이 포진되어 있는 '문학'이란 '종교 외에 다른 세계'에 위치해 있는 것임을 그녀는 '분명히' 감지해낸다. 그녀가 남편의 '문학'에 대한 관심과 욕망을 지켜보면서 불안감을 느끼는 이유가 여기에 있다. 그녀에게 'Life is short, art is long' 'Art is for art's sake'라는 문구는 문학의 "고귀한 가치"를 뜻하는 말이 아니라 문학이 "종교에 위반되는 위험한" 것이라는 느낌을 강화시키는 말이었다. 이광수는 종교를 도덕과 마찬가지로 '의(意)'라는 심리적 영역에 기반을 두고 '선(善)'이라는 가치를 추구하는 활동으로 생각했는데,[12] 동양적 전통 속에서 종교는 '권선징악' '인과응보'와 같은 도덕적 판단과 긴밀하게 관련되어 있었다. 영선이라는 인물이 감지하고 있는 '종교에 위반되는' 문학의 불온함도 '선'이라는 가치로부터 독립해 있는 영역에 대한 도덕적 위기감과 불안감에서 파생한다.[13] 그녀의 남편은 결국 종교적 신념과 문학적 욕망 사이에서 갈등하다가, "이 지경에서 버서나야겟소 무어시

---

12) 이광수, 「문학이란 하오」, 511면. "善을 偏愛하는 宗敎家 · 道德家"라는 표현에서 단적으로 드러난다.
13) 영선은 "남편이 차차 종교의 熱이 식어가고 文學에 치우치는 거슬 알고 몹시 걱정"하다가 환몽(幻夢)까지 보게 된다. 그 환몽의 내용이란, "講臺에 올나가서 성경말로 강도할 주일 날" 남편이 보이지 않자 그녀는 그를 찾아 헤매다가 연극 무대에서 남편을 발견하게 되는데, 무대에서 남편은 "어엽분 少女와 손목을 맛잡고 그 등에다 손을 놋코 미친 듯이 열심으로 니애기하는 靑年 畵家"의 모습을 하고 있었다는 것이다(17면). 이 환몽에서의 연극무대는 곧 예술의 장(場)이라고 할 수 있을 텐데, 그곳에서의 남편은 자신과의 도덕적 신의를 아랑곳하지 않는 모습을 보인다.

나 하나 되어야 하겟소 이러케 지나가지고는 안되겟소 셰상에 낫든 보 람을 하야겟소 참 불안하지만 나는 내일 곳 써나겟소이다"라는 말을 남기고 어떤 기약도 없이 여행길에 오른다.

문학과 종교의 상관성을 논의하기 위해서는 종교가 '정'이라는 심리 에 기초한 활동으로 전제되어야 했다. 오상순의 「종교와 예술」은 이러 한 전제 위에서[14] 예술과 종교 사이의 "반목쟁투"와 "우애(友愛)"의 역사 를 고찰하고 있다. 오상순은 '지·정·의' 체계로 종교를 분류했는데, 이에 따르면 대승불교는 이성에 토대한 종교이며, 스토익학파와 유교는 의지에 기반한 종교이고, 기독교는 감정에 토대를 둔 종교로 분류된다. 그가 "종교적 생명의 원천은 영(寧)히 기(其) 순결성고(純潔聖高)한 감정생 활에" 있는 것이기 때문에 이성이나 의지에 기초한 종교는 "아즉 이상 적 최고의 종교라 칭하기" 어렵다고 말하는 데서 드러나듯이, 그의 분 류에는 위계적인 판단이 개입해 있다. 여기서 이러한 분류방법과 위계 구도를 통해 논자가 '감정'이라는 범주를 특권화하고 있다는 사실에 주 목할 필요가 있다. '감정'은 '영혼의 구원'을 담당하는 분야로 생각되었 던 기독교의 토대로 설정됨으로써 형이상학적인 의미를 부여받게 된 다.[15] 그의 논의는 '감정'의 숭고함을 부각시킴으로써 "수(水)를 이(離)하 야 어(漁)가 업슴"과 같이 감정과 분리될 수 없는 예술의 위상을 격상시 키는 효과를 산출한다. 예술과 기독교가 같은 층위에서 논의될 수 있었

---

14) 『폐허』 2호, 16면. "人心의 理性은 科學 哲學을 生하고, 人心의 意志는 倫理 道德을 生하고, 人의 感情은 一方에 藝術을 産하고 他方에 宗敎를 産하엿다."

15) 오상순은 "無限을 慕하고 絶代에 憧憬하는" 데에 '종교성'이 있다고 보았다. 그는 이러한 종교의 성향에서 "感情의 가장 崇高幽遠한" 양태를 발견한다. 그리고 "美를 慕 하고 美를 憧憬하는 人의 審美性은 感情의 가장 純潔自然한 것"이라고 말한다. 19세 기 말 한국에서 계몽 담론과 함께 부상한 기독교는 서구문명의 눈부신 후광에 싸여 그 야말로 '문명의 빛'으로 다가왔다. 세계의 문명국들이 믿는 기독교는 가장 진보된 고차 원적인 종교로 떠오르고, 이와 더불어 기존의 동양철학이나 무속 풍수지리 등은 미신 적이고 미개한 것으로 절하되었다. 나아가 교회는 영혼의 병을 치료하고 영혼을 정화 하는 사명을 담당하는 곳으로 표상된다(고미숙, 「병리학과 기독교」, 『한국의 근대성, 그 기원을 찾아서』, 책세상, 2001, 151~164면).

던 데에는, 두 영역에서 모두 '영혼'이라는 용어와 그 개념이 독자적인 자기의 영토를 구분해내고 권위화하는 데 큰 효력을 발휘했다는 사실이 관여하고 있다. 기독교는 '교리 자체'로서가 아니라 '인식론'으로서 동인지 지형의 심층부에 자리잡고 있었다. '영혼'은 육체와 이항대립의 쌍을 이루면서 1920년대 초기 문학의 장에서 권위화된 범주였는데, '영혼 / 육체'라는 대립항은 '정신 / 물질' '주체 / 객체' '무한 / 유한', '완전 / 불완전', '이상 / 현실' 등등의 이분법적 사유 구도와 연계되어 있었다.

오상순의 논의에서 '감정'과 함께 예술과 종교와의 공통점으로 다루어진 것은 '상상력'과 '직각력(直覺力)'이다.

> ① 宗敎의 世界는 一面 神秘의 世界라. 想像의 翼을 籍치 안코 엇지 能히 其 風光을 髣髴케 함을 得하랴. 玆에 可知라. 想像의 力은 宗敎 藝術 共有의 羽翼이요, 一面 人으로 하야금 藝術의 美한 花園에 逍遙케 하며 一面 人으로 하야금 宗敎의 高한 天界에 飛翔케 하는도다. (19면)

> ② 藝術과 宗敎로 하야금 其 本來의 使命을 發揮케 하는 共通의 利器는 人心의 直覺力일다. 兩者는 共히 直覺的으로 宇宙의 直相을 解釋하며 直覺的으로 森羅萬象 中에 潛在한 深玄奧妙한 意義를 捕捉해 온다. 學術과 哲學이 어대까지 推理的으로 歸納演繹하야 비로소 到達함을 得할 宇宙 人生의 眞理가 藝術家나 宗敎家의 靈眼 中에는 全然 直覺的으로 가장 明晳 如實하게 一種의 幻影과 如히 파노라마와 如히 顯映하며 開展하며 浮動하야 옴을 볼 수 잇다. (20면)

논자에 따르면, '상상력'①은 "예술의 美한 화원"과 "종교의 高한 천계"의 풍광 위로 비상하게 하는 능력이며 그 풍광을 향수할 수 있게 하는 능력이다. "상상의 力[힘]"에 대체되는 말이 "상상의 翼[날개]"인 데서 드러나듯이, 예술의 세계와 종교의 세계는 수사학적으로 '높은 곳'에 위치해 있다. 여기서 예술적인 가상의 세계는 지고의 위치에 신을 설정하고 있는 종교의 세계에 비견됨으로써 가치론적으로도 '높은 곳'에 놓이게 된다. 1920년대 초기 일군의 작가들은 '무한 / 유한', '완전 / 불완전', '이상 / 현실' 등의 이분법적 인식 구도에서 특권을 점유하고 있는 '무한'하고 '완전'하고 '이상'적인 세계를 향해 '상상의 날갯짓'이 이루어지고, 이를 통해 예술적인 가상의 세계가 펼쳐지게 된다는 생각을 보여 주었다. 이 텍스트는 미학적인 담론에 종교를 끌어들임으로써 예술의 세계를 규정하는 '미(美)'에 종교의 세계를 특징짓는 '고(高)'가 오버랩되는 효과를 산출하고 있다. 이렇게 예술이 '높은' 위치에 설정되면, 예술은 수평적인 가치의 분화와 갈등을 통일시키고 화해시키는 잠재력을 지닌 영역으로 특권화될 수 있다. 다시 말해, '진(학문) · 선(도덕) · 미(예술)' 각 영역의 전문화를 발전의 계기로 삼고자 한 근대적인 기획에 내재해 있는 상호 소외와 분열의 위험에 대응하여 사회 문화적 통합의 기능을 예술에서 구할 수 있는 논리가 마련되는 것이다.16) 따라서 예술가가 "지식을 순화하며 도념(道念)과 포합(抱合)"하는 존재로 떠오르게 된다. 그리고 예술의 인식 능력으로 부각된 '직각력'(②)이 "삼라만상 중에 잠재한 심현오묘한 의의"를 포착하는 '영혼의 기술'로 풀이되면, 예술적인 "환영"과 "파노라마", 즉 가상의 세계는 '진리'를 함유한 "진상(眞相)"이 된다.

그러나 한편으로 예술의 독자성을 부각시키고자 할 때, 그래서 '예술을 위한 예술'이라는 탐미주의적인 강령에 도달하게 될 때, '미'는 다른

---

16) 칸트는 전체 이성이 순수이성(객관적 인식의 가능성), 실천이성(도덕적 통찰의 가능성), 판단력(심미적 가치평가의 가능성)으로 분화되었다고 보았다. 그러나 칸트는 이성의 분화를 각각의 경계 안에서 정당화하고, 그 경계를 분열과 소외의 자리로 파악하지 않았기 때문에 분화된 영역을 다시 통합시키고 화해시켜야 한다는 욕구를 가지지 않았다(J. Habermas, 이진우 역, 『현대성의 철학적 검토』, 문예출판사, 1994, 39~40면). 칸트의 세 비판서를 통해 극명하게 드러나는 계몽적 이성의 분열을 근대적인 프로젝트에 내재하는 위기로 보고, 그 위기의 극복을 과제로 삼은 역사적 선례로 하버마스는 낭만주의와 헤겔을 든다. 낭만주의자들은 과거에 종교가 지녔던 사회 통합적 입법 기능을 예술에 두는 예술적 유토피아를 구상했다고 할 수 있다. 반면에 헤겔은 이성적 사유의 전통에 서서, 그러나 종래의 이성을 실천의 세계와 역사를 포괄하는 변증법적 이성으로 변형시키면서 그 과제를 완성하고자 했다(김상환, 『예술가를 위한 형이상학』, 민음사, 1999, 84~85면; J. Habermas, 같은 책, 44~73면 참조).

가치들과 날카롭게 대립하게 된다. 달리 말하면, 이 대립의 지점을 도드라지게 함으로써 '미'와 '예술'의 고유성을 분명하게 표시하고자 했다고 할 수 있다. 특히 미적 가치와 도덕적 가치와의 차이를 드러내는 일은 이 대립을 선명하게 하고 문제적으로 만드는 데 상당히 효과적이었다. 예술은 도덕과는 서로 다른 "특유의 귀취(歸趣)에 속"하지만 예술과 도덕 "이 두 가지 원리 중에는 확실히 서로 배치하는 것은 없"다는 논리로는[17] '미'의 고유성을 부각시키는 데 한계가 있었다. 예술과 도덕이 서로 배치(背馳)되는 지점, 그 분열의 지점을 표나게 강조하는 일은 도덕적 비난과 소외를 감당해야 하는 것이었는데, 1920년대 초기 일군의 문학인들은 수사학적인 차원에서 세상의 비난과 자신들의 소외감을 과장하면서 이를 '예술의 가치'를 반증해 주는 사태로 간주했다.

김억이 번역한 「뿌로예르論」(『폐허』 2호)에서는 예술적 능력을 의미하는 '천재'와 도덕적 품성을 의미하는 '인격' 사이에 빚어지는 "현저한 차위(差違)"와 그 원인을 고찰하고자 했다.[18] 논자는 "심미적 관찰과 윤리적 관찰"의 상이한 태도를 예로 들어 이 문제에 접근한다.

---

17) 김환, 「美術論(1)」, 『창조』 4호, 7면. 이러한 논리는 "道德律을 考慮함이 無히(勸善懲惡의 效用을 待하기 爲하여 文學을 作하지 말고) 吾네의 眼中에 暎來하는 人事現象을 如實하게 描寫"하더라도 그 문학작품은 독자에게 "善行의 原動力이 되는 同情心을 發"하게 하고 "罪惡에 墮落하는 經路를 目睹하며 足히 殷鑑을 삼게" 하는 도덕적 효과를 산출하게 된다고 문학과 도덕과의 관계를 설정하는 이광수의 관점과 닿아 있다(「文學이란 何오」, 510~511면).

18) 이 글 끝에는 메레즈코우스키 作이라고 되어 있다. 김억은 이 글을 영역(英譯)에서 중역(重譯)했다고 밝혔다. "엇지하야 藝術的 人格의 發達과 및 힘이 道德的 典型의 發達과 및 힘에 對하야 만히 反比例가 되며, 또 生活의 日常 經驗 中에 언제나 볼 수 잇는 이 두 엘리멘트 새에 잇는 第 一의 反抗은 엇더한 根本의 理由를 가젓는가 하는 말을 하지 아니하엿다. 누구나 다 안다. 例하면 天才잇는 著作家, 彫刻家, 音樂家는 만흔 境遇에서는 倫理의 崩鮮者가 되며, 그들의 家庭에서는 不良한 아바지가 되고 좃치 못한 지아비가 되며, 그들의 作品에는 힘 잇는 말로 如干하지 아니한 神經過敏을 表現하면서도 實際生活에는 冷酷한 同情업는 唯我者되는 것을 누구나 다 안다. 審美的 觀察과 倫理的 觀察과의 새와 및 天才와 人格과의 새에 잇는 顯著한 差違가 생기는 原因을 考究하는 것은 疑心할 것 업시, 創作的 心理學의 歷史에 가장 興味잇는 멧 章의 하나가 될 것이다."(72~73면)

우리의 論題의 例로 Aeneid에 明記된 바 Laocoon의 滅亡의 悲劇的 一場을 引用하여 보겟다. 巨大한 배암에게 라오쿤과 그의 아들이 잡히여 질식하는 것을 본 트로이(Troy) 市民의 恐怖와 思惱를 생각하여 보라. 보고 잇든 사람들은 恐怖와 愁傷에 잡히여 不幸한 희생者를 救하라는 생각이 가슴에 가득하엿다. (…중략…) 未來의 作品에 適當한 題目으로 눈압헤 쩌도는 바 무서운 悲劇을 研究하는 彫刻家를 像想하여라. 一般 混雜, 뉘웃츔, 설음, 祈禱 中에 다만 그 사람만이 成動하지 안는 구경軍이다. 그의 道德的 本能은 굿세인 審美的 好奇心에 吸收되고 말엇다. 눈물은 그의 幻影을 妨害할 것이다. 그는 嚴肅하게 그것을 나오지 안토록 막는다. 이는 그럿케 하는 것이 모든 形式과 배암의 큰 굿센 힘으로 흔들니우는 모든 輪廓을 보랴고 함에는 가쟝 必要하엿다. (73면)

위 인용문에서 비극적인 상황을 바라보는 데 있어서, 보통 사람들의 태도와 예술가(조각가)의 태도는 판이하게 나타난다. 일반인은 '불행'에서 '불행'을 보고, 그 불행에 대한 연민과 희생자를 구하려는 도덕적 의무감을 느낀다. 그들은 타인의 불행에 감정적으로 동참하고 있다. 논자는 이를 '도덕적 본능'이라고 말한다. 그러나 무서운 비극적 광경에서 "미래의 작품"을 예감한 조각가는 이 광경에서 '아름다움'을 느끼고 있다. 그를 사로잡고 있는 것은 '도덕적 본능'이 아니라 '심미적 호기심'이다. 그는 이 상황에서 눈물을 흘리지 않는, 즉 감정적으로 '불행'에 동참하고 있지 않는 유일한 "구경軍"이다. 도덕적인 판단을 정지시킨 '구경군'의 시선을 통해서만이 배암의 악마적인 힘과 라오쿤의 얼굴에 나타나는 고통의 표정을 예술적으로 재현할 수 있다. 이러한 예술가의 심리를 상상하는 논자는 다음과 같이 말한다. "그들(트로이의 시민들)이 울고 심미(心迷)하는 동안에 예술가는 라오쿤의 얼골의 고통의 표정을 깁버하며, 아바지가 그의 아들을 구원하지 못함을 깁버하고 배암이 조곰도 저항업는 힘으로 부자의 육체를 장축(壯縮)하는 것을 깁버한다." 이럴 때, 심미적 호기심에 도취되어 있는 예술가는 '윤리적 붕괴자'라고 할 수도 있다. 이와 흡사한 심미적인 시선을 동인지의 한 기행문 중에서도 발견할 수 있다. 열차의 차창 밖으로 어떤 공장의 화재 장면을 목격하게 된 작자는 그 광경에서 "서양의 엇든 유화를 보는 듯한 한량없는 장관의 美"를 느낀다. "그 집 주인은 가슴을 치며 눈물을 흘리겟지만" 말이다.[19]

> 藝術이 生命의 表現인 以上에는 人生 生活의 엇더한 罪惡 方面이든지 엇더한 汚穢 方面이든지 그것을 그대로 表現하엿스면 그 任務는 다한 것이다. 惡魔的일사록 그만치 人間 生命에 强的 方面이 나타나 잇다.[20]

작품에 재현된 "죄악 방면"이나 "오예(汚穢) 방면"에서 도덕적인 경계의 교훈을 유도해 내는 것이 아니라 오히려 "인간 생명에 강적(强的)" 형태를 발견해 내는 것, 이것은 '악'에 대한 윤리적인 인식이 아니라 미학적인 인식이라 할 수 있다. 박종화는 『백조』 월평에서 염상섭의 소설 「제야」에 대해 찬사를 표하면서, 이 작품의 미적 특질을 '침통미'라는 말로 부각시켰다. '침통'과 '미'를 연결시키는 맥락에서, "대담 잔인한 그 여주인공의 변태성적(變態性的)인 행동이 침통히 표현되었다"고 요약된 이 작품은 "우리는 이제 아름다운 또는 공교한 그것만으로 만족할 수 업"으니 "더 강한 것을 달라, 더 뜨거운 것을 달라, 더 아프고 괴롭고 쓴 것을 달라 하는" 새로운 미학적인 요구에 부응하는 좋은 사례가 되어 주었다.[21] 그는 또 다른 지면을 통해서, "力이 솟는 듯한 血이 뛰는 듯한 변적(變的) '이단자'의 울음소리 가튼 강하고 쓰거운 작풍(作風)을" 보여줬다는 면에서 이 작품을 다시 한번 상찬했다.[22]

---

19) 白岳, 「고향의 길」, 『창조』 2호, 51면.
20) 春城 生, 「文藝에서 무엇을 求하는가」, 『창조』 6호, 70면.
21) 박종화, 『백조』 2호, 「嗚呼 我 文壇」, 150면.
22) 박종화, 「文壇의 一年을 追憶하야」, 『개벽』 31호, 1923.1, 13면. 이 글에서 박종화는 "力의 藝術―가장 强하고 쓰거웁고 매운 힘잇는 藝術"(4면)을 주창했는데, 이 '力의 예술'의 관점에서 「除夜」 외에도 『백조』 2호에 게재된 박영희의 「幽靈의 나라」("쓰거운 노래이며 힘잇는 노래")와 이상화의 「가을의 風景」("굵다런 쎄 그대로 힘잇게 노래한 데는 感歎할 짜름이다") 등의 작품을 고평했다.

그는 果然 高調한 人性을 가젓다. 그 人格은 거짓업는 自我이엇다. 精神的 向上과 肉體的 勞力은 그 自我 存在의 眞意義이엇다. 그의 戱曲『쩌우스트』에 나타난 쩌우스트와 메쎄스트펠네스는 그 人格의 分裂이다. 靈界에 向하야 앨써 나아가랴고 하는 쩌우스트와 俗界에 墮落하야 肉에 싸질녀고 하는 메쎄스트는 아조 矛盾한 性格일지라도 人性으로보아 오히려 眞理이다. 偉大한 人性을 가진 꾀테는 實노 큰 쩌우스트인 同時에 쪼한 큰 메쎄스트이엇다.[23]

이 글에서 말하는 "고조(高調)한 인성(人性)", "위대한 인성"은 윤리적인 당위의 세계에 귀속되지 않는다. 그것은 "인격의 분열"—정신적 욕망과 육체적 욕망의 양극단—을 감당할 수 있는 정신력을 의미한다. "영계(靈界)에 향하야 앨써 나아가랴고 하는" 힘과 "속계(俗界)에 타락하야 육(肉)에 싸질녀고 하는" 힘은 모순된 것이지만, '인성'의 차원에서는 이 모순 자체가 '진리'다. 도덕의 세계에서는 명쾌하게 이 모순이 선과 악으로 나뉘고, '권선징악'의 장치가 타인의 시선에 의해 또 스스로의 양심에 의해 가동되겠지만, 도덕만으로는 "위대한 인성을 가진 꾀테"의 예술세계의 깊이와 넓이에 도달할 수 없다. 모순 자체를 "거짓 업는 자아"의 모습으로 긍정하는 관점에서는 모순을 억압하고 은폐하는 도덕의 세계가 '위선'에 빠진 속물들의 세상으로 간주되기도 했다.

1920년대 초기에 득세했던 문학적인 기호 중에 하나인 '데카당스'를 동인지 문학인들은 도발적인 수사학을 통해 물의를 일으키는 전략으로 사용하였다.[24]

『惡의 꼿』의 著者인 샤르루 쏘드래르(Charles boudelaire)의 近代文學에 貢獻한 힘은 썩 컷다. (…중략…) 近代主義者의 第一人이엿다. '짠테는 地獄으로 가고, 쏘드레르는 地獄에서 왓다.' '새롭은 恐怖의 倉造者'엿다. '神聖한 詩人'

---

23) 秋湖, 「詩人 꾀테」, 『창조』 2호, 38면.
24) Matei Calinescu, 이영욱・백한울・오무석・백지숙 역, 『모더니티의 다섯 얼굴』, 시각과언어, 1993, 213면.

이엿다. 近代(유롭)의 詩人 — 안이, 全世界의 近代的 詩人은 直接으로 間接으로 그의 思想에 — 爛漫한 文化의 꽃이 한껏 피어 그 花瓣을 벌니고 바람도 업는 져녁의 微光에 쩌러질가 말가하는 思惱의 아름답은 疲勞, 頹廢, 밝음도 어두움도 안인 陰鬱, 絶望, 厭世, 不安의 悲調를 가진 思想에 한길가치 새 洗禮를 밧앗다. 洗禮를 밧은 者라야 藝術의 門을 두다릴 資格이 잇다. 엇더한 것이 '데카단스'인가? (에르네스트 누난)은 '손가락을 빠는 어린아회'라 하며 (아나톨으란씨)는 '銳敏한 病者'라고도 한 神經過敏의 犧牲者며 背德心 가득한 洛陽의 酒徒인 '데카단스'는 좀더 죠흔 말을 쓰면, '심볼리스트'는 敬意를 表할 만한 英國流의 쩬틀맨的 무엇이 잇스며, (⋯중략⋯) 人生을 곳게 引導하려는 熱誠의 所有者다.[25]

　"손가락을 빠는 어린아회"나 "예민한 병자"와 같은 데카당스에 대한 조소는 1920년대 초기 문학을 바라보는 문학사적 평가의 한 유형을 이루고 있는 것이기도 하다. 또한 당시에 예술적인 정서로 찬양된 "피로, 퇴폐, 음울, 절망, 염세, 불안의 비조(悲調)"는 비슷한 문맥에서 문학청년들의 사춘기적 감상성으로 취급되어 왔다. 당시에 그것은 일종의 '포즈'로서의 성격이 분명히 있었는데, 그러나 중요한 점은 이 '포즈'가 발휘한 기능과 효과라고 할 수 있다. 1920년대 초기에 '데카당스'적인 정조에 매력을 느꼈던 일군의 작가들은 '손가락을 빠는 어린아회'나 '예민한 병자'와 같은 조롱을 교정하거나 반박하려고 하지 않았다. 이들은 오히려 이를 적극적으로 받아들여 의미의 역전을 노렸다. 이들에게 있어서의 '병적 상태'란 '과도함'을 의미했고 "덕의(德義)라는 장벽을 넘어서는 비범(非凡)의 경계"에 다름 아니었다. 이들은 이러한 상태에서야말로 "선과 악, 미와 추, 하나님과 악마, 서름과 즐거움, 현실과 이상, 사랑과 미움, 무한과 유한, 긍정과 부정"이 뒤섞인 원초적이면서 동시에 초월적인 경험을 할 수 있다고 생각했다. 그러면서도 이들은 현실에서의 자신에 대해서는 '손가락을 빠는 어린아회'에서처럼 "약하고 힘업는" 이미지를

---

　25) 億生, 「스웽쓰의 苦惱」, 『폐허』 1호, 114면.

강조하고자 했다. 이를 통해 '상처받기 쉬운' 내면, 따라서 현실의 속악성에 의해 극심하게 고통받는 내면을 드러내고 싶어했다고 할 수 있다. "배덕심 가득한 낙양(洛陽)의 주도(酒徒)인 '데카당스'"를 "인생을 곧게 인도하려는 열성의 소유자"로 전도시킬 수 있었던 것은, '퇴폐'를 초월의 계기로 삼음으로써 '도덕을 넘어서는 도덕'26)의 세계에서 '예술'의 자리를 발견해내려 했기 때문이다.

(2) 문학과 과학

문학 영역을 과학 영역과 구별해내는 것은 문학과 도덕과의 차이를 마련하는 일에 비한다면 심리적인 부담감과 저항감이 거의 없었다고 할 수 있다. 과학 영역을 주관이 개입하지 않는 가치 중립적인 객관 세계로 인식하게 되면 문학과 과학은 주관과 객관의 선명한 이분법에 의해 구별된다.

> 他科學은 此를 讀할 時에 冷情하게 外物을 대하는 듯하는 感이 有한데, 文學은 마치 자기의 心中을 讀하는 듯하여 美醜喜哀의 感情을 伴하나니 此 感情이야말로 實로 文學의 特色이니라. 文學은 實로 學이 아니니, 대개 學이라 하면 某事, 或은 某物을 對象으로 하여 其 事物의 構造·性質·起源·發展을 硏究하는 것이로되 文學은 某 事物을 硏究함이 아니라 感覺함이니, 故로 文學者라 하면 人에게 某 事物에 關한 知識을 敎하는 者가 아니요, 人으로 하여금 美感과 快感을 發케 할 만한 書籍을 作하는 人이니, 科學이 人의 知를 滿足케 하는 學問이라 하면 文學은 人의 情을 滿足케 하는 書籍이니라.27)

위 글에서 과학은 학문과 동의어로 쓰이고 있다. '문학'이라는 어휘의 용법에 내장되어 있었던 '학문'의 의미는 과학이 "인(人)의 지(知)를 만족

---

26) Georges Bataille, 최윤정 역, 『문학과 악』, 민음사, 1995, 12면.
27) 이광수, 「文學이란 何오」, 507~508면.

케 하는" 영역으로 설정됨으로써 '문학'이라는 어휘의 용례에서 떨어져 나가고 '과학'이라는 어휘와 친연성을 갖게 된다. 이광수는 "문학은 실로 학(學)이 아니"라고 강조하고 있다. 학문(과학)은 감정을 수반하지 않고 "냉정하게 외물(外物)을 연구"하는 것이고, 문학은 "미추희애(美醜喜哀)의 감정을" 가지고 "사물을 감각"하는 것으로 선명하게 구별된다. '감각'은 예술의 고유한 인식 능력이나 경험과 결부됨으로써, 예술적 '표현'은 "감각의 결과를 일(一) 화폭이나 혹은 지면에나 혹은 음보에 고백"하는 것으로 이해되기도 했다.[28]

아래 인용문에서는 '냉정하게 외물을 연구'하기 위해서는 즉, 객관적으로 "사물의 구조·성질·기원·발전을 연구"하기 위해서는 사물을 자연 상태에서 실험실의 조건으로 옮겨와야 한다는 생각을 보여주고 있다.

> 學術은 學的 形式에서 眞理를 硏究하고 美術은 美的 形式에서 眞理를 硏究하는 것임으로 학술과 미술의 차이는 다만 이뿐이외다. (…중략…) 學的 形式은 眞理를 벌거벗기고 裸體로 연구하는 術이지만은 美的 形式은 裸體를 美 안에서 연구하는 術이니 진리를 不自然하게 人工을 加하야 裸體를 맨드는 것과 아름다운 自然 그대로 그냥 美라는 옷을 입혀 두는 이 두 가지 중에 어느 것이 우리 人生의게 價値가 잇고 趣味가 잇고 快感을 주겟습니까?[29]

이러한 생각에 따르면, 과학적 방법이란 자연에다 "부자연하게 인공을 가하야 나체를 맨드는 것"이라는 비유를 얻고, 예술적 방법은 "아름다운 자연 그대로 그냥 美라는 옷을 입혀 두는" 것으로 기술된다.[30] 과

---

28) 김유방, 「現代 예술의 對岸에서」, 『창조』 8호, 20면.
29) 김환, 「美術論」, 『창조』 4호, 1면.
30) 인용한 부분에서 '美術'은 '예술'과 같은 개념으로 사용되었다. 김환은 같은 글에서 미술의 유형을 분류하면서 "視感"에 의존하는 유형으로 회화 조각 등을 들고, "聽情"에 의존하는 유형의 것으로 음곡(音曲)과 시가를 드는데, 여기서 '미술'이라는 용어가 예술의 개념으로 사용된 용례를 단적으로 확인할 수 있다(4면). 그러나 그는 문학과 미술을 구분해서 설명하기도 하는데, 이때의 '미술'은 회화 조각 등에 한정된 예술의 하위개념으로 사용되었다(8면). 1900년대부터 1910년대에 이르기까지 '미술'이라는 용어

학적 진리는 대상의 아우라를 벗겨낸 자리에서 발견되지만, 예술적 진리는 대상의 아우라 속에서 현현 된다는 것이다. 이 글의 필자는 예술이 진리를 드러내는 방식인 "미적 형식"이 "학적 형식"에 비해 더 자연스럽고 "우리 인생의게 가치가 잇고 취미가 잇고 쾌감을" 준다고 말한다.

대체로 이와 같은 논의들을 통해서 과학과 예술의 차이는 명확해 보이게 되었다. 그러나 한편에선 과학과 예술의 공통점이 강조되기도 했다. 그 '차이'가 애매해 보이지 않았기 때문에, 둘의 친연성은 오히려 부담 없이 논의될 수 있었다. '지 · 정 · 의' 삼분 구도에서 과학과 예술의 차이는 분명하게 설정되어 있었는데, 둘 사이의 공통점이 논해진 맥락에서 이 구도는 잊혀진다.

①아부지! 우리 죠선에서 쟁이라는, 賤한 名詞를 붓치는 그 사람들에게 다른 나라에서는 藝術家, 發明家라고 名譽잇는 稱號를 줍니다. 우리도 남과 갓치 文明한 生活을 하랴면 쟁이라고 불으든 그들에게 先生, 大家라는 칭호를 들여야 되겟고, 쏘한 그들의 發明心, 創造力을 獎勵하며 靑年된 者는 各々 스사로 藝術家, 發明家가 되겟다는 決心을 가져야 될 쥴 압니다.[31]

②나는 昆蟲學에 대하여 연구를 ㅎ고 잇슬 때에, 그는 詩에 대흔 天才로서 그의 詩는 째々로 新聞이나 雜誌上에서 볼 수가 잇섯다. 그러치만 그와 나 새에는 共通點이 잇섯다. 自然을 끗까지 開拓ㅎ여 우리 人生의 精力뿐으로 된 世界를 만드러 보겟다는 科學者인 나와 참 自己의 모양을 表現ㅎ고야 말겟다는 藝術家인 그와는 참 自己를 表現흔다 ㅎ는 데 共通點이 잇섯다.[32]

①소설의 주인공은 미술가 지망생이다. 그런데 그의 아버지는 그를 환쟁이가 되어 가문을 더럽히려 하는 불효막심한 아들로 몰아세운다. 그런 아버지에게 아들은 이제 "쟁이라는 천한 명사"는 "예술가, 발명가

의 개념적 변화에 대해서는 권보드래, 앞의 책, 53~79면을 참조할 수 있다.
31) 김환, 「神秘의 幕」, 「창조」 1호, 25면.
32) 김동인, 「목숨」, 『창조』 8호, 28~29면.

라는 명예잇는 칭호"로 대체되어야 한다고 말한다. 여기서 예술가와 발명가는 유사한 자질을 부여받는다. 위 글에서 "발명심, 창조력"은 이들 존재를 설명하는 가장 유력한 자질로 규정되며, 문명의 추동력으로 설정되어 있다. 예술 행위를 '창조적인 활동'으로 부각시키는 데 있어서 '발명가'의 표상이 상당한 효과를 발휘했다고 할 수 있다. 당시에 새로운 서구문물은 인간의 힘과 창조력을 증명해주는 물질적인 표지들로 기능하고 있었다.

②에서는 곤충학자와 시인 사이의 공통점이 추출된다. "자연을 끗까지 개척ᄒ여 우리 인생의 정력쑨으로 된 세계를 만드러 보겟다는 과학자"로서의 욕망을 한 곤충학자가 품고 있다면, 이 욕망은 "참 자기의 모양을 표현ᄒ고야 말겟다는 예술가"의 욕망에 견줄 수 있다고 김동인은 생각했다.

다른 글에서 김동인은 "망망ᄒ 玄海(바다)"와 "사람이 창조ᄒ 高麗丸(연락선)" 중에 어느 것이 더 위대하냐는 질문을 내놓기도 했는데,[33] 이 비교에서 각 항은 자연과 인간의 창조물을 대변하는 것이었다고 할 수 있다. 그 결론은 다음과 같이 인간의 역사를 "자연과 사롬의 개전(開戰)"으로 본 그의 생각 속에 이미 결정되어 있다.

> 이리ᄒ여 하나씩 하나썻 사롬은 自然을 擊ᄒ엿다. 이제 멧해를 안 가서 이 世界는 '사롬이 참 意味에 사라잇는 모양'으로 변홀 것은 해를 보는 것보다도 쏙ᄉ ᄒ다. 사롬은 自然의 武器인 바롬을 자긔 조흔 대로 利用ᄒ엿다. 自然의 武器인 치위 더위를 가장 잘 防禦ᄒ고 가장 잘 利用ᄒ엿다. 自然의 어두운 밤은 休息에 썻다. 自然의 모든 힘은 柔道의 原理와 가치 사롬의 힘이 되어 버렷다. (27면)

그에 의하면, 과학물품은 "사롬의 사라잇는 모양의 상징"이다. 이런 의미에서라면 그는 과학과 예술을 같은 층위에서 말할 수 있다고 한다. 김동인은 "과학과 예술의 악수 이것만 되면 여긔는 아름다운 유토피어가 건

---

33) 시어딤, 「사람의 사른 참 模樣」, 『창조』 8호, 25면.

설되리라"고까지 말하고 있다. 김동인의 이러한 진술이 흥미로운 점은 예술을 효용의 측면에서가 아니라 표현욕망의 차원에서 과학과 관련시키고 있다는 것이다. 이때에 '예술'은 과학정신을 선전하고 문명을 예찬하는 계몽적인 기능에 의해서 문명의 한 품목이 되는 것이 아니다. 김동인은 예술 자체의 욕망을 과학의 욕망과 같은 수준에서 혹은 좀더 고차원적인 수준에서 긍정함으로써 예술을 '고려환(高麗丸)'과 같은 근대문명의 예로 나열할 수 있었다. 이것은 거꾸로 말할 수도 있다. 그는 근대문물에 예술의 표상을 부여함으로써 문명을 미학화하고 있는 것이다. 그가 근대문물에서 보는 것은 그것의 실용성이 아니라 인간의 창조력이다. 김동인에게 문명의 모델은 외부에 있는 것이 아니라 인간 내부의 창조적 능력 속에 잠재해 있다.[34] 이러할 때, 예술은 문명의 정점에 놓일 수도 있다.

2) '예술가' 의식

예술가 의식이 부상한 것은 자율적 영역으로서의 예술을 담당하는 전문가 의식이 뚜렷해지게 된 것과 긴밀한 관련이 있다. 1920년대 초기

---

34) 이러한 관점에서 김동인의 소설 「배짜락이」(『창조』 9호)의 첫 장면이 펼쳐 보여주는 독특한 연상의 고리를 이해해 볼 수도 있다. 그는 먼저 두 페이지에 걸쳐 봄풍경을 묘사한다. 그리고 이어지는 문장은 다음과 같다. "나는 이러흔 아름다운 봄경치에, 이러케 마음껏 봄의 속색임을 드를 째는, 언제던, 유-토피아를 생각치 아늘 수 업다. 우리의 시ㅅ각ㅅ으로 애를 쓰며 수고흐는 것은—그 목뎍은 무엇인가, 역시 유-토피아 건설에 잇지 아늘가. 유-토피아를 생각홀 째에는, 언제던, 그 '위대흔 인격의 소유쟈'며 '사람의 위대흠을 끗까지 즐긴' 진나라 시황을 생각지 아늘 수 업다." 그의 연상의 가지는 '아름다운 봄풍경→유토피아→진시황'으로 뻗어나간다. 여기서 그가 생각하는 유토피아는 아름다운 '자연'과 직접 연결되는 것이 아니다. 이 '자연' 속에서 그는 인간의 노력을 떠올린다. '자연'과 경쟁하면서 무엇인가를 산출하는 인간의 수고를 그는 떠올리는 것이다. 그리고 유토피아에 이어지는 것은 유토피아의 외현적 모델이 아니라 인간의 영웅적인 능력을 대변하는 진시황이다. 그의 맥락에서 진시황은 창조적 욕망의 에너지를 역사상 가장 적극적으로 현시한 인물이었다고 할 수 있다. 요점을 추려 말한다면, 김동인은 '문명'이나 '유토피아'의 모델을 인간 내부의 창조력(표현력)에서 구한다.

예술가를 부각시키는 데에 유력하게 관여한 표상은 '천재'였다고 할 수
있는데, 1910년대 이후 급부상한 '천재'라는 용어는 전문가로서의 특별
한 자질을 의미하는 말이었다. 즉 "예술에 천재", "공업에 천재", "윤리
에 천재" 등등이 있을 수 있었다. 그리고 "사람이란 것은 각각 천재(즉
장기)가 있는 동시에 두 가지를 겸할 수는 없"는 것으로 생각되었다.35)
이광수는 「문학이란 하오」에서 문학가의 요건으로 두 가지를 꼽았는데,
그 하나가 '천재'이며 다른 하나가 '수양'이었다. 그런데 그는 문학예술
의 '천재'는 다른 분야의 '천재'와 다른 점이 있다고 말한다. 다른 분야
의 '천재'는 "노력으로 차(此)를 보(補)할 수 있"지만, 문학예술의 '천재'
는 "수련으로 도달하기 불가능하다"는 점에서 특별하다는 것이다. 그가
문학적 자질로 드는 것은 "예민한 관찰력과 자유한 상상력과 열렬한 감
정과 풍부한 언어 · 문장"이다.36)

1910년대 후반에서 1920년대 초기에 들어서면서 문학적 자질로서 더
욱 분명하고 핵심적으로 자리잡은 '감정' '상상력' '직각력' '창조력' 등
은 학습이나 훈련을 통해 획득되는 능력이 아니라 특별한 천품으로 간
주됨으로써 예술가를 특별한 존재로 부각시키는 데 효과적으로 기능했
다. 과학자는 과거의 학문적 성과를 이어가는 "항상 끊침없이 학득(學得)
하는 동일자(同一者)의 한 사람"으로 생각될 수 있었지만, 예술가의 작업
은 "본원적으로 개인성"에 귀속되는 것으로 생각되었다.37) 그러므로
"시인은 압발자국을 싸라서 이를 모방하려고 하지 말고 맛당히 자아를
모방하여라. 그리하야 오리지날(創原)의 사람이 되어라"38)와 같은 말이

---

35) 이광수, 「天才」(『少年』 3년 6권, 1910.6), 『이광수 전집』 1권, 481면.
36) 이광수, 「文學이란 何오」, 515면.
37) 김환, 「美術論」, 『창조』 4호, 8면.
38) 秋湖, 「詩人 꾀테」, 『창조』 2호, 40면. 같은 맥락에서, "古昔부터 偉大한 作家는 다
自己 個性에 依하야 그 生命의 곳을 잘 培養한 者이다. 그리하고 個性의 泉을 깁히
파고 또 그것을 넓히기에 努力한 者이다."(春城生, 「文藝에서 무엇을 求하는가」, 『창
조』 6호, 71면)와 같은 문장을 읽을 수 있다.

예술적인 충고로서 진지하게 받아들여졌다. 작품의 의미를 쥐고 있는 절대적인 존재로서의 작가에 대한 자의식을 강하게 드러낸 대표적인 경우로 김동인을 들 수 있다.

> 藝術이란 무어시냐, 여긔 對한 解答은 헤일 수 없이 만치만 그 가운데 그 中正當한 대답은,「사람이, 自己 기름자의게 生命을 부어너어서 活動케 하는 世界 ─ 다시 말하자면, 사람 自己가 지어노혼 사랑의 世界, 그것을 니름이라」하는 것이다.
> 엇더한 要求로 말믜암아 藝術이 생겨낫느냐, 한 마듸로 대답하려면, 이거시다. 하누님이 지은 世界에 滿足지 아니하고, 엇던 不完全한 世界던 自己의 精力과 힘으로써 지어노혼 뒤에야 처음으로 滿足하는, 人生의 偉大한 創造性에서 말믜암아 생겨낫다.[39]

김동인에 따르면, 작품은 신의 창조물에 비견될 수 있는 인간의 창조물이다. 다시 말해, 작가는 신에 비견될 수 있다. 따라서 작가가 소설을 쓴다는 것은 "자기 기름자(그림자)"에게 생명의 입김을 불어넣는 행위로 묘사된다. 김동인은 위대한 작가란 작품의 세계를 장악하고 있는 자여야 한다고 말한다. 그는 같은 글에서 도스토예프스키와 톨스토이를 이러한 관점에서 비교하고 있다. 김동인은 사상적(인격적) 측면에서 본다면 "온건한 사랑의 지도자"였던 도스토예프스키가 "사랑의 가면을 쓴 위협자"였던 톨스토이보다 위대했다고 할 수 있지만, 두 사람의 경우 이러한 사상적 높낮이가 예술적 성과와 일치하지 않는다고 말한다. 그는 도스토예프스키를 "참 인생의 모양에 갓가운 인생을 창조"하고도 그 인생을 지배하지 못하고 "자기가 지은 인생의게 보기 슬흔 패배를 당"한 작가로 평가한다. 이에 반해 톨스토이는 "틀린 인생이요 소규모의 인생(범을 그리노라고 개를 그린 화공과 한가지로)"을 창조했으나 "그 인생을 자유자재로 인형

---

39) 김동인, 「자긔의 創造한 世界」, 『창조』 7호, 49면.

을 놀리는 사람이 인형을 놀리덧 자기 손바닥 우에 세워 노고 (…중략…) 마음대로 그 인생을 조종"한 작가로 평가된다. 김동인은 이 장악 능력과 조종 능력에서 톨스토이의 "예술가적 위대한 가치"를 발견한다. 이 글의 핵심은 도스토예프스키나 톨스토이의 작품세계에 대한 이해에 있다기보다 김동인 자신의 문학관을 피력하는 데에 있다. 그는 작품의 모든 의미와 효과가 산출되는 기원에 작가의 위치를 마련함으로써 작품에 있어서 작가의 권위를 절대화시킨다. 작품에 관해서라면 훌륭한 작가는 전지전능한 '신'의 권능을 가져야 하는 것이다.

그러나 다른 한편으로, 예술가가 자신의 작품을 조리 있게 설명해내지 못한다는 사실이 오히려 작품을 신비화하고 또 예술가란 존재를 신비롭게 만드는 데 기여하기도 했다. 즉, "시는 영계(靈界)의 통화(通話)임으로 그 시의 작자 자신도 시일을 경과하면 그 의의를 감득(感得)치 못하는 수가 잇"[40]다는 것이다. 예술 행위가 이루어지는 순간은 예술가가 인간적 수준을 훌쩍 뛰어넘는 순간이며, 그러므로 예술은 고양된 영혼의 산물이라는 생각은 예술은 "모르는 곳에 귀한 점이 오히려 잇는 것"이라는 생각과 연결되어 있었다. 한 소설에서 "예술이란 숭엄하고도 순결하"다고 여기는 음악가 지망생은 저녁마다 꿈속에서 "천사에게 아름다운 음악을" 전해 듣는다.[41] 이 특별한 경험이야말로 그의 예술적인 천재성을 입증해주는 것이었다고 할 수 있다.

그는 저녁마다 꿈을 꾸엇다. 꿈마다 天使와 맛난 그는 天使에게 아름다운 音樂을 들녀밧엇다. 그 음악소리는 그의 모든 것을 여름날 地平線 우으로 써오르는 흰 구름갓치 희고 그 뒤에는 봄날의 아즈랑이 갓치 희고 그 뒤에는 한 줄기 외로운 쌔이오린의 간은 線으로 썰녀올으는 細長하고 幽遠한 音樂 소래로 化하엿다. 그는 그 音樂 소래를 타고 限업는 곳으로 永遠히 흘으는 듯 하엿다.

---

40) 公民, 「'洋鞋'와 '詩歌'」, 『폐허』 1호, 32면.
41) 나도향, 「젊은이의 시절」, 『백조』 1호, 29면.

조고마한 근심도 업고 다만 아름다움과 말하기 어려운 즐거움뿐으로…….

그에게 예술 행위는 "신의 불으는 영(靈)의 곡을 밧어 써 놋는 것"으로 생각되었으며, 예술가는 예술 속에서 이 세상의 모든 것으로부터 벗어나서 초월적인 경험을 누리는 존재로 여겨진다. 따라서 예술가가 보고 듣는 환상이나 환청은 신탁과 같은 것으로 격상될 수 있었다. 그가 저녁마다 꾸는 꿈은 악보에 베껴져야 하는 이데아(원본)였다고 할 수 있다. 예술적인 몽상에 빠져 있는 시간은, 그가 현실적으로는 결코 도달할 수 없는 예술의 이데아에 접하게 되는 특별한 시간이라 할 수 있다. 이 예술가 지망생은 예술을 삶의 유한성을 초월하는 계기로 삼고자 한다. 예술가는 무한—"限업는 곳"을 동경하는 존재로 1920년대 초기 동인지에 각인되어 있었다고 말할 수 있다.

그러나 현실적으로 '예술의 이데아'가 작품화될 수 있는 것은 아니었다. 위 소설의 예술가 지망생은 "조고마한 근심도 업고 다만 아름다움과 말하기 어려운 즐거움뿐으로" 가득했던 꿈을 깨고 나서 이내 괴로움과 원망의 감정에 빠져든다. 그러나 예술가의 고통과 절망이 '예술의 이데아'를 꿈꾸는 자의 형이상학적인 욕망에 뒤따르는 것으로 간주된다면, 예술가를 '미의 순례자'로 드러내는 데 있어서 충분히 강조될 필요가 있었다. 1920년대 초기 문학에서 과도하게 사용된 고통과 절망의 수사학은 당대의 문맥에서는 형이상학적이었기 때문에 더욱 유효한 것일 수 있었다.

예술과 예술가의 의미가 이처럼 고귀하게 설정됨으로써, 예술을 이해하지 못하는 이들의 세계는 저속하고 비루한 것으로 격하된다. 『폐허』1호에 실린 「양혜(洋鞋)와 시가(詩歌)」라는 글에서는 신발을 만드는 직공도 이해할 수 있는 예술을 추구하는 태도를 가리켜 예술의 '평민화'라는 용어를 사용했다. 이 글은 예술의 '평민화'를 주장하는 입장과 '귀족적'인 예술을 고수해야 한다는 입장으로 나뉘어지는 두 사람의 논전(論戰)을 채록한 형식을 취하고 있다. 그런데 두 사람 모두 '평민화'와 '예술화'라는 용어를 대립어로 사용한다. 때문에 전문화된 예술영역이 일상적 의사소통과 괴리되어 가는 현상을 "분업의 죄악"으로 진단하고 있는 입장에서도 전문화의 구도가 위계의 구도로 전도된 사실을 뒤집지는 못한다. 분업화를 발전의 관점에서 바라보고 있는 입장에서는 "예술을 평민화하라는 것보다 평민을 예술화하도록 교양함이 가할즉, 환언하면 시화(詩畵)는 시화대로 무한히 향상하야가고, 평민은 차(此)를 이해하도록 교육"해야 한다는 논리를 편다. 예술을 이해하지 못한다는 것은 '무식'하다는 것을 뜻했다. 반면에, 현실로부터 이해 받지 못하는 예술가의 고독과 소외감을 피력하는 것은 예술가에게 소수의 '정신적인 귀족'의 입지를 부여하는 일에 연결되어 있었다. 그러므로 예술가는 소외의 자리를 찬양하며 의지적으로 선택하는 인물일 수 있었다.

> 나는 세상업서도 그들과는 다시 눈을 견주지 아니하겟다.
> ─내 눈이 밤눈 어둔 왼갓 벌내의 燈이 되드래도─
> 나는 세상업서도 그들과는 다시 입을 견주지 아니하겟다.
> ─내 입이 도랑가에 꿈벅이는 굼벙이의 喇叭이 되드래도─
> 나는 세상업서도 그들과는 다시 귀를 견주지 아니하겟다.
> ─내 귀가 하로사리나 파리의 小便함이 되드래도─
> (…중략…)
> 나는 그들의게 '얼빠진 쟝님(盲人)'이라고 불닐 때가
> 네의 가장 莊嚴한 큰 世界를 바라볼 때다.
> 나는 그들의게 '얼빠진 벙어리'라고 불닐 때가
> 더와 가쟝 流暢한 熱辯으로 니야기할 때다.
> 나는 彼等의게 '얼빠진 귀머거리'라고 불닐 때가
> 네의 가쟝 그윽한 獨唱을 들을 때다.
> ──象牙塔, 「세 決心」(『폐허』 1호, 20~21면)

이 시의 화자가 단호한 어조로 표명하고 있는 세 가지 결심은 "그들과

는" 눈을 맞추지 않을 것이며 입을 열어 말하지 않을 것이며 그들의 말에
는 귀를 기울이지도 않겠다는 것이다. '그들'은 누구일까. 그들은 내가
"가장 장엄한 큰 세계를 바라볼 때", "가장 유창한 열변으로 니야기할
때", "가장 그윽한 독창을 들을 때"에 나를 "얼빠진 장님" "얼빠진 벙어
리" "얼빠진 귀머거리"라고 부르는 자들이다. 나는 보고 말하고 듣는 자
인데, 보고 말하고 듣지 못하는 그들이 나를 오히려 장님, 벙어리, 귀머거
리라고 조롱한다. 그렇지만 그들이야말로 나의 내면세계와 예술세계에
대해 장님이고 벙어리이며 귀머거리이다. 나는 차라리 온갖 벌레의 등불
이 되고 굼벵이의 나팔이 되고 하루살이나 파리의 우편함이 될지라도 그
들에게서 화해와 이해를 구하지는 않겠다고 선언한다. 그들에서 내가 장
님, 벙어리, 귀머거리로 여겨질 때, 실제로는 그들이 장님, 벙어리, 귀머
거리일 때, 나는 위대한 시인일 수 있기 때문이다. 그러므로 한 예술가가
그의 "뜻을 알어쥬는 이 업서 구박에 쫏기여가는 이"가 되었다거나, 이해
받지 못한 예술가의 영혼이 "검은 나라 한 반작어리는 별빗 밋헤서 애조
려 혼자 울어날 밤을 새울 쑨"이라고 진술될 때, 그 예술가의 고독은 그
의 고상한 영혼을 더욱 빛나게 해주는 것일 수 있었다.[42]

　이러한 예술적 자존심을 바탕으로 동인지 문학인들은 세간의 구박이
나 몰이해에 대해 심한 경멸감을 드러내기도 했다. 일례로, 김동인의 경
우 "『창조』는 악마의 잡지니 보지 말라" 혹은 "지금 소설은 넷적 소설과
가치 볼 자미가 없다"와 같은 류의 말을 퍼뜨리는 자들은 "고칠 수는 도
저히 없도록 그들의 병"이 깊었으니 "다만 쌜리 그런 이들은 모도 죽어
업서지기를 기다릴 쑨"이라고 과격하게 자신의 경멸감을 표시했다.[43]

---

42) 露雀, 「六號雜記」, 『백조』 1호, 142면. 현진건의 「纏綿」(전면; 사랑이나 근심 같은 것
이 마음에 얼키고 설키어 떠나지 아니함)이란 작품을 『백조』 1호에 싣고자 했는데, (검
열에 통과되지 못한 탓이었던지) 실을 수 없게 된 것에 대해 노작이 잡지후기에서 그
안타까움을 드러내었다. 노작은 이 작품에 대해 "官能에 直感되는 自然 그더로를 人
生의 眞相에 象徵해서 藝術의 法悅과 아울러 씌워 참의 秘奧"를 나타내고자 한 것이
었다고 밝히고 있다.

동인지 문학인들은 독자대중의 기호에 영합하는 통속적인 문학과 독자대중의 기호와 무관하게 예술적인 순수성을 추구하는 진정한 문학을 구분해내고자 했다. 동인지 문학인들에게 일반대중은, 서울에서 좀더 음악공부를 계속해서 음악가가 되겠다는 아들에게 "이즈음 약장사들이 유성기라는 것을 가지고 음악을 ᄒᆞᆫ는데 참 조터라. (…중략…) 내 어늬 신문 광고를 보니 유성기 한 개에 팔 원(八圓)이라 ᄒᆞ엿기에 팔 원 동봉히 보내니 꼭 닛지말고 사가지고 하로밧비 도라와서 모도 음악을 배호자"라고 답신을 써 보내는 아버지[44]에 비견될 만한 취향과 수준을 가지고 있다고 생각되었다. 그러므로 자신들의 문학에 대해 "넷적 소설과 가치 볼 자미가 업다"고 말하는 독자들의 반응은 이들의 문학적인 자존심에 어떠한 흠집도 남길 수 없었다. 오히려 이러한 세평은 자신들의 예술적인 순수성이나 작가로서의 양심을 반증해주는 것일 수 있었다. 이들이 '문학'이나 '예술'이라는 용어 앞에 붙인 '참'과 '순(純)'에는 자신들의 문학을 특권화해 내고자 하는 의식이 강하게 투영되어 있다.

그 看板과 나란이 서 잇는 동무 看板은 더 다시 可觀이엇스니 『사랑의 불ᄭᅩᆺ』이라든가 『사랑의 불거웃』이라든가는 現代朝鮮文壇의 一流文士들이 寄稿를 하얏다고 써 잇다. 文士! 文士! 日本말로 '시모노세씨'가 어쩌하냐! 정말로 창피한 일이지, 어쩐 얼어죽을 文士가 그 짜위의 原稿를 다 함게 쓰고 안젓더란 말이냐. 그것도 그러하지, 自稱 文士라고, 自稱 藝術家라고, 自稱 朝鮮의 '로맨로란'이라고 까불고 다니는 한 키작고 長髮인 '藝術靑年'도 잇다. 굵다란 목 아래에다 늣다리 수건으로 同心結만 매고 다니면, 항용 藝術家라고 일커러주는, 이 朝鮮의 서울이다. 그러나 藝術이란 그것이 어찌 그리 쉬운 것이랴. 더구나 文士라는 그 말을 濫用치 말아. 아무데에나 그러케 함부로 濫用하지 말어라.[45]

---

43) 琴童人, 「글동산의 거둠」, 『창조』 7호, 67면.
44) 김만덕, 「音樂공부」, 『창조』 8호, 77면.
45) 露雀, 「六號雜記」, 『백조』 3호, 213~214면.

이 글에서 홍사용은 종로에 있는 한 서점 앞에서 본 광고 간판의 문구를 문제삼고 있다. 당시에 노자영의 『사랑의 불꽃』은 여학생들에게 상당히 인기가 있었던 책이었다. 그러나 이 책이 대중적인 인기를 구가하게 되면서 노자영은 오히려 '일류작가'의 대열에 있을 수 없게 되었다고도 할 수 있다. 다시 말해, 상업적인 광고 문구에서 그는 '일류작가'로 광고될 수 있었지만, 그가 동인으로 참여하고 있는 『백조』에서 그는 '일류문사'라고 불리기에는 '창피한' 존재가 되었던 것이다.[46] 소위 '삼문문사(三文文士)'에 대한 경멸감을 표나게 드러냄으로써[47] 예술가는 더욱 특별하고 고상한 존재가 될 수 있었다. 동인지 문학인들에게 있어서 '문사(예술가)'라는 말은 결코 '남용'되어서는 안 되는, 아무에게나 붙여서는 안 되는 호칭이었다.[48]

---

46) 노자영은 『백조』 1, 2, 3호에 다시 말해, 전 권에 걸쳐 시 소설 수필 등을 게재했다. 그러나 박종화가 『백조』 시절을 회고하면서 "춘성 노자영은 『사랑의 불꽃』이라는 천박한 책을 출판했다 해서" 동인에서 소외되었다고 술회했듯이(『歷史는 흐르는데 靑山은 말이 없네』, 삼경출판사, 1979, 447면), 『백조』 동인 내부에서 노자영의 입지는 이 책의 성공을 계기로 상당히 위축되었던 것으로 보인다. 박종화는 같은 글에서 『장미촌』이 창간호를 낸 후 종로 YMCA에서 개최했던 시낭독회(그는 이것이 우리나라 최초의 시낭독회였다고 말한다)의 풍경을 재구했는데, 여기서도 노자영을 바라보는 동인지 문학인들의 냉소적인 시선을 엿볼 수 있다. "이때 노군은 여학생들에게 인기를 얻고 싶어서 미안수와 크림을 바르고 다닐 때였다. (…중략…) 여학생들은 실물을 보고 낙담들을 했다. '저 사람이 『사랑의 불꽃』을 쓴 노자영이야?' 하고 킬킬 웃어댔다. 노자영은 손짓 발짓을 하면서 소리를 높여 자작시를 읊었으나 여학생들은 킬킬대며 웃기만 하고 아무 반응이 없었다. 이후부터 재판 · 3판하던 『사랑의 불꽃』은 도무지 팔리지 않았다. 연애편지도 아니 왔다. 노자영은 섣불리 시낭독을 하고 큰 손해를 본 셈이다."(415면)
47) "우리 文壇이 엇지 貧弱한지 — 쏘 貧弱도 하지만, 엇지 一分의 價値 없는 文士, 三文文士가 만흔지 알 수 잇다. 自然히 눈물이 나온다. 언제나 — 언제나, 이런 貧弱한 文士는 업서지고, 그래도 文壇다운 文壇이 될넌지……"(김동인, 「글동산의 거둠」, 『창조』 7호, 66~67면) "지금 우리나라서는 별거시 다 小說을 쓰란다. (…중략…) 注意하라. 참作品은 그리 쉬운 것이 아니다."(김동인, 「글동산의 거둠」, 『창조』 5호, 98면) "俗臭가 코를 찌르고 嘔吐를 催하난 低級의 傷感文學……"(변영로, 「메-터링크와 예잇스의 神秘思想」, 『폐호』 2호, 31면) (강조는 인용자)
48) "文士라는 그 말을 濫用치 말아"와 같은 맥락에서 '예술'이라는 말도 남용되어서는 안 되는 것이었다. 김동인은 새로 나온 활동사진잡지 표지에 예술잡지라고 쓰여 있는 것을 보고서 "예술의 名義를 濫用한 罪는 용셔치 못하겟다"고까지 말한다. 그리고 그

문학의 생산자로서의 특권적인 작가의식이 뚜렷해짐으로써, '표절'은 작가적인 양심에 비추어 볼 때 가장 파렴치한 행위로 떠오르게 되었다. 1920년대 초기는 '문학'이 개인적인 작업이고 '문학'의 가치가 개인의 독창성에 크게 좌우되는 것이라는 생각이 뿌리를 깊게 내리게 되는 때였다는 점에서, '표절' 시비가 본격적 제기될 수 있는 기반이 마련된 시기였다고 할 수 있다. 표절 행위는 "남의 심혈을 짜내인 작품을 갓다가 제 것인 체하야 남의 예술을 더럽히는 (…중략…) 절도질"로 표현되었으며, 표절을 한 자는 "예술의 모독자"로 여겨졌고 그의 양심은 "개를 주어도 먹지 안흘 야비한 심장"에 비견될 수 있었으며, 표절 작품이 게재된 매체에 대해서도 책임을 물어 "문단을 향하야 사죄할" 것을 요구할 수 있었다.[49]

六法全書도 업고 裁判官도 업시 더구나 法官服도 입지 안코 안저서 鈍한 붓 끗흐로 제 마음대로 被告를 告發하고 起訴하고 論罪하고 論告를 하고 求刑을 하며 甚하면 判決까지 獨裁하랴는 것은 마치 黑人에 對한 白人種의 Lynch 갓기도 하야서 不法行爲라고 할지도 모른다.

그러나 또 한편으로 생각하면 내가 비록 私設裁判所를 設하고 假짜 檢事노릇을 한다해도 刑法이 업는 것도 안이요 裁判官이 업는 것도 안이다. 어쩌케 생각하면 陪席判事까지도 잇다고 할 수 잇다. Muse는 文藝의 神이요 더구나 詩의 女神이다. 그리고 그 周圍에는 文藝業으로 天職을 삼는 여러 선비가 齊齊히 느러 안젓다. 그러면 지금 어쩌한 被告를 붓드러다노코 藝術王國의 刑法 第一條=藝術的 良心의 痲痺나 或은 發狂의 症狀이 明確할 뿐 안이라 藝術

는 "藝術家를 代表하여, 綠星(잡지명―인용자)에 藝術이라는 일홈을 지워서 藝術에 無形的 名譽損害를 끼치지안케 하기를 該誌 編輯者의게 願한다"고 이를 시정할 것을 당당히 주문한다(김동인, 「글동산의 거둠」, 『창조』 5호, 97~98면).

49) 朴月灘, 「文壇의 一年을 追憶하야」, 『개벽』 31호, 1923.1. 박종화는 이와 같은 '예술의 모독자'가 적지 않다고 판단하고 있는데, 그 한 예로 그는 『조선일보』에 연재되고 잇었던 「荊山玉」이라는 장편소설을 들었다. 그에 따르면, 이 소설은 『조선일보』에 "碧霞生 著"라고 소개되었으나 日本大阪每日新聞에 연재되었던 菊池寬의 作 「眞珠夫人」의 번역이었다. 누구보다도 예술가의 독창성을 강조했던 김동인 또한 『매일신보』의 「人과 猿」, 曙光의 「金剛山 日記」같은 작품을 거론하면서, "法網을 쎄는 竊盜犯"이라는 표현을 썼다(김동인, 「글동산의 거둠」, 『창조』 5호, 98면).

의 宮殿의 尊嚴을 干犯하는 者는 此를 誅함이라는 明文에 依하야 起訴할 째에 '뮤-쓰'의 神은 正當한 判決을 나릴 것이다.[50]

「필주(筆誅)」라는 무시무시한 제목을 달고 있는 이 글에서,[51] "예술왕국의 형법 제1조=예술적 양심"에 위배되는 일로 뮤스의 여신이 재판관이고 문예에 종사하는 여러 예술가들이 자리를 잡고 앉아 있는 가상의 법원에 불려 나오게 된 인물은 "『사랑의 불꽃』의 저자로서 '고급문예반항'의 작자"인 노자영이다. 노자영을 말하면서, '『사랑의 불꽃』의 저자요 고급문예반항의 작자'라고 한 데에 이미 부정적인 논조가 준비되어 있었다고 할 수 있는데, 그가 '피고'로 세워지게 된 사태의 발단은 『동아일보』에 발표한 그의 「잠」이라는 시가 김억이 번역한 베를렌(paul Verlaine)의 시 「검고 끗업는 잠은」을 표절한 것이었다는 데서 비롯되었다. 염상섭은 두 작품의 원문을 그대로 옮겨 놓음으로써 독자 앞에 그 진상을 폭로한다. 또한 그는 위에서 묘사한 법원이나 판결이 단순히 비유의 차원에 머무는 것이 아님을 암시하고 있다. 그는 표절 문제가 실제로 법원까지 간 외국의 사례를 들면서,[52] 이 문제는 "만일 베르렌이 生存하야 잇다면 경성지방법원에라도 고소할" 수 있는 성질의 것이며 그 번역자인 김억도 "설유원(說諭願)을 종로서에라도 제출할" 수 있는 문제라고 말한다.[53]

---

50) 염상섭, 「筆誅」, 『폐허이후』, 123~124면.
51) 염상섭은 '誅'라는 글자를 의식적으로 선택했다. 이 글 첫머리에서 그가 썼듯이 "'誅'라든가 '斬'이라는 글字는 보기에도 실흔 字이지만, 듯기에도 滋味업는 글字"지만, 오히려 그랬기 때문에 「筆誅」라는 제목을 택했다고 할 수 있다.
52) 그는 어떤 책에서 읽었다고 하면서 외국의 한 사례를 들었다. "佛蘭西의 有名한 劇作家 로스탄(Rostand)의 傑作이라는 「Cyrano de Begrerae」이라는 戲曲을 一八九七年에 처음으로 巴里에서 興行하고 그 後 市俄古에서 上演하야 大成功을 이루엇는데 이것을 본 米國의 그리 文名이 업는 一作家 쯔로쓰란 사람이 自己가 年前에 發表한 「The Merechant Prince of Cornville」이라는 戲曲을 剽竊한 것이라고 하야 法廷에 告訴를 한 結果 쯔로스의 作 一八九五年에 出版하야 그 翌年 一八九六年에 英京에서 上演하얏다가 失敗하얏스니까, 卽 로스탄의 作보다 一年前에 發表되엇든 까닭에 勝訴하얏다 한다"(127면) 염상섭은 이런 사례를 접하면서 저작권에 대한 의식을 갖게 되었을 것으로 보인다. (강조는 인용자)

1920년대 초기는 예술가 의식이 뚜렷해진 만큼 그들의 권익에 대해서 구체적으로 생각하기 시작한 시기였다. 표절 문제는 단순히 예술가의 양심에서 그치는 문제가 아니라 예술가의 현실적인 권리와 긴밀하게 연관되어 있었다. 또한 원고료의 문제가 구체적으로 거론되기 시작했으며, 문인의 권리를 지키기 위해서는 '문사조합(文士組合)' 같은 단체가 필요하다는 생각도 싹텄다.[54] 실제로 『폐허』 폐간 후 그 동인들(염상섭, 오상순, 변영로)이 주축이 되어 <조선문인회>를 조직하기도 했다. 그러나 조선문인회는 폭넓은 지지를 얻지 못했고 실질적인 활동을 기대만큼 보여주지도 못했다. 염상섭은 그 이유를 돈과 성의가 부족했던 데서 찾았다.[55]

---

53) 이 문제를 김억은 『폐허이후』의 「同人記」(134면)에서 거론했다. "쓰란스의 巨星 폴 · 예르렌의 이름 놉흔 作을 譯이라는 말도 아모 것도 업시 竊盜하야 自己의 創作으로 내리쓸고 시침을 뚝 쩬 분이 계십니다. 物質을 훔친 者에게는 法律의 制裁가 잇음과 갓치 詩作을 훔친 者에게는 뮤즈의 寵兒가 되기커녕 뮤즈가 處罰로 조곰 주엇든 詩魂(勿論 詩魂도 업지만은)까지 도로 쌔앗아간답니다."

54) 김동인은 문흥사(文興社)에서 원고료로 책정한 원고 一頁에 50전 이상 1원 이하라는 액수로는 도저히 직업인으로서의 문사가 생활을 유지할 수 없다고 말한다. 그는 적어도 一頁에 4원 이상(이 정도가 일본 문인들이 받는 원고료 3분의 2 수준이라고 밝힌다)은 되어야 하며 문사(文士)의 글과 일반의 글을 구별하여 원고료가 적용되어야 한다고 주장했다. 또한 그는 "文士의 禮面을 保存키 爲하여서는 文士組合이 긴요하다"는 생각을 피력했다. 전영택 등이 문사조합의 설립을 구상하고 시도해본 듯 한 데, 김동인은 실패로 끝났다고 밝히고 있다. 그는 문인들 중에 문사회(文士會)의 필요를 느끼는 자가 있으면 창조사로 연락해 줄 것을 당부하기도 했다(김동인, 「글동산의 거둠」, 『창조』 5호, 98면).

55) 염상섭, 「經過의 大略」, 『폐허이후』, 131~132면. 여기서 그는 조선문인회의 기관지로 『뢰내쌍쓰』(타블로이드판) 1호를 내었지만 내용이 빈약하여 도리어 문인회의 체면만 손상시켰다는 비난도 받을 만 했다고 자평하고 있다. 그리고 "文士劇을 上演하여 볼 豫定으로 東奔西走하야, 次次交涉이 進行하라는데 女優를 어들 道理가 업"서 그것도 실패로 돌아갔다고 밝히고 있다. 이후 기획한 『폐허이후』의 경우는 온전히 문인회 기관지 『뢰내쌍쓰』의 속간(續刊)이라고 할 수는 없는데, 문인회 회원 과반수를 동인으로 하여 따로 '폐허이후사(廢墟以後社)'를 설치했던 것이다. 이 글에서 그렇게 된 사정까지 밝히고 있지는 않으나, 문인회 회원 중 문인이라 하기에는 적절하지 않은 인사들이 끼여 있었기 때문으로 보인다. 박종화는 이때를 회고하는 글에서 문인회 가입을 권유받았으나 회원 명단을 전해 듣고 『동명』의 최남선 · 진학문, 『동아일보』의 장덕수 · 송진우 등의 인사들이 "어찌해서 문인이 될 수 있느냐"고 반문함으로써 거절 의사를 표했다고 쓰고 있다(『歷史는 흐르는데 靑山은 말이 없네』, 456면).

홍사용은 문인회에 상당히 기대를 걸고 있었는데, 문인회가 만들어진지 6개월이 지나도록 "그의 소식은 도무지 함흥차사로구나"라며 문인회 활동의 부진을 꼬집기도 했다.[56] 〈조선문인회〉는 이렇게 흐지부지되다가 사라졌다고 할 수 있지만, 1920년대 초기에 이러한 단체가 기획되었다는 것은 이 시기에 이르러 직업문인으로서의 의식이 자리잡기 시작했다는 점과 관련하여 주목할 대목이다.

2. 장르 체계와 개별 장르의 특성화 논리

이광수의 「문학이란 하오」에서 장르적인 분류를 시도하고 있는 부분은 '문학의 종류'라는 항목이다. 그는 우선 '문학'을 나누는 분류의 기준을 문제삼고 있는데, 내용을 기준으로 하는 것은 엄정한 분류가 못된다고 보았다. 이를테면, "재료의 범위를 표준으로" 하여 국민문학·향토문학·도시문학·전원문학 등으로 구별하거나, "재료의 성질을 표준으로" 해서 역사문학·종교문학·연애문학·시대문학 등으로 나누어볼 수 있겠지만, 문학은 내용면으로 그 범위를 확정할 수 없고 문학적 천재라면 "자유로 신천지를 개척"할 것이므로 내용에 따른 분류법은 그 한계를 드러낼 수밖에 없다는 것이다. 그는 '문학'을 분류하는 기준으로 '형식'을 택해 '문학의 종류'라는 항목을 서술한다. 그는 일단 산문문학과 운문문학으로 크게 이분한 후, 산문문학에 논문·소설·극·산문시를 배

---

56) 露雀, 「그리움의 한묵금」, 『백조』 3호, 205~206면. 염상섭은 「經過의 大略」에서 "咸興差使라는 별명까지 드럿"다고 말하기도 했는데, 당시 문인회 활동의 부진에 대해 상당히 말이 많았던 것으로 보인다. 그것은 문인회 기획이 특별한 관심을 모았다는 것에 대한 반증일 수도 있다.

치하고, 운문문학에 시를 위치시킨다. 이는 오늘날의 교과서나 문학개론 등에서 통상적으로 쓰이는 분류법과 그 골격에 있어 큰 차이를 보이지 않지만, 그의 분류체계 내에서 발견되는 몇 가지 점은 장르적인 분류법이 정착되는 데 있어서 만만치 않은 난제와 시행착오가 있었음을 암시해 준다.

우선 특기할 만한 점은 산문시를 산문문학에 귀속시킴으로써 시와 구분하고 있다는 점이다. 그는 논문·소설·극·시의 순서로 따로 소항목을 마련해서 각 장르의 특성을 살피는데, 산문시에 대한 구체적인 논의는 빠져 있다. 그는 시란 "읽는 것"이 아니라 "읊는 것"이라는 관점을 고수하고 있었기 때문에, 그에게 "음률 좋은 언어"는 시가 성립되는 기본적인 전제였다. 그러므로 음악적 질서나 표지를 발견할 수 없는 산문시의 경우를 그는 '시' 개념 안에 포섭하지 못한다. 그렇지만 그가 시조나 민요 또는 한시 등에서 근대시의 동력을 구해야 한다고 생각했던 것은 아니었다. 그는 다만 이후로 "대시인이 배출하면 조선문의 신시법(新詩法)이 생(生)할 것은 물론이라"는 특유의 영웅주의와 낙관주의로 문제를 미래로 이월한다. 1920년대 초기 동인지 문학에 오면, 이광수에게서 애매하게 처리될 수밖에 없었던 '산문시'는 '자유시'라는 용어와 겹쳐지면서 근대시 논의의 중심에 놓이게 된다.

이광수가 장르적인 용어로 사용한 '논문'은 정치적·과학적 논문과는 구별되는 문학적인 글쓰기로서, "도연명의 귀거래사, 소식의 적벽부, 굴원의 이소경 등 고래 문학이라던 자의 대부(大部)와 서양에 칼라일·에머슨 등의 저서와" 같은 것 그리고 "근대에 신성(新成)한 (…중략…) 소위 비평문 叉는 평론문" 등이 이에 해당된다. 그가 논문·소설·극·시를 설명하는 소항목을 따로 마련해서 각 장르의 특성을 살폈다는 점에 주목하다면, 그는 4분법 장르론을 고려하고 있었다고 할 수 있다. 문학의 핵심적 자질로 상상력과 허구성을 중시하는 서구 근대문학이론에서 널리 통용되는 것은 3분법 장르론(서정-시 / 서사-소설 / 극-희곡)인데, 이 체계로는 동아시아문화권의 전통적인 글쓰기 양식 전체를 온전히 설명해 낼 수 없기 때문에, 특히 고전문학 연구자들에게 있어서 4분법 장르론은 매우 유용하다.[57] 그러나 조동일의 용어로는 '교술(敎述) 갈래'에 해당될 법한 이광수의 '논문'이라는 장르는 동아시아문화권의 전통적인 글쓰기 양식을 존중해서 설정된 것으로 보이지는 않는다. 물론 "도연명의 귀거래사, 소식의 적벽부, 굴원의 이소경 등" 전통적으로 문학이라 여겨져 온 것들은 '논문' 장르에 귀속시켰지만, 그가 주목하고 있는 것은 근대에 새로이 부상한 소위 '비평문 또는 평론문'이었다. 그는 문학 행위가 이루어지는 데는 작가, 비평가, 독자가 필요한데 비평가는 작가와 함께 문학자에 속하는 존재이며, 비평문은 현대 문학계의 반쪽을 점유하는 것이라고 하면서 비평가와 비평문의 특별한 위상을 강조한다.

1920년대 초기 동인지를 살펴보면, 대체로 시, 소설, 희곡, 비평을 주요한 장르적 지표로 생각했음을 알 수 있다. 박종화는 최근의 문단 현황을 조감하는 글에서 시·소설·희곡·비판(批評)으로 나누어 그 부진을 질타하기도 했다.[58] 동인지의 목차에서 시·소설·희곡·비평으로 분류되지 않는 글들은 대부분 감상(感想)·상화(想華)·수상(隨想)·기행 등으로 명명되었는데, 이른바 수필로 통칭될 만한 이런 종류의 글의 경우 문학비평의 대상이 되지 못하는 주변적인 글쓰기 형태로 밀려나 있었다. 이광수가 「문학이란 하오」에서 사용한 '논문'이라는 용어의 함량과 층위를 갖는 용어를 동인지에서 검출하기는 어렵다. 다만 '평(評)'과 '논(論)'을 나누어 생각하기도 했는데, '평(評)'에는 월평이나 논쟁적인 비평에 해당하는 글을 대응시키는 경향이 있었고, '논(論)'의 경우는 예술론이나 문학론, 작가론 혹은 논설적인 글과 관련시키는 경향이 있었다. '평론(評論)'은 대체로 '평(評)'과 '논(論)'을 아우르는 말로 쓰였다.[59]

---

57) 김홍규, 『한국문학의 이해』, 민음사, 1986, 31~35면; 조동일, 『한국문학통사』 1권, 지식산업사, 1989, 21~27면.
58) 박종화, 「嗚呼 我文壇」, 『백조』 2호, 140~141면.

이광수가 논문·소설·극·시로 나눠 각 장르의 특성을 살피는 부분에서, '극'의 경우 그 용어의 의미 층위는 이중적이다. 이광수는 일반적으로 '극'이라고 하면 무대에서 공연되는 연극을 말하는데, 이때의 '극'은 문학과는 별개의 예술이며 이 "예술의 주인은 광대 又는 배우"라고 생각했다. 그러나 "문학의 일종으로 극"을 말한다면 "무대상에서 연(演)할 수 있게 작(作)한 소위 대본을" 뜻한다고 말한다. 다시 말해, 그에게 '극'이라는 용어는 공연물로서의 연극이라는 의미와 연극대본이라는 의미를 맥락에 따라 두루 지칭할 수 있는 것이었다. 그는 연극대본이 문학 영역에 속한다고 규정하고 있긴 하지만, 그의 글에서 설명의 초점은 연극대본으로서의 '극'에 있다기보다는 공연물로서의 '극', 즉 "문학에서 독립한 일종(一種) 예술"로서의 '극'에 놓여 있다. 따라서 그는 '극'이 '독자'에게 주는 감명이 아니라 "觀者(관객)"에게 미치는 효과에 주목하고 있으며, 극작가의 위상에 대해서가 아니라 예술가로서의 배우의 위상에 대해 강조한다. "대본(臺本)"이 진지한 문학적 행위로 인식되기 위해서는 우선 연극이 예술적인 활동으로 부각되어야 했다고 할 수 있다. 연극에 예술성을 각인시키는 데에는 천한 신분으로 생각되어왔던 '광대'를 '예술가'로 조명하는 일이 수반되었다.

『태서문예신보』 4호에 실린 「세계적 명여우(名女優)」라는 기사에서는

---

59) 『창조』·『폐허』·『백조』의 목차를 중심으로 이러한 경향을 살펴보면 다음과 같다. ① '評'으로 명명된 글 : 「文藝에 對한 雜感」(極熊, 『창조』 4호), 「霽月氏의 評者的 價値를 論함」(시어딤, 『창조』 6호), 「月評」(염상섭, 『폐허』 2호). ② '論'으로 명명된 글 : 「불평」(최승만, 『창조』 3호), 「美術論」(김환, 『창조』 4호, 5호), 「文藝에서 무어슬 求하는가」(春城生, 『창조』 6호. ③ '評論'으로 명명된 글 : 「르네쌍스」(極熊, 『창조』 2호), 「詩人 쾨테」(秋湖, 『창조』 2호), 「性格破産」(별꽃, 『창조』 8호), 「朝鮮文士와 修養」(春園, 『창조』 8호), 「現代藝術의 對岸에서─繪畵에 表現된 '포스트임프켓쇼니즘'과 '큐비즘'」(김유방, 『창조』 8호), 「사람의 사른 참 模樣」(시어듬, 『창조』 8호), 「宗敎와 藝術」(오상순, 『폐허』 2호), 「메틸링크와 예잇스의 神秘思想」(변영로, 『폐허』 2호), 「먼저 現狀을 打破하라」(김원주, 『폐허』 2호), 「쓰로빠르論」(김억, 『폐허』 2호), 「嗚呼 我 文壇」(박종화, 『백조』 2호). 여기에 덧붙여 『백조』 3호에 실린 懷月의 「生의 悲哀」라는 글은 '연구(研究)'라고 명명되어 있는데, '論'이나 '評論'에 포함시킬 수 있는 성격의 글이라 할 수 있다.

당당한 예술가로 한 여배우를 부각시킴으로써 "배우라 ᄒᆞ면 우리에 귀에는 천ᄒᆞ고 무식ᄒᆞᆫ 사람갓치" 생각되는 사회적 편견을 교정하고자 했다.[60] 〈토월회(土月會)〉의 신극운동에 상당한 관심을 가지고 있었던 김기진은 여배우를 구하지 못해 공연이 연기되는 사태까지 발생한 일을 두고 "사회 일반의 천박한 비난을 아모러케도 생각하지 아니할 만한 용기"를 가진 여성이 없음을 개탄하기도 했다. 그는 "교양잇는 여성"이 없다고도 했는데, 여기서 교양이 없다는 것은 배우를 예술가로 이해하지 못한다는 것을 뜻하는 것이었다.[61] 공연물로서의 연극에 대한 관심에 비해 "문학의 일종으로 극", 즉 '희곡'에 대한 관심은 1920년대 초기 동인지에서도 그다지 적극적으로 표명되지는 못했다. 그러나 동인지 문학에서는 '희곡(戱曲)'이라는 용어가 자리를 잡았고, 몇 편의 창작 희곡과 번역 희곡이 문학작품으로서 게재되기도 했다.[62] 『태서문예신보』에서

---

60) 이 기사에 소개된 세계적인 여배우는 불란서의 사이라쎌날인데, 여기서 그녀는 "직능과 렬심과 인닉와 용밍과 주의를 구비ᄒᆞᆫ 텬직의 예술가"로 소개된다. 이 기사는 다음과 같이 끝을 맺고 있다. "세계적 명녀우 싸이라 녀스의 이 긔사가 우리에게 무엇을 가리키는지?"

61) 김기진, 「六號雜記」, 『백조』 3호, 214~215면. 김기진은 구체적으로 저간의 사정을 밝혔는데, 이에 따르면, 간신히 "어쩐 學敎 師範科 生徒들"을 섭외했지만 교사회의에서 반대결정을 내려 무산되기도 하는 우여곡절을 겪었다는 것이다. 〈문인회〉에서 '문사극(文士劇)'을 기획했을 때, 이 기획이 수포로 돌아간 일 역시 여배우를 구하지 못해서였다(염상섭, 「經過의 大略」, 『폐허이후』, 131면). 특히 신학문을 공부하고 새로운 예술에 대해 일정 정도의 교양을 갖춘 엘리트 여성(신여성)의 경우, 그 계층적 위치를 고려해 볼 때 "演劇하는 놈은 '광대', 演劇하는 년은 '사당'"으로 보는 사회의 완강한 시각을 무시하기란 쉽지 않았을 것이다.

62) 그 작품들을 정리해 보면 다음과 같다. 「黃昏」(極熊, 『창조』 1호), 「살기 爲하여」(松堂生, 『창조』 5호), 「金玉均의 죽음」(秋田雨雀, 白岳 역, 『창조』 7호), 「懺悔」(흰뫼, 『창조』 8호), 「汽笛불 째」(金井鎭, 『폐허이후』), 「사로메」(OSCAR WILDE, 박영희 역, 『백조』 1호, 2호). 이상의 것들은 목차에서 '희곡'으로 명명되고 있다. 또한 『백조』 3호에는 '詩劇'으로 명명된 박종화의 "'죽음'보다 압흐다」가 실려 있다. 이광수는 '劇'에는 "散文劇과 詩劇의 二種이" 있는데 현대에는 산문극이 우세하다고 한 바 있다. 박종화의 詩劇은 실험적인 성격이 다분했다고 할 수 있다. 당시에 '희곡' 장르와 관련해서 아리스토텔레스의 『시학』이 읽혔던 것으로 보이는데(일례를 들면 曉鍾生, 「玄堂獨吠―第四說 戱曲의 槪要」, 『개벽』 5호, 1920.11), 박종화의 시극에서 코러스에 해당하는 '합창' 부분이 중요하게 사용되는 점 등은 아리스토텔레스 『시학』의 영향으로 추측해볼

찾아볼 수 있는 유일한 희곡 작품인 윤백남의 「국경」(12호)의 경우에서만 해도, 그 목차에서는 '희극(喜劇)', '각본'으로 소개되었고 본문에서는 '희극'으로만 소개되고 있다. '희곡'이라는 용어의 출현은 "문학의 일종으로 극"을 주목하기 시작했다는 것을 암시해 준다고도 할 수 있다. 한 동인지 문학인은 "조선극장에서 흥행하는 어떤 극단에서는 희곡(戲曲)이라는 그 문자를 풀어 알 수가 읍서서 고심 연구하다 못하야 간신히 희극(喜劇)이라는 뜻이라고 해석해버리엇다"[63]고 한심한 일이라는 듯이 말하기도 했다. 희곡은 1920년대 초기 동인지 문학인들에게 시, 소설, 비평과 함께 주요한 문학 장르의 하나로 인식되고는 있었지만, 이들 가운데서 근대문학의 한 장르로서의 '희곡'에 대해 본격적으로 극작가로의 의식을 가지고 창작에 임했던 예를 찾기란 어렵고 또 '희곡'을 문학비평의 대상으로 삼았던 예를 찾기도 어렵다. 따라서 이 논문에서는 시, 소설, 비평에 한정해서 개별 장르에 있어서 동인지 문학인들이 보여준 근대성을 향한 모색과 그 특성화 논리를 살펴보기로 하겠다.

1) 근대시 – '내면'과 '표현'

'자유시'는 겉으로 드러나는 율격적 표지가 없이도 '시'가 성립될 수 있다는 새로운 사고를 반영하고 있는 용어이다. 『장미촌』은 표제에서 시 전문지라는 표시를 "선구의 자유시"라는 말로 대신했다. '자유시'를 통해 재래의 정형적인 시형식에 대해 부정하는 논리는 시의 정형성이 내용(내면)의 투명한 발현을 제한하거나 왜곡한다는 것이다. 자유시의 욕

수 있다.
63) 露雀, 「六號雜記」, 『백조』 3호, 213면. 이런 오해가 윤백남의 「國境」의 경우에 개입되어 있다고 하기는 어렵다. 이 경우에는 '희곡'이라는 용어를 '희극'으로 오해해서 '희극'으로 명명했다기보다는 비극적이 아니라 희극적이라는 의미에서 명명한 것이었고 해야 할 것이다.

망이란 내용과 형식의 투명한 일치를 꿈꾸는 데서 비롯했다고 할 수 있다. 재래의 정형적인 시형식은 '외부'로부터 '이미' 부여되어 있는 것인데 비해, '자유시'의 형식은 '내부'로부터 시가 쓰여지는 '지금' 창출되는 것이라고 동인지 문학인들은 생각했다. 이때의 '내부'란 물론 시인 개인의 '내면'을 뜻하는 것이다. 이들이 '자유시'의 기획과 논리에 전폭적으로 동의를 표할 수 있었던 것은 '내면'을 모든 의미가 파생되고 수렴되는 장소로 생각했기 때문이다. 다시 말해 '내면'이야말로 표현할 만한 가치가 충분한 것으로 생각되었던 것이다.

　　自由詩는 누구가 發明하엿나? (…중략…) 象徵派 詩歌에 特筆할 價値잇슴은 勿論인 바, 在來의 詩形과 規定을 無視하고 自由自在로 思想의 微韻을 잡으려 하는―다시 말하면 平仄라던가 押韻이라던가를 重視하지 안이하고 모든 制約, 有形的 律格을 바리고 微妙한 言語의 音樂으로 直接, 詩人의 內部生命을 表現하랴는 散文詩다. (…중략…) 過去의 모든 形式을 打破하려는 近代藝術의 暴風雨의 特色이 詩人의 內部生命의 要求에 딸아 無形的되게 하엿다하는 한 마듸면 그만이다.[64]

　　이들은 "유형적(有形的) 율격"을 "무형적(無形的) 되게" 한 것은 "시인의 내부생명의 요구"에 따른 결과로 생각했다. 시에는 시인의 개성적인 내면, 즉 유일한 내면이 표현되어야 한다고 여겨지게 되자 '외부'로부터 규정된 "유형적 율격"은 '제약'에 불과한 것이 되어 버렸던 것이다. 그렇지만 "모든 형식을 타파"하고자 결심한다는 것이 시의 음악성을 부정하는 것은 결코 아니었다. '자유시' 기획에 이론적인 근거를 마련하고자 했던 김억은 다른 누구보다도 시의 '음악성'을 강조했다. 위 인용문에서

---

64) 億生, 「스ᅄᆼ쓰의 고뇌」, 『폐허』 1호, 119~120면. 이 글은 김억이 『태서문예신보』 10호 11호에 걸쳐 실었던 「으란스 詩壇」의 제목을 바꾸어 재수록한 것이다. 김억은 재수록하면서 문장을 조금 다듬었고, 본문에서 예로 든 랭보의 「母音詩」 같은 경우에는 그 번역을 대폭 수정하기도 했다.

그는 자유시를 "유형적 율격을 바리고 미묘한 언어의 음악으로 직접, 시인의 내부생명을 표현하랴는 산문시"라고 정의한다. 여기서 '산문시'라는 어휘의 용법은 자유시의 무형적 특성을 강조하려는 데 있었다. 시의 표면에서 율격적 질서가 사라지게 되었을 때, '산문'처럼 보이는 '산문시(자유시)'를 '산문'이 아니라 '시'이게 하는 것은 무엇인가. 김억은 시적 언어의 자질을 "자유자재로 사상의 미운(微韻)을 잡으려 하는 (…중략…) 미묘한 언어의 음악"에서 찾았다. 그는 "모든 표현의 자연적 매개자는 음악 밧게 업다"고 말하기도 했다. 이때의 '음악'이란 시인 내면의 뉘앙스와 리듬에 부합하는 것으로 생각되었다고 할 수 있는데, 때문에 음악이 내면을 드러내는 자연적 매개자로 설정될 수 있었던 것이다.

　　兄의 말슴과 갓치 詩는 詩人 自己의 主觀에 맛길 째 비로소 詩歌의 美와 晋律이 생기지요 다시 말하면 詩人의 呼吸과 鼓動에 根底를 잡은 晋律이 詩人의 精神과 心靈의 産物인 絶對 價値를 가진 詩될 것이오 詩形으로의 晋律과 呼吸이 이에 問題가 되는 듯합니다.[65]

　　'言語는 우리를 背反하며 우리에게서 逃亡한다. 詩歌란 우리의 靈을 說服식히는 것이다' 한 것은 폴·쎄르렌 評傳의 著者만으로도 이름 놉흔 즈쎄익의 말인 것만큼 씹으면 맛나는 씹을 만한 말입니다. 詩作의 괴롭음은 이에 잇습니다. 쏘한 이에 가장 貴염음이 잇습니다.[66]

　　시인의 '주관'에서 "시가의 미와 음률"이 결정된다고 할 때의 '시형(詩形)'이란 일반화될 수 없는 것이다. 위 인용문에서 '시형'의 물질적인 근거라고 한다면 "시인의 호흡과 고동"인데, 이 또한 개인적인 수준에서라도 일정한 법칙으로 귀납될 수 있는 것이 못된다. '시인의 호흡과 고동'은 "정신과 심령"의 미묘한 작용이기 때문에, 그 움직임은 계량화될

---

　65) 岸曙 生, 「詩形의 晋律과 呼吸」, 『태서문예신보』 14호.
　66) 億生, 「同人記」, 『폐허이후』, 134면.

수 없는 것이었다. 김억은 같은 글에서 "시라는 것은 찰나의 생명을 찰나에 늣기게 하는 예술"이라고 말한다. 그는 시인의 호흡과 고동에서 마련되는 '음률'을 통해 붙잡기 어려운 '찰나'를 포착할 수 있다고 생각했다. 이러한 논리의 연장선에서 김억은 "시가란 우리의 영(靈)을 설복(說服)식히는 것이다"라는 말을 곱씹고 있었다고 할 수 있다. "우리를 배반하며 우리에게서 도망"가려는 언어를 가지고 "우리의 영(靈)을 설복(說服)식히는 것", 다시 말해 언어와 내면을 일치시키는 것에서 그는 '시작(詩作)'의 가치를 발견했다. 그에게 있어서 시의 음악적 자질은 바로 언어와 내면의 일치를 매개하는 것이었다. 그는 우리의 영혼을 설복시키는 '시적 언어'의 힘이란 물질적인 '문자(文字)'만으로 얻을 수 있는 것이 아니라고 생각했다.67)

---

67) 김억이 『폐허』 1호에 번역한 베를렌느 「作詩論」의 마지막 연은 이 점에 주목해서 살필 필요가 있다. "너의 詩로써 音樂을 지으라 / 薄荷와 麝香꼿의 香氣를 품은 / 보드랍게 부는 아츰 바람과 갓치······ / 그리하고 그 밧게는 文字밧게 될 것이 업서라" 그는 『태서문예신보』 11호에도 이 작품을 번역해 실었는데, 거기서 '文字'의 자리에 사용된 용어는 '文學'이었다. '음악'이 시를 시로 만드는 일종의 '문학성'으로 전제될 때, '음악을 빼고 남는 것'은 文字라고 번역하는 게 적절해 보인다. 정한모는 '文學'이라고 했다가 '文字'로 바꾼 이 교정을 詩에 대한 이해의 깊이가 심화된 결과로 해석한다(정한모, 『한국 현대시문학사』, 274~275면). 처음에, 김억으로서는 문맥으로 봐서 '文學'이라고 옮기기에 어색했겠지만, 그렇다고 '文字'라고 번역하긴 꽤 어려웠으리라 짐작된다. 이 곤란은 그의 '문학'이나 '시'에 대한 이해 정도와는 무관했을 것이다. 원시에서 베를렌느가 쓴 용어는 'littérature'였는데, 김억에게는 'littérature'의 용례로 '문학'이 이미 굳어져 있었을 법하다. 'Literature'의 번역어로서 문학'은, 1910년대 이광수에게서 드러나듯이, 이미 의심할 필요가 없는 공식이었다. 김억은 '文字'의 의미가 소거된 '문학'의 개념을 'Literature'를 통해 확인한 세대였다. 'littérature'의 한 용법으로서 '文字'는 그 기원상 '문학'보다 더 오래 된 것이었지만, 김억에게 그것은 더 늦게 몇몇 '사전'을 뒤지면서야 겨우 눈이 띄게 된 것이었다고 할 수 있다. 김억은 '근대문학'과 '근대시'(Literature의 역어로서의 문학)를 제대로 몰랐다기보다는 'Literature'의 역사와 다양한 용법을 몰랐던 것이었다. 일본이나 중국에서 영어 'litterature'가 처음부터 '문학'과 대응되었던 것은 아니었다. 19세기 중엽 중국에서 편찬된 『영화사전(英華辭典)』에서는 'litterature'의 의미에 '문(文)' '문학' '자묵(字墨)'이 대응되어 있다. 사정은 일본도 비슷했는데, 예를 들면 『사쓰마 사전』(薩摩辭典, *English-Japanese Dictionary*, 상하이, 1869) 초판은 'litterature'에 '문자', 'letters'에 '문학'이라는 역어를 대응시켰고, 『영일대역사전』(英和對譯辭典, 開拓史, 1872)은 'litterature'에 '문자, 학문'을 'literary'에 '문학의, 문학의 법칙에 따르고 있는, 배

'언문일치'의 기획이 음성언어와 문자언어를 일치시키고자 한 것이었
다면, 자유시의 구상은 가장 철저하게 '언문일치'의 욕망을 드러내는 것
이었다고도 할 수 있다. 자유시는 '구어시(口語詩)'라는 용어로도 통용되
었다. 황석우는 일본시단을 소개하는 자리에서 그 "주조는 일언으로 말
하면 물론 구어시(口語詩)의 자유시 운동이라 하겠다"[68]고 간명하게 요
약하는 말로 서두를 삼는다. 자유시에 구어시라는 용어가 겹치는 지점
에서 작용하고 있는 것은 문자언어에 비해 음성언어가 시인의 내면을
드러내는 데 있어서 더욱 직접적인 매개자가 될 수 있다는 생각이다. 자
유시의 새로운 언어 운용에 '언문일치' 의식이 관여해 있다고 본 임화의
언급은 매우 흥미로운데, 임화에게 있어서 '언문일치'의 문제는 '내면'
의 표현이 아니라 '사실'의 발견과 견고하게 결합되어 있었다.[69]

이것은 육당, 춘원의 발아기 이후, 자연주의 문학시대에 와서 그 기초를 잡은
근대 조선시의 일 개화이었다. 이곳에서 우리는 잠깐 붓을 멈추어 자연주의가
공헌한 커다란 업적에 대하여 정당한 평가를 경의와 함께 던져야 할 것이다. 자
연주의는 소설에서뿐만 아니라 시가에 있어서도 김석송·주요한·김소월·춘
원·김억 등의 사업 위에 강한 영향을 주어 언문일치의 구어시(口語詩)의 언어
적 음률적 개척을 보게 하였으며, 근대시상에 사실적 경향을 발전케 한 것이다.

1920년대 초기 문학을 신경향파 문학의 계기로 파악했던 임화의 경
우, 자연주의에서 리얼리즘의 싹을 보았고, '언문일치'에의 지향에서 '현
실'을 반영하는 현장의 언어에 대한 문학적 모색을 읽어냈던 것이다.[70]

운'을 'literate'에 '박학한'을 대응시켰다. 그런데 점차로 '문학'과 'litterature'의 연결이 견
고해지면서 'litterature'의 다양한 역어는 차례로 도태되어 '문학'이라는 말이 다른 역어
를 몰아내게 된다. 그리하여 오늘날의 우리들에게(그 이전에, 이미 조선의 신문학 주창
자들에게) 영어 'litterature'가 다의적인 말이라는 것은 잊혀지게 되었다(鈴木貞美, 김채
수 역, 『일본의 문학개념』, 보고사, 2001, 179~181면).
68) 황석우, 「日本詩壇의 二大傾向」, 『폐허』 1호, 76면. 염상섭은 한 월평에서 주요한 시
에 흐르는 "口調인 듯한 韻律"을 높이 사기도 했다(「月評」, 『폐허』 2호, 92면).
69) 임화, 「조선 신문학사론 서설」(『조선중앙일보』, 1935.10.27), 『신문학사』, 348면.

임화는 '사실적 경향'과 '언문일치'의 과제가 겹치는 지점을 예리하게 포착했다. 그러나 '언문일치'에의 지향을 내장하고 있는 '구어시', 달리 말해 자유시 기획을 작동시킨 것은 '내면'을 외재적인 틀에 구속시키지 않고 자유롭게 표출하고자 하는 욕망이었다. 가라타니 고진이 간파했듯 이 "언문일치로서의 표음주의는 '사실'이나 '내면'의 발견과 근원적으로 연관되어" 있다.[71] 1920년대 문학을 프로문학에 이르는 인과적 계기들로 재구성하고 있는 임화의 목적론적 문학사에서 '언문일치'의 문제는 전적으로 리얼리즘의 형성에 결부되어 있는 것이었지만, 1920년대 초기 문학의 장(場)에서 '언문일치' 기획은 황종연의 말로 대신하자면 "주관/객관, 내면/외면, 고백/관찰, 낭만주의/리얼리즘 등과 같은 대립들의 원점에 놓이는 근대적인 글쓰기 주체의 형성"에 관여되어 있는 문제였다.[72] 황종연의 관점을 좀더 밀고 나가면, 지금까지 소설문장과 소설사에 국한해서 '언문일치'가 논의된 지층을 확장할 수 있을 것이다. '언문일치'의 문제는 비단 소설사에 국한된 것이 아니라, 새로운 글쓰기 전체를 관류하고 있는 문제인 것이다.

1920년대 중반 이후에 들어서면 문단은 계급문학과 민족문학으로 양분되어 이념적인 대립 구도를 나타내게 된다. 이 구도에서 민요시 창작

---

70) 1920년대 초기의 문학적 국면을 "자연주의로부터 낭만주의에로의 과도(過渡)"로 파악하고 있는 임화는 "『백조』를 중심으로 한 세기말적 낭만시인들은 (위 인용문에서 거론한) 이들의 귀중한 업적 ─ 주로 언어적 ─ 의 계승 위에서 출발"했다고 본다. 임화가 『백조』파 시인들에게 문학사적인 의미를 가까스로 부여할 수 있었던 것은 그들의 허무와 비통의 시가를 "현실이 전하는 깊은 고민"과 연관지었기 때문이다(위의 책, 348~349면).

71) 柄谷行人, 박유하 역, 『일본 근대문학의 기원』, 민음사, 1997, 78면.

72) 황종연, 「낭만적 주체성의 소설 ─ 한국 근대소설에서 김동인의 위치」, 『김동인 문학의 재조명』(문학사와 비평학회), 새미, 2001, 100면. 그의 논의에 따르면, 언문일치의 가장 두드러진 표지로 논의되어 왔던 '─다'체, 김동인이 자신의 업적으로 자부하고 있었던 삼인칭 대명사 '그'의 전용과 과거시제의 사용 등은 소설가에게 "자신이 창조한 세계에 대해 선험적, 절대적 권위를 지니는 주체의 자리"를 확보하게끔 해준 문체적 장치다(98~100면).

은 민족문학의 구체적인 실천의 한 양태로서 '시운동'의 성격까지 띠고 있었다.[73] 1920년대 초기 동인지 문학인들 중에서 주요한『창조』·김억 (『폐허』)·홍사용(『백조』) 등은 이 흐름에 주도적인 역할을 담당했다. 1920 년대 초기 동인지에서도 민요에 대한 관심은 발견되는데, 이 경우의 관심은 창작 방법과 직접 연결되어 있었던 것도 아니었고 민족의식과 분명하게 결합되어 있었던 것도 아니었다. "서정시인은 민요를 배호라"고 하면서 민요는 "국민성(國民性)의 중심에서 나오는 천진(天眞)적 표현"이라는 이유를 대기도 했지만, 이 경우 민요를 통해 부각시키고자 한 것은 시란 '천진한 표현'이어야 한다는 것이다. '서정시인은 민요를 배우라'는 충고는 "시인은 압발자국을 싸라서 이를 모방하려고 하지 말고 맛당히 자아를 모방하여라. 그리하야 오리지날(創原)의 사람이 되어라"는 충고와 충돌하지 않았다.[74] 1920년대 초기의 문학적 지형도 안에서는 '민요적인 풍격(風格)'까지도 '자아의 표현'과 결부되어 논의되었다.

> 　國民의 共同創作으로 된 古代民謠는 너무 個性美가 엷으나 現代에 流行되는 民謠는 自己의 말과 自己의 感情 곳 自己 個性의 各 方面을 자긔의 마음으로 노래하고자 하고 자기의 感觸 아래에 아름다운 詩의 結晶을 읊고 십흔 바 곳 近代人의 傾向을 率直하게 表現하얏다 할 수 잇다.
>
> 　(…중략…) 以上의 民謠는 그 形式이 비록 簡單하고 그 歌調가 비록 豊艶치 못하나 單純하고 無邪한 그 노래 속에 흘너나오는 淡々하고 淸新한 맛은 근대 러시아의 田園生活의 새로운 事情과 새로운 興味의 反響임을 알 것이다. 엇더한 民謠 속에는 特히 個人意識과 人格觀念의 發達과 自由의 欲求가 歷々히 表現되여 잇스며 엇더한 民謠 속에는 自己의 感情과 自己의 意志로 自己의 運命을 開拓하랴하는 靑春의 熱情이 노래되엿스며 째로는 年長者의 意志를 拒逆하고라도 自己의 主張을 貫徹하랴하는 熱烈한 欲求가 表現되엿다.[75]

---

73) 오세영, 『한국 낭만주의 시 연구』, 일지사, 1980, 22면.

74) 秋湖, 「詩人 꾀테」, 『창조』 2호, 40면. 이 두 가지는 시인 괴테가 마음에 아로새긴 헤르델의 예술적 충고로 소개되고 있다. 그래서 괴테의 시는 "自我의 심볼(象徵)이 되고, 그 風格이 차차 民謠的이 된" 것이라고 이 글의 필자는 보았다.

박종화는 러시아의 '신(新)민요 창조운동'을 소개하면서 구민요와 신민요의 차별성을 반복해서 강조한다. 그는 현대 러시아의 민요에서 "시대 위에 혼 선을 금긋는(구시대와 신시대를 금그은)" 단절을 얘기하고자 한다. 따라서 신민요에 남아 있는 "구민요의 모방"의 흔적은 신민요가 극복해야 할 요소로서만 거론될 뿐이다. 그는 러시아의 민요가 "노서아(露西亞) 민족시의 정화요 민중예술의 경이"라고 하면서도, 신민요에서 정작 강조하는 것은 개인의 '개성'이다. 그는 비상한 개인인 '천재'에게서 나오는 "장엄한 예술의 찬란한 빗을 민중과 더부러 함께" 하고자 하는 데에 신민요의 의의가 있다고 말한다. 위의 짧은 인용문에서도 숱하게 검출되는 '자기'라는 어휘는 "근대인 경향"을 대변하고 있는 것이었고 근대시의 핵심에 자리하고 용어였다. 박종화는 "인생과 예술의 극치러운 법열 속에 드러가 숭고한 생의 진리를 천명하고 묘몽(渺朦)한 영(靈)의 비역(秘域)을 개척하야써 최고의 진리에 생을 확충하고 생을 향락하야 인류 최고의 영토(靈土)를 동경하랴 하면 먼저 민요에 대하야 깁흔 사색과 만은 연구가 잇서야 할 것이"라고 했지만,76) 그가 생각했던 시의 이상(理想)과 민요의 비전이 만나는 지점과 만날 수 있는 방법을 구체적으로 제시할 수 없었다. 자기 내면을 표현하는 것에서 근대시의 확고한 영토를 발견하고 이를 절대화했던 동인지 문학인들에게서 '민요'는 '직각적(直覺的)'이고 '천진적(天眞的)'인 표현이라는 점에서 그리고 고상한 예술을 '민중과 더불어 함께'할 수 있는 가능성으로서 관심 대상으로 떠오르기 시작했으나, 자유시의 비전과 모색에 수정을 요구할 만한 논리를 갖출 수는 없었던 것이다.

---

75) 月灘, 「러시아의 民謠」, 『백조』 1호, 136·140면.

76) 박종화가 생각한 시적 이상은 「鳴呼 我文壇」이라는 비평문에서도 엿볼 수 있다. 그 글에서, 이상적인 시란 "萬衆에게 熱과 愛를 注하여 藝術을 歌하게 하고 人生을 歌하게 하여 人生과 藝術을 써 結合하여 渾然한 眞理의 境에 最高의 完全한 生에 들게" 하는 것으로 요약되어 있다(『백조』 2호, 140면).

2) 근대소설 — '사실'과 '묘사'

김동인이 비평가를 "활동사진(活動寫眞)에 대흔 활동사진의 변사(辯士)"[77]에 빗댔을 때, '활동사진'은 작품을 비유하는 말이었다. 1920년대 동인지의 소설이나 산문에서 쉽게 발견할 수 있는 표현 중 하나는 어떤 광경이 '활동사진 같다'는 것이다.[78] 이것은 새롭게 등장한 근대문물이 만들어 낸 수사학의 일종이라 할 수 있다. 이 비유가 놓여 있는 맥락에서 볼 때, 이 표현은 대체로 어떤 풍경이나 상황이 주체의 시선을 사로잡았다는 것을 뜻했다. 즉, 주체는 '보고 있는 자'라는 사실을 부각시키는 표현이다. 사실상 '활동사진 같다'는 비유는 그 풍경이나 상황에 대해 아무 것도 말해주지 않는다. 그것은 풍경이나 상황을 대상화하고 그 대상을 '활동사진'처럼 생생하게 재현하고자 하는 주체의 욕망을 표시할 뿐이다.

이광수는 「문학이란 하오」에서 소설을 일러 "인생의 일방면(一方面)을 정(正)하게 정(精)하게 묘사하여 독자의 안전(眼前)에 작가의 상상 내에 재(在)한 세계를 여실하게 역력하게 개전(開展)하여 독자로 하여금 기(其) 세계 내에 재(在)하여 실견(實見)하는 듯하는 감을 기(起)케 하는 자"라고 정

---

77) 김동인, 「批評에 대하여」, 『창조』 9호, 54면.
78) 몇 가지 예를 들어보기로 한다. "車窓으로 보이는 建物, 烟突, 橋梁, 馬車, 自動車, 電車, 行人이 無心한 내 腦에 別달니 印象을 준다. (…중략…) 새라새것이 내 눈에는 車窓琉璃를 通하야 活動寫眞을 演出한다."(金燁, 「江戸에서 洞庭湖까지」, 『창조』 3호, 67면) "내 일즉 上海가 조타는 말을 동모의게 들어스나 이갓치 意外일 줄은 몰낫다. 日本式 建物은 한아도 볼수가 업스나 道路에는 和服이 쓰문쓰문 보인다. (…중략…) 나는 二十餘分이나 그 活動寫眞에 취하야 엇절줄을 몰낫다."(같은 글, 73면) "그의 視線은 엇더한 곳다운 젊은 녀자와 그와 상반한 젊은 청년 한분이 각각 왼손에 랴켓트를 들고 활발이 거러가는 것을 보앗다. (…중략…) 의근이 재미잇게 구경하든 텬연색 활동사진은 침침한 지럼길 속으로 숨어가 버렷다."(白野生, 「一年後」, 『창조』 6호, 64면) "이것이 英淳의 오날 하로의 歷史이다. 이것이 끈치지 안코 그의 눈에 活動寫眞과 갓치 나타나는 것이다."(노자영, 「漂泊」, 『백조』 1호, 6면) "내가 活動寫眞을 映寫할수 잇다하면 이 景色의 千變萬化하는 모양을 撮影하야 世界各國으로 도라만단이며 한바탕 자랑을 하고 십다하엿다. 그와 同時에 이와 갓흔 江山을 背景삼고 生活하는 우리 사람은 참말 幸福이라 하엿다."(春城, 「鐵瓮城에서」, 『백조』 1호, 101면) (강조는 인용자)

의했다. 이 정의에서 근대소설의 가장 중요한 특성으로 부상하고 있는 것은 '묘사'다. 소설 독자는 이제 '이야기'를 듣는 자가 아니고 작가에 의해 "정(正)하게 정(精)하게 묘사"된 "인생의 일방면(一方面)"을 보고 있는 자로 설정된다. 이광수는 "'재담'이나 '이야기'를 소설이라 하고 차(此)를 선(善)히 하는 자를 소설가라 칭하는 자가 유(有)하나니 차(此)는 무식한 소치다"는 말로 소설에 대해 유포되어 있는 통설을 일축한다. 그는 다시 논문과 소설을 비교하여 "현대문학의 대부분을 점하는" 소설의 특성을 부각시킨다. 이에 따르면 "논문은 작자의 상상 내의 세계를 작자의 언(言)으로 번역하여 간접으로 독자에게 전하는 것이로되, 소설은 작자의 상상 내의 세계를 충실하게 사진(寫眞)하여 독자로 하여금 직접으로 기(其) 세계를 대하게 하는 것"이다. 즉, 논문이라는 장르의 원리가 '말해주기(telling)'에 있다면, 소설이라는 장르의 원리는 '보여주기(showing)'에 있다는 것이다. 1920년대 초기 동인지에서도 이러한 생각의 층위에서 '새로운 소설'을 특성화하는 데 있어서 '묘사'라는 용어를 적극적으로 활용했고 '그림'이나 '사진'의 비유를 애용했다고 할 수 있다.

1920년대 초기 동인지에서 '묘사'라는 어휘는 '현실성'·'사실성'·'객관성' 같은 관념과 결합해 있었다. 따라서 소설과 관련해서 중시된 것은 작가의 '상상력'이 아니라 '관찰력'이었다. 동인지가 보여주는 소설작품의 실제는 주관적이고 낭만적인 경향에 상당히 기울어져 있었지만, 월평이나 소설론이 개진되는 지면에서 강조되는 소설적 자질과 기법은 "심각한 관찰과 묘사"[79]였다.

---

79) 염상섭, 「月評」, 『폐허』 2호, 95면. 여기서 염상섭은 이를 소설을 평하는 데 있어 중요한 기준으로 삼고 있다. 김동인도 소설평을 하면서 '묘사'의 중요성을 여러 차례 강조했는데, 그 일례를 보기로 한다. "새빗君의 「薔薇化」(曙光 一月) (…중략…) 亦是 空想에서 나온 作品이다. 좀더 實際的으로 되어야 할 全軆의 描寫가 너무 誇張되고 空想的으로 되야 前々 世紀式이 되고 말았다. 좀더 實寫로 금世紀式으로 써스면 佳作일 터인데 앗갑다."(김동인, 「글동산의 거둠」, 『창조』 5호, 97면) 여기에 따르면, 현대적인 '묘사'란 공상적이 되어서는 안되며 작품에 실제적인 느낌을 조성해주어야 하는 것이다.

統트러 兄의 作品은 언제던지 冷酷히 事實을 觀察하는 透徹적 努力이 不足하고 한 거름 더 나가면 하는 자리에서 安價한 로만틱시즘이 妨害하야 作品 全體를 傷함을 보았나이다. 作의 主人公보다 作者가 먼져 興奮하야 울고 웃고 하니 讀者는 感銘을 밧기커녕 作者의 영문모를 興奮狀態를 怪常하게 볼 수박게 업습니다. 讀者로 하여금 主人公과 가튼 世界에 살게 하고 主人公의 人格에 共鳴케 하기 위하야는 作者는 어듸까지던지 冷靜한 態度로 모델의 肉體를 觀察하는 畫家의 마음을 가져야 하겟습니다. '事實 그대로'라 하는 寫實主義的 運動은 朝鮮의 藝術家가 한번은 通過치 아느면 안될 重要한 一道程인가 합니다. 安價인 로만틱시즘에셔 버셔나기 前에 眞正으로 生命에 逼하는 文藝가 生하리라고 저는 밋지 안씀니다.[80]

위 글은 주요한이 전영택에게 보낸 편지 중에 일부분이다. 여기서 그는 "安價인(갑싼) 로만틱시즘에셔 버셔나"서 "'사실 그대로'라 하는 사실주의적 운동"을 통과해야 할 도정에 조선의 예술가가 직면해 있다고 적고 있다. 그는 전영택에게 "냉혹히 사실을 관찰"하는 소설가의 태도를 요청하면서 이 자세를 "냉정한 태도로 모델의 육체를 관찰하는 화가의 마음"에 빗대어 설명한다. 낭만주의로부터 벗어나는 자리에서 사실주의가 정착될 것이라는 주요한의 발언 속에는 낭만주의와 사실주의 사이에 선후관계와 대립관계가 설정되어 있다. 그러나 동인지 문학의 장에서 낭만주의적인 사유는 과거화될 수 없는 것이었고, 낭만주의적인 상상력을 발동시킨 '내적인 인간'이야말로 "인생이란 너절한 산문"[81]을 발견하기에 적합한 존재였다고 할 수 있다. 가라타니 고진의 통찰을 빌리면, '풍경'을 묘사하려는 의식을 리얼리즘적인 것이라고 부르는 것에는 낭만파적인 전도가 은폐되어 있다. 그는 주체(내면)의 성립이 객체(풍경)를 창출해내는 것이므로, 다시 말해 "내적인 자기 자신(self)이 우위에 있는

---

80) 벌못, 「長江 어구에서」, 『창조』 7호, 54면.
81) 치리코프, 憑虛 역, 「迎春柳」, 『백조』 1호, 111면. "人生이란 너절한 散文은 …… 그것은 언제든지 우리의 生活을 干涉하여 우리가 저 짜만 碧落의 푸르고 놉혼 곳에 날아오르라고 몸차림을 하쟈말쟈 꼭 그 瞬間에 우리의 나래를 쩟고마는 것입니다."

상태에서 처음으로 사실이 사실로 가능해"지는 것이므로 "리얼리스트는 언제나 내적 인간"이라고 말한다.[82] 1920년대 초기 동인지의 경우, '주체/객체'의 분리 의식이 명료해지는 지점에서 '낭만주의/사실주의'의 대립의식이 싹트고 있었고, 더불어 '시/소설'의 장르적인 특성화 전략이 수행되고 있었다. 주요한이 전영택에게 보내는 편지에서 "'사실 그대로'라 하는 사실주의적" 강령을 표방하면서 낭만주의적 태도를 극복의 과제로 취급할 수 있었던 것은 그가 '소설'에 관해 얘기하고자 했기 때문이다.

1910년대 이광수를 비롯한 문학청년들이 '근대문학이란 무엇인가'에 관해 사고했을 때, 문학의 자율적 위상이 발견된 자리는 '감정'이라는 심리적 영역에서였다.[83] 1920년대 동인지 문학인들에게 이 발견은 이미 당연해져서 "예술에 지(至)하야는 감정의 만족으로써 유일의 목적을 삼음은 자(玆)에 노노(呶呶)의 요(要)가 업(떠들 필요가 없)"는 것이었다.[84] 그렇다면, '사실 그대로'를 옮겨놓고자 하는 '냉혹한 관찰자'는 감정의 만족이라는 문학의 자명해진 목적과 어떤 논리로 결합할 수 있었을까. 위 인용문에서 주요한은 "독자로 하여금 주인공과 가튼 세계에 살게 하고 주인공의 인격에 공명케 하기 위하야는 작자는 어듸까지던지 냉정한 태도"를 견지해야 한다고 말하고 있다. 작가의 '감정'은 독자의 '감정 이입'을 위해 배제되어야 한다는 것이다. 이 경우에도 문학은 분명히 '감정의 만족'을 지향하는 것일 수 있었다.

'小說 안인 小說'은 무엇이냐. 엇쩌한 나라를 勿論ᄒ고 通俗階級에는 다 잇는 일이지만 特히 朝鮮文壇에서는 日本維新文壇時代의 通俗文士階級에서 流行ᄒᄃᆫ '通俗 小說'을 가져다가 가장 큰 藝術的 獨創이나 혼 듯이 藝術雜

---

82) 柄谷行人, 앞의 책, 40~43면.
83) 이광수, 「문학의 價値」, 『대한흥학보』 11호, 1910.3; 이광수, 「文學이란 何오」, 『매일신보』, 1916.11.10; 최두선, 「文學의 意義에 關하여」, 『학지광』 3호, 1914.12.
84) 오상순, 「宗敎와 藝術」, 『폐허』 2호, 17면.

誌 或은 新聞紙의 文藝欄을 더럽히는 '似而非 小說'이 卽 그것이다. 그 內容을 볼진댄 異常야롯흔 事件을 中心으로 흐야 忠實치 못흔 筆致와 理解업는 常識으로 썩은 장(醬) 속에 곰팡이 슬듯이 波瀾 重瀾 독까비 장난흐듯이 만드러 놋코 '아싸' '웅々'의 感歎詞 투성이에다 어린 處女의 눈물이나 짜라내려흐는 것이 곳 그것이다. (…중략…) '小說인 小說'이람은 무엇이냐. 이는 내가 말안트라도 알 듯 흐다. 卽 藝術이 許흐는 條件에 흐나이라도 完備흔 作品은 곳 '小說인 小說'이겟다고 生覺흔다. 藝術이라는 條件은 무엇이냐. 그는 사람 사람을 짤아 多少의 差異는 잇겟다 (勿論 現代藝術을 標準으로 흐야)만은 그 時代의 人生觀이라든지 宗敎觀念이라든지를 題材로 흔 作者 自身의 感情을 藝術이라는 手段을 通흐야 充實히 發表흐며 翫賞者로 흐야금 理解를 가지게 흐지 안으면 안이 되겟다. (…중략…) 藝術이 '무엇'을 發露흐는 수단이 되는 以上에는 最高흔 技工美의 極致가 잇서야 되겟다고 나는 생각흔다. 卽 繪畫는 描寫的 技工美의 極致, 音樂은 演奏的 技工美의 極致, 小說은 亦是 小說的 描寫의 極致가 안이면 作家自身의 感情을 表現흐는데 큰 弊害가 잇스리라고 生覺흔다.[85]

위 글의 필자는 '소설 아닌 소설'과 '소설인 소설'을 분변(分辨)해 내고자 한다. 그는 '소설다운 소설'은 "작자 자신의 감정을 예술이라는 수단을 통흐야 충실히 발표흐며 완상자로 흐야금 이해를 가지게" 하는 것이라고 말한다. 전영택의 말로 하자면 "참을 수 업는 자기 감정이나 경험을 한번 소설노 발표해보자 해서는" 안되며 "엇더한 재료를 가지고서든지 그거슬 예술화해야 비로소 소설"의 자격을 획득할 수 있는 것이다.[86] 작가의 '감정'은 "소설적 묘사"의 과정을 거쳐 독자에게 전달되어야 하는 것이었다. 위 인용문에서 소설의 예술화 원리로 강조된 '묘사'는 회화의 예술적 기교를 설명하는 용어이기도 했다. 이 '묘사'의 과정을 거치지 않을 때, 작가의 '감정'은 작품을 "아아, 웅웅의 감탄사 투성이"로 질편

---

85) 抱耿, 「꼿피려 홀 째—創造 八號를 넑고」, 『창조』 9호, 40~41면.
86) 늘봄, 「남은 말」, 『창조』 5호, 99면. 전영택은 이 주장에 바로 이어서 "엇던 點의 描寫의 不足한 거슨 알고지은 흠이외다"고 말한다.

한 "소설 안인 소설"·"통속소설"·"사이비 소설"로 떨어지게 하는 요인이 된다고 생각되었다. 주요한에게 "작(作)의 주인공보다 작자가 먼저 흥분하야 울고 웃고" 한다는 지적을 받기도 했지만 전영택의 소설 「생명의 봄」에는 전영택이 생각한 소설적 예술화의 의미가 주요한의 충고와 별반 다르지 않다는 것을 보여주는 인상적인 장면이 있다.

> 「죠타」
> 英淳은 속으로 이러케 부르지젓다. 마치 彫刻家가, 筋肉의 發達이 圓滿하야 카아브의 屈曲이 絶妙하고, 體格의 調和가 完全한 거시며 顔面의 表情이 非常한 거시며 統틀어 理想的인 모델을 만난 째의 그 感情, 畵家가 죠흔 自然界의 背景을 차즌 째에 니러나는 愉快한 感情, 그러한 感情에서 나온 부르지짐이다.
> 英淳은 彫刻家가 마치와 끌을 잡기 前에 몬저 얼마 동안 모델을 바라보는 것처럼 눈을 감고 앗가 落心하고 나오든 할마니, 나무림하든 婦人, 樂觀하든 老人, 할 째를 몰나 애를 쓰든 절문 婦人으로브터 監獄안에 有罪無罪之間에 가쳐잇는 사람들의 形形色色한 處地와 悲絶慘絶한 事情을 가만이 想像하다가 이러케 중얼거렷다.[87]

소설의 주인공 영순이는 만세사건으로 감옥에 수감되어 있는 아내를 면회하러 갔다가 대기실에서 보내야 하는 무료한 시간을 '소설책' 대신에 "산[生] 소설"을 읽는 데 쓰기로 한다. 소설가이기도 한 영순이에게는 "져 각쳐에서 모혀온 할머니, 아쥬머니, 노인, 쳥년, 져 장한 테(쳑) 하고 왓다갓다하는 간수들이 죄다 소설"로 보이기 시작한다. 그는 "이 감옥이라는 거시 벌서 소설 쥬머니다"고 하면서 대단한 발견이나 한 듯이 "올타" "죠타"를 연발한다. 그는 소설의 재료를 발견한 것이다. 위 인용문에서는 이 재료들을 대하는 소설가를 "이상적인 모델을 바라보는" 조각가에 비유하고 있다. 소설가에게 있어서는, 이런저런 사정으로 감옥에

---

87) 전영택, 「生命의 봄」, 『창조』 5호, 10면.

수감되어 있는 죄수들과 그들을 면회하기 위해 대기실에 모여 있는 사람들이야말로 '이상적인 모델'일 수 있었다. '보통 사람들' 혹은 '평균 이하로 여겨지는 사람들'을 이상적인 모델로 여기는 것, 이 또한 문학사적인 장면이라 할 수 있다. 소설가는 이 인간군상들의 서사를 "상상"한다. 여기서, 전영택은 "마치와 끌을 잡기 전에 몬저 얼마 동안 모델을 바라보는" '조각가'에 소설의 허구를 구상하고 있는 소설가의 모습을 겹쳐 놓는다. 이때 소설가는 자신이 상상하는 허구를 관찰하는 자이다. '꾸며내는 일'이 '관찰하는 일'로 전도되고 있는 것이다. 1920년대 초기에는 '이야기'를 꾸며내는 데서가 아니라 '이야기'를 관찰하는 데서 소설가적인 면모를 부각시켰는데, 이를 통해 전대 소설과의 변별점을 마련하고 장르적인 독자성을 확보하려 했다고 할 수 있다. 이와 관련되어 이 시기에 '묘사'라는 어휘는 넓게는 소설의 구상과 기술 자체를 가리키는 것일 수 있었다.[88]

'시' 장르에 있어서 내면의 진동을 투명하게 드러내고자 하는 욕망이 '언문일치' 기획과 결합되었다면, 소설의 경우에는 주객의 분리를 의식하고 그 분리감에 주목했던 지점에서 '언문일치' 기획이 작동하고 있었다. 김동인은 "현재법을 사용하면 주(主)와 객체의 구별의 명료치 못함을 째"달아서 "감연히 이들('한다' '이라' '~인다' 등의 현재법 서사체)을 척"하고 과거사(過去司)를 사용한 예로 「약한 者의 슬픔」을 인용하기도 했다.[89] 소설가를 '관찰자'로서의 주체로 내세우고 '묘사'를 강조했던 데에는 주객의 분리의식이 개입되어 있었다. 이때, 소설가라는 주체의 자리는 '객

---

88) 한 예로 김동인이 창작방법으로 내세운 '일원묘사(一元描寫)'의 경우에 있어서 '묘사'는 '서술'의 의미에 가깝다. 주요한은 김동인의 「마음이 여튼 者여」를 분석한 작품론에서 한 인물에게 묘사의 권리가 전적으로 주어지는 '일원적 묘사(一元的 描寫)'의 한계를 지적하기도 했는데(「性格 破産－東仁君의 「마음이 여튼 者여」를 봄」, 『창조』 9호, 8면), 주요한의 이러한 진술을 통해서도 우리는 김동인이 「小說作法」(『조선문단』 7~10호, 1925.4~7)에서 자신의 묘사론을 체계화하기 이전에 이미 이를 창작방법론으로 의식적으로 활용했음을 확인할 수 있다.
89) 김동인, 「朝鮮近代小說考」, 『김동인평론전집』, 78면.

체'와 '객체라는 느낌'을 만들어내는 자리였다.

이 느낌을 소설적인 것이라고 간주하는 감수성의 층위에서 '자연주의'라는 사조가 '근대소설'의 대명사처럼 얘기될 수 있었다. 박종화는 "오늘날 『백조』지의 문학적 경향을 흔히들 낭만주의적인 것으로 이야기하는 것을 보나, 그것은 시 분야에 한한 일이었고, 소설 분야에 있어서는 뭐니 뭐니해도 당시의 유행사조였던 자연주의(사실주의)적인 것을 그 기조로 했던 것"[90]이라고 술회하기도 했는데, 오늘날의 미학적 잣대로는 그의 말에 수긍하기 어려울 것이다. 『백조』의 소설들은 대부분 낭만주의적인 욕망을 짙게 드리우고 있다. 그러나 박종화의 회고에서 유의해 볼 점은 1920년대 초기라는 역사적 공간에서 낭만적 소설들도 자연주의로 표상되었다는 사실이다.

자연주의는 1920년대 초기 동인지를 중심으로 한 소설들의 특성을 지시하는 용어로서 당대에는 물론이고 오늘날에도 유효한 개념으로 인정되고 있다. 그러나 한국문학사에서 자연주의라는 개념만큼 극히 제한된 시기의 문학을 가리키면서도 그 외연이 애매하고 그 내포가 모순적인 경우는 찾아보기 힘들다. 1920년대 초기 동인지 문학의 현장에서 자연주의는 낭만주의와 더불어 문학의 '문학성'과 '근대성'을 표상하는 포괄적인 기능을 발휘했다. 때문에 자연주의는 사조적 특수성과 무관하게 종종 근대문학에 대한, 근대소설에 대한 술어의 자리에서 발견된다.

> 우리는 小說이라는 것이 다른 나라갓치 貴重한 것이 못되고 卑賤한 것이 되엿스며 다른 나라 사람갓치 重視를 안이하고 輕視하게 되엿스며 다른 나라 사람의 理解하는 것 갓치 우리는 못 理解한다는 것을 생각해 볼 때에는 果然 이유가 업는 것은 안이다. 앗가 말한 것 갓치 作者의 作物은 完具匠이가 完具 만드듯 하엿다는 것이 一大原因이 안이 될가 한다. 다시 말하면 作家自身이 '장난감'으로 만들엇스며 보는 사람도 '장난감'으로 보랴 하는 까닭에 잇지 안

90) 박종화, 「〈白潮〉誌의 影印에 붙여」, 『白潮』 영인본, 고려출판사, 1972.

이한가 한다. 몇가지 갑잇는 小說이 잇다 하지마는 다 거짓말만 한 것이다. 너무도 어방 업는 말만 써저서 잇다. 그러나 現代文藝는 決코 이러하지 안은 것이다. 自然主義 以後의 文藝는 決코 이와 갓치 업는 事實 잇슬 수 업는 事實을 쓰는 것은 아니다.[91]

강조한 부분의 요점은 두 가지다. 첫째, 현대문예는 자연주의 이후의 문예다. 이것은 자연주의가 특정 사조의 제한적 성격을 넘어 근대문학의 보편적인 성질에 닿아 있다는 것을 전제로 한 인식이다. 둘째, 근대문학의 보편적인 성질이자 자연주의의 성격은 '사실성'에 있다. 이 글의 필자는 '사실성'을 "잇는 대로, 본 대로 묘사"함으로써 구현되는 것으로 부연한다. 그가 자연주의의 성격으로 제시한 것은 "현실적, 이지적, 객관적, 무기교적, 인생적, 비유희적, 산문적, 평범적"이라는 것이다. "냉혹한 과학적 태도"를 견지했던 졸라의 예까지 들고 있는 이 소론은 서구 특정사조로서의 자연주의의 핵심을 비교적 정확하게 요약하고 있다. 자연주의를 이론적으로 소개하는 글들은 대체로 사조적 특수성에 대한 이와 같은 간명한 정리를 포함하고 있다.

그러나 동인지 문학의 실제는 소개된 자연주의의 세목들을 규범으로 받아들이고 있지 않다. 이들에게 자연주의의 묘사는 '무기교적'인 것이 아니라 근대소설의 중요한 '기교'로, '수사학'으로 간주되었고, '객관적인 사실성'은 종종 '체험의 사실성'으로, '사적인 진실성'으로 대치되기도 했다.[92] 또한 핍진한 묘사와 냉혹한 관찰자적 시선을 강조하면서도

---

91) 極熊, 「文藝에 對한 雜感」, 『창조』 4호, 48~49면.
92) 이런 현상은 자연주의에 관한 기존의 비교문학적인 연구들이 밝혀주고 있듯이 일본 자연주의 소설의 영향으로 말할 수도 있을 것이다. 염상섭이 회고하고 있는 자신의 문학 소년 시절은 일본에 유학했던 중학 시절 5년 간이다. 그는 "일본 작품으로서는 夏目漱石의 것, 高山樗牛의 것을 좋아하여, 이 두 사람의 작품은 거지반 다 읽었다. 自然主義 전성시대라, 그들 대표작가들의 작품에서 思潮上으로나, 手法으로나 영향을 적지 않게 받았을 것도 부인할 수 없다"고 술회한다(염상섭, 「文學少年時代의 回想」(양주동 편, 『民族文化讀本』, 문연사, 1955), 『염상섭 전집』 12권, 민음사, 1987, 215면). 동인지 문학인들이 일본유학을 체험했던 1910년대 "일본 자연주의는 루소이즘에 가깝다. 이 경

여기에는 "절대적 사실주의는 실현하기가 극키 어려울 쑨안이라 전혀 불가능이라고 할 수도 잇"[93]다는 식의 언급이 덧붙여지는 경우가 많았다. 뿐만 아니라 냉혹한 관찰자의 시선은 심미적인 태도와 연결되기도 했다. 김억이 번역했다는 「쑈로예르論」에서는, "무서운 비극을 연구하는 조각가"처럼 어떠한 비감이나 "도덕적 본능"에도 빠지지 않고 냉정하게 '관찰력'을 발휘하는 예술가에게서 예술적인 천재의 모습을 부여한다. 그리고 이와 같은 예술가는 자신의 내면을 드려다 볼 때도 "연극적 소설 중의 인격", 달리 말하면 객관화된 인격을 볼 때처럼 "그 자신의 감정의 심저(心底)까지 보는 힘"을 잃지 않으며 "분석의 힘을 집중"시키는 자라고 말해진다. 이 글은 관찰의 '냉혹함'을 미학화하면서 "예술은 인생보다 높다"는 유미주의적인 결론으로 나아간다.[94]

우 '자연'은 '자연과학'을 의미하지 않고 풍경으로서의 자연, 反人工的 장소로서의 자연을 의미하게 된다. 또한 사실 존중이 체험 중시로 왜곡되어 사소설 중심의 자연주의가 형성되었다. 이러한 일본의 자연주의는 낭만적인 내용을 사실주의적인 방법으로 표현한 문학이라고 할 수 있다."(강인숙, 『자연주의 문학론』 I, 고려원, 1987, 456~460면) 김춘미는 일본에서 자연주의가 사소설로 귀결된 원인의 하나로 자아각성, 자아의 신장과 해방이라는 낭만주의적 과제를 내재해야 했던 史的 특수성을 꼽는다(김춘미, 『김동인 연구』, 고려대 민족문화연구소, 1985, 108면). 이러한 史的인 특수한 조건은 가라타니 고진의 관점으로 보면 "서양에서는 장기간에 걸쳐 일어났기에 선적(線的)인 순서 속에서 은폐되어 버린 전도의 성질"을 보이게끔 한다. 그는 메이지 문학사에서 "낭만파와 리얼리즘의 내적인 연관성"과 낭만파와 리얼리즘의 대립을 파생시킨 사태를 보려고 한다(柄谷行人, 앞의 책, 42~43면). 이런 관점에서라면 한국과 일본의 근대초기의 문학사가 보여주는 구조적 동형성은 이 논문의 관심에 닿아 있다고 할 수 있다. 그러나 한국 자연주의와 일본 자연주의를 고립적으로 비교하는 것만으로는 근대소설과 자연주의를 연결시켰던 동인지 문학인들의 인식의 지형과 문학적 욕망을 설명해내기 어렵다.

93) 김환, 「美術論(1)」, 『창조』 4호, 5면. 김환은 극단의 사실주의의 가능성을 부정하는 이 같은 발언에 이어 "寫實主義와 理想主義는 모든 大家의 作品 中에서 서로 一致하는 것 갓기도 하고 今日도 오히려 一致하려는 듯하"다고 말하기도 했다. 앞서 인용한 「文藝에 對한 雜感」의 논자는 자연주의의 사실성과 현실성에 강한 긍정을 표시하면서도 "'잇는 대로'로 '본 대로'로 描寫한다는 것이 自然主義者의 떠드는 말이지마는 '잇는 대로'로 '본 대로'로 잘 쓰기도 어렵지 안은 것은 안이다. (…중략…) 卽 말하면 우리는 사람이니가 아모리 하다하드래도 엇던 것이나 다 公平하게 보겟느냐 하는 것은 問題이다"(51면)는 단서를 붙였다.

94) 메레즈코우스키, 김억 역, 「쑈로예르 論」, 『폐허』 2호, 73~76면.

동인지 문학인들이 자연주의와 자신들의 소설창작을 연결시킨 것은, 자연주의라는 특정 사조의 구체적인 창작방법론을 작품에 적용시켜보겠다는 생각에서가 아니라, 자연주의라는 기호를 빌었을 때 분명하게 떠오를 수 있었던 '객관적인 태도'를 문학적인 태도로서 새롭게 부각시키고자 한 데서 비롯했다고 할 수 있다. 근대소설은 주체 바깥을 객체로 설정하고 나아가 인간의 내면까지도 객체화하면서 이 객체의 세계를 조망하는 주체의 사심 없는 시선을 통해 인간과 그 세계를 설명해낼 수 있다는 믿음으로부터 모색되고 있었다.

3) 근대비평─문단 형성과 비평의 자리

이광수는 「문학이란 하오」에서 '비평문(평론문)'은 "근대에 신성(新成)"한 것으로서 "현대문학계의 일반(一半)을 점(占)"하는 것이라고 말했다. 여기서 비평이 문학계에서 절반의 자리를 차지한다고 한 것은 문단이 창작활동과 비평활동으로 운영된다는 생각을 드러낸 것이었다. 그는 또한 "문학은 삼종(三種)의 인(人)을 요하나니, 즉 작자·비평가·독자라. 문학자라 함은 전(前) 이자(二者)를 운(云)"하는 것이라고 함으로써, 비평가를 독자와 구분하여 문학의 생산자 쪽에 귀속시킨다. 그러나 이광수의 이처럼 명쾌해 보이는 규정 안에는 여러 가지 논란거리가 잠재해 있었다.

비평이란, 이광수의 말로 하자면, 비평가가 작품에 표현된 "주지(主旨)를 자가(自家)의 두뇌 중에 일단 용입(溶入)하였다가 경(更)히 자가의 논문으로" "소설과 시의 기교적 형식을 취하지 아니하고 '말하듯이' 발표"하는 것이다. 즉, 시나 소설과 같은 창작품을 일차 텍스트로 삼을 때 성립하는 글쓰기인 것이다. '문학' 행위를 무엇보다도 창조적인 활동이라는 점에서 특권화하였고 작품의 의미를 전적으로 저자에게 돌렸던 1920년대 초기 문학인들로서는 일차 텍스트를 기반으로 해서 존립하는 비평의 생리를 '문학적'인 층위 내에 쉽사리 수용할 수 없었다. 1920년대 초기에 비평문이 불러일으킨 논쟁은 대개 이러한 문제와 깊숙이 연관되어 있다. 1920년대 초기 문학의 장(場)에서는, "매월 문단에 현출(現出)하는 허다 작품을 비판업시 매거(埋去)함은 일대 손실일뿐더러 건전한 신문단(新文壇)을 건설하는 사업에 불소(不少)한 장애를 초래"[95]할 것이라고 하면서 비평의 비판적 역할을 강조하거나, "비평이 싸르지 안는 작(作)가티 고적한 자는 업다. (…중략…) 일개의 작(作)은 비평이란 이성(異性)과 합하여 비롯오 그 참 가치를 엇는 자"[96]이므로 비평가란 작품의 의미와 가치를 발견하고 완성시키는 문학적 동지라고 생각되기도 했으며, "비평의 본의"는 "그릇된 것을 비방흔다는" 것인데 "절대적 자유의 의사를 표준흐는 예술적 작품에 대"해서는 비평은 존재할 필요가 없다고 주장되기도 했다.[97]

　　김동인은 김환[白岳]의 「자연의 자각(自覺)」(『현대』 창간호, 1920.1)을 평한 염상섭의 글[98]에 대해 작품비평을 넘어서서 작자의 인격을 비평하는 월권을 행사했다고 강력하게 반감을 표시했다. 『창조』 6호에 실린 「제월씨의 평자적 가치」라는 글에서 김동인은 염상섭의 "평론은 작품에 대한 것보다 인신공격"에 가깝다고 거칠게 몰아붙이면서 "비평가는 다만 작품비평에만 진실"해야 할 것이라고 충고한다. 이에 대해 염상섭은 김동인의 글이 가지고 있다고 판단되는 논리적 모순을 조목조목 짚어나가면서

---

95) 염상섭, 「月評」, 『폐허』 2호, 91면.
96) 황석우, 「最近의 詩壇(月評)」, 『개벽』 5호, 1920.5, 89면.
97) 김유방, 「作品에 對흔 評者的 價値」, 『창조』 9호, 63~64면. 투르게네프의 산문시 중에 한 편으로 소개된 「遇物」이라는 작품은 자신의 어리석음을 감추기 위한 방책으로 다른 사람을 비방하거나 "자네는 아조 시대에 뒤진 사람일세 그려"라는 말로 타인들의 의견을 묵살함으로써 '천재'라는 평판을 얻게 된 한 인물의 처세법을 풍자적으로 그리고 있다. 이를 번역한 나도향(羅彬)은 이 작품의 말미에 주를 달아 "當時 文學界에 대한 諷刺"라고 하면서 "어대든지 批評家 中에는 이러한 어리석은 者가 만타"고 부언했다(『백조』 2호, 110~112면).
98) 염상섭, 「白岳氏의 '自然의 自覺'을 보고서」, 『現代』 2호, 1920.3.

그가 김환의 「자연의 자각」이라는 작품에 대해 "자아 광고"라고 한 것은 사적인 감정의 차원에서 비난한 것이 아니라 김환이 작품을 쓴 동기가 "예술가로서의 양심에 빗춰여서" 불순했다는 것을 지적한 정당한 비평적 판단이라고 말한다.[99] 염상섭은 "작품을 비평하라는 눈은 절대로 작가의 인격을 비평하라는 눈으로 삼지 말 것"이라고 한 김동인의 주장에 대해, 이는 마치 "재판관더러 범인의 신분을 조사하지 말나는 것과 이구동음(異口同音)"이라고 일축하면서 "작가의 인격이 작물(作物)의 배후에 잠복"해 있는 것이라면 작가에 대한 다각도의 고찰("집필하든 당시의 경우, 성격, 취미, 연령, 사상의 경향······ 등")은 작품 비평에 있어 필수적인 과정일 수 있다는 견해를 피력한다. 여기서 염상섭은 비평가를 재판관에 비유했는데, 그의 수사학은 김동인의 반발을 심화시켰다. 김동인은 이에 대응하여 비평가를 '활동사진에서의 변사'에 빗대면서, "비평가는 작가의게 대호여는 아모 권리도 업"으며 다만 작품에 대한 감상력이 부족한 "민중(독자)"의 이해를 돕는 해설가일 뿐이라고 단정했다.[100]

김동인과 염상섭 사이에 오간 이러한 논전을 두고 문학사가들은 최초의 본격적인 비평논쟁이라는 의미를 부여해왔다. 김환의 「자연의 자각」에 대한 염상섭의 작품론이[101] 계기가 되어 한동안 주변 문인들의

---

99) 염상섭, 「余의 評者的 價値를 論함에 答함」(『동아일보』, 1920.5.31~6.2), 『염상섭 전집』 12권, 13~17면. 김동인은 앞서 염상섭이 김환의 작품을 평하는 데 있어 "다만 白岳氏를 攻擊"하려는 동기로부터 출발했다고 하면서 그 비평적 동기를 문제삼았는데, 염상섭은 김동인의 대응이 『창조』 동인인 김환을 변호하고자 한 "『創造』 同人의 一人"의 자격으로 이루어진 것으로 받아들였다. 어쨌든 염상섭은 번호를 붙여가며 여섯 개의 항목으로 나누어 상당히 논리적으로 김동인의 생각을 반박한다. 이 과정에서 그는 『自然의 自覺』이라는 작품을 '자아광고'라고 비판하게 된 이유를 다시 설명하게 된다. 이를 요약하면, 『自然의 自覺』의 주인공 K가 『매일신보』에 기고한 「鄕村의 누이로부터」라는 산문을 소설 내에서 대단히 훌륭한 걸작인 듯이 칭찬하는데, 그 작품은 김환이 실제로 『매일신보』에 발표했던 것이었으므로, 김환은 결국 자신의 소설을 통해 스스로를 광고하고자 한 셈이었다는 것이다. 염상섭은 자신의 생각을 이해하지 못하는 김동인은 '자아광고'와 '자아표현'이 다른 수준의 것임도 구별하지 못하고 있다고 비판했다.
100) 김동인, 「批評에 대하여」, 『창조』 9호, 54~56면.
101) 염상섭의 「白岳氏의 '自然의 自覺'을 보고서」는 독립된 작품론의 성격을 지닌 최초

관심을 끌면서 진행된 두 사람의 논쟁은, 처음부터 「자연의 자각」이라는 작품에 대한 견해차가 중요한 문제는 아니었고 또 실제로 작품에 대한 최종적인 평가에 있어서는 두 사람이 같이 부정적인 입장을 드러내었다.[102] 두 사람의 논쟁에서 주목해 볼 점은 오히려 논쟁의 과정에서 빚어지게 된 오독을 통해 새로운 비평적 쟁점들을 산출시켜 놓았다는데 있다. 염상섭이 비평가를 재판관에 빗댔을 때, 이 비유를 통해 그가 강조하고자 했던 것은 재판관이 어떤 사건에 대해 공정한 판단을 내리기 위해서는 사건을 둘러싼 주변의 정황을 주도면밀하게 살펴야 하듯이, 작품비평에 완벽을 기하기 위해서는 작품뿐만 아니라 작품을 쓴 작가의 사상이나 동기 등도 고찰 범위에 넣어야 한다는 것이었다. 적어도 염상섭 쪽의 문맥에서는 재판관이라는 비유가 비평가의 절대적인 권위를 강조하려는 것이었다기보다는 비평작업에 대해 성실하고 치밀하게 임해야 할 비평가의 태도를 부각시키려는 것이었다고 할 수 있다. 그렇지만 그의 재판관이라는 비유는 비유의 고리를 따라 비평공간을 법정으로 작가나 작품을 피고의 자리로 옮겨 놓는다. 염상섭의 수사학은 김동인에게 작가를 지도하고 교정시키는 특별한 권위를 비평가에게 부여하고 있는 것으로 받아들여졌다. 처음에 두 사람의 논쟁은 소박한 대로 형식주의적인 내재비평의 입장(김동인)과 작품 외적인 상황을 충분히 고려해야 한다는 외재비평의 입장(염상섭) 간의 대립구도로 전개될 가능성이

의 비평문이라고 할 수 있다(김영민, 「비평의 공정성과 범주·역할 논쟁」, 『한국문학비평논쟁사』, 한길사, 1992, 15면).

102) 염상섭의 작품론이 발표된 시기(1920.3)와 겹치는 때에 김동인은 「글동산의 거둠」(『창조』 6호, 1920.3, 97면)이라는 월평에서 김환의 「自然의 自覺」에 대해 짤막한 논평을 했는데, 시종일관 작품의 문제점을 강도 높게 비판했다. 김동인은 전체적으로 통일되어 있지 못하고, 묘사가 그릇되었으며, 주인공의 성격도 분명하지 못하고 시점도 왔다갔다 하는 등등의 결함을 이 작품이 갖고 있다고 보았다. 김동인은 이처럼 「自然의 自覺」이라는 소설의 실패를 혹독하게 지적했음에도 불구하고 염상섭의 비평에 대해 문제를 제기할 수 있었던 것은 염상섭이 소설의 실패를 말하면서 작가의 인격적 결함을 끌어들였다고 판단했기 때문이다.

높았다.[103] 그러나 김동인은 이를 비평의 역할이 작가 지도에 있느냐, 민중(독자) 지도에 있느냐의 문제로 전이시킨다. 그는 또한 주관적 비평 대 객관적 비평의 대립을 상정했다.[104] 김동인은 비평의 역할은 전적으로 민중 지도에 있으며, 비평이란 "선입 주견(主見)"이 섞이기 쉬운 "자기의 의견"을 드러내지 않고 "만인이 수긍훌 의견"을 내놓는 것이니, 비평가를 비유하기에는 "활동사진 변사"가 적절할 것이라고 말한다. 이 비유의 층위에서 비평 작업은 "관객과 가튼 민중의게 해(該) 작품의 조화 명도를 설명"하는 데서 그쳐야 한다. 지금까지 살핀 대로 두 사람의 논쟁에서는 몇 가지 비평적 쟁점이 떠오르긴 했지만 그 이상의 인식적 심화와 확장이 이루어지진 못했다. 그러나 1920년대 초기 문학적 지형 안에서 비평이라는 새로운 글쓰기가 불러일으킬 수 있었던 다양한 유형의 사유를 이 논쟁을 통해 추론해 볼 수 있다.

『창조』 동인 김유방은 두 사람의 논쟁에 오늘날의 관점에서 보자면 엉뚱하다 싶을 만한 논리를 펴면서 개입했다.[105] 그는 "비평가는 작품에 대훈 판사의 지위를 가젓겟느냐, 쏘는 그에 대훈 변사의 지위를 가젓겟느냐? 이 무름의 대답은 잠시 보류ㅎ야 두고 비평의 성질에 대하여" 자신의 의견을 펴겠다고 하면서 논의의 본론으로 들어간다. 비평가란 존재는 "작가도 안이요 쏘한 순전훈 관상자(독자)도 안인 — 바로 말ㅎ자면 일종 샤로커의 지위를 점유훈 일홈 모를 예술가"인데, 누구도 의심 없이 그 존재를 인정하지만 그에게는 다음과 같은 의문이 있다고 말한다. 과연 비평가란 존재가 꼭 필요한 것인가. 비평가는 어떤 이유로 예

---

103) '「霽月氏의 評者的 價値를 論함」(김동인, 『창조』 6호, 1920.5), 「餘의 評者的 價値를 論함에 答함」(염상섭, 『동아일보』, 1920.5.31~6.2)'는 이러한 구도로 살필 수 있다.
104) '「餘의 評者的 價値를 論함에 答함」(염상섭, 『동아일보』, 1920.5.31~6.2), 「批評에 대하여」(김동인, 『창조』 9호, 1921.6)'의 구도는 앞의 경우와 다른 면모를 보여준다. 그 사이에 김동인의 「霽月氏에게 對答함」(『동아일보』, 1920.6.12~13)과 염상섭의 「金君께 한 말」(『동아일보』, 1920.6.14)이 오고 갔다.
105) 김유방, 「作品에 對훈 評者的 價値」, 『창조』 9호.

술가라고 할 수 있는가. 그는 다소 장황한 논리 전개 끝에 "절대적 자유의 의사를 표준ᄒᆞ는 예술적 작품에 대"해서는 비평도 비평가도 존재할 필요가 없다는 결론에 다다른다. 또한 단순히 '부로커'로서의 비평가는 결코 예술가의 반열에 들 수 없다고 말한다. 그는 나아가 비평이 예술이 되려면 작품에 대한 비평가 자신의 감정을 "예술적 가치가 잇는 다른 양식으로" 표현해 내어야 한다고 주장한다. 그 예로 그는 "시를 취재(取材)로 ᄒᆞᆫ 회화, 조각을 취재로 한 운문, 소설을 취재로 ᄒᆞᆫ 음악 등"을 들었다. 김유방의 이러한 생각은 1920년대 초기 동인지에서도 시도되지 않았지만, 비평의 독자적인 영역이 불확실했고 '문학'에 있어서 '창조성'을 특별히 강조했던 이 시기의 문학적 사유의 장에서는 충분히 제출될 수 있었던 것이라고 할 수 있다.

『개벽』지에서 펼쳐진 박종화와 김억 사이의 논전은 염상섭과 김동인 간의 논쟁에서 그 저변에 깔려 있었던 비평가 대 작가의 대립구도가 표면으로 떠오른 경우라고 할 수 있다. 김동인은 비평가의 비평행위를 "작품 작가와 가튼 기분 아래 자긔를 두고 그 작품을 관(觀)"하는 것이라고 했는데, 그의 입장은 비평가의 독자적인 관점이나 주관이 비평에 개입되어서는 안 된다는 것이었다. 이러한 김동인의 생각이 작가의 의도를 전적으로 옹호하는 것이었다면, 염상섭은 작가의 의도나 사상 또한 비평의 대상에 포함된다고 보았던 데서 드러나듯이 비평가의 독자적인 관점과 판단능력을 존중하는 쪽이었다고 할 수 있다. 박종화와 김억 사이에 몇 차례의 논전이 오가게 된 사태의 발단은 박종화가 『개벽』에 문단의 일 년을 정리하는 평론을 쓰면서 김억의 시를 논한 것에서 비롯되었다.[106] 박종화는 여기서 김억 시가 시 "전체를 통하야 앨써 넘우 기교를 취하랴

---

106) 朴月灘, 「文壇의 一年을 追憶하야」, 『개벽』 31호, 1923.1. 한 해의 문학적 성과를 살핀다는 취지에서 마련된 이 지면에서 박종화는 자신의 미학적 관점("力의 藝術")까지 표명하고 이를 기준으로 작품비평을 했다. 당시로선 상당히 긴 분량의 글인데, 김억 시에 대해 논한 부분은 8~9면에 걸쳐 실려 있다.

하는 데 큰 흠점(欠點)이 잇다"고 지적했다. 김억은 즉각 반박의 글을 『개벽』에 실었는데,[107] 이는 시(문학)에 있어서의 '기교'의 문제가 논쟁의 장에 떠오르게 된 것이라고도 할 수 있다. 김억은 실제로 "사상만큼 한 표현의 기교가 업서서는 그 사상은 표현되지 못"하는 것이라고 예술적 '기교'의 중요성을 역설하면서 박종화가 이를 이해하지 못했다고 비판하기도 한다. 그러나 김억이 박종화의 비평문을 문제삼아 반론을 제기했을 때, 박종화를 공격하는 데 사용한 주된 논거는 "주관적 자기는 업시 하고 비평의 대상을 통하야 객관적 자기를 내여" 놓아야 하는 비평의 원리를 박종화가 망각하고 "무책임하게도 주관적 감정의 언사로서 남의 시를 비평"하고 있다는 것이다.[108] 김억의 글에서 비평가의 주관은 "사정(私情)과 편견"으로 치부되어 버린다. 1920년대 초기 문학적 지평 안에서 비평가의 주관은 작가의 입장에 섰을 때 작품에 대한 작가의 특권적인 위치를 위협하는 것으로 받아들여졌다고 할 수 있다. 박종화는 김억의 반론에 대해 "항의갓지 안흔 항의'라고 단언한다.[109] 그는 오히려 자신만만하게 자신은 "객관적 태도를 취하지 안코 주관적 태도를 취하얏다. 다시 말하면 곳 숫자아로써 비평한 것이엿다"고 김억의 말에 동의를 표했다. 김억에게 주관적 태도가 비평가의 자세로선 부적합한 것이었다면, 박종화에게 있어 주관적 태도는 "가장 진보된 근대적 비평"의 속성으로 과시되었다.[110] 박종화는 김억에게 "객관적 비평을 요구하고 십거든 주

---

107) 김억, 「無責任한 批評」, 『개벽』 32호, 1923.2.
108) 김억의 이러한 비평관은 "評文을 쓰랴고 하거든 먼저 忠實하게 主觀的 態度(純實한 讀者的 태도 쏘는 藝術 翫賞者的 態度)로 作品을 읽고, 다시 지위를 바꾸어 純實한 客觀的 態度로 理解할 것입니다. (…중략…) 나는 所謂 印象批評의 價値를 否定합니다"와 같은 발언에서 재차 강조된다(2면).
109) 朴月灘, 「抗議갓지 안흔 抗議者에게」, 『개벽』 35호, 1923.5.
110) 박종화는 비평의 다섯 가지 유형을 제시했다. 의고(擬古) 비평(김억의 비평관을 박종화는 이에 귀속시켰다), 과학적 비평, 인상비평, 감상(鑑賞) 비평, 설리(說理) 비평이 그것이다. 이 중 박종화가 가장 진보적인 근대적 비평으로 꼽은 것은 감상비평과 설리비평이었다. 그가 생각한 감상비평이란 "一切의 客觀批評에서 써나서 作品 그것을 主觀으로 鑑賞하야 그 美點을 찾고 그 缺點을 찾는 것"이었고, 설리비평이란 "作品의 조코

관적 비평이 밧기 실커든 지금 이 세상에서 시를 쓸 것이 아니라 17세기
나 18세기 중엽으로 돌아가 작품을 내노코 객관적 비평을 바들 것"이라
고 하면서 '근대성'에 기대어 자신의 비평적 태도를 옹호한다. 비평가의
주관을 인정할 때, 비평의 독자적인 영역이 마련될 수 있었다고 할 수
있겠다. 두 사람의 논전을 지켜 본 양주동은 이 논쟁의 구도를 작가로서
비평가로서 각자의 "지위를 성명(聲明)"한 것이었다고 요약했는데,111) 어
떤 의미에서는 정확한 요약이었다고 할 수 있다. 이 논쟁을 작가 대 비
평가의 구도로 읽어낸다면, 작가와 비평가의 불편한 관계를 의식하면서
비평의 독자적인 영역이 모색되었다는 점에 주목해야 할 것이다.

나진 것을 說明하는 것"이었다. 그는 자신이 취한 비평적 태도는 감상비평과 설리비평
에 근거한 것이었다고 말한다.
111) 양주동, 「'作文界'의 金億 對 朴月灘 論戰을 보고」, 『개벽』 36호, 1923.6. 그의 이러
한 파악은 상당히 부정적인 관점에서 이루어졌다. 양주동은 이 구도를 두 사람의 논쟁
에서 오고간 감정적인 언사들과 결부시키면서 일종에 권력욕에서 빚어진 이전투구의
양상으로 바라보았다.

제4장

동인지 담론의 주체와 지형

1. 행위 주체와 '개조'의 기획

1920년대 동인지 문학에서 '계몽'이라는 용어가 부정적인 함의를 가졌을 것이라는 생각은 꽤 오래된 문학사적인 편견에 속한다. 이것은 1910년대 문학, 특히 이광수의 계몽주의와 1920년대 동인지 문학을 이분법적으로 대립시켜온 많은 문학사들의 명쾌한 구도와 깊은 관계를 가지고 있다. 그러나 "우리의 문화의 향상을 위하야, 우리 사상생활의 수준을 놉피기 위하야, 우리의 쇠잔한 예술의 부흥을 위하야 계몽적 색채는 어듸까지던지 유지하여야 할 줄 압니다"[1]라고 주요한이 말했을 때, '계몽'이라는 용어는 동인지 문학인들에게 있어 결코 시대에 뒤진 낡은 용어가

---

1) 주요한, 「長江 어구에서」, 『창조』 4호, 59~60면.

아니었다. 이들에게 "부흥, 중흥, 개혁, 혁명"은 계몽의 비전이 새겨진 "아름다운 일홈"이었다. 이러한 비전 속에서 이들은 "사실이나 현상에 대한 사람의 반역"과 "사실을 뒤집을 만한" 인간의 "지혜, 담력, 수완"을 보았다.[2]

'사실' 혹은 '현상'으로 불리는 외부세계를 진단하고 수정하고 변혁해 내는 인간의 능력에 대해 이 시기 지식청년들이 품었던 신뢰와 동경의 토대는 무엇일까. 이들은 "자유! 자유! 나도 자유가 잇다. (…중략…) 나는 '나의 나'요 '부모의 나'가 아니다"[3]라고 감격에 차서 외쳤다. 이들이 "나의 나" "자신의 자기"라고 말할 때, 이들은 '부모'로 곧잘 표상되었던 전통과 권위로부터 해방된 자로서의 감격을 맛보았으며 '자유 의지'를 소유한 자로서의 자부심을 느꼈다. 이들에게 인간의 위대한 힘은 판단과 행위의 주체로서의 '나'로부터 발원하는 것이었다. 다시 말해, "나의 나", '주체로서의 나'로 산다는 것은 자아실현을 통해 "자연을 끗까지 개척호여 우리 인생의 정력쑌으로 된 세계를 만드"[4]는 데 참여하는 일이었다. 동인지의 한 소설 속에서, "내부생활의 중심" 달리 말하면 '주체성'을 잃어버렸다고 고백하는 작중 주인공에게 있어서 이 사태는 "개성의 발휘, 인격의 발휘, 나아가서는 사회적 봉사의 방향을 잃어버린 것"과 동일한 일로 간주되었다.[5] 소설에서 그가 되찾아야 할 것으로 설정되어 있는 '주체성'은 그가 나아가야 할 방향을 알려주는 나침반과 같

---

2) 염상섭, 「同人記」, 『폐허이후』, 135면. 오상순은 좀더 비장하고 감격적인 어조로 계몽의 요구를 천명한다. "一切를 破壞하고, 一切를 建設하고, 一切를 革新 革命하고, 一切를 改造 再建하고, 一切를 開放 解放하야 眞正 意味잇고 光輝잇는 生活을 始作코자 하는 熱烈한 要求! (…중략…) 이 要求는 實로 宇宙의 意味를 가젓다. 最高 理想의 要求다. 우리가 이 要求에 對한 態度 如何는 우리의 運命을 決할 것이오, 이 要求의 實現 與否는 곳 우리의 死活을 支配할 것이다."(오상순, 「時代苦와 그 犧牲」, 『폐허』1호, 53면) (강조는 인용자)

3) 김환, 「神秘의 幕」, 『창조』1호, 28면.

4) 김동인, 「목숨」, 『창조』8호, 28면.

5) 전영택, 「생명의 봄」, 『창조』6호, 29면.

은 것이다. 이 내면의 나침반이 가리키는 방향을 제대로 읽고 따를 수 있을 때, 그 앞에 "그가 세상에서 사라나아 갈 길", 곧 자아실현의 길이 모습을 드러내게 될 것이다.

동인지 담론의 장(場)에서, 곤충학을 연구하는 과학자, "참 자기의 모양을 표현ᄒ고야 말겟다는 예술가", "반도에 제일 급선무인 공업 방면"을 공부하는 유학생,[6] "우리 반도에 의학이 진보되지 못함을 가탄하게 넉여서 광제창생(廣濟蒼生)할 목적으로 의학을 연구하는" 유학생[7] 등등은 자아실현의 도정에 있는 존재이면서 식민지조선을 문명국으로 이끌고 갈 전위로 호명되었다. 이들은 "읽자 생각하자 쓰자 그리고 나서 먹자"[8]고 부르짖었으며, "내 손으로 내 손으로 내 손으로 ᄒ자! 우주에 흠이 잇거든 뜻어서 곳치자, 동무야, 무엇이야 못ᄒ랴, 긔운을 내어라"[9]고 외치기도 했다. 그러나 동인지 문인들은 대체로 계몽의 열정과 비전에 들떠있을 때조차도 이광수처럼 "강산이 떠나가도록 희망의 노래를 부"[10]르자고 주창할 수는 없었다. 이광수는 "긔운을 내어라"고 독려하면서 "우는 소리를 긋쳐라"고 호통쳤으며 "소화불량성의 불평과 결핵성의 센티멘탈리즘을 바려라"고 권고했지만, 동인지 문인들은 대개 조선 사회가 "남보다 멧십 갑절 더 우러도 시연치 못"한데 오히려 "압하도 압흐다는 소리가 적고 슬퍼도 슬프다는 소리가 적"[11]다고 생각했다. 식민지 조선에서 계몽주의자의 비전은 몽상가의 꿈처럼 받아들여지기도 했을 것이다. 이들에게 주어진 현실은, 염상섭의 한 초기소설에 묘사된 것을 빌려 말하면, "학생시대의 이상(理想)"을 한낱 꿈으로 만들어 버린

---

6) 김엽, 「江戶에서 洞庭湖까지」, 『창조』 3호, 231면.
7) 흰뫼, 「東渡의 길」, 『창조』 3호, 25면.
8) 염상섭, 「同人記」, 『폐허이후』, 136면. 그는 이 요구를 "어쩌한 時代 어쩌한 사람에게든지 軍國主義의 動員命과 가튼 것"에 비유해서 그 절대성과 절박함을 강조했다.
9) 이광수, 「긔운을 내어라」, 『창조』 8호, 97면.
10) 이광수, 「너는 靑春이다」, 『창조』 8호, 97면.
11) 「同人記」, 『폐허이후』, 134면.

다.12) 때문에 동인지 문인들이 개진한 계몽의 열정과 비전은 더욱더 이상적이고 관념적인 형태를 보이게 되었으며 '비극의 예감'에 싸여 일종의 비장미를 띠게 되었다. 이들은 오히려 "비극의 예상"이 자신들의 "파괴전(破壞戰)", "제반 건설의 싸홈", "영원한 창조의 싸홈"의 "매력을 일층 강렬하게 하"고, "인생의 숭고한 미"를 드러내 준다고 여겼다. 이들은 자신들을 시대의 선구자로 내세우면서 동시에 시대의 희생자로 표상했다. 그리고 그 희생은 "의식적인" ─ 자발적인 것이라는 점에서 "무의식적으로" ─ 수동적으로 처하게 되는 불행과는 수준이 전혀 다른 고상하고 아름다운 것으로 미학화되었다.13)

> 나는 참 약햇다. 일 하나이라도 내가 하고 시퍼서 한 거시 어듸 잇는가! 世上 사람이 이러타 하니 나도 이러타, 이 일을 하면 남들은 나를 엇지 볼가 이런 걱정으로 두룩거리면서 지나스니 엇지 이 지경에 니르지 아나스리오! 하고 시픈 일은 自由로 해라 힘써서 끗까지! 거기서 우리는 사랑을 발견하고 眞理를 발견하리라!14)

이것은 김동인의 첫 소설 「약한 자의 슬픔」의 주인공 강엘니자벳트가 다다른 자의식이다.15) 이 소설에서 불행은 악한 자에게 돌아가는 것이 아니라 자신의 삶의 주체가 되지 못했던 자에게 돌아간다.16) 김동인이

---

12) 염상섭, 「E선생」(1922), 『염상섭 전집』 9권, 114~115면. "元來 E先生의 專門은 史學과 社會學이엇다. 그의 學生時代의 理想으로 말하면 決코 中學校 敎師라는 되다써부라진 敎育家가 되랴고는 아니하얏섯다. 그러나 東京에서 卒業한 後에 及其也 朝鮮社會에 발을 드러노코보니 모든 것이 꿈이엇든 것을 쌔다랏다."
13) 오상순, 「時代苦와 그 犧牲」, 『폐허』 1호.
14) 김동인, 「약한 者의 슬픔」, 『창조』 2호, 21면.
15) 김동인은 잡지후기에서 "美엘리자벳트는 自己로써 살지를 못하고 누리에 비쵠인 自記그림자로써 살고, 강하여보이고도 약한"(「남은 말」, 『창조』 1호, 81면) 인물이라고 논평했다. 그리고 그는 독자들에게 "엘리자벳트로써 代表된 現代사람의 弱點 ─ 周圍의 反動을 안 밧고 스서로는 아모 일도 못하는 點, 삶을 모르고 사는 點에" 주목해서 읽을 것을 당부하면서 "강한 者가 되십시오"라는 말을 덧였다(「나믄 말」, 『창조』 2호, 59면).
16) 이것은 美엘리자벳트가 다음과 같이 토로하는 데서 분명하게 드러난다. "나쁜 아니

'약한 자' '마음이 여튼 자'로 명명한 유형의 인물들은 선택하고 판단하고 행동하는 데 있어서 분명한 자기 기준과 확신이 없다. 달리 보면, 이들은 선과 진리를 보장해주었던 절대적이고 초월적인 권위가 사라져버린 곳에서 매순간 스스로 선택하고 판단하고 행동해야 하는 근대의 아들딸들이기에 주저하고 번복하고 후회하게 되는 인물들이라고 할 수 있다. 전영택은 「마음이 여튼 자여」의 주인공 K에게서 "조선의 현대청년의 전형적 성격"을 발견했는데, 그에 따르면 K는 "낡은 도덕 낡은 정신은 터만 남고 그 우에 아모 새로운 것도 선 것도 업"는 시대를 대변하는 인물이다.[17] 그런데 강엘니자벳트는 자신의 인생을 약한 자의 "표본생활 20년"으로 스스로 요약해내는 바로 그때, 다시 말해 "자긔의 약한 거슬 자각할 그째"야말로, 강한 자로 거듭나는 순간임을 깨닫는다. K 또한 "'마음이 여튼 자'는 나의 안해도 물론 아니고, 쏘는 Y도 아니고, 그 실로는 이 나─K이다"는 자기 인식에 다다르게 되었을 때, "나는 인제부터는 참 삶을 사를 터이다"는 그의 결심에 무게를 실을 수 있었다.[18] '참 삶'을 살기 위해서는, 다시 말해 "'제 스사로'가 '제 스사로'의 정신으로 '제 스사로' 쌔다른 바"[19]대로 행동하며 살기 위해서는, 무엇보다도 먼저 자기 자신을 알아야 했던 것이다.

1920년대 초기 동인지 문인들은, 그리고 나서야 비로소 "제 자신을 개량"할 수 있는데, 이러한 개인의 개량에서부터 그 영향이 "다른 사람

라 이 누리의 서름─아니! 서름쑨 아니라 모든 不滿足, 不平들이 모도 어듸서 나왓는가? 약한 데서! 世上이 낫븐 것도 아니다. 人類가 낫븐 것도 아니다! 우리가 다만 약한 연고인 밧게 쏘 무어시 이스리오! 지금 세상을 罪惡世上이라 하는 거슨 이 세상이 ─ 아니! 우리사람이 약한 연고이다! 거긔는 죄악도 업고 속임도 업다! 다만 약한 것! 약함이 이 世上에 이슬 동안, 人류의게는 싸홈이 안 그치고 죄악이 안 업서진다. 모든 죄악을 업시하랴면은 몬저 약함을 업시하야하고, 地上樂園을 세우랴면은 몬저 약함을 업시하야 한다."

17) 전영택, 「性格 破産─東仁君의 「마음이 여튼 者여」를 봄」, 『창조』 8호.
18) 김동인, 「마음이 여튼 者여」, 『창조』 6호, 20면.
19) 極熊, 「르네쌴스」, 『창조』 2호, 33면.

에게 밋"치고 결국 "전체에 밋치"게 되리라는 단순한 만큼 관념적인 사회개조의 경로와 전망에 대해 대개 동의하고 있었다.[20] 1920년대 초기는, 앞에서 말했듯이, '개조'를 세계사적인 현상으로 규정하면서 '문화운동'의 강령으로 내걸었던 때이다. 동인지의 한 글에서는 개조를 "생의 만족을 구하야 자기 쏘는 자기의 생활 환경을 변화케 함"이라고 정의하고 있다.[21] 같은 글에서 논자는 사회개조의 소리가 "사면팔방에서 일어"나고 있는데, 여기에는 "구주전란(歐洲戰亂)의 영향"과 "세계의 대세"가 반영되어 있다고 보았다. 역사상 가장 전형적인 제국주의간의 전쟁이었던 제1차 세계대전의 전말을 일본의 언론을 통해 주로 접했던 당시 지식청년들이 전쟁의 본질을 직시하기란 그리 쉽지 않았을 것이다. 전쟁의 구도는 악의 세력(독일)과 정의의 세력(연합국)간의 대결로 분식되기도 했다. 또한 이들은 전후의 세계사 질서가 '힘'의 논리를 대신해 '정의'의 논리로 재편되리라는 기대감을 강하게 피력하기도 했다.[22] 1920년대 동인지에서는 "우리는 행(幸)히 현재 지구상의 일우(一隅)에 유존(留存)하는 택(澤)으로 태서문화의 찬란함도 알고, 세계대전의 발발함도" 지켜보았다는 식의 발언이 한 자리를 차지할 수 있었다. 이러한 발언은 다음과 같은 진술로 이어진다.

> 此(1차 세계대전의 종결-인용자)에 前後하여 新思潮 ― 요새말로 하면 改造
> ― 가 泰西의 一部에서 起하여 世界全土에 彌滿하니 우리도 겨우 影響을 밧
> 어서 社會各面에 新空氣가 澎溢하게 되엿다. 同時에 우리는 貧弱한 精神과
> 努力으로 계법 諸 方面의 改造運動, 各 新事業의 建設을 實行하는 役員의
> 一群이 되엿다.[23]

---

20) 極熊, 「露國 文豪 떠스토예옙스키氏와 及 그이의 『罪와 罰』」, 『창조』 3호, 32면. 이를 요약하면, "相互 改良하여 전 個人이 相合하야 世界的 都會를 맨들여고 하는 것"이라 할 수 있다.
21) 김원주, 「먼져 現狀을 打破하라」, 『폐허』 1호, 45면.
22) 上原一慶 외, 한철호·이규수 역, 『동아시아 근현대사』, 옛오늘, 2000, 88~92면 참조.
23) 이병도, 「朝鮮의 古藝術과 吾人의 文化的 使命」, 『폐허』 1호, 9면.

위 글에서, 자기 정체성에 해당하는 "제 방면의 개조운동, 각 新사업의 건설을 실행하는 역원(役員)의 일군"은 "중고(中古) 암흑시대를 버서나서 모든 속박을 탈(脫)하고 학문과 생활의 자유를 구하려 하는 문예부흥적 이태리인"에 빗대어진다. 1920년대 동인지에서 '르네상스'에 대해 보인 관심은 매우 각별했다. '르네상스'의 번역어로 자리잡은 '문예부흥'은 글자 그대로의 의미에서 동인지 문인들이 동인지를 통해 성취하고자 했던 바를 요약할 수 있는 말이기도 했다. 『폐허』가 2호로 사실상 종간된 뒤, 『폐허』 동인 염상섭·오상순·변영로 등이 주축이 되어 꾸려졌던 문사조합 〈조선문인회〉의 기관지 제명이 「뢰내쌍쓰」였다는 데서도 이 시기 문인들이 '르네상스'에 대해 가졌던 동경을 확인할 수 있다. 서구 역사의 문맥에서 르네상스기(14세기~16세기)는 고대의 미술과 학예의 재발견을 통해 '인본주의의 부활'을 선취한 때로 기록되고, 르네상스는 근대의 뿌리로 추앙된다.[24]

그런데 이를 르네상스의 역사적 의미로 동인지 문인들이 그대로 받아들였고 그 정신을 계몽과 신문학 건설의 에너지로 전이시키고자 했다 할지라도,[25] 이들이 1920년대 초기 식민지 조선에서 '르네상스'적인 운동방법을 고려하고 있었던 것은 아니었다. 1910년대 말경 한 잡지에서 이 점을 분명히 짚고 있는 진술을 접할 수 있다. 식민지 조선에서 서구인들의 역사적 자랑거리인 '르네상스'의 예로부터 취해야 할 것은 그들

---

24) 김창현, 『한일 소설 형성사─자본이 이상을 몰아내다』, 책세상, 2002, 25~29면 참조. 저자는 르네상스를 '중세 안에서 중세와 맞선' 뜻깊은 움직임이라고 본다. 그의 논의에 의하면, 르네상스에는 중세 한가운데서 중세의 교조화된 이념을 반성하는 진지하고 자유로운 정신이 있었는데, 그것이 계몽주의 시기 지식인들에게 아름다운 모범으로 비쳤고 결국 '근대'를 이상화하는 데 이용되었다. 이렇게 해서 '민주주의', '자유와 평등', '개인과 개성의 발견' 등이 르네상스의 산물처럼 여겨지게 되었다는 것이다.

25) "끄리시아나 로마의 燦爛하든 文明이 中世時代 오래동안 파뭇첫다가 十五世紀 頃에 이르러서 다시 光明과 生命을 띄고 나왓다고 하야 文藝復興이라고 불으는 것이외다." "르네쌍스 時代에 잇서々 鬱々한 智力이 暴發하야 現代文明의 根柢를 일우엇다는 것이외다." "우리의게도 르네쌍스가 잇서야 하겟스며 우리의게도 르네쌍스의 運動이 旺盛해야 하겟슴니다."(極熊, 「르네쌍스」, 『창조』 2호)

이 보여준 '배움의 열정'이지 그들이 택한 '먼 과거라는 배움의 대상'은 아니었다.26) 물론 동인지 문인들은 '르네상스'를 염두에 두고서 과거 삼국시대의 예술과 기상을 예찬하기도 했다. 이럴 때, 삼국시대는 "조선인의 역사 일반을 통하여 가장 의미잇고 가장 원기 발랄하고 가장 발전의 기상을 보이고 가장 고조의 문명을 조출(造出)하여 특히 예술의 발달이 현저한 적(跡)을" 보여준 시기로 규정된다.27) 그렇지만 삼국시대에 대한 이들의 관심은 극히 관념적이고 피상적인 수준의 것이었다. 삼국시대에 대한 이상화는, 고대인의 "위대한 천재적 피가 우리의 혈관에 순환되"28)고 있으니 피폐한 현실에 절망하지 말고 용기를 내어 매진하자고 다짐하고 격려하는 데 이용되었을 뿐이다. 동인지의 어떤 소설에서 고대인의 "위대한 천재적 피"를 운운하며 장차 예술가가 되려 하는 한 신여성에게 있어서 '해외유학'은 필수적인 과정으로 간주된다. 해외유학은 당시 예술가 지망생에게 '예술가가 되는 통로'로 너무나 당연시되었다. 그녀는 "세계의 고등학부(高等學府)인 파리"행을 실현시키기 위해서라면 뭐든 할 수 있었다.29) 이것이야말로 그녀의 예술적 열정이었다. 동인지 작

---

26) "西洋의 文藝復興과 宗敎改革은 그리시아나 히부라이의 古代的 學問, 古代的 宗敎를 憧憬의 目標로 하고 하로밧비 그것에 돌아가겟다 再現하여 보겟다하는 復古的 運動이엿스나 그러나 내의 지금 말하는 朝鮮의 文藝復興, 朝鮮의 宗敎改革은 그와 가티 朝鮮의 어느 古代的 學問, 朝鮮의 어느 古代的 宗敎에 도라가는 것을 말함이 아니오 배우는 것은 밋는 것은 어느 時代 엇던 것을 배우고 밋던지 그 배우랴는 精誠 그 미드랴는 精神은 적어도 西洋의 '루네산스'나 '으리폼에이슌'을 本바드면 하는 것이다."(小星, 「文藝復興과 宗敎改革의 史的 價値를 論하야 朝鮮 當面의 風氣問題에 及함」, 『청춘』 12호, 1918.3, 36~37면)
27) 李丙燾, 「朝鮮의 古藝術과 吾人의 文化的 使命」, 『폐허』 1호, 8면. 삼국시대의 활달했던 기상과 창조적인 혼이 조선의 지배이데올로기였던 유교이념에 의해 꺾여 권위와 예법에 매인 민족이 되었다는 역사 인식은 동인지에서 쉽게 찾아볼 수 있는데, 이럴 때 조선 500년은 서구 중세의 암흑시대에 대응되는 시기였다. 이광수의 「민족개조론」에 깔려 있는 역사 인식 또한 이와 동궤에 놓여 있다. 이광수는 『백조』 1, 2호에 걸쳐 「樂府」를 게재했는데, 여기서 그는 『삼국사기』 「고구려본기」에서 금와, 해모수, 유화, 동명왕 부분을 우리말로 옮기고 이 옆에 다시 그 신화적 정황을 시로 옮겨 놓기도 했다.
28) 東園, 「夢影의 悲哀」, 『창조』 4호, 32면.
29) 그녀는 이미 일본 유학의 경험이 있는 신여성이었다. 여기에서, '근대'에 대한 체험과

가들에게는 어떠한 과거도 '빛'이 되어줄 수 없었다. 이들의 앞에 서구의 예술과 문명이 너무나도 찬란하게 빛을 뿜고 있었던 것이다. 그런 이들에게 있어서 '르네상스'는 곧바로 근대정신과 연결된다. 르네상스를 "개인해방, 자아해방, 현세긍정, 자유활동이란 큰 간판을 붓치고 나온 것"으로 보았던 한 동인지 문인이 르네상스의 업적으로 돌리는 것들은 결국 근대의 준비 단계였다는 데로 모아진다. 이때 자신들의 일상화된 식민지 경험이 웅변하는 근대의 어두운 면들은 은폐되어 버린다.

美術方面에 잇서々는 古代美術의 精神이 復活되엿슴으로 建築, 彫刻, 繪畵上에 多大한 革命을 이루엇스니 이것이 美術方面에 밋츤 '르네쌘스'라 할 수 잇슬 것이요 文學, 哲學, 神學에 잇서々는 古典에 關한 正確한 智識, 詩歌에 對한 새로운 興味, 緻密하고 秩序잇는 新思想 — 이것을 찻게 함도 '르네쌘스'라 하겟지요, 科學者로 하여금 코페니커스나 갈릴네오갓치 天文學에 對한 發見이나 베살릐우스나 하ㅣ 예이갓치 解剖學이나 血液循環說 갓튼 發見으로써 '르네쌘스'의 사업이라고도 하겟지요 政治方面에 封建制度의 撲滅, 君主制의 發達, 法王權의 制限, 民衆自由思想의 進步 갓튼 것도 '르네쌘스'의 重要한 現狀이라 하겟지요. 法律家는 羅馬法의 眞本文을 發見하야 近世法律의 基礎를 세우고 國際法의 硏究가 始作된 것으로만 보드래도 '르네쌘스'를 說明하엿다고 하겟습니다. 亞米利加 大陸의 發見, 東方의 大航海, 印刷術, 羅針盤, 望遠鏡, 紙, 火藥 等이 發明되야 人類社會의 新生活, 新面目을 일우엇다는 것이 '르네쌘스'라고 해도 過한 말이 안이외다.30)

학습에 있어서 '일본 유학'만으로는 뭔가 불철저하다고 여겨졌던 것을 엿볼 수 있다. 파리행을 준비하고 있는 그녀는, "야, 언제던 너는 幸運女로구나. 內地에서도 高等敎育을 밧고 世界의 高等學府인 巴里까지 가니까"와 같은 부러움을 사는 존재다. 그녀의 머릿속에서 '조선-일본-파리'로 이어지는 학습공간에는 지리적 서열이 새겨져 있다. '파리(서구)'에는 '근대'의 원산지로서의 권위가 부여되어 있었다(東園, 「夢影의 悲哀」, 『창조』 4호, 40면). 염상섭의 「E선생」에서 일본유학을 다녀온 한 인텔리 청년이 마음 한 구석에 품고 있는 간절한 욕망 또한 "어쩌케 米國이든 獨逸까지는 갓다와야하겟다는" 것이다(『염상섭 전집』 9권, 141면).
30) 極熊, 「르네쌘스」, 『창조』 2호, 33면.

이처럼 동인지 문인들의 인식 속에서는 '르네상스'와 근대의 계기들이 견고하게 결부되어 있었기 때문에, '르네상스'를 부르짖는 일은 '근대적 변환'을 주창하는 것으로 그대로 통할 수 있었다.

1770년대 독일을 풍미했던 청년운동, '슈투름 운트 드랑(Sturm und Drang)'[31] 또한 1920년대 초기 조선의 식민지 지식청년들의 주목을 끌 만한 요인을 갖고 있었다. 그것은 우선 이 운동이 일어났을 당시 독일의 상황이 "30년 전쟁 이후에 정신계나 물질계나 비상한 타격을 바다서 쟝차 파멸을 당할 기운이 안전(眼前)에 절박"한 때로 생각되었기 때문이며, 이 운동을 주도한 자들이 "혈기잇는 청년이오 노후한 선배는 도모지 업서" 보였기 때문이다.[32] 1920년대 동인지 문학청년들은 자기 세대를 매우 특별하게 생각했다. 이들은 시대적 비극 속으로 투신하여 변혁을 이끌어낼 동료는 오직 "싱각잇고 진실한 우리 청년들"뿐이라고, "청년시대를 경과한 자나 혹은 경과하랴고 하는 자에게서는 거의 상상키도 어려울 것"이라고 단언하기도 했다.[33]

뜻이 잇는 者는 누구든지 깁히 憂慮를 禁치 못하야 그 先後策을 앨써 圖謀하엿다. 이째에 平凡한 手段은 결단코 時代의 痼疾을 除去하지 못하엿다. 맛당히 精神的 地盤에 깁히 꼉이를 너허 뒤집어 업흘 수 밧긔 업섯다. 이 革命을 하랴고 나선 사람들은 血氣잇는 靑年이오, 老朽한 先輩는 도모지 업섯다. 쾨테는 이 靑年 가운데 한 사람이엇다. 그들이 主義로 삼는 바는 天才의 憧憬이오, 審美的 宗敎的 神秘의 渴望에 이섯고, 透明淸撤을 물니치고 朦朧不可解를 重이 넉이고, 理論 敎訓을 실혀하고, 全宇宙에 充滿한 深遠하고 神秘한

---

31) 김수용, 『예술의 자율성과 부정의 미학―독일 이상주의 문학 연구』, 연세대 출판부, 1998, 97~137면 참조. 슈투름 운트 드랑(Sturm은 '폭풍'을, Drang은 '강한 내면적 충동' '갈구' 등을 뜻하는 독일어)은 일본 학자들의 번역을 따라서 '질풍 노도의 문학'으로 불리워졌다. 그의 논의에서 '슈투름 운트 드랑'은 계몽주의에 대한 하나의 반대운동이 아니라 계몽의 과격화된 한 형태로 조명되는데, 이 점은 동인지 문인의 '슈투름 운트 드랑'에 대한 이해와 관련해서 좋은 참고가 된다.

32) 秋湖, 「詩人 쾨테」, 『창조』 2호, 40면.

33) 오상순, 「時代苦와 그 犧牲」, 『폐허』 1호, 59면.

힘을 밋엇다. 그리하야 束縛과 不條理를 져주하고 自由解放을 부르지져서 그 思想은 차々 復活의 아참으로 向하엿다. 이 革命의 울님은 文壇에도 一種의 反響을 주어 所謂 獨逸文學의 狂風時代를 現出케 하엿다.

위 글에 따르면, '슈투름 운트 드랑'의 기치를 내건 1770년대 독일청년들은 "시대의 고질을 제거"하기 위해 그 시대의 "정신적 지반에 깁히 괭이를 너허 뒤집어 업"흐려 했으며, "속박과 부조리를 져주하고 자유해방을 부르지"졌다. 봉건적 습속과 권위로부터의 해방과 자아의 무한한 자유를 추구했던 일군의 동인지 작가들은 슈투름 운트 드랑의 젊은 작가들에게서 자신들의 욕망과 열정을 발견할 수 있었을 것이다. 그런데 이를 위해 슈투름 운트 드랑의 젊은 작가들이 사용한 '평범하지 않은 수단'으로 위 글에서 나열한 항목들을 살펴보면, 동인지 문학에서 낭만주의나 상징주의를 설명하는 데 동원하는 주요 용어들로 이루어져 있다. "천재의 동경", "심미적 종교적 신비의 갈망", "몽롱불가해(朦朧不可解)", "전 우주에 충만한 심원하고 신비한 힘" 등을 자아해방의 동력으로 설정하고 "신(新)시대 건설"과 관련시키는 데서, 1920년대 동인지 담론의 지형에서 미학적 실천에 부여된 의의의 한 국면을 살필 수 있다.

1920년대 동인지에서는 낭만주의적인 열정과 계몽의 열정이 섞이거나 겹쳐질 수 있었을 뿐 아니라, 자연주의적인 미학 또한 계몽의 요구와 관련해서 논의되기도 했다. 자연주의를 소개할 목적으로 쓰여진 한 글은 "개조의 의지와 이상을 근저로 한 문예, 곳 '인생을 위한 예술'을 위하여 노력하기를" 당부하는 것으로 끝을 맺고 있다.[34] 논자는 "현실적, 이지적, 객관적, 무기교적, 인생적, 비유희적, 산문적, 평범적"인 것을 특색으로 하는 자연주의 문학은 "실인생 실생활"에 대해 "해결은 못 주지마는 독자로 하여금 생각 안이 할 수 없게 만"드는 효과를 낸다고 말한다. 그는 이를 증명해주는 사례로 졸라와 입센 그리고 투르게네프를 들

---

34) 極熊, 「文藝에 對한 雜感」, 『창조』 4호.

었다. 그에 따르면, 졸라의 "냉정한 과학적 태도도 그 내면에는 열렬한 사회개량가의 성의가" 있으며, 입센의 희곡은 "개인해방 부인해방의 문제를 통절히 말함으로써 실생활에 큰 동요를 일으키게" 했으며, 투르게네프의 작품은 "농노해방운동에 다대한 원동력"이 되었다.[35]

『창조』 동인들에게 보내는 편지에서 "계몽적 색채는 어듸까지던지 유지하여야 할" 것이라고 한 주요한의 말대로,[36] 1920년대 동인지에는 계몽적 색채가 다양한 빛깔을 내며 스며있다고 할 수 있다. 김억은, 다음과 같이, 계몽적 수사학을 통해 동인지 발간의 의의를 천명했다. "새 사상과 새 감정에 살라고 함에는 무엇보다도 예술을 요구케 됩니다. (…중략…) 우리는 이 어둠을 깨치기 위하야 여러 등불을 켯습니다."[37]

2. 성찰 주체와 '내면'의 표현

김동인이 『창조』(3~6호)에 연재했던 소설 「마음이 여튼 자여」는 "兄님 —마츰내 고백할 날이 왓슴니다"라는 말로 운을 뗀 편지로부터 시작된

---

35) 이 중, 특히 투르게네프의 작품과 사상의 경향에 대해서는 다양한 관점에서 조명되었다. 나도향은 그의 산문시 몇 편을 번역(『백조』 1호)하면서, 예술의 자유를 주장한 투르게네프는 '회의가(懷疑家)'였다고 말하기도 하고, 국수주의자들에게 배척을 당한 '서구주의자'이자 '문명의 사도'였다고 말하기도 한다. 여기서 주목할 것은 비단 투르게네프의 사례에서 뿐 아니라 동인지의 지형에서는 곧잘 예술의 자유를 주장하는 인물과 문명의 지지자가 동일 인물일 수 있었다는 점이다(91면).
36) 벌꼿, 「長江 어구에서」, 『창조』 4호. 주요한은 당시 상해에서 망명생활을 하고 있었는데, 그가 동인들에게 보낸 편지글은 「長江 어구에서」라는 제목으로 『창조』(4호, 5호, 7호)에 몇 차례 실렸다. 4호에 실린 편지의 수신자는 白岳(김환)으로 되어 있지만, 그의 편지글들은 동인 전체를 의식하고 쓰여진 것이었다. 그는 중국 청년의 문화운동과 학생운동의 상황을 전하거나(5호), 민중(노동)운동의 소식을 전하면서(7호) 동인들의 분발을 촉구하는 글을 띄우기도 했다.
37) 김억, 「同人記」, 『폐허이후』, 133면.

다. 김동인이 전체 소설분량의 3분의 2가량을 할당한 이 편지에서 '고백'의 문체로 채택한 것은 "보통 슈사문투" 곧, '~다'체다. 편지의 발신자 K는 미리 "편의상 보통 슈사문투로 쓰게 됩니다"고 수신자 C에게 양해를 구하는데, 이로써 편지 문체에 응당 배어 있게 마련인 수신자의 존재감은 지워지고 그의 편지는 '나'(K)의 일기처럼 읽히게 된다. 이러한 K의 편지에는 4월 6일부터 9월 19일까지 쓴 일기와 9월 20일에 쓴 유서가 첨부되어 있다. 그리고 편지가 쓰여진 날은 9월 21일이었다. 그의 유서나 편지의 경우도 일기의 형식과 마찬가지로 쓰여진 날짜가 앞에 적혀 있어서, '兄님 一', 'C兄의게', 'K의 日記의 여긔져긔', 'K의 유서'와 같은 표지가 없다면 그의 편지는 전체가 일기장처럼 보이게 될 것이다. K의 편지는 의도적으로 C가 보도록 펼쳐 놓은 일기장과 같은 것이었다. 이 소설에서 C는 '고백'의 내용 바깥에, 다시 말해 K의 내적 혹은 외적 갈등 바깥에 있는 인물이면서, K에게 "유일의 이해자"로 여겨지는 인물이다. K에게는 그런 C가 "내게 다 말하라(내게 다― 니야기하오)"고 한 것이야말로 다른 어떤 말보다도 힘이 된다. 고백을 통해 K가 C에게 구하는 것은 "조력(助力)"이 아니라 "동정(同情) 그것"이었다. C에게 K는 고백하지 않고는 도저히 견딜 수 없다는 듯이 낱낱이 고백하고 싶어한다.[38] "어제 일기는 취소한다"(7월 8일)고 하고서도 그 어제 일기(7월 7일)는 찢겨나가거나 지워지지 않았다. '취소한다'는 말은 어제 일기를 오늘 읽는 '나'의 부끄러움을 고백하는 방법이었고 어제 일기의 내밀성을 강조하는 말이었다고 할 수 있다.

이 소설에서 새롭게 출현한 인물은 '일기를 쓰는 자', '나'를 보여주기 위해서 '일기'를 보여주는 자, '일기' 속에 '진실'이 있다고 말하는 자이

---

[38] K는 "마츰내 告白할 날이 왓습니다"고 쓰고는, 이전에도 "무슨 번민이 잇거든 내게 다 말하라"고 하였던 C에게 고백하고자 했지만 "죵내 못하엿"고 "마츰내 못하엿"으나 "지금은 꿈질거리고 잇지 못하게 되엿"다고, 달리 말해 고백하지 않고는 견딜 수 없게 되었다고 이 편지를 쓰게 된 심정을 설명한다. 그리고는 다시 한번 "마츰내 告白할 날이 왓습니다"고 쓴다(『창조』 3호, 27면).

다. '일기를 쓰는 자'는 '진실을 쓰는 자'이며 "내 마음의 안을 보려"[39] 하는 자라는 생각은 "가슴속에 감추어 둔 일기장"[40]과 같은 수사를 가능하게 한다. 나아가 '일기'는 자의식의 표현이며, 이 표현이야말로 의미 있는 일이라는 생각은 김동인으로 하여금 "일기도 완전한 예술품이 될 수 잇다고 단언"[41]할 수 있게 한다.

'자아의 표현'을 근대예술의 미학적인 직능으로 부각시키는 발언들은 1920년대 초기 동인지에서 숱하게 검출된다. 동인지의 장에서는 곧잘 "새롭은 예술의 생명"에, 고쳐 말해 "진실흔 예술의 실체에 도달ㅎ려면 (…중략…) 완전흔 자유의 적나(赤裸)의 자아로 돌아가"야 한다고 말해진다.[42] '일기'가 '적나(赤裸)의 자아'를 어떤 가식이나 허식에 훼손되지 않은 상태로 드러내는 글쓰기로 생각되었다면, 이 사고가 "일기도 완전한 예술품이 될 수 잇다"는 발언으로 이어지는 것은 자연스럽다. 이 발언은 그것이 놓여 있는 문맥에서 "개념쁜으로도 훌륭한 예술품을 제작할 수 잇다"는 말로 대치될 수 있는 것이었다. 여기서 '일기'는 '개념적'인 것으로 규정되고 있다. 다시 말해 '관념'의 산물, 심적 형상이나 내용의 산물로 여겨지고 있는 것이다. 김동인의 이러한 발언은 염상섭과 비평에 대해 논전을 벌이는 와중에서 나왔다. 염상섭은 일기도 예술품이 될 수 있다는 김동인의 발언에 대해 "역사의 연대표(年代表)도 우수한 예술품이라는 무식자의 궤변과 다름업는 말"[43]로 받아들였지만, 김동인에게 일기는 '역사의 연대표'와는 다른 수준의 것이었다. 여기서 확인할 수 있는 것은 일기를 규정하는 서로 다른 두 가지 인식이다. 그 하나가 일기를

---

39) 懷月, 「生의 悲哀」, 『백조』 3호, 177면. "내 가슴에는 不眠이 잇서, 내가 눈을 감음은 내 마음의 안을 보려 함이도다." 이는 박영희가 바이론의 「맨푸레드(Manfred)」에서 인용한 구절 중 일부다.
40) 이혁로, 「黃薔薇花」, 『폐허』 1호, 65면.
41) 김동인, 「霽月氏의 評者的 價値」, 『창조』 6호, 73면.
42) 김유방, 「現代藝術의 對岸에서」, 『창조』 8호, 19면.
43) 염상섭, 「余의 評者的 價値를 論함에 答함」, 『염상섭 전집』 12권, 16면.

내면의 드라마로, 관념의 산물로 규정한다면, 다른 하나는 개인 역사의 기록, 사건의 기록으로 간주한다. 일기가 이 시기의 새로운 문학적 욕망 속에서 떠올랐다면, 일기를 심적 형상물로 간주했다는 것을 뜻한다.

염상섭은 다른 글에서, "死는 예술이다"는 유서를 남기고 자살한 한 여성의 죽음을 놓고 예술적인 '표현의 형식'에 대한 사유를 풀어내었다.[44] 그는 "일체의 사(死)가 예술일 수"는 물론 없지만, "死는 예술이다"는 미학적인 관념을 '죽음'으로써 실행했을 때 그 죽음은 예술일 수 있다고 말한다. 여기서 관념과 표현은 어떤 매개도 없이 지극히 투명하게 결합되어 있다. 그는 "예술에는 표현의 형식을 무시할 수 업"기 때문에 "사(死)를 예술적으로 화(化)하라면 상당한 형식을 요한다"고 했는데, 그의 논지에서 '미적 형식'이란 "일개(一個)의 관념을 작성하고 그 관념 속에서 미(美)를 멱출(覓出)하야서 다시 자기 주관 내에 예입(曳入)"하는 데서 끝난다. 결국 이때의 '미적 형식'은 주관 속에서 구성되고 완성되는 것이다. 중요한 것은 주관 속에서 일어나는 '감정'의 유동이며 '사색'의 깊이인 것이다. 이러한 미학적 입장은 "일기도 완전한 예술품이 될 수 잇다"고 한 김동인의 생각과 별반 다르지 않다. 이와 같은 사유의 지층에서 "존재 그것이 곳 표현 그것이다"[45]는 명제가 성립될 수 있었다.

> 表現의 對象? 表現은 '무엇'을 表現하는 것이라 하면 발서 임이 一種의 時間的 或은 空間的 距離感이 生긴다. 그러나, 時間과 空間은 結局, 表現 그것 쏘는 그의 過程을 形容하는 符號가 안일가. 世界와 나의 創造的 意志, 永遠 實在의 持續的 活動, 그것이 곳 表現이 아닌가. 表現의 方法, 形式의 如何를 不問하고 나는 나의 全生命의 絕對的 表現을 要求한다. 이것이 나의 生命의 道다. 사는 것은 表現하는 것이오. 表現하는 것은 곳 사는 것이다.

'존재가 곧 표현'이라고 생각할 때, '표현의 대상'과 '표현' 사이의

---

44) 염상섭, 「樗樹下에서」, 『폐허』 2호, 65~66면.
45) 오상순, 「虛無魂의 獨語」, 『폐허이후』, 116면.

"거리감"은 허용되지 않는다. 오상순은 그 '거리감'을 '표현의 과정' 속에 용해시키고 무화시킨다. 그에 따르면, 그 '거리'는 '차이'가 아니라 "창조적 의지"와 "지속적 활동"으로 연결되어 있는 '표현의 일부'다. 다시 말해서, '표현'은 결국 내 안의 '무엇'인가가 흘러 넘친 것이어서 '무엇'과 '표현' 사이에 끊어짐은 없다. '표현'에 이르는 것은 "배설식히지 안코는 더 참을 수 업다는 절실한 유기적(有機的) 충동"46)이다. 이러할 때, '자아'와 '표현'을 매개하는 '언어'는 더없이 투명해져 버린다. 여기에는 '투명한 언어'에 대한 환상, '언문일치'에 대한 환상이 개입해 있다고 할 수 있다.

이러한 미학적 사유에서 모습을 드러내는 존재는 자신의 내면을 의미심장하게 들여다보는 인간이다. 위에서 살핀 한 글에서는 "절실한 유기적 충동"이 생기기 위해 "제일 필요한 조건은 침묵 정사(靜思)에 의한 기픈 사색이라"고 얘기된다. '바깥'으로 향해 있는 '육안(肉眼)'을 감고, "내 마음의 안을 보려"고 '심안(心眼)'을 빛내는 인간은, 염상섭의 표현을 빌리자면 "구심적(求心的) 생활을 시작"한, "내적 생활로 방향전환"47)을 한 인간이다. '원심적(遠心的)' '구심적(求心的)'이라는 표현에 물리적인 방향감각이 새겨져 있는 것은 '안(내부, 주체)'과 '바깥(외부, 객체)'을 명확히 구분하여 인식했기 때문이다. "나와 다른 세계와의 새에 비상한 만(灣)이 잇다"48)는 말에 동감을 표했던 1920년대 초기 일군의 동인지 작가들은 물리적인 공간을 점유하지 않는 '내면'에 공간적 형상을 부여하여 실체

---

46) 염상섭, 「月評」, 『폐허』 2호, 97면.
47) 염상섭, 「萬歲前」(1923), 『염상섭전집』 1권, 104면. 여기서 염상섭은 "求心的 生活"과 대비되는 형태를 "遠心的 生活"이라고 말하는데, 그의 다른 소설(「除夜」(1922), 『염상섭 전집』 9권, 63면)에서는 이 두 형태가 '자아'의 두 가지 향로로 나타난다. 개인의 내면에는 '두 생명'이 꿈틀거리고 있다. "한 生命은 內面的으로 凝縮하야가고, 한 生命은 外部로 向하야 不可抗拒의 勢力으로 伸張하고 擴大하야 나오"려고 한다.
48) 메레스코우스키, 김억 역, 「쯔로베르論」, 『폐허』 2호, 77면. 전후 맥락에서 살필 때, '나'는 자발적이고 적극적으로 "外界와 關係를 끈고" 자신의 "思想을 除한 外에는 모든 것을 내"버린 상태에 있다.

화하고자 했다. 이들은 '내면'을 '보고자' 했던 것이며 '내면을 보는 인간'을 보여주고자 했던 것이다. 이는 '내면을 들여다보는 인간'이 문학사에 본격적으로 등장하게 되는 장면이라 할 수 있다. 이들에게서 '내면'의 형상은 "물밑", "굴 속", [49] "밀실" [50] 등등으로 변주된다. 그곳의 느낌은 비밀스럽고 폐쇄적이다.

> 나는 넷날 聖徒의 거름으로
> 외로움의 기픈 골에 홀로 나려가며
> 追憶의 무거운 바다, 물밑에 업드려
> 나의 난 날과 모든 해를 니로 집씹고
> 지난 날의 쓴 생각 우에 재를 뿌리려 한다.
> 나는 내 몸을 누르는 各色 옷을 버서 던지고
> 붉근 살로 어름과 쓰거움을 能히 견듸며
> 도을 줄 모르는 나의 傷處를
> 찬바람과 날카른 빛으로 문질므로
> 나의 살에 참된 사랑을 맛보기를 願한다.
>
> 외로움은 쓰거움 없는 빛과 같다.
> 지금 이 奇異한 굴 안에 光彩가 가득하매
> 그 빛은 어름가치 찬바람을 吐한다.
> 나는 눈을 열 수 없고 물고기 가치
> 외로움의 찬 빛을 呼吸하며 浮沈한다.
> 아아 '사랑한다'는 모든 것
> 멧 千年 人類의 모든 겨레가 입으로 부르던
> 各色가지의 '사랑'이란 말
> 그는 죽어 쩌러진 꽃닙에 不過한다.
> 오직 이 光彩 輝煌한 슬픔과 알픔의 날에

---

49) 주요한, 「외로움」, 『창조』 6호.
50) 月灘, 「密室로 도라가다」, 『백조』 1호.

죽는 듯이 빠르게 나의 피줄기는 뛴다.

물소리가 멀니 들린다, 외로히,
여긔 밤과 어둠이 없다.
그러나 그 빛이 차기 어름 같고
그 발금은 殘酷히 쑤러보는 눈동자 가트대
스스로 헤아리고 思索하는 마음은
이 외롬의 쓴 빛아레 더욱 懇切하니
나는 니를 악물고 感謝의 눈물로, 여긔서
神에게 나의 발가버슨 祈禱를 드리리라.
　　　　　　　　── 주요한, 「외로움」 부분(『창조』 485면)

　이 시에서 '내'가 "성도의 거름으로" 찾아가는 곳인 "외로움의 기픈 골" "추억의 무거운 바다"는 나의 '내면'을 형상화한 것이다. 나는 이곳에서 외로움을 느끼는데, 이 외로움은 실존적인 고독이라 할 수 있다. 이 시에서 '외로움'은 "쓰거움 없는 빛(찬 빛, 쓴 빛)"에 비유되고, 이 '빛'은 다시 "잔혹히 쑤러보는 눈동자"에 비유된다. 나는 이 '빛'으로 "나의 상처"를 비춘다. 즉 "잔혹히 쑤러보는 눈동자"로 "나의 상처"를 응시하는 것이다. 이때 나는 "스스로 헤아리고 사색하는" 자이다. 이리하여 나의 상처가 "광채 휘황한 슬픔과 알픔"으로 지각될 때, 나는 "참된 사랑을 맛보"며 "나의 피줄기가" 뛰는 것을 느끼게 된다. "나의 슬픔이 생명의 양식"[51]으로 변환되는 것이다. '상처'야말로 '내면'의 존재를 알리는 표지이자 신호였다고 할 수 있다. 이 시는 '내면'을 특권화하는 사유가 '상처'를 특권화한다는 것을 보여준다.
　1920년대 초기 젊은 작가들은 '내면'을 감각적으로 지각하게 되는 계기를 포착하고 싶어했다. 동인지의 어떤 소설 속에서 한 젊은이는 "먹

---

51) 주요한, 「日本近代詩抄(2)」, 『창조』 2호, 45면. 이 구절은 주요한이 번역한 岩野泡鳴(이와노 호오메이)의 시 「말업슨 돌」에서 따왔다.

고, 자고" 하는 일상의 반복에서 "어두운 권태"를 느끼며 이를 견딜 수
없어 한다.52) 그를 괴롭히는 것은 "나의 생에는 아무러한 변동이 업섯
다"는 것이다. 그는 "바다가 (…중략…) 사람을 실증나지 안케 하는 것은
바다의 물결은 끈임업시 그 형상을 변하"게 하기 때문이라고 말한다.
그는 무미건조한 일상에 파문을 일으킬 '사건'을 고대하는 자이다. 그는
놀라고 싶다. 그는 어떤 강렬함과 경이(驚異)를 맛보고 싶은 것이다. 달
리 말해, 그는 그의 '내면'이 바다처럼 출렁이기를 원하는 것이다. 이와
유사한 갈망을 한 동인지 작가는 다음과 같이 썼다.

> 黃薔薇花 ― 불갓치 쓰거운 불근 빗도 업고, 죽음의 장막갓치 슬픈 푸른 빗
> 도 안이다. 더구나 그에게는 쏫의 靈魂인 香氣도 업다. 그는 다만 生이라후는
> 運命의 길우흐로 하는 수 업시 게으른 거름거리로 거러나오는 목숨의 幻影이
> 다. 쏫塵 압홀 지내가던 H는 웃쑥 섯다. 그의 가슴에는 그의 生에 感情에 對흔
> 切實흔 북쑤러움이 물가치 소서나온다. (…중략…) '아々 나는 虛僞의 生을 보
> 내기 실타. 나의 가던 길에는 僞善 妥協 混濁 苟且의 腐敗하고 머리 지근흔
> 空氣가 싸이여 잇다. 아々 나는 이 길을 불노 살녀버리여야만 살 수가 잇겟다.'
> H는 永遠의 作別을 그의 愛人과 흐엿다. 그리하야 그는 純眞흔 그의 感情과
> 거즛업는 쓰거운 抱擁을 흐면서 深刻한 人生의 길을 발부라 흔다.53)

여기서, H는 한 꽃가게 앞에서 '황장미화'를 보았다. 그는 그 꽃에 자
신의 현재모습을 투영한다. 그는 '황장미화'에게서 "생이라 흐는 운명의
길우흐로 하는 수 업시 게으른 거름거리로 거러나오는 목숨의 환영"을
본다. 이 '환영'은 자신의 자화상이라고 할 수 있다. 그가 원하는 삶은
"불갓치 쓰거운 불근 빗"을 내는 정열적인 것이거나, "죽음의 장막갓치
슬픈 푸른 빗"을 내는 절대고독의 삶이다. 1920년대 일군의 동인지 작가
들이 보여주는 극단적인 형태의 삶에 대한 욕망은54) 자신의 '내면'을

---

52) 懷月, 「生」, 『백조』 3호, 115~116면.
53) 이혁로, 「黃薔薇花」, 『폐허』 1호, 64~65면.

확실하게 지각하고 싶은 욕망과 결합되어 있었다. 위 글에서, 그는 자신의 부끄러운 자화상을 벗어 던지고 자신의 "감정과 거줏업는 쯔거운 포옹을 흐면서 심각한 인생의 길을 발부라 흐다"는 결심을 다진다. 그는 매일매일 이러한 결심을 하는 유형의 인간일 것이다. 1920년대 동인지에 등장하는, 권태감에 괴로워하는 자란 바로 이러한 결심을 반복적으로 하는 자였다고 할 수 있다. 어느 쪽으로든 극단으로 치달고자 하는 욕망이 평범한 생활에서 '권태'를 느끼게 했다고 할 수 있다. 다시 말해, 자신의 '내면'을 느끼고 깨어 있게 하려는 욕망이 '권태'라는 정서를 만들어냈다고 할 수 있다. 이러한 의미에서 '권태'는 자의식의 산물이었다.

1920년대 초기 동인지 작가들은 '내면을 들여다보는 자', '성찰하는 자'의 모습을 특권화했다. 이러한 존재에게는 물질적 욕망에 매여있는 속물적인 인간군상과 구분되는 높은 수준의 품격이 부여되었다. "물질계난 유한하나 정신계난 무한하"다와 같은 진술은[55] 배타적인 내면공간을 초월의 계기로 사유했음을 보여준다.

物質界난 有限하나 精神界난 無限하야, 언제인지난 모르나 이 世界에난 大變化──안니 最後의 末日이 오리라! 모든 團結은 枋繩과 갓치 슨어지고, 모든 組織은 砂丘와 갓치 무너지며, 모든 道德 流儀난 煤煙과 갓치 스러지고 말니라. 하나 精神界의 生命은 久遠하다. 精神界의 住民은 過去의 追憶에 살며,

---

54) "불갓치 쯔거운 불근 빗"을 내는 정열적인 삶에 대한 욕망은 이상화의 다음 시에서 뚜렷하게 드러난다. "춤추어라, 오늘만의 젓가슴에서, / 사람아, 압뒤로 헤매지 말고 / 짓태워버려라! / 끄슬려버려라! / 오늘의 生命은 오늘의 끗까지만──// (…중략…) 우리의 가슴 복판에 숨어사는 / 열푸른 마음의 꽂이 피어버리라 / "(「마음의 꽂」, 『백조』 3호, 18면) 노자영의 시 「불살우자」(『백조』 3호, 135~136면)와 주요한의 시 「불노리」(『창조』 1호, 1~2면)의 파토스도 이러한 욕망을 잘 보여준다. 한편, "죽음의 장막갓치 슬픈 푸른 빗"을 내는 절대고독의 삶에 대한 지향은 "眞理업는 空洞 缺陷에 싸힌 이 人生보다는, 찰아리 永遠의 眞理의 죽엄나라로 도라가는 것이 나을 것이다"(박종화, 「永遠의 僧房夢」, 『백조』 1호, 58면)와 같은 맥락 위에 놓여 있었다. 1920년대 동인지에서 '영원성'과 '죽음'이 결합될 때, '死의 예찬'이 가능해지게 되고 죽음은 "美的 적멸"(61면)로 미학화된다.
55) 변영로, 「薔薇村」, 『장미촌』, 1면.

現在의 愛에 살며, 未來의 豫感에 산다. 그러한 過去, 現在, 未來를 通하야 살 수 잇는 生命이야말노 우리가 살녀 하고 쏘 사라야만 할 宿命的 生命이다.

위 인용문은 『장미촌』의 서문 자리에 쓰여진 변영로의 글에서 발췌한 것이다. 그는 '물질'로 구성되어 있는 외부세계에 있어서 영원한, 즉 변하지 않는 절대적 가치라는 것은 없다고 말한다. 견고해 보였던 사회적인 연대나 조직도 어느 땐가는 썩은 동아줄처럼 끊어지고 모래언덕처럼 무너지며, 선과 악을 정의와 불의를 판별했던 도덕도 언젠가는 매캐한 냄새를 풍기며 연기처럼 스러질 '헛것'에 불과하다. 새로운 조직이 생기고 도덕이 세워지겠지만, 그 또한 언젠가는 같은 운명을 맞이할 것이다. 그러다가 이 세계는 종말에 다다를 것이다. 이것이 변영로가 이 글에서 진단한 현상세계다. 그곳에 '진리'는 없다. 여기서 그는 전통적 가치와 습속이 무너지는 것을 보고 있으며 새로운 질서와 문물이 기획되고 도입되는 것 또한 보고 있지만, 이 전환을 발전의 계기로 바라보지 않는다. 외부세계는 가치가 끊어져 있고 시간이 끊어져 있는 '유한'한 세계일 뿐이다. 그에 반해, '정신계'는 "과거, 현재, 미래를 통하야 살 수 잇는" 이어져 있는 세계이며, 따라서 영원하고 무한한 세계로 규정된다. 『장미촌』의 동인들은 "정신계의 주민"이 사는 '내면의 풍경'을 보여주고자 했다. 이들은 이 풍경 속에서 새로운 미학이 탄생할 것이라고 생각했다. 다시 말해, '정신계의 주민', '내면'을 발견한 존재야말로 "선구의 자유시"[56]를 쓰기에 적합한 존재로 간주되었던 것이다. 『장미촌』 표지에 적혀져 있는 이들의 「선언」을 들어 보자.

우리들은 人間으로의 참된 苦惱의 村에 들어왔다. 우리들의 밟어나가는 길은 孤獨의 끗업시 渺漠한 큰 雪原일다. 우리는 이곳을 開拓하여 우리의 靈의

---

56) "先驅의 自由詩"라는 말은 잡지 표지에 '장미촌'이라는 표제 밑에 쓰여져 있다. 이 말의 의도는 이 잡지가 시 전문지임을 알리고, 새로운 미학을 개척하고자 한 동인들의 의지를 표명하는 데 있었다고 할 수 있다.

永遠한 平和와 安息을 엇을 村, 薔薇의 薰香 놉흔 神과 人間과의 慶賀로운 花婚의 饗宴의 엵니는 村을 세우려 한다. 우리는 이곳을 다못 우리들의 젊은 靈의 熱湯갓치 쓰거운 괴로운 쌈과 쏘는 鐵火 갓혼 高度의 淨한 情熱노써 開拓하여 나갈 쑌일다. 薔薇, 薔薇, 우리들의 손에 依하여 싹나고, 길니고, 쏘한 쏫피려는 薔薇.

"우리의 영(靈)의 영원한 평화와 안식을 엇을 촌", "신과 인간과의 경하(慶賀)로운 화혼(花婚)의 향연의 엵니는 촌"은 '이상적인 내면'의 풍경이다. 그런데 이 "평화와 안식"은 "참된 고뇌"와 "고독"을 통해서 얻어진다. 이들의 「선언」에서는 '고독한 내면'과 '유토피아'의 결합, '고립'과 '초월'의 결합이 비장하고 엄숙한 어조로 선포된다. 이들의 글쓰기는 '고뇌와 고독'을 통해 '유토피아'로 나아가고자 하는 '동경'의 산물이었다고 할 수 있다. 이러할 때 이들은 "두(頭)를 垂하고 안(眼)을 봉(封)한(머리를 숙이고 눈을 감은)" 상태에서 "난잡한 속세를 초월하야 깁흔 명상의 세계를 잠항(潜航)하는 여인(旅人)"이었다.[57] 이들에게 있어서 "고독은 고통이 아니고, 나의 혜지(慧智)에의 즐겁은 여명(黎明)"[58]으로 간주되었다. 이때, "고독은 신과 인간과의 애(愛)의 경계"의 상태로 여겨진다.

이처럼 '배타적인 내면'을 '성쇼(聖所)'로 간주한 이들로서는 자신들의 진실을 외부세계의 도덕적 권위에 기대어 입증할 수 없다. 이들은 자신의 내면으로부터 진리를 스스로 만들어내는 자로서 자신들을 부각시킴으로써 특권적인 존재가 될 수 있었다. 이런 이들에게 있어서, 외부세계의 도덕적 잣대는 자신들의 진실을 곡해하고 왜곡시킬 뿐만 아니라, 자신들의 존재형식 자체를 소외시킨다고 생각되었다. 이들의 '배타적인 내면'이 외부세계를 타자화했지만, 외부세계가 자신들을 타자화한다고 토로되었던 것이다. 그래서 '머리를 숙이고 눈을 감은 채' 들여다보는 '내

---

57) 又影 生, 「最後의 故鄕」, 『장미촌』, 7면.
58) 황석우, 「薔薇村의 饗宴」, 『장미촌』, 2~3면.

면'은 "뜻을 알어쥬는 이 업서 구박에 쫏기어 가는"[59] 자들, "극도로 곤비(困憊)한 인간의 영혼"이 찾아가는 "정신의 은둔처"[60]로 생각되기도 했다. 이들은 "사회의 박해와 조소와 능욕과 위협을 무릅스고 (…중략…) 적나(赤裸)의 자기로서 신령(神靈)의 자기를 구"[61]하는 도정에 자신들의 예술을 위치시킨다. 그러므로 진정 "자기의 힘을 밋는 자"라면 "어리석은 자의 심판과 군중의 웃음"[62]을 무시하고 더욱 더 정진해야 한다.

> 아— 검이여 나도 쏘한 모든 거와 갓흔 '삶'이럿가.
> 나의 지금 이것이 살어잇슴이럿가.
> 동네마다 붉게 흐르는 저 달큼한 蠱惑의 냄새 그것이, 거짓 안인 참이럿가.
> (…중략…)
> 오— 검이여 참 삶을 주소서.
> 그것이 만일 이 세상에 엇을 수 업다하거든
> 열쇠를 주소서.
> 죽음 나라의 열쇠를 주소서.
> 참 '삶'의 잇는 곳을 차지랴하야
> 冥府의 巡禮者—되겟나이다.
> ─月灘, 「密室로 도라가다」(『백조』 1호, 12~13면)

시의 화자는 '검'에게 세속적인 유혹에 취해 사는 삶이 참 삶일 수 있냐고 묻고 있다. 그리고 "오— 검이여 참 삶을 주소서"라고 갈구하고 있는 '나'는 이미 세속의 삶이 '참 삶'이 아니라는 것을 알고 있다. 나는

---

59) 露雀, 「六號雜記」, 『백조』 1호, 142면.
60) 변영로, 「薔薇村」, 『장미촌』, 1면.
61) 김유방, 「現代藝術의 對岸에서」, 『창조』 8호, 24면.
62) 투게네쯔, 羅彬 역, 「너는 어리석은 者의 審判을 듯지 안으면 안될 것이다」, 『백조』 1호, 92면. 주석에 의하면, 이 제목은 푸시킨의 시 「엇더한 詩人에게 붓치노라」("아々 詩人이여, 너는 民衆의 愛顧를 切望하지 마라. 賞讚者의 喝采의 울님은 입김과 갓치 사라질 것이다. 어리석은 者는 너를 審判할 것이다. 群衆은 너를 비우슬 것이다. 그러나 冷然히 努力하라. 비록 너의 손에 아모 慰安을 주지 못한다할지라도 云云")의 한 구절이라고 한다.

『장미촌』. 정의의 여신. 그녀의 저울과 칼이 속물적인 세상으로부터 소외된 고독한 예술의 왕국을 지지해주리라.

다시 참다운 삶이 이 세상에서 얻을 수 없는 것이라면 "죽음 나라의 열쇠"를 달라고 '검'에게 기구한다. 여기서 "죽음 나라", "명부(冥府)"는 세상으로부터 등을 돌린 자가 '진리'를 찾기 위해 순례하는 '성소'다. '명부'는 외부세계와 차단된 '배타적인 내면'에 대해 쓰여진 1920년대 초기의 '데카당스'한 문학적 기호의 하나였다. 그리고 "명부의 순례자"는 "적나(赤裸)의 자기로서 신령(神靈)의 자기를 구"하는 자의 초상이다. 그런데 여기서 '검'의 의미는 무엇이었을까.63) 세속의 잣대가 '진정한 가치'를 판별해내지 못하고 오히려 전도시킨다고 여겨졌을 때, '참 삶'과 '거짓 삶', '정신적인 삶'과 '물질적인 삶'에 대해 올바른 가치판단을 내려줄 존재로 호명된 '검'에게는 신성(神性)이 부여되어 있다. 한 연구자의 고찰에 따르면, '검'은 '단군 왕검'의 용례에서 그 의미를 엿볼 수 있는데, '검, 감, 금'은 '곰[熊]'에서 파생된 어휘들이라 할 수 있다.64) '검'의 이러한 용례는 오늘날 일반 언중에겐 거의 잊혀졌지만, 지금까지도 민속신앙에서 '검님'은 '신령님'의 의미로 통한다.

---

63) 이상화의 시에서도 '검'은 비교적 빈번하게 등장하는 어휘 중 하나다. 그 예를 살펴보겠다. "사람을 만든 검아, 하로일즉 / 차라로 주린 목숨 쎄서 가거라! // (……) / 사람을 만든 검아, 하로일즉 / 차라로 취한 목숨 죽여바리라!"(「가장 悲痛한 祈慾」, 『개벽』 55호, 1925.1) "가서는 오지 못할 이 목숨으로 / 언제든지 헛웃음 속에서만 살려거든 / 검아 나의 신령을 돎맹이로 만드러다고 / 개천 바닥에 석고 잇는 돌맹이로 만드러다고"(「極端」, 『개벽』 59호 1925.5)

64) 이상규 편, 『李相和詩全集』, 정림사, 2001, 984~986면.

위 시에서 '검'은 인간세계를 넘어서 있는 존재다. 내면적 진실을 판별해 줄 존재는 초월적 권위를 확보하고 있어야 했다.[65] 판단의 대상인 '내면' 자체가, 나아가 그 내면과 견고하게 결합해 있는 '예술' 자체가 초월적 비약이 이루어지는 장소였기 때문이다.

동인지 작가들은 초월적 비전이 수행되는 '내면공간'을 보여주고자 했다. 그러나 이들의 작품에서 이 비전은 계속해서 좌절되고 연기(延期)된다. 이들이 드러낸 것은 '낭만적 동경'의 형식이었고 '낭만적 아이러니(Irone)'가 다다른 환멸이었다.[66] 이들은 '좌절'과 '연기'를 통해 '동경'에서 다시 '동경'으로 나아갔으며, '좌절'의 국면에서 '연기'의 계기들에서 자기반어에 빠지게 된다. 이렇게 '움직이는 내면', '고뇌하는 내면', '고독한 내면'에서 이들은 '내면'의 실감을 창출해내고 있었던 것이다.

> 그는 憂愁에 잠긴 눈을 아래로 나리깔고 얼업시 싸우에 線, 曲線, 點, 圓…… 갓흔 것들을 그리다가 갑자기 무엇에 부딋처 놀란 듯이 (電氣에나 부디친 듯이) 벌덕 니러나며, 가업슨 하늘을 안어나 볼 듯이 頑强한 두 팔을 힘썻 벌니어 손깍지 끼다. 그리고 다시 싸우에 쓰러지다.[67]

이 글은 오상순이 「허무혼의 독어(獨語)」라는 제목하에 묶은 몇 편의

---

65) 세속적 가치와 내면적(예술적) 가치의 배타성을 강조하는 문맥에서 이러한 존재가 요청되었다고 할 수 있다. 동인지에서 이 같은 초월적 존재는 다양한 이름과 형상으로 호출되었다. 가장 흔하게는 '神'으로 호명되었는데, 다른 몇몇 예를 보기로 하겠다. 『장미촌』에는 '정의의 여신상'이 삽화(2면)로 그려져 있다. 그림의 여신은 눈을 가리고 있으며 한 손에 저울을 높이 들고 있고 또 한 손에 칼을 늘어뜨리고 있다. 이 '정의의 여신'은 '육안(肉眼)'을 가린 채 '저울'로 가치를 재고 '칼'로 응징을 한다. 동인지 문학의 장(場)에서 그녀의 이름은 염상섭이 '예술의 양심'을 심판하는 가상의 법정에 최고 재판관으로 초청했던 "Muse("文藝의 神" "詩의 神")"일 수도 있다(염상섭, 「筆誅」, 『폐허이후』, 123면). 염상섭은 '예술의 양심'을 심판할 법정을 상상하면서 "文藝業을 天職으로 삼는 여러 선비"를 입회시키는 것만으로는 부족하다고 느꼈다. 내면적 진실과 견고하게 결합된 예술적 진실을 판단해 줄 수 있는 최고권위는 초월적인 것이어야 했기 때문이다.
66) 지명렬, 『독일 낭만주의 총설』, 서울대 출판부, 2000, 420~440면 참조.
67) 오상순, 「虛無魂의 獨語」, 『폐허이후』, 117~118면.

시와 짧은 산문 중 '그는'이라는 소제목이 달려있는 것의 전문이다. '그는' 일군의 동인지 작가들이 만들어 낸 예술가의 초상이라고 할 수 있다. 이 글에서 '그'의 동작은 초월적 비약을 꿈꾸는 자의 내면 풍경을 연출하고 있다. 그는 "가없는 하늘"을 양팔로 안아보려고 하지만, 유한 속에 무한은 담기지 않는다. 그러나 비극적으로 땅위에 쓰러진 그에게 '무한'을 향한 초월은 또 연기되었을 뿐이다. 동인지 작가들이 말하려 했던 것은 이 계속될 수밖에 없는 '좌절'과 '연기'를 견딜 수 있는 자아의 힘, 그리고 또 다시 꿈꿀 수 있는 자아의 힘이었다고 할 수 있다. 이들에게 '내면'은 '상처'를 통해 발견될 수 있는 것이었다.

3. 관찰 주체와 '사실'의 발견

『태서문예신보』에는 4호부터 「스켓취 첩」이라는 고정란이 꾸며진다. 이 연재 산문의 기획이 드러내는 것은 '회화처럼 외부대상을 보여주는 (showing) 글'에 대한 새로운 욕망이다. 이때의 '글'은 '풍경'이다. 그리고 '글을 쓰는 자'는 '풍경을 보고 옮기는 자'이다. 왜 그런 '욕망'이 생겨났을까. 이제는 아무도 이 '욕망'을 '획기적'이라고, 새롭다고 느끼지 않으면서 그렇게 글을 쓴다. 좀더 정확히 말하면, 그렇게 글을 쓴다고 믿고 있다.

그러나 그 당시에 '그림을 그리듯이' 대상을 생생하게, 사실적으로 '묘사'한다고 했을 때, 그 '그림'의 개념 자체가 이들에겐 일종의 발견이었다. 이때의 '그림'은 "미술학교에서 원근투시화법(遠近透視畵法)을 교수 홀 써 쓰는 그림"[68]이었다. 이러할 때 '그림'을 그린다는 것은 "원근(遠近) 풍경을 한 장 '칸애스' 가운데다 감추는 것"[69]으로 표현된다. 그리고

"횡사(橫寫), 음영, 투시, 축사(縮寫) 등 화법"을 따르지 않을 경우, '대상'은 왜곡된다고 말해진다. 이집트 회화를 고구하면서 이러한 '화법'을 미학적 잣대로 들이밀 때, 이것이 근대적인 발명이라는 것, 역사적인 것이라는 사실은 자각되지 않는다.[70] 다만 이것은 '대상'을 정확히(제대로) 보는 방법이었던 것이다. '근대적인 발명들'은 이러한 방식으로 특권화되면서 동시에 그 '역사성'을 은폐하고 보편화한다. '글'을 통해 대상을 회화처럼 '보여주고자' 했던 당시의 젊은 작가들이 문학사에 출현시킨 것은 대상을 보는 새로운 '방법적 시선'이었다. 이 '시선'의 출현은 동시에 '사실이라고 말해지는 대상'의 등장이다.

이 '시선'이 만들어낸 '사실(풍경)'은 어떠한 것인가. '보는 자'의 위치에 의해 '사실'은 배치된다. '원근(遠近) 풍경'이라고 했을 때, '원근'은 '보는 자'의 위치에 따라 결정된다. '사실'에는 개별자의 '시점'이 개입해 있지만, '사실'은 누가 보아도 그러한 '객관적'인 것으로 간주된다. 근대적인 '사실' 또는 '사실주의'라고 불리는 것이 '객관적'이라는 관형어를 거느리고 나타나는 데에는, '주체 / 객체'의 기본구도를 변주해내는 근대적 인식론이 그 지반에 자리잡고 있다. '객체'는 '주체'의 성립 없이 선험적으로 주어져 있는 것이 아니다. 근대적인 '주체'가 역사적인 만큼 근대적인 '객체' 또한 역사적인 것이다.

가라타니 고진이 메이지 문학사에서 '풍경의 발견'이라고 할 때, 풍경은 이미 그냥 그렇게 존재했던 것이 아니라 '지각 양태'의 변환과 함께 나타난 것이었다. 그는 어떤 작가(혹은 작품)가 낭만주의 작가(작품)인지 자연주의 작가(작품)인지를 심각하게 논의하는 것은 우스꽝스러운 일이라고 말한다. 한 작가(작품)에게서 두 가지 특성이 다 나타나는 것은 낭

---

68) H. M(해몽), 「스켓취 帖」, 『태서문예신보』 4호.
69) 새별, 「生의 悲哀」, 『창조』 5호, 51면.
70) 김환, 「美術論(2)」, 『창조』 5호, 69면. 김환은 이집트 회화를 고찰하면서 이러한 "畵法을 解得지 못하야 正面的 眼目을 側面 顏이 擬하며, 正面 表示의 體軀에 側面的 股脚을 配할 뿐 아니라 其長은 上半身 四分의 三을 超過케 하엿"다고 말한다.

만주의와 리얼리즘의 내적인 연관성을 단적으로 나타내고 있을 뿐이라는 것이다. 달리 말하면, '객체'는 '주체'의 성립과 그 역사를 같이 하듯이, 사실주의(객관주의)의 기원은 낭만주의(주관주의)의 기원과 얽혀 있다.[71] 예를 들어, 고진의 관점으로 보자면, 염상섭의 「표본실의 청개고리」를 두고서 자연주의적인지 낭만주의적인지에 대해 고심할 이유가 없다. 이 작품이 보여주는 것은 자연주의적인 욕망과 낭만주의적인 욕망의 내적인 연관성인 것이다. 게다가 여기에는 계몽주의적인 욕망까지 가세해 있다.[72] 다시 예를 들어, 박석윤의 「생의 비애」(『창조』 5호)라는 미완으로 끝난 소설을 보자.

① 大學 모퉁이를 막 도라셔자 同級生 A를 만낫다. 그는 나를 보고 피익 우스며

「어듸가니? 또 恒常하는 버릇을 냇고나.」

「學敎를 갈 터이면 가는 것같이 가지 遲刻은 다 무엇이니」

「이애 Truancy(無斷缺席) 하는 것보다 낫지 안으리. 하……. 이애 네가 오늘 學敎 缺席한 까닭을 말할까. 中○先生의 東洋史가 듯기 시려 그러지? 모도 거짓말이니까 네가 그것을 듯기 시려 하는 것도 當然하다.」

이러케 말하면서 A는 學敎로 갓다. 나는 孤獨한 마음으로 먼 - 山을 치어다 보면서 自然을 짜라갓다. 東山은 빗이 됴키로 日本셔 매우 치는 데다. 비록 겨울이라도 그 푸른 물이 쑥々 듯는 것 같은 翠綠이 長蛇같이 京都의 한편을 두른 옛른 山을 꼭 싸고 잇다. 하물며 봄이 되면 그 푸른 빗 가운데도 層이 져서 黑에 갓가운 푸른 것과 綠에 갓가운 푸른 것이 셔로 넘쳐 어울너져셔 自然의

---

71) 柄谷行人, 앞의 책, 17~56면.

72) 이 점에서 지금까지 주로 낭만주의나 자연주의의 측면에서 고찰되어 온 염상섭의 초기 소설의 기반을 계몽주의로 파악한 장수익의 논의는 흥미로운 데가 있다. 그는 이광수의 계몽을 '외면적 계몽'으로 염상섭의 계몽을 '내면적 계몽'으로 구분하고, 염상섭 초기 소설을 통해 이광수 이후 계몽주의 문학이 어떤 방식으로 전개되고 극복, 소멸되어 갔는지를 해명하고자 했다(장수익, 「염상섭의 초기 소설과 계몽주의」, 『한국문학과 계몽담론』(문학사와비평연구회), 새미, 1999). 그러나 계몽주의에 초점이 맞춰진 그의 고찰에는, 계몽성과 낭만성 그리고 자연주의로 대변되는 사실성에 대한 욕망이 얽혀 있는 1920년대 초기의 원초적인 복합성에 대한 인식이 누락되어 있다.

錦繡를 일우고 잇다. 나는 別로 갈 바도 定치 안코 발씃 가는 대로 따라갓섯다. 말하면 自然의 부름을 받어 손늼이 되어 가는 터이니까 어듸를 가던지 自然을 차져서 그것을 鑑賞하면 그만이다. (49~50면)

②아 ― 果然 그들은 感激의 頂點에 잇고 神聖의 頂點에 잇고 幸福의 頂默에 잇다. 世上 사람들은 그 內面의 觀察은 하지 아니하고 空然히 그 外部에 나타난 形式과 只今까지 奴隷 노릇한 因襲의 指導로 因하야 不神聖하다 하며 우리 나라 制度를 無視한다 하며 或 甚하게 生각하는 사람은 戀愛라는 理由 下에서 野合한다고까지 하리라. 그러나 惡法이 法이 아니여야만 할 것과 마찬가지로 惡習慣은 우리를 支配할 힘이 업셔져야만 할 것이다. 勿論 나는 絶對한 自由戀愛와 自由結婚을 主張하는 것은 아니다. 그러나 적어도 무엇을 안다는 사람은 이것을 理想으로 삼어야 할 것이다. 아무럿튼 結婚의 第一 條件은 사랑이니까, 公正한 方法으로 사랑잇는 結婚을 하면 될 것이다. (52면)

③쏘다시 工場을 지내서 나온 그 시냇물을 짜라서 거름을 繼續하엿다. (…중략…) 그때 내 눈에 씌인 것은, 내 겨편 언덕에서 일하고 잇는 勞動者의 한 쎼와, 냇 아래편에 잇는, 내가 선 곳에서 十餘步 겨우 되는 地點에 잇는 조고만한 집이엿다. ―이것은 집이라고 하는 것보다도 무슨 막이다. 짱우에다 板子를 둘너 세우고 판자로 지붕을 하엿다. 그야말로 文字대로 一時的 판자집이다. 내가 선 곳에서 그 內部가 드려다 보인다. 판자로 얼거셔 마루를 만든 것도 보인다.
내의 視線은 굿세게 어느 一點에 부텃다. 짱바닥에서 어린 아해를 발견하엿다. 生後 一個年을 넘지 못하엿겟다. (53면)

'나'는 학교에 결석하기로 작정했다. 무슨 특별한 사정이 있어서가 아니다. 동학 A는 나에게 "항상하는 버릇"이 또 발동했다고 여길 뿐이다. A는 장난스럽게 동양사 과목이 듣기 싫어 그러느냐고 했지만(당시 조선 유학생에게 일본에서 일본 선생이 가르치는 동양사 과목이란 상당히 곤혹스러운 것이었을 테지만), 나는 그저 어느 날 기상 종소리에 맞춰 34채나 되는 기숙사 학생들이 일제히 등교준비에 부산스러워지는 게 이상해졌고 조금 후 학생들이 모두 빠져나간 텅 빈 기숙사에서 "300여명이나 되는 젊은 사람들이 어느 곳으로 무엇을 하려 갔나" 싶은 허무한 기분에 빠져들었기 때문이다. 그는 종종 이러한 기분에 빠지고, 따라서 '버릇'처럼 결석을 하는 인물이라고 할 수 있다. 이러할 때, 그는 일상에 대해 '거리'를 두고 바라보는 자이며, 이 '거리'는 그를 일상 바깥에 서게 한다. 자신이 속해 있었던, 또 마땅히 속해 있어야 할 일상이 문득 낯설어지는 지점에서 그가 느끼게 되는 것은 '고독'이며 '내적 인간'이라는 것이다. 그러므로 "A는 학교로" 갈 때, "나는 고독한 마음으로 먼 산을 치어다보면서 자연을 싸라" 간다. 산이라기보다는 큰 언덕쯤 되는 길전산(吉田山), 단지 "일요일이 아닌 고로 사람의 그림자도 볼 수 업"었을 뿐인 이 산은 나에게 더없이 "엄숙하고 순결한 자연의 왕국"으로 여겨진다. 이 산의 반대편에 "'생'의 뒤를 쪼차 호흡하는 데" 여념이 없는 사람들이 살고 있다. 반면에 이 야트막한 산언저리에서 "자연인의 평화"를 누리며 일하는 농부의 가족들은 내가 본 풍경 속에 용해되어 있다. '자연'을 대하는 그의 감정은 매우 '낭만적'이다. 그렇지만 그는 "혹에 갓가운 푸른 것과 녹에 갓가운 푸른 것"을 구별해낼 만큼 '본 대로' 말하고 있을 뿐이다. 그는 이 장면에서도 '관찰자'의 위치에서 벗어나 있지 않았다.

이 소설은 한 인물이 "발끗 가는 대로(발길 닿는 대로)" 돌아다닌 하루에 관한 이야기다. 소설 속에서 그가 하는 일이란 걸으면서 때로는 멈춰서서 풍경을 보거나 회상에 잠기거나 하는 게 전부다. 소설의 시간 내에서 사건이라고 할 만한 것은 전혀 벌어지지 않는다. '사건'도 없이 '내'가 본 풍경만으로 소설이 지탱되고 있는 것이다. 그렇다면, ②와 같은 연설조의 독백은 돌출적이다. 그는 상가무(上加茂)라는 곳을 향해 가면서 "전날 지낸 회상"에 빠진다. 여기서 '나'는 절친한 벗 K와 동행하여 '상가무(上加茂)'에 갔다가 K의 약혼녀(R)를 보게 된 일을 떠올리는데, ②는 두 연인(K와 R)이, 좀더 정확히 말하면, '연인이라는 그들의 관계'가 불러일으킨 '자유연애'에 관한 나의 견해다. 이에 따르면, 자유연애와 자유결혼은 "무엇을 안다는 사람은 이상(理想)으로 삼아야 할 것"이다. ② 인용문의 주장은 그 논조까지 포함해서 '계몽적'이다. 그리고 '낭만적'이다. 여기서 '자유연애'는 전래의 권위에 저항하는 행위이며, "감격의 정점에 잇고 신성(神聖)의 정점에 잇고 행복의 정점에 잇"는 자신의 '내면'에 전적으로 응하는 일이다.

그런데 K의 약혼녀 R이 '내'게 강한 인상을 심어주게 된 것은, 그래서 상가무(上加茂)라는 장소가 그녀를 떠올리게 하는 것은, 그녀가 단지 '자유연애'의 표상 속에 있었기 때문만은 아니다. 그녀가 나에게 아주 특별하게 떠오를 수 있었던 것은, 상가무(上加茂)에서 그녀가 날마다 하는 일이 "원근 풍경을 한 장 '칸얘스' 가운데 감추는 것", 즉 풍경을 그리는 것이었다는 데에 있었다. "화폭 압페 셔서 붓과 그림물을 양 손에 들고 한번 먼 산을 치어다 보고 한번 그림을 치어다보고 하는" 그녀의 모습 앞에서, K와 나는 "무슨 신성한 물건이나 대한 것같이 꼭 손을 잡고 단정한 자세로 그 좌우로 댕기는 손을 주시(注視)"한다. 다시 말해, 붓을 든 그녀의 손이 좌우로 움직이는 데 따라 원근의 풍경이 '캔버스'라는 평면에 옮겨지고 있는데, K와 나는 그 손을 "무슨 신성한 물건이나 대"하듯 의미심장하게 주시하고 있었던 것이다. 이렇게 나의 회상이 펼쳐질 동안 주변의 풍경은 묘사될 수 없다. 그 풍경은 그녀의 '화폭' 속에 있을 것이다. 그런 점에서, 그녀는 내가 해야 할 것, 달리 말해, 나의 욕망을 대신하고 있는 존재라고도 할 수 있다. 당시에, 새로운 수법의 글쓰기는 '원근'을 갖는 3차원을 2차원의 평면에 실현시키는 새로운 회화에 대응되었다. 「후회」라는 소설에서는 작문을 보여달라는 부탁에 스케치북을 대신 내놓은 장면이 있다.

> 북그러와서 머리를 숙으리고 안젓던 오의순이가 겨우 용긔를 내야 말하기를
> 「선생님 최근의 발표되지 아니한 작문이 잇으면 좀 보여주시지 아니 하렴니까.」
> 김 「보여드릴 만한 작품이 잇서야지요. 수일 전에 어데 산보를 갓다가 스켓취한 것이니 보시오」하며 스케취칙을 내여노왓다.[73]

이 소설에서 "어데 산보를 갔다가 스켓취한 것"이라며 '스케취칙'을 보여주는 김의호는 '화가'가 아니라 '작가'로 유학생계나 조선 청년들 사이에 알려져 있는 인물이다. 그랬기 때문에 그를 방문한 여학생 오의순이 "발표되지 아니한 작문"을 보여달라고 하면서 첫 만남의 어색함을 풀어보려고 했던 것이다. 위의 대화는 단지 김의호가 다방면에 재능이 있고 다양한 취미를 가진 인물이라는 걸 보여주고자 한 것이었을 뿐일까. 그는 미술을 전공한 자도, 화가가 되고자 하는 자도 아니지만 그림을 그리는 일에 유별난 취미가 있는 인물이다. 어떤 작가가 스케치북을 들고 산보를 나가 주변 풍경을 '스케치'하는 것은, 그 당시에 '화가' '조각가'의 시선이 '소설가'의 시선을 설명하는 데 동원되었다는 것을 다시 떠올려본다면, 작가로서의 욕망과 무관한 일이 아니었다고 할 수 있다. 『태서문예신보』의 「스켓취 첩」이라는 고정란은 그림이 아니라 '글'로 꾸며진다. 그리고 김동인의 「마음이 여튼 자여」에서 조선 반도의 유망한 젊은 작가 C는 스케치북에 그림물감까지 챙겨들고 금강산에 오른다. '작가'와 '스케치북'의 연결에서 이 시기에 새롭게 떠오른 문학적 욕망을 엿본다면, 당시의 젊은 작가들이 '글쓰기'를 통해 외부대상을 시각적으로 재현해내고 싶어했다는 것이다. 이때, '시각'은 무언가를 '사실적'으로 느낄 수 있게 하는 특권적인 감각으로 부상해 있다. 그리고 이 '시각'은 새로 발명된 '원근법적인 시각'이다.

위의 ③ 인용문으로 돌아가 보자. 여기서, 처음 "내 눈에 씌인 것"에서 마침내 내 시선이 머무르게 된 '일점(一點)'까지는 일직선으로 이어질 수 있을 듯하다. 이 풍경 배치의 순서에 적용된 기준은 '나(주체)'의 위치가 결정짓는 물리적인 원근 감각이다. 이 배치는 풍경의 사실감뿐만 아니라 외부대상을 골똘히 바라보고 있는 자의 집중도를 드러내주는 효과까지 산출한다.

---

73) 李一, 「후회」, 『태서문예신보』 16호, 3면.

그런데 이 인용문의 장면을 더욱 '사실적'으로 느끼게 만드는 것에는, 여기에 배치된 것들, '무슨 막과 같은 판자집', '판자로 얽어서 만든 마루', '땅바닥에 떨어진 어린 아이', '그 아이가 입고 있는 (흰 저고리에 붉은 고름을 단) 우리나라 옷' 따위가 당시에 통용된 '자연주의'의 감수성과 논리 내에서 '비애'감을 불러일으키는 종류의 것이었다는 게 크게 작용하고 있다.[74] 이 소설의 제목으로 쓰여진 '생의 비애'라는 감정은 '현실 / 이상'이라는 낭만주의적 양분법에서 보자면 현실과 이상의 간극, 즉 이상과 괴리되는 현실의 유한성과 비천함에서 발로한다.[75] 염상섭이 자연주의의 캐치프레이즈로 종종 사용했던 "현실폭로의 비애" "환멸의 애수"라는 용어가 비천한 현실, "인생의 암흑추악한 一反面(뒷면)"의 묘사에서 발원하는 감정을 지칭하는 것이었다면,[76] 이때 그는 '현실 / 이상'의 이분법에서 '이상'이라는 유토피아를 괄호 치고 있을 뿐이었다고 할 수 있다. '이상적이지 않은 현실'이 '사실적'이라는 느낌과 견고하게 결합되었을 때, '판자집', '판자로 얽어서 만든 마루', '땅바닥에 떨어진 어린 아이', '그 아이가 입고 있는 우리나라 옷' 등등은 더욱더 '사실적'인 소재가 될 수 있다. 이 부분은 '자연주의적'인 장면이라 일컬어질 만 하다.

도식적으로 말해, ①은 낭만주의적이고, ②는 계몽주의적이며, ③은 자연주의적이라고 할 수 있겠지만, 주목해서 봐야 할 것은 이것들이 한 작품 내에서 공존하고 있다는 것이며 얽혀 있다는 것이다. 이 얽힘 속에

---

74) 염상섭이 '자연주의'를 설명하기 위해 사용한 '환멸의 비애' '현실폭로의 비애'라는 용어는 일본자연주의 이론가인 長谷川天溪의 평론 제목들과 같다. 長谷川天溪는 명치 39년 10월호 『太陽』지에 「幻滅時代の藝術」이라는 평론을, 명치 41년 1월호 같은 지면에 「現實暴露の悲哀」라는 평론을 발표했는데, 이 두 글의 제목은 그대로 일본 자연주의 운동의 캐치프레이즈로 통용되었다(강인숙, 『자연주의 문학론 II—염상섭과 자연주의』, 고려원, 1991, 32면).

75) "有限(육체, 현실)과 無限(정신, 이상) 새에서 나오는 부르지즘이 生의 悲哀로 나오는 것이다."(懷月, 「生의 悲哀」, 『백조』 3호, 195면)

76) 염상섭, 「個性과 藝術」(『개벽』 22호, 1922.4), 『염상섭 전집』 12권, 35면.

서 '생의 비애'라는 정서는 "자연의 부름을 받아 손님"이 되었다고 느끼는 순간에도①, 사회의 인습과 악습을 질타할 때에도②, 현실의 비참을 확인하는 자리에서도③ 발생한다. 이러한 양상을 오늘날의 관점으로 '비동시적인 것의 혼재(혼란)'로 단정해버리고 만다면, '오늘날의 관점'이라는 것이 '만들어진 것'이며 '역사적인 것'이라는 사실을 보지 못하게 된다. 1920년대 초기 동인지 담론이 보여주는 것은 '비동시적인 것'이라고 생각되어져 왔던 것들의 '동시성'이며 '내적 연관성'이며 '분기(分岐)의 논리'라고 할 수 있다.

'사실성(Reality)'이나 '사실적(Real, Realistic)'이라고 하는 것이 원래부터 그러한 것이 아니라 '지각양태'의 변환과 함께 새롭게 만들어지게 된 것이라면, 그 구성에 개입해 있는 인식론적 토대를 살펴봐야 할 것이다. '사실성'이 조성되는 자리에는 두 가지 이항대립의 쌍이 작동한다. 그 하나가 '주체 / 객체'의 이분법적 대립이고, 다른 하나가 '현실 / 이상'의 이분법적 대립이다. 물론, 지금까지 살펴보았듯이, 이 대립의 지점은 '사실성'만이 아니라 '낭만성', '계몽성'이 출현하는 자리이기도 했다. 이제, '사실성'을 산출하는 논리를 추려내 정리해보기로 하자.

첫째, '주체 / 객체'의 이분법에서 '사실성'은 주체가 객체를 그것 그대로 재현해내는 데서 형성되는 것으로 생각되었다. 이때, 강조되는 것은 주체가 외부대상과 감정적으로 연루되어 있어서는 안 된다는 것이다. 이 연루는 '주체 / 객체'의 이항대립을 허물어 '객체'를 '객체'로 드러내는 것을 방해한다고 여겨졌던 것이다. 따라서 그에게 중요한 것은 "관찰하는 습관"일 뿐인데, 이 습관(태도)은 "인생에서 탈퇴(脫退)하는 습관"과 동일한 층위에서 논급되기도 했다.[77] 달리 말하면, 어떤 인생이나 사건 또는 상황을 '사실적'으로 그릴 수 있는 자는 그 경험 내부에 있는

---

77) 메레즈코우스키, 김억 역, 「뜨르예르論」, 『폐허』 2호, 74면. "藝術家의 心中에 人生에서 脫退하는 習慣, 觀察하는 習慣, 外部로부터 산人生의 눈이 아니고 冷情한 觀察者의 눈으로 人生을 觀察하는 習慣을 짓게 된다."

자가 아니라 "외부로부터 (…중략…) 냉정한 관찰자의 눈으로" 바라보고 있는 자라는 말이다. 여기서 '관찰자의 시선'이라는 것이 '특정한 방법적 시선'이라는 점은 이를 수사학적으로 화가나 조각가의 시선에 대응시키는 데서 엿볼 수 있지만, 동인지 작가들에게 이것은 '대상을 정확히 (제대로) 보는 태도'로 여겨졌을 뿐이다.

다음으로, '현실 / 이상'의 이분법이 작동하면 '사실적인 것'이란 내용이나 소재에 있어서 평범한 것, 더 나아가 불쾌한 것, 누추한 것, 추악한 것, 비참한 것 따위와 연결된다. 왜냐하면 '사실적인 것'은 '현실적인 것'인데, '현실적인 것'은 '이상적인 것'과 대립되는 것으로 설정되어 있기 때문이다. '이상적'이지 않을수록 '현실적'이라는 느낌이 강화되고, 따라서 '사실적'으로 받아들여지게 되는 것이다. 따라서 '판자집', '판자로 얽어서 만든 마루', '땅바닥에 떨어진 어린 아이', '방적공장(紡績工場)에서 기계의 부속물이 되어 좌왕우왕하는 사람들—소녀들'은 지극히 '사실적'인 소재들이었다고 할 수 있다. 다시 말해, 형무소 대기실에서 볼 수 있었던 "낙심하고 나오든 할마니, 나무럼하든 부인, 낙관하든 노인, 할 째를 몰나 애를 쓰든 절문 부인으로브터 감옥 안에 유죄무죄지간(有罪無罪之間)에 가쳐잇는 사람들의 형형색색한 처지와 비절참절(悲絶慘絶)한 사정"[78]이 '사실적'인 소재이며 내용으로, 소설가가 다루기에 그럴싸한 모델로 여겨지게 되었던 것이다.

> 대관절 내가 이다지 海雲臺에 憧憬함은 數年前 春園의 海雲臺 紀行을 읽은 것이 큰 原因이엇다. 實物을 못 본 나는 그 글로 말미암아 별다른 彩畵 一幅을 머리에 그려 두엇섯다. 나도 細 모래판에 미처 뛰어 보리라. 淸風에 옷소매를 날리며 눈물을 흘려 보리라. 그리고 나도 그런 詩를 읊흐리라. 그런 글을 지으리라. 한 것이 나의 숨은 宿願이엇다.
> 그러나 冷酷한 現實은 이 苟且한 꿈조차, 바람(願)조차 쌔털이고 말엇다. 아

---

78) 늘봄, 「生命의 봄」, 『창조』 5호, 10면.

아 내가 웨 海雲臺에 갓든고? 만일 가지 안핫던들 내가 가슴에 그려둔 그림에 기리기리 몬지가 아니 안고 좀이 쓰지 안핫슬 것을! 그것으로 스스로 滿足하고 스스로 즐겨하엿슬 거슬! 아아 幸福을 마시랴다 苦痛을 맛보고 詩를 어드랴다 너절한 散文으로 조히를 黑칠함은 무슨 일인가. 모를 일이다! 모를 일이다!

(…중략…) 늠실늠실 닥치는 滄波는 스르륵 이리로 부딋자 버글으 하고 물너서며 겨을 가튼 水面에 흰 花瓣의 거품을 씌웟다. 煙波渺茫한 地平線 저 便은 하늘과 바다 가운데 어우러저, 蒼穹 한가지 碧波에 녹아들어가는 듯하엿다. 가슴이 싀언함을 아니 늣김은 아니언만 그래도 마음 어대인지 '이까짓 景致야 아모 海邊에서도 볼 수가 잇다'하는 不滿이 잇섯다.79)

이는 현진건이 해운대를 본 소감을 적은 것인데, 그는 이 부분에 '나와 해운대'라는 소제목을 달아 놓았다. 그가 말하고자 하는 것은 '내가 본 해운대'인데, 이에 대비되는 것은 '춘원 이광수가 본 해운대'라고 할 수 있다. 현진건은 해운대의 '실물'을 보기 전에 춘원의 해운대 기행을 읽고 해운대에 대해 '미경(美景)'80)의 환상을 품고 있었다. 그에게 해운대가 "이까짓 경치야 아모 해변에서도 볼 수가 잇다"고 느껴지게 된 데에는, 그리고 그 평범한 풍경이 "냉혹한 현실"로 느껴지게 된 데에는 '미경(美景)'에의 동경이 있었기 때문이었다. "해운대가 좋으면 얼마나 좋으랴 하고" 찾아간 이광수는 해운대의 경치에 감탄했지만, 오히려 해운대를 이상화하여 상상했던 현진건은 막상 "산도 그저 그러한 산이요 바다도 그저 그러한 바다"를 보았을 뿐이다. 현진건은 이 글에서 "행복을 마시랴다 고통을 맛보고 시를 어드랴다 너절한 산문으로 조히를 흑칠"하게 된 경험을 쓰고자 했다. '동경'이 깨지는 자리에서 그는 '냉혹한 현실'과 '너절한 산문'을 발견하게 된 것이다. 현진건은 이것이 '실물'이라고 말한다. 그는 자신이 본 해운대 풍경을 '사실'의 층위에 두고 있었다. 그랬기 때문에 "본 그것, 느낀 그것"을 쓰자고 생각하자, "그때의 무

---

79) 憑墟, 「朦朧한 記憶」, 『백조』 2호, 137~138면.
80) 이광수, 「五道踏破紀行 第二十九信」(『매일신보』, 1917.8.1), 『이광수 전집』 18권, 164면.

미(無味)하고 산문적이든 사실과 감상이 의미 깊흔 듯"이 그에게 떠오르게 된다. 그는 이 글에서 "아아, 내가 웨 해운대에 갓든고?"라고 후회하는 포즈를 취하고 있지만, 이 포즈의 심층에는 '이까짓 경치' 앞에서 "세(細) 모래판에 미처 뛰"고 "청풍에 옷소매를 날리며 눈물을 홀"리는 식으로 감정적 흥분과 동요를 일으키는 것에 대한 조롱이 깔려 있으며, 이와 대조적으로 해운대의 경관을 감정의 개입 없이 관망하고 있는 스스로의 냉정한 태도에 대한 은근한 자부심이 자리잡고 있다. 그렇지만 "늠실늠실 닥치는 창파는 ~ 녹아 들어가는 듯 하엿다"와 같은 현진건의 해운대 묘사는 이광수의 해운대 묘사와 별 차이가 없다. 차이는 이광수의 해운대 묘사가 '미경(美景)'의 문맥에 놓여 있는 데 반해, 현진건의 묘사는 그 문맥과 갈라지는 자리, 그리하여 '너절한 산문'과 결부되는 자리에 위치해 있는 데서 발생한다. '실물'을 '너절한 산문'과 연결시키는 지점에서 현진건은 '산문'을 쓰는 자, '근대소설'을 쓰는 자의 자의식을 드러내고 있었다.

제5장
근대적 표상의 의미 구성과 작용

1. 연애—풍속의 충돌, 자아 해방, 미적 삶

동인지 문학의 서막에 해당하는 『창조』 1호에 실린 창작품 전부가 공교롭게도 '연애'에 대한 새로운 감각과 긴밀하게 관련되어 있다. 시 「불노리」(주요한), 희곡 「황혼」(최승만), 소설 「신비의 막」(김환), 「혜선의 사(死)」(전영택), 「약한 자의 슬픔」(김동인) 등의 작품은 '연애'라는 시대적인 기호가 빚어낸 새로운 감수성과 문제적인 장면들을 보여준다. 물론 이러한 사정은 『창조』 1호에 국한되지 않는다. 1920년대 동인지 문학에서 '연애'는 일종의 유행이었으며, 전근대적인 사회를 향해 던지는 문제제기의 형식이었고, 예술적인 초월의 계기로 고양되기도 했다. 이러한 동인지 문학의 지평에서 "지금 우리나라 모든 소설의 주조(主潮)"를 "'사랑 없는 결혼은 제로'라는 말"로 과감하게 요약할 수 있었다.[1]

"사랑 없는 결혼은 제로"라는 말이 시사하듯이, '사랑'이라는 감정에 기반한 '자유연애'라는 새로운 풍속은 기존의 결혼제도와 결혼관계를 무효화하려는 데까지 나아갔다. 결혼의 제 1조건을 '사랑'에서 찾은 이 시기 지식 청년들에게 이 조건이 결여된 결혼은 다만 악습의 산물이며 악습의 폐기와 함께 취소되어야 할 것으로 여겨졌다.[2] 1920년대 동인지 문학에서 '자유연애'는 개인적인 행위이면서 동시에 사회적인 행위였다. '조혼'으로 인해서 10대 후반에서 20대 초반의 연령층에 청년들은 이미 기혼자인 경우가 많았는데, 때문에 '이혼'은 집단적인 고민에 속했다. 그것은 "보통 조선청년에게는 누구에게나 부터단이는 번민"으로 인식되었다.[3] 이러한 시대적인 맥락에서 최승만의 희곡 「황혼」과 전영택의 소설 「혜선의 사」를 함께 놓고 볼 때, 각각의 주인공은 '이혼'에 대해 서로 다른 두 입장을 보여준다. 「황혼」의 주인공 김인성은 부모와 아내 앞

1) 김동인, 「霽月氏의 評者的 價値」, 『창조』 6호, 73면. 그러나 연애 소설의 범람에 대해 비판적인 목소리도 있었다. 일례로, "요새는, 小說을 男女의 연々한 情味를 맛보는 글가치 알게 되었다. 이런 놀내고만한 變이 어데 잇스랴"(전영택, 「凡人의 感想」, 『학지광』 20호, 1920.7, 50면) 그러나 동인지 문학인들은 자신들이 '연애'를 다루는 층위는 이러한 통속성에서 벗어나 있다고 생각했던 것 같다. '연애'를 중심 모티브로 삼고 있는 김동인의 「마음이 여튼 者여」에도 범람하는 연애 소설에 대한 논설적 비판("소설은 모도 戀愛結婚主唱의 論說뿐이니 아마 우리나라에서는 文學小說이라는 것을 그것으로 아나보다. 그 原因은 맨첫번에 文學小說이란 일홈으로 發表한 사람─實로 通俗小說이지만 創作 멧 가지를 모도 婚姻問題로만 함으로 그 中毒을 밧앗슴이다")이 삽입되어 있다(『창조』 3호, 42면).
2) "結婚의 第 一 條件은 사랑이니까, 公正한 方法으로 사랑잇는 結婚을 하면 될 것이다."(새별, 「生의 悲哀」, 『창조』 5호, 52면) 위 문장에서 공정한 방법이란 자유연애를 두고 한 말이다. 이 텍스트의 전후 문맥에서 우리가 확인할 수 있는 것은, 당시에 연애는 "무엇을 안다는 사람" 곧 지식 청년들에게는 '이상(理想)'으로 받아들여졌지만, 일반 사회에서 그것은 "우리나라 制度를 無視"한 행동거지로 심하게는 '야합(野合)'으로까지 비춰졌다는 것이다. 그러나 1920년대 초기 지식 청년들은 "惡法이 法이 아니여야만 할 것과 마찬가지로 惡習慣은 우리를 支配할 힘이 업서야만 할 것이다"라는 생각으로 일반사회의 세평에 대응하고 있었다.
3) 염상섭, 「除夜」(1922.1), 『염상섭 전집』 9권, 민음사, 1987, 80면. 여기서 조선 청년의 전형적인 고민거리로 두 가지를 꼽는데, 그 하나가 '이혼문제'이고 다른 하나는 '부모의 몰이해'다. 세대간의 충돌은 여러 가지 상황에서 표출되겠지만 이혼문제 또한 부모와의 충돌이 표면화되는 주요한 계기의 하나였다.

에서 "제 처를 버릴 권리"를 당당하게 주장하면서 이혼을 요구하는 청년이다. 반면에 「혜선의 사」의 혜선은 이혼을 요구받고 있는 여성이다.

김인성이 '처를 버릴 수 있는 권리'를 주장할 수 있는 합리적인 이유로 제시하는 것은 두 가지다. 그가 처를 사랑하지 않는다는 사실이 그하나고, 두 번째는 자신의 아내가 자신을 이해하지 못한다는 사실이다.[4] 이 두 가지, '사랑'과 '이해'는 연애의 기본적인 조건이었고 따라서 '참결혼'의 새로운 조건이었다.

> (金) 참婚姻을 하려면 두 사람 사이에 圓滿한 理解와 熱烈한 사랑이 잇어야 하지오 두 사람이 徹底하게 理解하고 熱烈한 사랑이 잇서야 하죠 이것이 업는 婚姻이라면, 벌서, 이것은 참婚姻이 못되겟지오
> (父) 이놈아 살면 사는 것이지, 참婚姻은 엇던 것이요 거즛婚姻은 엇던 것이란 말이냐 내, 네 소리는 하나투 몰으겟다. 쏘 徹底한 理解는 엇더케 하는 것이 徹底한 理解며 熱烈한 사랑이라는 것은 엇더케 하는 것이 熱烈한 사랑이란 말이냐! 나종에는 別 못됨 놈 소리를 다 듯는군……[5]

김인성은 아버지에게 자신의 생각을 강력하게 피력해 보지만, 그가 사용하는 언어는 아버지에게 낯설고 이상한 기호일 뿐이다. 김인성의 말에서 "참 혼인" "철저한 이해" "열렬한 사랑"이라는 기표는 의지와 의미로 충만해 있지만, 아버지에게로 옮겨오면 그것들은 속이 텅 빈 기표가 된

---

4) "(부인을 향하야) 여보시요, 당신은, 나의 理解한 者가 안이요 나의 사랑하는 者가 안이요 당신도 당신을 잘 아시요 健康한 몸으로 게시요" 이것이 그가 아내에게 던진 마지막 말이다. 김인성의 아내에 대한 이런 태도는 오히려 온건한 편에 속한다. 다음 텍스트에서 아내의 인격은 완전히 무시된다. "東俊은 어려서 안해가 이섯다. 그러나 그 거슨 참말 안해가 아니라 妻라 하는 奴隷이다. 왜 그러냐 하면 東俊은 아직 兩性을 가릴 만한 智慧도 나기 前에, 勿論 結婚의 最大目的이오 要素인 ─겨도 지금 東俊이 主張하는─ '性慾'을 아직 알지 못할 때에, 다시 말하면 生殖機能이 아직 發達되지 못하여슬 때에, 異性에 대한 愛情이 생기기 前에, 보지도 못하고 듣지도 못하든 處女 아히를 하나 미래의 東俊의 안해라는 이름으로 돈 三拾圓(?)을 주고 사왓든 것이다."(長春, 「運命」, 『창조』 3호, 49~50면)
5) 極熊, 「黃昏」, 『창조』 1호, 12면.

다. 다만 아버지는 아들의 언어에서 어떤 불온함을 느낄 따름이다. 아들의 언어는 아버지에게 "하나투 몰으겠"는 소리이며 "못됨 놈 소리"인 것이다. 이 장면에 등장하는 인물은 어머니와 처까지 합해서 모두 네 명이다. 어머니에게도 아들의 말은 "망측한 소리"에 불과하다.[6] 그리고 이혼문제의 당사자인 그의 처는 "고개 숙으린 채 소리없이 안젓"을 뿐이다.

그러나 김인성의 서재에서 펼쳐지는 또래 청년들 사이의 대화에서 김인성의 '이혼문제'는 토론의 대상이며 계기로 작용한다. 여기서 그의 이혼은 '개인주의'라는 층위에서 다루어진다. 김인성은 "개인〳끼리 제각금 자기의 할 일만 잘한다 하면, 이것이 사회에 큰 이익을 주는 것이 안이겠나!"라며 목소리를 높인다. 이런 관점에서 김인성은 결국 집을 나가겠다고 가족들에게 선언하는 자리에서 다음과 같이 자신의 결단에 대단한 의미를 결합시킬 수 있었다. "저는 저를 위하고 사회를 위해서 안이 나가면 안이 되겠습니다"라는 그의 출사표는 1920년대 동인지 문학의 장(場)에서 '이혼'과 '자유결혼'이 논의된 지층을 암시해준다. 이 시기에 '이혼'은 개인적인 결단이면서 사회적인 행위로 인식되었다고 할 수 있다.

마지막 무대(제 4막)는 김인성의 애인 배순정의 집에서 펼쳐진다. 이혼을 강행하고 '사랑'을 쟁취한, '자유결혼'에 성공한 김인성은 그러나 행복한 모습을 보여주지 않는다. 그는 알 수 없는 병에 시달린다. 그는 마지막 대사에서 "내 병은 내가 맨든 것이 아니요 …… 다른 사람이 …… 우리 아버지, 어머니가 …… 아니, 우리사회가 ……" 만들었다고 탄식한다. 그리고 자살로 삶을 마감한다. 이로 인해 '자유연애'와 '이혼' 그리고 '자유결혼'으로 이어진 그의 행보는 돌연 비장미를 띠게 된다. 그의 마지막 대사는 그의 죽음을 대 사회적인 문제제기로 변환시켜 놓는다. 희곡 「황혼」은 학우회 망년회 때 실연했던 작품이라고 하는데,[7] '자유

---

6) "아이구 너도 망측한 소리두 한다. 제 혼인을 제가 엇더케 定한단 말이냐. 서양국에서는 몰으겠다마는 우리조선 풍속으로야 그런 일이 어듸 잇니!"(12면)
7) 「남은 말」, 『창조』 1호, 81면.

연애―이혼―자유결혼'은 신교육을 받고 있었던 유학생들에게 있어서 비상한 공동 관심사의 하나였다고 할 수 있을 것이다.

「혜선의 사」에서 주인공 혜선을 자살로 이끄는 직접적인 원인 또한 '이혼'의 충격이다. 혜선은 당사자인 자신도 모르는 사이에 이혼이 이루어졌음을 그녀의 친구 정자의 편지를 통해 뒤늦게 알게 된다.[8] '유학생 남편 ― 남편의 애인인 신여성 ― 본처 혜선'의 구도로만 본다면 혜선은 몰락해가는 가치를 대변하는 구여성의 자리에 놓여 있는 듯 보이지만, 혜선은 그렇게 명료하게 규정될 수 있는 인물이 아니다. 그녀는 특이하게도 결혼 후에 친정아버지의 권유로 신식학교에 입학해서 공부하고 있는 '여학생'이다.[9] 그녀는 방학중에도 친정이나 본가에 가지 않고 적막한 기숙사에 머문다. 그녀는 "사랑 대신에 밤낮 안방 구석에서 종노릇만 하고, 남편이라고 말도 별노 못해" 본 시댁으로 돌아갈 마음이 전혀 없다. 그렇다고 "너도 그만한 마음을 가졋스면 정식으로 이혼을 하지!" 라는 충고에 동의하고 있지도 않다.

> 너도 그만한 마음을 가졋스면 正式으로 離婚을 하지! (…중략…) 하면 좀 조와. 너는 아조 자유의 몸이 되고 맘대로 할 수가 잇지 안니? 그러면 그 사람도 마음대로 할 수가 잇고 (…중략…) 아니다. 그거슨 녯날 말이지 지금은 그럿치 안타. 어듸 지금 세상에 긋다위 생각만 하다가는 살아보겟니. 예수敎에서도 그 거슬 許諾하고, 그러구 사람의 運命은 勿論 제 손으로 開拓하기에 달닌 거시다. (46~47면)

---

8) 그 편지에 따르면, 혜선의 남편에게는 오래 전부터 서로 사랑하던 여자고등사범학교 출신의 애인이 있었는데, 그녀가 이혼을 하지 않으면 교제를 끊겠다고 해서 그는 혜선의 아버지에게 이혼청구를 하고 지금은 애인과 결혼해 피서(여름휴가) 중이라고 한다 (49면).

9) 혜선의 아버지는 신학문을 공부시키는 것이 그녀의 불행한 결혼생활을 바꿔 놓을 묘책이라고 생각했을 것이다. 즉 그녀가 유학생 사위의 지적 수준에 합당한 지식과 교양을 갖춘다면 사위의 마음이 조금이라도 혜선을 향해 돌아설 것이라고 기대했던 것이다.

이 소설에게 가장 혜선을 이해하고 동정하는 인물로 설정된 사촌오빠 동욱은 위에서 인용한 대로 혜선을 위해 이혼을 여러 차례 권한다. 동욱이 볼 때, "사람의 팔자란 그림자갓치 압서간다는 말이 올아요"라는 말로 대변되는 혜선의 가치관으로는 지금 세상을 살아갈 수 없다. 동욱의 관점으로는, 애정 없는 결혼을 유지하는 것은 운명에 백기를 드는 것이며 이혼을 결단하는 행위는 운명을 "제 손으로 개척"하는 일이다. 또한 동경 유학 중에 방학을 이용해 잠시 귀국한 친구 정자는 혜선을 방문해서 이혼의 필요성을 역설하기도 한다. 혜선의 주위에는 오히려 이혼을 권장하는 담론들로 무성하다.

> 나는 離婚할 사람은 헤쩌리는 거시 올혼 줄 알어. 나더러 납븐 년이라고 할는지 모르겟지만은 좀 생각을 해보아. (…중략…) 烈女는 不更二夫니 무어니 하는 말은 몇 千年前 넷날에 精神쩌진 사나히들이 제 마음대로 함브로 한 말이야. 긋다위 말 째문에 우리나라에 慘酷하게 한 平生을 보낸 사람이 얼마나 만을테요 아이구 구역나, 혼자살지 혼자 살어! 그러구 大體 結婚이라는 法이 몬져 생겻겟소? 男女의 사랑이 몬져 생겻겟소? 죠선 사람은 모도 그 아니꺼운 法의 종이 되어서 엇절 수가 업서! 말하면 제 쓴으로 제 목을 매는 셈이야. 以往 아모것도 모르고 泰平하게 지내는 사람은 몰나도 한번 눈을 쓴 다음에야 누가 그 어리석고 無意味한 結婚生活을 하려고 하겟소 (38면)

정자의 열변에 의하면, 애정 없는 결혼생활에 매달리는 것은 '불경이부(不更二夫)' 같은 낡고 비합리적인 구래의 가치에 종살이를 하는 것이다. 그녀는 "결혼이라는 법"보다 "남녀의 사랑"이 시간적으로, 따라서 가치적으로도 앞선다고 주장한다. 세상에 눈을 뜬 신여성이라면 사랑이 없는 무의미한 결혼생활을 해서는 안 된다고 그녀는 말한다. 정자는 혜선에게 눈을 뜨라고, 현대적인 여성이 되라고 말하고 있는 것이다.

이러한 논리가 적용되면 "인습적 결혼에 대하야 굴복하얏다는 의미 하에서, 너는 신여자의 가치를 일헛"다는 식의 비난은 합당하다.[10] 특히 신여성에게는 '자유연애' '자유결혼'이 권리이자 의무였다. 1920년대 초기에 '연애'는 자연스러운 사건이라기보다는 의식적인 선택이었다고 할 수 있다. 즉, 연애는 인습에 따르지 않고 근대적인 삶의 형식을 선택한다는 의지의 표명이기도 했다는 것이다. 따라서 연애로 인한 고민은 다른 어떤 것보다도 진지하고 엄숙한 것일 수 있었다.

비극적인 연애는 그 비극성으로 인하여 더욱 가치 있는 것으로 찬양될 수 있었다. 이광수가 홍미를 주는 문학의 재료로 부모의 허락을 받을 수 없는 불행에 빠진 유(有)교육자의 연애를 꼽았을 때, 그 불행이 홍미를 불러일으킬 수 있는 것은 자아의 의지와 연애의 진실성을 불행한 조건이 증명해 주고 있기 때문이었다.[11] 이 시기 청년들에게 연애는 순수하고 열렬한 감정이 가장 잘 표출되는 사건이었다. 더구나 비극적인 연애는 "모든 사상과 억제를 홍모(鴻毛)보다 경(輕)하게 충파하"는 자아의 힘을 드러내주는 계기였다. 여기서 이들은 "인생의 숭고한 미"를 발견하였다.[12]

이러한 동인지 문학의 장에서, 불기소 처분을 받아 곧 감옥을 나가게 될 한 청년이 폐결핵 3기가 된 사람들처럼 보이는 수감자들을 둘러보면서 이렇게 중얼거릴 수 있게 된다. "그러치만 저희들의 문제가 무어시 그리 대스러울고? 져이들 가온대도 나만큼 애타는 사람이 이슬까?"[13]

---

10) 염상섭, 「除夜」, 『염상섭 전집』9권, 68면. 인습적 결혼은 다음과 같이 비하되기도 한다. "彼此에 코쌕이도 못 본, 어쩐 개쎅다건지 말쎅다건지도 모르는 男女가, 一生의 運命에 姦淫的 最後 決斷을 宣告하는 것이 무에 그리 慶事란 말인가. 仁川 米豆 以上의 더립은 賭博을 하면서도 질거우니 반가우니……"(염상섭, 「闇夜」(1921.10), 53~54면)

11) 이광수, 「文學이란 何오」, 『이광수 전집』1권, 509면. "文學的 傑作은 마치 人生의 某方面, 가령 戀愛라 하고 戀愛 中에도 上流社會, 上流社會中에도 有敎育者, 有敎育者 中에도 才貌 有한 者, 才貌 有한 者中에도 父母의 許諾을 得키 不能한 者의 戀愛를 果然 如實하게 眞인 듯하게 描寫하여 何人이 讀하여도 首肯하리만한 者를 謂함이니 如此한 者라야 비로서 深刻한 興味를 與하는 것이라."

12) 오상순, 「時代苦와 그 犧牲」, 『폐허』 1호, 59면.

13) 長春, 「運命」, 『창조』3호, 47면. 「독자란」(『창조』4호, 61면)에서 이 소설의 감옥 묘사는 좋은 평을 얻고 있다. "作家의 優秀한 붓으로 描寫한 감옥 안의 로컬 칼라(Local

이 청년의 애타는 문제란 다름아니라 석 달이나 면회도 편지도 없는 애인의 행방과 관련된 것이다. 그는 공상 속에서 변심한 애인을 그려보기도 하고, 병이 들어 누워 있는 애인을 떠올리기도 한다.

이 瞬間에, 몹시 밉고, 그리고 무섭고, 그리고 더러온 H의 畫像이 나타낫다. 그거슨 꼭 女性的 사탄이다. 사탄을 그리기에 가장 第一의 모델이다. 그 畫像은 어쩌타고 形容할 수 업스나 손과 목에서 黃金 빗치 찬란한 거슨 똑々이 보엿다. 그 얼골은 몹시 엡브기도하면서도 쏘한 凶惡하게 미웟다.

"미스 H, 오! 용서하오 내 罪를 용서하오 내가 여태썻 당신을 의심하엿소 제발 용서하오" 이렇게 혼자말로 중얼거리고, 自己가 의심하

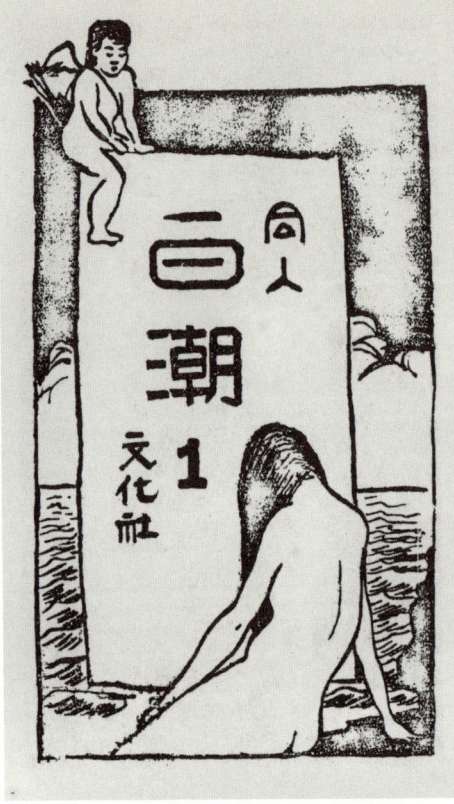

『백조』 1호. 고개 숙인 나체의 여인와 그녀를 내려다보는 에로스. 에로스는 그녀에게 어떤 사랑의 화살을 날릴까? 그녀 앞에는 '천사'의 등급에 오르게 하는 사다리가 있고 또 '사탄의 등급으로 추락시키는 낭떠러지가 있다.

는 거슬 H가 알면 — 病席에서 呻吟하는 愛人이 — 그 마음이 엇더할까 하는 생각이 나서 東俊은 새로운 苦痛을 깨다랏다. 그 苦痛은 自己의 사랑이 不徹底하고 弱한 거슬 생각하야 스사로 부끄러운 생각이 合한 거시다.

Color)는 아직 그곳을 보지 못한 나의게는 强한 印象을 주엇다. 우리 사람의게는 끈치 못할 關係가 잇는 감옥 안의 內情을 잘 그려 쥬신 長春 兄에게 나는 感謝하고 굿친다" 이렇게 말한 사람은 '에덴 生'이라는 필명으로 보아 『창조』 동인 오천석이다. 이 소설에서 오동준이라는 청년이 드러내는 과도한 주관적 판단은 동인지 문학인들에게 수긍할 만한 것이었다고, 적어도 거슬리는 요소는 아니었다고 할 수 있다.

변심한 애인은 곧바로 '사탄'의 이미지와 연결된다. 1920년대 동인지 문학 속에서 여성의 배신은 악마적인 수사학으로 전달되는데, 일례를 들면 사랑을 배신한 여인은 "무서운 악마", "속에는 찌르고 쬐쭈르는 가시를 품고 입에는 독사(毒蛇)가치 갈나진 두 혀를 가진 요물(妖物)"에 비유되었다.14) 여성의 변심은 대부분 육체적인 욕망이나 물질적인 욕망에서 비롯된다고 생각했는데, 이러한 생각은 '여성(육체) / 남성(정신)'이라는 이분법적 구도와 결합된 것이기도 했다. 김동인은 어떤 글에서 여자는 영혼이 없는 존재라고 과격하게 단정하기도 한다.15) 이러한 맥락에서, 애인의 변심을 상상하자 그녀의 "손과 목에서 황금빗"이 찬란히 빛나는 것은 너무나 자연스러운 연상일 것이다.

그러나 공상의 내용이 바뀌어, 깊은 병에 든 애인이 외롭게 누워 있는 모습이 펼쳐진다. 이런 모습 앞에서 그는 그녀를 의심했던 것에 대해 그녀에게 용서를 구해야 한다. 그리고 "자기의 사랑이 불철저하고 약"했던 것을 자책하게 된다. 그러나 이러한 자책을, 그의 표현으로 하면 '고통'을 보상하고도 남을 만한 행복감을 그는 곧 맛보게 된다. 그는 "나를 위하야 몸과 마음을 다 바친" 순결한 애인을 가진 남자인 것이다. 그는 자아의 가치가 무한히 고양되는 도취감에 사로잡히게 된다. 이럴 때 그의 애인은 "세상에 둘 업는 정화(淨化)되고 순화(純化)된 美와 愛의 여신"16)의 등급을 획득한다. 그의 상상 속에서 연인은 이렇게 '천사 / 사탄' '정녀(貞女) / 음녀(淫女)'의 극단을 오르내리고 있었다.

---

14) 白野生, 「一年 後」, 『창조』 6호, 67면. 이러한 예는 쉽게 발견할 수 있다. "永遠한 希望"과 "無限한 歡喜"를 안겨 주었던 한 여성은 "獸慾의 奴隷"로 떨어지게 된다(南星, 「東京아 잘 잇거라」, 『창조』 3호, 65~66면). 사랑을 배신한 여인은 "惡의 神에 咀呪를 밧아가지고 肉에서 살다가 滅亡할 先天的 印을 직히고"(東園, 「黑煙一叢」, 『창조』 7호, 43면) 나온 존재로 말해지고, 나아가 배신의 씨앗이 잠재되어 있는 "모든 女子는 그의 美를 罪惡으로 옴기는 謎的 娼婦"이며 그들의 "完全한 肉體 內面에는 精神의 醜惡을 감추고 잇"는 존재로 생각되기도 했다(懷月, 「生의 悲哀」, 『백조』 3호, 182면).
15) 검 시어딤, 「령혼」, 『창조』 9호, 43면.
16) 노자영, 「漂泊」, 『백조』 2호, 129면.

'연애' 혹은 '사랑'이 일으키는 내면의 파노라마를 통해 동인지 문학인들은 '자아'에 실감을 부여했다. 이들은 거기서 거대한 관습의 벽을 뚫고 나갈 수 있는 주체의 에너지를 확인했으며, '사랑'을 이상화하고 신성화함으로써 그 '사랑'에 참여하고 있는 자신의 정신을 이상적인 경지에서 발견할 수도 있었다. "육적(肉的) 속적(俗的)인 우리 사랑으로써 신성한 이상적 사랑으로 변하게 하면, 아, 그때는 …… 그때는…… '오 나는 너희보담'이라고 ……" "누리에 대하여 포고(布告)"할 수 있는 것이다.17) 연애는 "감격의 정점" "신성의 정점" "행복의 정점"에 한 존재를 올려놓는 일로 생각되었다.18) 때문에 이들은 실연이나 애인의 배신 앞에서 그토록 분개할 수밖에 없었다. 사랑을 배반한 여인은 '사탄'의 역할을 떠맡아야만 했다. 그럼으로써 사랑을 배반한 여성의 영혼과 자신의 영혼을 완벽하게 분리해 내고자 했던 것이다.

'연애'가 '자아'의 힘과 가치를 실감케 하는 사건으로 작용했듯이, '실연' 또한 그러한 계기로 활용될 수 있었다. 한때는 순결한 애인이었지만 이제는 '사탄'이 되어 버린 한 여성 때문에 받는 실연의 고통은 "무가치한 고통"일 수 있다. 그러나 동인지 문학인들은 그 고통을 감추거나 누르려고 하기보다는 오히려 지나치게 느껴질 만큼 드러내고 싶어했다. 그 고통은 허약한 정신을 증명하는 것이 아니라 "내 사랑이 강하고 순결"했음을 드러내는 표징으로 기능할 수 있기 때문이다.19) 악마적인 수사학에 둘러싸인 여성에 대비되어 '나'의 사랑은 더욱 빛을 드러내게 되었던 것이다. 이 시기는 연애가 유행하듯이 "실연이 유행"하는 때라고 말해지기도 했지만,20) 더 정확히 표현하면 실연의 '고통'이 유행한 때였다고 할 수 있다.

---

17) 김동인, 「마음이 여튼 者여」, 『창조』 4호, 13면.
18) 새별, 「生의 悲哀」, 『창조』 5호, 52면.
19) 東園, 「黑煙一叢」, 『창조』 7호, 46면.
20) 김동인, 「마음이 여튼 者여」, 『창조』 6호, 3면. "失戀이 流行할 째라구 거거 창견하드니, 곳불이 流行한다구 쏘 창견할 작명인가?"

또는 '사랑'을 자발적으로 포기함으로써 존재의 고상함을 과시하기도 했다. 연적(戀敵)과 경쟁하는 쪽보다는 의연하게 '사랑'을 떠나보내는 편을 선택하는 것이 더 고상해 보일 수 있는 것이다. 이런 종류의 만족감은 일종의 보상 심리라고 할 수 있겠지만, 중요한 점은 동인지 문학 공간 속에서 '자아의 가치'를 드러내는 일보다 더 의미 있는 것은 없었다는 것이다.

> 모든 束縛에서 解放되랴 ᄒ는 너가, 엇지ᄒᆞ서 X에게는 愛의 征服을 强行코ᄌ ᄒ는고? 사람들이 避ᄒᆞ 가는 愛를 쫏는 것시 自己의 伸張갓치 싱각ᄒᆞ지만은, 나는 避ᄒᆞ 가는 愛를 容恕히 줌은 더욱이 '나의 獨立이며, 나의 完全이며, 나의 勝利'라 싱각ᄒᆞᆫ다.[21]

사랑을 쟁취하는 과정도 '자아의 신장'을 확인하고 표현하는 방법일 수 있다. 반대로 사랑을 포기하는 것도 "나의 독립이며, 나의 완전이며, 나의 승리"일 수 있다. 위 인용문의 문맥에서는 후자 쪽이 더 고귀한 일로 말해지지만, 동인지 문학 공간에서 주목할 것은 어느 쪽을 선택하든 '자아의 가치'를 실현하고 표현하는 것과 결합했다는 사실이다.

'연애'는 이렇듯이 정신적인 사건이었다고 할 수 있다. '연애'에 개입할 수밖에 없는 육체적인 욕망은 대체로 불순한 것으로 취급되었다. 특히 여성에게 있어서 '정조'나 '순결'은 그 여성의 가치와 직결되어 있었다.[22] 나아가, "꽃은 썩그면 시드는 것이요, 처녀는 썩기면 늙은 것이다.

---

21) 이혁로, 「黃薔薇花」, 『폐허』 1호, 66면.
22) 한 소설 속에 여주인공은 육체적인 관계가 있은 후에 "淸淨하고 純潔하고 자랑놉던 處女는 그림자를 감추엇다. 永遠히 송두리채 사라지고 말엇다"고 생각한다. 그녀는 이제 숨겨야 할 치부가 생겼다. 그래서 그녀는 친구에게 거짓말을 할 수밖에 없는데, "이 最初의 거짓말"을 그녀는 죄악과 불결함의 결정적인 낙인으로 생각한다(현진건, 「踐躪」, 『백조』 2호, 52면). '육체적인 관계와 거짓말'은 다른 텍스트에서도 곧장 연결되는데, 타락한 육체는 정신의 순결함까지 손상한다는 것을 드러내는 전형적인 방법이었다고 할 수 있다. "왜? 내가 한번도 거짓말을 하여보지 못한 나의 오라비에게 거짓말을 하엿슬가? 아, 肉體의 快樂은 모든 것의 罪惡이다. 아모리 사랑하는 자에게 안킴을 밧은 것

그 마음까지 늙은 것이다(꽃은 쩌러지기 쉽고 처녀는 더럽히기가 쉽도다)"23)고 말해질 때, '성(性)'은 여성에게만이 아니라 남성에게도 억압적으로 작용한다. 사랑하는 여성의 '미(美)'를 지키기 위해, 그는 "조심에 조심을 하야 만지지" 않아야만 하는 것이다. 여성에게 남성의 육체는 "눈덥흔 설원(雪原)에 검은 발자족"에 빗대어진다.

이 시기에 '첩'과 '첩의 자식'의 사회적 의미는 이러한 맥락에서 재조정된다. '첩의 자식'은 "육(肉)의 반석 우에 선 부친과 파륜적(破倫的) 더구나 성적 밀행(性的 密行)에 대하야 괴이한 흥미와 습성을 가진 모친 사이에서 비저만든 불의(不義)의 상징" 또는 "육(肉)의 저주 바든 인과(因果)의 자(子)" 또는 "간부간부(姦夫奸婦)가 만들어 노은 처참한 고기쩡어리"로 말해진다.24) 즉, '첩'과 '첩의 자식'은 불결한 육체를 떠올리게 하는 존재로서 타자화되었던 것이다. 이런 이유로 '첩의 자식'은 "국법이 허락하는 신성한 신민의 자격"을 가질 수 없는 존재로 인식되었는데, 사랑하는 여성에게 청혼을 했다가 첩의 아들이라는 이유로 거절당한 한 청년(유망한 청년 미술가)은 그녀를 한편으로는 원망하면서도 "무량한 존경을 표"한다. "불의(不義)의 자(子)"를 용납할 수 없으리만치 순결한 영혼을 가진 그녀로선 거절할 수밖에 없었으리라고 이해할 수 있었기 때문이다.25)

일지라도 罪惡이다. 그 죄는 나로 하여금 가장 사랑하는 나의 아오를 속이게 하엿다." (稻香,「젊은이의 시절」,『백조』1호, 35면) 그러나 '정조'와 '순결'이 여성에게만 강요되는 불평등한 조항이라는 비판 또한 제기될 수 있었다. "大體 돌을 던질 者가 그 누구냐? 무엇이 罪냐, 墮落? 그것은 自由戀愛를 渴望하는 어린 處女에게만 씨우는 絞首臺上의 死刑囚의 覆面巾을 이름이냐? (…중략…) 蓄妾은 離婚防止라는 名目下에, 藝妓는 實業家의 社交 志士의 慰安 三文文士의 人間學 硏究 藝術家의 眈美라는 美名下에, 非道는 正道가 되고 墮落은 社會政策이오 事業의 手段이요 學問의 好材料가 되지 안는가."(염상섭,「除夜」, 62면)

23) 懷月,「感想의 廢墟」『백조』2호, 75면.
24) 염상섭,「除夜」, 69면.
25) 東園,「피아노의 울림」,『창조』5호, 56~57면.

制度 中心으로 사람을 取하는 朴의 不徹底한 態度를 不平도 하여 보다가 엇떤 째는 朴의 그 峻嚴한 處置를 스사로 感心도 하엿다. 이 點에 關하야는 洪이 朴의게 對하야 無量한 尊敬을 表한 것이다. 그가 비록 制度 中心으로 自己를 拒絕한다 하더라도 社會에 對한 眞正한 態度와 嚴格한 基督敎主義가 徹底함을 보고, 自己를 不義의 子라 보는 것을 도로혀 尊敬의 눈으로 朴을 보게 되엿다. 洪의 생각에 萬若 自己의 生母가 朴과 갓흔 人物이엿더면, 젹어도 朴의 半分만한 主義라도 가졋던 人物이엿더면 自己의게다 不義의 子라는 陋名을 주지 안아슬 것이라고 一層 더 自己의 母를 원망하엿다. 그러케도 高潔하고 純全하던 洪과 朴의 交際, 엇던 의미의 사랑은 그만 中絕이 되엿고······.

적서 차별의 문제를 다룬 고전 「홍길동전」에서 '첩의 자식'인 홍길동의 문제는 17세기의 견고한 신분제 사회에서 그의 정체성을 규정짓게 되는 '생득적 신분'에 대한 불만이었다. 홍길동이 어머니로부터 물려받는 것은 그녀의 사회적 신분이다. 이에 반해 일부일처제를 근대적인 사랑의 산물로 표상하고자 했던 20세기 초, '첩'의 아들딸들이 물려받게 되는 것은 어머니의 불결한 육체 ― 불결하다고 말해지는 육체였다고 할 수 있다.

그러나 20세기 초의 한국사회는 자유연애가 고취될수록 '첩'이 양산될 수밖에 없는 구조적인 모순을 안고 있었다. 앞서 말했듯이, '자유연애'를 가장 적극적으로 주창한 지식 청년들 중 많은 경우가 '조혼'을 한 기혼자였다. 소설 「피아노의 울림」에서 첩의 아들이라는 이유로 홍순모의 청혼을 거절했던 박마리아는 첩의 아들이면서 기혼자인 김인환과 약혼을 하게 된다. 이 소설에서 그녀의 선택은 김인환의 부(富)에 이끌린 것으로 설정되어 있고, 때문에 홍순모가 그녀의 물질적인 허영심을 질타하게 되는 것은 정당한 공격으로 말해진다.[26] 분개한 홍순모는 그녀

---

26) 그러나 당시에 신식 결혼 생활이란 "時體 洋服, 金剛石 반지, 自動車 탄 젊은 內外, 洋屋집, 압뒤로 둘닌 庭園, 집안에서 흘녀나오는 피아노 소리"와 같은 새로운 풍물과

가 다니는 웰스여자대학은 가장 "첩을 만히 산출한 여학교"이니, "학교 현판에 웰스여자대학이라는 것을 웰스 첩제조소라거나 혹은 첩양성소라고 하여스면 명실(名實)이 갓튼 학교"가 되지 않겠느냐고 언성을 높인다. 그러나 이 학교는 동시에 "반도의 청년들이 이상적 애인을 꿈뀔 째" 자연스럽게 연상하게 되는 학교로 설정돼 있다. 한 여자대학을 첩 양성소로 비하함으로써 홍순모는 신여성의 일반적인 허영심을 지적하고자 했지만, 그의 발언이 실질적으로 보여주는 것은 신여성의 연애 대상자 중 많은 경우가 기혼자일 수밖에 없었던 사회구조적인 조건이라고 할 수 있다.

1920년대 초기에 동인지 문학인들은 '연애'라는 것을 "불결한 욕심이" 적어도 "물질적 욕심이 업"는,[27] 순수한 내면의 풍경으로 기록하고 싶어했다. 이들의 연애 대상자는 주로 신여성과 기생이었는데, 특히 육욕과 물욕에 결부되어 있는 기생의 이미지를 뒤집어 세속적인 욕망을 넘어서는 '사랑'의 위대함을 보여주고자 했다.[28] 박종화의 시극(詩劇) 「'죽음'보다 압흐다」(『백조』 3호)는 예술가와 기생의 낭만적인 사랑을 그리고 있다. 이 작품에서 매독에 걸린 기생 김주의 육체는 죽음을 옮기는 장소다. 그녀를 사랑하는 화가 방태한은 "불구자가 될지라도 내 생명이 이

함께 표상되는 것이기도 했다(민태원, 「音樂會」, 『폐허』 2호, 138면).

27) 염상섭, 「만세전」(1923), 『염상섭 전집』 1권, 23면. "理性을 憧憬하는 靑年男女에게는 不潔한 慾心이 업다. 적어도 物質的 慾心이 업다. 阿諂할 必要도 업고 警戒할 理由도 업고 優越하거나 弄絡하라는 野心도 업고 防禦하고 反撥하라는 敵對心이란 손톱만큼도 업다. 다만 美를 憧憬하고 摸索하며 이에 感激한다."

28) 일례로 露雀의 「저승길」(『백조』 3호)이라는 작품을 들 수 있다. 만세 사건으로 신변에 위협을 받고 있던 한 청년(명수)은 이를 피하기 위해 일부러 "오입쟁이 행세"를 한다. 그를 사랑하게 된 희정이라는 기생은 정치적인 위험을 감수하면서까지 그를 위해 헌신한다. 다음은 그녀의 독백이다. "세상은 나를, 이름도 업시 천한 목숨이라고만 부른다. 그런데 나는, 다른 사람과 가튼 사람행세도 못하야 보앗다. 몸을 파는 물건이라 하야, 돈만 잇스면 사고 팔 수 잇는 물건이엇섯다. 그래서 나의 몸은, 더러워 버리엇고 허무러저 버리엇다. 그 흔한 사랑도 나에게는 허튼 주정! 그러타 나는 사랑에서 살아보는 사람이 되랴 하얏다. 돈으로 아니고 사랑으로 살랴 하얏다. 사람노릇을 하랴 하얏다. 올코 착한 일만을 해보랴 하얏다."(87면)

자리에서 끈허질지라도" 그녀의 영혼과 육체를 전부 소유하고 싶어한다. 그러나 김주는 "당신을 사랑함으로 이 몸의 육(肉)을 바"칠 수 없다고 말한다. 결국 이들은 "깨끗한 귀여운 영(靈)으로만 쓰거웁게 쓰거웁게 사랑하"는 방식을 택하는데, 이들의 사랑을 '죽음보다 아픈 정신적인 사랑'으로 끌어올리는 것은 역설적이게도 매독이라는 육체의 병이다.

정신적인 사랑을 특권화했던 한편에선 육체적인 사랑에 적극적인 의미를 부여하는 담론이 생성되고 있기도 했다.

> '사랑'에는 '理論'을 허락지 안는다. 사랑이란 이를 解釋하려 할 때는 벌서 그 神聖한 點을 일코 理的 俗的, 여긔뎌긔 뒹굴뒹굴구는 허튼 사랑이 되고 마른다. 사랑 — 男女의 — 은 끗까지 盲目的이라야 한다. (…중략…) C가 이런 말을 한 젹이 잇다. — 男女의 사랑이란 그 根源은 肉의 歡樂에서 비롯하엿다. 原始的 사람을 보라. 짐생들을 보라. 多情한 詩人을 보라. 情에 날카로운 女子를 보라. 그들이 異性에서 다른 異性으로 또 다른 異性으로 사랑을 옴기는 거슨 그 무어슬 意味함이냐, 情에 날카로운 사람은, 참 歡樂의 삶을 맛보는 사람은, 참 世情을 아는 사람은 사랑에 靈的 肉的의 구별을 하지 안코 靈的보다 오히려 獸的 肉的으로 그들의 참 '純'을 發揮함이 아닌가 — 라고 나도 이러케 생각한다.[29]

여기서 말하는 '사랑'은 "영적 육적의 구별" 곧, 이론적인 해석을 초월하는 감정이다. 사랑에 있어서 '이론'은 오히려 사랑의 "신성한 점"을 잃게 만든다고 인식될 때, 새롭게 긍정하게 되는 것은 이론에 의해 열등한 사랑의 형태로 간주되었던 육체적인 사랑이다. 육체적인 사랑은 '맹목적'이고 '원시적'이라는 관점에서 그 진실성을 확보한다. 이렇게 될 때, 제도적인 영역에 속하는 결혼에는 "인공적이오 허위적"이라는 속성이 부가되기도 한다.[30] '자유연애'라는 구상에는 '자유결혼'이 대체로

---

29) 김동인, 「마음이 여튼 者여」, 『창조』 4호, 15면.
30) 長春, 「運命」, 『창조』 3호, 53면. "그는 結婚하기를 실혀 하엿다. 結婚하지 아니하고

견고하게 결합해 있었지만,[31] '사랑'이 절대적이고 독립적인 가치로 표상됨에 따라 분리되거나 심지어는 대립되기도 했던 것이다. 그런데 위의 소설에서 육체에 대한 긍정이 발생하는 지점은 정신적인 사랑을 지향하지만 육체적인 쾌락 또한 포기할 수 없는 스스로의 모순과 갈등을 해결해야 하는 상황에서다. 사회 일각에서 보았을 때, "반다시 연애를 담(談)"하는 동인지 문학인들은 불온하고 퇴폐적인 젊은이였다.[32] 그러나 이들은 육체적인 쾌락조차도 감각적인 영역이 아니라 형이상학적인 영역에서만 긍정할 수 있었다. 즉 '영(靈) / 육(肉)의 이분법'을 초월하는 '신성한 사랑'이라는 표상을 통해서만 육체적인 사랑은 이들의 도덕적인 검열을 통과할 수 있었던 것이다.

1920년대 동인지 문학의 장에서 딴눈씨오(D'annuzio)의 「사(死)의 승리」는 "남녀의 성에 대한 것뿐만 아니라 가장 인생의 생에 대하야 철학적으로, 시적으로 된 작품"으로 소개되었는데,[33] 이 작품에서 동인지 문학인이 보았던 것은 영혼의 요구와 육체의 유혹이 빚어내는 갈등의 드라마였다.

單調로운 肉의 享樂에서 떠나 새로운 靈의 生活을 맛보랴하는 틔올틔오의 淸純한 넉은 靈的 生活을 憧憬할사록 그의 愛人인 잇포리타의 아름다운 肉體

그냥 사랑하기를 바랫다. '사랑'이라는 거슨 神聖한 거시지만 '結婚'은 人工的이오 虛僞的이라고 그는 늘 말하였다." 그런 그는 결혼을 원하는 애인에게 "太古的 時代에는 結婚이라는 거시 업시도 잘만 지냇다오"라는 말로 응대한다. 그러면서 그는 걱정스러워하는 애인에게 "피임法을 잘 硏究합시다"고 제안하기도 한다.

31) 연애는 이상적인 결혼을 실현하는 한 과정이었다. 다음은 자유연애와 자유결혼이 결합되어 있었던 방식을 전형적으로 보여준다. "結婚이나 戀愛 問題는 神聖한 問題이닛가 (…중략…) 우리네(孤立한 小數의 敎育잇는 女子)는 그에 對하야 참되게 생각하고 아모조록 彼此에 셔로 도와셔 우리 생각하는 것을 貫徹하여야 된다. 아모조록 父母의 專制的 媒酌結婚을 避하고 彼此체 이해 잇는 男女가 愼重히 調査를 하여 가지고 幸福스러운 結婚을 하여야 하겟다." 연애는 결혼을 위해 "이해 잇는 男女가 愼重히 調査"하는 일이었던 것이다(민태원, 「音樂會」, 『폐허』 2호, 131면).

32) 이광수, 「文士와 修養」, 『창조』 8호, 14면.

33) 懷月, 「生의 悲哀」, 『백조』 3호, 190면. 박종화는 이 작품을 같은 책 1호(「永遠의 僧房夢」)에 이미 한 차례 소개한 바 있다.

는 더욱 그에게 蠱惑의 씨를 더져줄 뿐이다. 그는 自己가 죽어말 것이라 하얏
다. 그러하나 別離의 悲哀를 생각할 때에 그는 忽然 자긔가 죽는 때에 아울러
잇포리타를 죽이리라 생각하얏다. 죽음으로 勝利를 어드리라 하얏다. 그는 果
然 永遠의 참빗을 본 者이다. 왼갓 懊惱와 不滿의 이 生을 쩌나서 永遠의 眞
理로 도라가랴 한다.[34]

「그러케 내려다보고 섯는 것을 보니……입포리다(「死의 勝利」의 女主人公)
가 업는 게 恨이로군……」
「내가 쏠지요ㄴ—가」하고 나는 苦笑하얏다.
「적어도 쏠지요의 苦痛은 잇슬테지」
「그야, ……現代人 처노코 누구나 一般이지」[35]

동인지 문학인들이 대체로 그렇게 생각했듯이, 이 작품에서도 육체적
인 사랑의 끝은 권태와 환멸이었다. 작품의 남자주인공 틔올티오(쏠지요)
는 "단조로운 육(肉)의 향락에서 쩌나 새로운 영(靈)의 생활"로 나아가려
하지만 애인 잇포리타(입포리다)의 아름다운 육체의 유혹을 뿌리칠 수가
없다. 마침내 그가 선택하는 방법은 동반자살이다. 육체를 죽임으로써
육체를 초월하고자 한 것이다. 그러나 엄밀히 말해 이 작품에서 두 연인
의 죽음은 동반자살이 아니다. 그는 자신의 죽음에 애인을 불러들여 그
녀를 살해한 것이다. 그는 애인 잇포리타를 절벽으로 유인한 후 그녀의
팔을 끼고 몸을 던진다. 그녀가 그에게 한 마지막 말은 "암살자"였다.[36]
그러나 이 폭력적인 방법은 동인지 문학들에게 문제적으로 보이지 않았
다. 이들에게 틔올틔오의 행위는 '영혼의 구원'으로 전도된다.
또한 "쏠지요의 고통"은 "현대인 일반"의 고통으로 확대된다. 다시
말해 「사의 승리」는 "남녀의 성에 대한 것뿐만 아니라 가장 인생의 생

---

34) 박종화, 「永遠의 僧房夢」, 『백조』 1호, 59면.
35) 염상섭, 「標本室의 靑게고리」, 『염상섭전집』 9권, 16면.
36) 懷月, 앞의 글, 196면.

에 대하야 철학적으로, 시적으로 된 작품"으로 보였던 것이다. 한 연애 소설의 주인공에게서 발견해내게 되는 현대인 일반의 고통이란 무엇이었을까. 연애'에서 극적으로 표출되는 '정신 / 육체'의 이분법과 그 역학은 근대적인 인식론의 바탕이었다고 할 수 있다. '정신 / 육체'의 이분법적 구도는 '이상 / 현실'·'무한 / 유한'·'진리 / 오류' 등등의 이분법적인 사유의 구도와 계열을 이룬다. 그것은 '철학적'인 구도이며 '시적'인 구도일 수 있었다.

'연애'의 구도가 철학적이고 예술적인 인식의 구도와 겹쳐지는 자리에서 "예술이냐? 연애냐?"37)라는 독백이 가능하게 된다. 염상섭은 '정사(情死)'에서 예술적인 표현의 형식을 읽어내기도 했다. 그는 "'死는 예술' 운운한" 신문 기사를 보고,38) 모든 죽음을 예술이라고 말할 수는 없지만 "死라는 사실을 객관화하야 일개(一個)의 관념을 작성하고 그 관념 속에서 미를 멱출(覓出)하여서 다시 자기 주관 내에 예입(曳入)할 째" 죽음은 예술일 수 있다고 말한다. 그는 그런 의미에서 "정사(情死)의 의의를 긍정"하는데, '정사'에서 그는 "구예오탁(九穢汚濁)의 세상을 쩌나 유유이상(悠々理想)의 천지"로 초월하는, 정신의 예술적인 고양을 읽어낸다.

당시에 문학 작품은 연애의 참고서처럼 생각되었다.39) 그 한편에는 연애를 예술의 계기로 고양시키고자 했던 젊은 작가들이 있었다. 어떤 의미에서 이들에게 현실의 애인은 문학적인 발단이자 기인에 불과했고,

---

37) 염상섭, 「暗夜」, 『염상섭 전집』 9권, 52면.

38) 염상섭, 「樗樹下에서」, 『폐허』 2호, 64면. 염상섭이 요약한 기사의 내용은, 교원양성소를 졸업한 25세의 한 여성은 서양화가인 남편(연인)을 위해 시골 요정에서 작부 노릇까지 하며 뒷바라지를 했는데, 남편이 二科會出品에서 낙선하자 이를 비관하여 자살했다는 것이다.

39) 20세기 초의 젊은이들은 연애 소설을 통해 연애를 배웠다고 할 수 있다(권보드래의 「연애의 형성과 독서」,(『역사문제연구』 7호, 역사문제연구소, 2001.12)는 이 점에 주목하고 있는 논문이다). 다음 예문에서 우리는 '연애'를 동경하며 책장을 넘기고 있는 한 청년의 모습을 볼 수 있다. "나는 世界에 일홈난 戀愛小說 中에 日語로 번역된 者는 대개 보왔다. 그리고 그 小說 가운데 戀愛에 成功한 者는 나로치고 成功치 못한 者는 나의 사랑의 원수로 치고 마럿다."(김동인, 「마음이 여튼 者여」, 『창조』 3호, 29면)

이상적인 애인은 문학적인 피조물이었다고도 할 수 있다.[40] 이때, 이상적인 애인은 "본 적도 업는", "세상에는 업는 그리운 아릿다운" 꿈속의 여인일 수 있었다.[41]

> 愛人아 너는 내 全生涯의 한 '모델'일다.
> 同時에, 너는 내 生命에 의한 天才畫家일다.
> 나의 晝間의 幻燈갓치 몽然하고, 짜른
> 半獸, 半鬼의 쪼각쪼각의 過去는
> 그것이 모주리 人間으로 태여
> 네 가슴 안의 玲瓏한 壁에
> 홀륭한 '틀에 씬 肖像'이 되여 걸녀 잇다.
> ──象牙塔,「눈으로 愛人아 오너라」부분(『창조』 6호)

> 아! 그대여!
> 그대의 흰 손과 팔을
> 이 어둔 나라로 내밀어 주시오!
> 내가 가리라, 내가 가리라,
> 그대의 흰 팔을 조심해 밟으면서.
> 幽靈의 나라로, 꿈의 나라로
> 나는 가리라! 아! 그대의 팔을 ─.
> ──懷月,「幽靈의 나라」부분(『백조』 2호)

황석우의 시에서 '애인'은 나의 이상적인 "모델"이면서 동시에 나를 그려내는 "천재 화가"다. 그녀에 의해 '과거의 나'를 대변하는 "반수(半獸), 반귀(半鬼)"는 인간으로 다시 태어나 그녀의 마음속에 "홀륭한 '틀에 씬 초상'이 되어 걸녀잇다." 나의 영혼은 그녀에 의해 점차 고양되고 있

---

40) 지명렬, 『독일 낭만주의 총설』, 455~459면 참조.
41) 예르렌, 김억 역,「늘 쒸는 꿈」, 『폐허』 2호, 25면. 1연만 옮겨보기로 한다. "異常하게 도 자조 못닛즐 꿈을 쒸게 되어라. / 본 적도 업는 아낙네가 꿈 속에 보이며 / 사랑하고 사랑밧아 꿈쒤 째마다 / 姿態는 달으나, 亦是 살틀한 그 사람이러라"

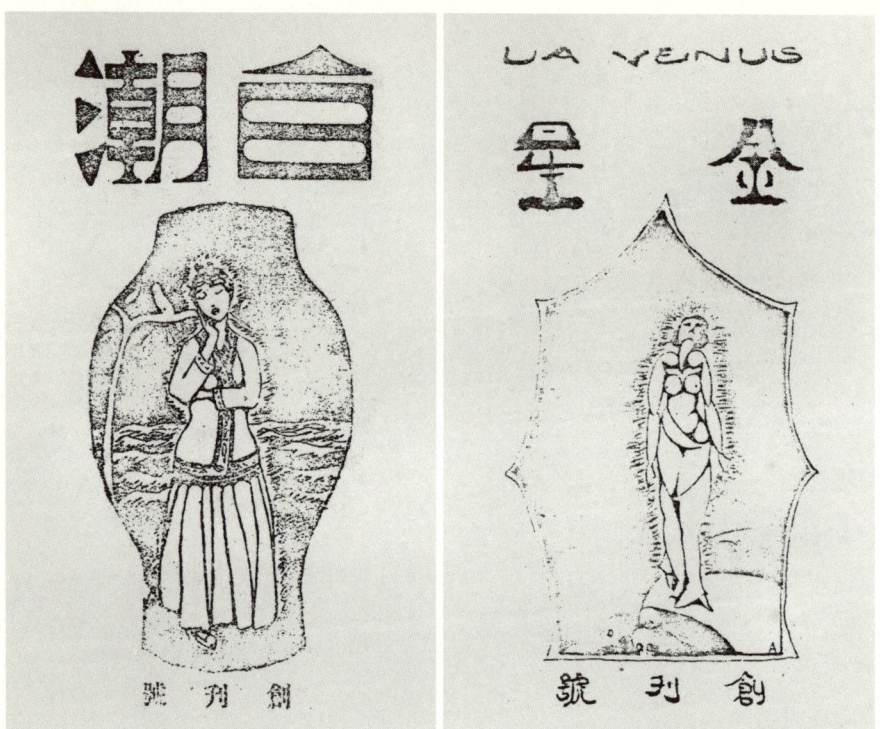

『백조』 1호 표지. 『금성』 1호 표지. 그녀의 몸에서는 광채가 난다. 그녀는 문학적인 피조물이자 美의 이상을 대변했다.

는 것이다. 왜냐하면 그녀는 나의 이상적인 모델이기 때문이다. 내가 그녀를 이상화하면 할수록 나는 '이상적인 자아'에 다가갈 수 있다. 이 시에서 그녀는 현실적인 인물이라기보다는 시인이 추구하는 이상적인 가치의 표상이다. 박영희의 시에서 애인은 "유령의 나라로, 꿈의 나라"로 인도하는 계기다. 그녀는 내가 있는 "어둔 나라(현실)" 반대편에 있는 환상의 나라에 거하는 존재다. 그녀가 거기서 "흰 손과 팔을" 내밀어 준다면, 나는 그녀의 "흰 팔을 조심해 밟으면서" 건너갈 수 있다. 여기서 '유령의 나라', '꿈의 나라'란 예술적인 가상의 세계라고 할 수 있다.

'연애'가 '예술'의 계기로 고양됨과 더불어 '낭만적인 사랑'은 근대의 신화로 더욱 뿌리깊게 자리잡는다. 즉, 연애는 예술의 계기로써 예술은 사랑의 교본으로써 양자는 서로에게 상승 효과를 발휘하고 있었다.

2. 기차와 기선―진보의 길, 인생의 상징, 사회의 축도

　기차(汽車)와 기선(汽船)은 대표적인 근대의 교통수단이다. 대부분 일본 유학의 경험을 가지고 있었던 동인지 문학인들은 기차와 기선을 통해 조선과 일본을 왕래했다. 이러한 지리적인 이동에 있어서 그 경로는 철로와 뱃길에 확정되어 있었다.[42] 일본뿐 아니라 중국, 서구의 몇몇 나라들이 경험가능성을 가진 지리공간 속으로 편입될 수 있었던 것은 전적으로 기차와 기선이라는 근대적인 문물에 의해서였다. 더구나 국내 유학이나 국내 여행은 그리 어렵지 않은 일이 되었다.

> 　K兄! 나는 只今 文明의 特産物인 汽車의 恩澤으로 京城을 쩌난지 不過 三四 時間에 발세 百餘里이나 왓습니다. 진실노 고마운 일임니다. 그러나 萬一 그 文明의 恩澤이 업섯드면 나는 京城이라는 곳을 가기부터 하지 안이 하엿겟습니다. 가만이 잇고는 견듸지 못하는 사람의 好奇心으로 이러한 문명의 産物이 생겨난 까닭에 亦是 가만이 잇고는 견듸지 못하는 나의 好奇心으로 東奔西走를 하고 잇습니다.[43]

　"문명의 특산물인 기차의 은택으로" 사람들의 생활 반경은 획기적으

---

42) 『학지광』을 비롯해 1920년대 동인지에는, 기차나 기선에 몸을 싣고 서울에서 동경으로, 동경에서 서울로 이어진 경로를 따라 가면서, 자신들의 비전과 고민을 서술한 글들이 여러 편 실려 있다. 그러한 예를 몇 개 들어보면, 우선 『학지광』(15호, 1918.3)의 「某學校長의게」는 16개월 만에 고국 조선에 오게 된 한 유학생이 고국의 모교 은사에게 보내는 편지글의 형식을 취하고 있다. 『창조』 2호에 실린 「故鄕의 길」(동경→조선의 고향집 : 12월 20일~12월 24일)과 9호의 「나의 묵은 日記에서」(동경→조선의 고향집 : 8월 12일~8월 20일)는 일기 중에서 여행 부분의 것을 발췌한 듯한 글이다. 같은 책 3호에 실린 「東渡의 길」(조선의 고향집→동경)은 세세하게 그 여정과 감흥을 드러내고 있는 꽤 긴 기행문이다. 한 연구자가 간파했듯이, 우리 근대 소설에 있어 기념비적인 의미를 갖는 「만세전」의 여로는 「만세전」 이전에 이미 기행문과 서간에 드러나 있었다(차혜영, 「1920년대 한국 소설의 형성과정 연구」, 한양대 박사논문, 2001, 89~91면).
43) 김찬영, 「K兄의게」, 『폐허』 1호, 27면.

로 확장되었으며 더불어 생활 패턴도 변화되었다. 글쓴이는 "문명의 산물"인 기차를 세상에 탄생시킨 "사람의 호기심"을 바로 이 '문명의 산물'이 더욱 충동질하고 있다고 말한다. 그는 자신의 생활을 '동분서주'라는 말로 요약한다. 기차는 문명의 산물이면서 동시에 문명의 엔진인 것이다.

> 開化의괭이 압서잡고서 幸福의길을 몬저쑤릅세
> 文明進步의 大軌道에서 汽罐車소임 늘내가보세
> 밝은우리눈 다시밝히세 天地의神秘 모조리찻세
> 맑은우리속 더욱맑히세 造化의微妙 말큼깨치세
> 쇠막대처럼 달군팔로써 圓滿眞善美 이룩한뒤에
> 꾀꼬리처럼 티운목으로 人類의凱歌 부르게하세
>
> ─「하세 쏘 합세」 부분(『청춘』 12호, 1918.3, 2면)

이 시에서 철로는 진화론적인 시간을 표상하며 개화는 행복의 길로 의심없이 받아들여진다. 이 철로 위를 달리는 기관차의 소리는 진보의 행진곡이다.[44] 1910년대 말까지도 이렇게 확신에 찬 개화의 찬가가 불려지고 있었다. 물론 1920년대 동인지 문학에서 이와 같은 낙관적인 전망과 직설적인 계몽의 화법을 발견하기란 어렵다. 그러나 여전히 기차와 기선은 문명의 제유로서 작동했고 기차와 기선의 속도는 진화론적으로 인지되었다.

> 져녁 여슷시 십분에 배는 尾の道에 거의 왓스나 물이 여터서 가지를 못ᄒ고 물때를 기다리게 되엿다. 氣急ᄒ 船客들은 지나가는 漁船을 불너타고 몬져 나려가는 사람도 잇지만은 나는 모든 일을 되어가는 대로 ᄒ겟다는 主義 아래서

---

44) 박인덕 번역의 「콜넘버스」라는 시에서는 숱한 난관에도 굴하지 않고 "항해하자! 항해하자! 하자!"를 외치는 콜넘버스의 의지가 영웅적으로 형상화된다. 그는 "'航海하자! 하자!'는 宏壯한 標語를 가지고 신세계를 발견"한 인물로서, 그리고 그의 항해는 진보의 표상으로서 그려지고 있는 것이다(『장미촌』, 18~19면).

그냥 가만이 잇섯다. 요행 여듧시 십오분쯤 되어서 밀물이 밀고 배가 떠나서 오히려 압섯던 漁船을 써러켯다. 나는 이때에 비로소 압센 者라도 實力만 잇스면 짜라갈 수 — 아니 — 써러틀일 수도 잇다는 自覺을 가지게 되엿다.[45]

어선(漁船)보다 늦게 출발했지만 목적지에 먼저 도착할 수 있게 해주는 것, 이것이 증기선의 위력이라 할 수 있다. 물리적인 거리는 속도에 의해 극복된다. 시간을 단축시켜주는 기선의 '빠름'은 "실력"을 의미하며, 진화론적인 경쟁 원리를 표상한다. 즉 '앞선 자'의 위치는 절대적인 것이 아니라 현재 뒤떨어져 있는 자라도 '실력'만 갖춘다면 역전될 수 있는 상대적인 것이다. 인용문의 마지막 문장은 '실력양성론'의 기본논리를 간명하게 보여준다.

1920년대 초기 동인지 문학인들에게 기차나 기선이 마냥 신기하고 놀라운 문물은 아니었을 것이다.[46] 기차나 기선의 위용과 속도에 감각적으로 압도당하지 않게 되면서 기차나 기선의 탑승 경험은 이것들에 강력하게 고착되어 있는 문명의 표상과 다른 층위에 놓이는 새로운 의미망을 생성한다. 기차가 지나쳐가게 되는 몇몇 장소와 정거장은 불현듯 추억을 불러일으키기도 했다.[47] 이럴 때, 추억은 인과적 계기가 아니라 기차의 경로를 따라 배치된다. 이들에게 기차나 기선에 몸을 싣고 어딘가로 이동하고 있는 시간은 자신의 삶을 반추하는 사색의 시간이었으며, 자신과 어떠한 이해관계도 없는 타인을 사심없이 관찰할 수 있는 시간이기도 했다. 한편으로, 기차와 기선은 일등실 이등실 삼등실과 같이

---

45) 흰뫼, 「나의 묵은 日記에서」, 『창조』 9호, 51면.
46) 소설 속에 한 인물은 친구 어머니의 부음을 받고 친구 고향집으로 향하는 그의 조급한 마음을 다음과 같이 드러낸다. "어서 가보아야겟다. 긔차는 왜 이리 느린고? 왜 비행긔를 막 타고 댕기게까지 文明이 발달되지 안엇나."(늘봄, 「K와 그 어머니의 죽음」, 『창조』 9호, 16면) 이 발언은 그의 조급한 마음이 기차의 속도를 앞지르고 있다는 것을 보여준다.
47) "이런 생각 겨련 追懷하는 가온대, 汽車가 다시 靜岡驛에 達하엿다. 흰 板쟝에다 '시즈오까'라고 쓴 것을 보닛가, 여긔에도 聯想의 紀念碑가 쪼 하나 섯다."(東園, 「黑煙一叢」, 『창조』 7호, 48면)

차등화된 공간으로 분할되어 있어서 사회적 위계구조의 축도로서 인식되기도 했다. 더구나 지리적 이동은 검문이나 검역과 같은 사회적 검열장치를 통과하는 일을 동반했는데, 이 경험은 식민지인의 부자유를 날카롭게 느끼게 하는 계기로 작용했다. 1920년대 동인지에서 기차나 기선은 인생과 사회의 여러 국면과 결부되어 새로운 표상적 의미를 획득하게 된다.

① 바람이 엇지나 强하게 부는지 巨船 高麗丸이 大洋의 小葉과 갓치 前後 左右로 搖動을 하며 그래도 그 물결을 쑤르며 나아가는 巨船의 힘. 내게도 生의 苦痛을 쑤르고 나아갈 저런 힘이 잇나?[48]

② 들리는 것은 무거운 짐을 실은 소가 헐덕이듯, 呻吟하는 鐵馬의 닷는 音響뿐이엇다. 우루루우루루. 나는 팔을 비고 누엇다. 싯모를 冥想의 바다에 자자지고 잇섯다. (…중략…) '汽車는 人生의 象徵이다'라고 그째 나는 切切히 느끼엇다. 낫이면 낫, 밤이면 밤으로, 目的地에 다다르지 안흐면 말지 안는 이 끈힘없는 進行이야말로, 生의 길을 걸어가는 人生의 꼴이 아니고 무엇이랴.[49]

①에서 '나'의 탄성을 자아내게 하는 "거선(巨船)의 힘"은 진보의 표상과 결합될 듯도 싶다. 그러나 이 문장은 자살 충동에 뒤이어 "강한 생의 집착심"을 느낀 후 기술된 것이다. '거선 고려환(高麗丸)'을 "대양(大洋)의 소엽(小葉)"처럼 흔들리게 하는 바람은 '생의 고통'을 비유하고 '거선의 힘'은 이 고통을 돌파하는 생명력을 의미한다고 할 때, "물결을 쑤르며 나아가는 거선"에서 내가 드러내고자 하는 것은 진보의 표상이 아니라 인생에 대한 강인한 태도라고 할 수 있다.

②에서 현진건은 달리는 기차가 내는 음향에서 인생의 힘겨운 신음소리를 듣는다. 여기서 기차의 진행은 보통 인간이 살아가는 양상과 그대

---

48) 東園, 「黑煙一叢」, 『창조』 7호, 47면.
49) 憑墟, 「朦朧한 記憶」, 『백조』 2호, 134~135면.

로 겹쳐진다. 그것에는 '나'의 탄성을 유발하게 하는 어떠한 이상화된 속성도 부여되어 있지 않다. 현진건은 "기차는 인생의 상징이다"고 명료하게 말한다. 그는 기차 유리창을 스치고 지나가는 풍경들을 나열한다. 달리는 기차는 이런 저런 풍경을 펼쳐 놓지만, 그 풍경들이 하나의 의미로 집약되거나 인과론적인 계기로 연결되는 것은 아니다. 달리는 기차에서 현진건이 느끼는 것은 인생의 허무라고 할 수 있다. 그러므로 그의 수사적 맥락에서 기차의 "목적지(종착지)"는 어떤 인간도 피할 수 없는 죽음이라는 사건이다. 현진건이 기차의 진행에서 표상한 시간은 진화론적인 시간이 아니라 인생론적인 시간이었다.

> 汽車는 닷는다, 全速力을 다하야,
> 車中의 모든 사람들은,
> 車가 正軌로 가기만, 安全하기만,
> 마음을 다하야 바라는 듯 하다.
>
> '安全第一'을 爲하야 사는 사람들아,
> '脫線' ― 그대들에게 가장 危險한 事變이,
> 그대들의 目前에 일어난다 하면,
> 아, 그대들은 엇지하랴는가.
>
> 놀날 것은 조금도 업다,
> 汽車도 一種의 活物이라 하면,
> 偉大한 生命力의 暴發을,
> 누구가 감히 막으랴느냐.
>
> ― 김석송, 「脫線」(『폐허이후』, 99~100면)

이 시에서 기차의 '정궤(正軌)'는 "'안전제일'을 위하야 사는 사람들"의 일상을 의미한다. 그 궤도는 가치 지향적인 것이 아니라[50] 무미건조한 나날을 뜻할 뿐이다. 이 시에서 '탈선(脫線)'을 "위대한 생명력의 폭발"로서 긍정하게 되는 것은 일상의 무의미성에 대한 인식에서 비롯된다. 여기서 가치 지향적인 개념을 소지하고 있는 것은 '정궤'가 아니라 '탈선'이다. 시인은 '탈선'이라는 불온한 용어로 개성의 발휘를 적극적으로 옹호하는 동시에 그것이 세상에서 겪게 될 오해와 난관을 암시하고 있다.[51]

이처럼 기차나 기선에 인생의 표상이 부여된 데는 그 내부 공간을 사회의 축도로 인지하게 된 것과 깊은 관련이 있다.

①내가 탄 二等車室은 그다지 좁지도 안코 또는 三等室과 갓치 浮世說로 써드는 소래도 업고 썩―조용하엿다. 나는 비로서 一, 二等타는 그 사람은 그맛한 人格이 잇음을 깨닷게 되고 나도 할 수만 잇으면 언제던지 二等을 타야 되겟다고 잠간 생각하엿으나, 現在 내 身分과 境遇를 도라보니 三等도 오히려 過이하거든 하물며 二等은 내게 千不當萬不當함을 새삼스럽게 깨다랏섯다. 나는 다시 三等으로 가고 십기도 하엿으나 疲勞한 내 四肢는 뇌의 支配를 밧을 수 업다고 抗拒함으로 그냥 二等室에 잇을 수밧게 업섯다. '내가 이 다음 우리 社會 나가서서 活動을 하게 되면 모든 階級을 타파하는 同時에 爲先 汽車, 汽船의 等級을 몬져 廢止하여야 되겟다'는 생각이 우연이 생겻섯다. 모다 平等한 사람으로서 돈 좀 더 낸다고 ― 二等 돈 적게 낸다고 三等을 태운다. 다만 金錢만 標準하고 사람이란 本位를 니저바린 現社會制度에 對하야서 不平不滿을 품지 안을 수 없엇다.[52]

②東京서 下關까지 올 동안은 일부러 日本사람 행세를 하랴는 것은 안이라도 또 애를 써서 朝鮮사람 행세를 할 必要도 업는 고로, 그럭저럭 마음을 노코 지낼 수가 잇지만, 連絡船에 들어오기만 하면 웬 세음인지 空氣가 險惡하야지

---

50) 앞서 본 「하세 또 합세」라는 시에서 기차의 궤도는 "文明進步"의 길이면서 "幸福의 길"이었다.
51) 이 시인은 같은 책에 「脫船」이라는 작품을 포함하여 3편의 시를 싣고 있는데, 다른 두 편―「個性의 미소」, 「나는 어대로」의 경우도 '개성의 발휘'를 적극적으로 옹호하고 주장하는 내용으로 되어 있다.
52) 횐뫼, 「東渡의 길」, 『창조 3호, 15면.

는 것 갓고 어떠한 氣分이 덜미를 집는 것 가튼 것이 普通이다. 그러나 이번처
럼 携帶品까지 搜索을 當하고 나니 不快한 氣分이 한層 더하지 안을 수 업섯
다. (…중략…) 나를 한 손 접고 나려다보는 나보다 훨신 나혼 兩班들이 타신 배
이기 째문이다. (…중략…) 下層社會의 餓鬼黨들이 채를 잡엇고, 間或 下級官
吏부스럭지가 끼어잇슬 다름이다. 나는 그들을 볼 제 누구에든지 極端으로 敬
遠主義를 表하고 近接을 안이 하랴고 하지만, 그것은 나 自身보다는 멧층 優越
하다는 日本사람이라는 意識으로만이 안이다. 單純한 勞動者라거나 無産者라
고만 생각할 째에도, 잇삿홀 어울르기가 실타. 道義的 理論으로나 書籍으로는
所謂 無産階級이라는 것처럼, 우리 親舊가 되고 우리 편이 될 사람은 업다고
생각하면서도, 實際에 그들과 마조 짝 對하면 어쩐지 얼굴을 쩝흐리지 안을 수
업섯다.53)

①예문은 기차 이등실의 광경을 보여주고, ②예문은 연락선 삼등실의
광경을 보여주고 있다. 이등실은 그다지 좁지도 않고 시끄럽지도 않다.
이등실 승객들은 상당히 점잖다. 이 점잖은 태도에서 한 동인지 문학인
은 "나는 이등 손님이엇다"는 허위의식을 읽어내기도 했다.54) 이 태도
는 이등실이라는 공간이 만들어내는 것이기도 한 것이다. 반면에 '아귀
당(餓鬼黨)'으로 불려지고 있는 삼등실 승객들은 매우 시끄럽고 매사에
경쟁하듯 부산스럽다. 삼등실은 '무산계급'의 공간이다. 염상섭은 사회
학 서적을 통해 노동자를 생각했을 때와 실제 노동자를 대면했을 때의
감정적인 편차를 이인화라는 중산층 유학생을 통해 드러내고 있다. 기
차와 연락선의 공간적 분할은 ①에서 명료하게 말했듯이 '현 사회 제도'
를 표상한다. 금전을 기준으로 등급화된 이 공간은 인본주의적인 논리
와 괴리되는 자본주의 사회의 현실원리를 대변하는 것이라고 할 수 있

53) 염상섭, 「萬歲前」, 『염상섭 전집』 1권, 47~48면.
54) 현진건은 앞에서 본 「朦朧한 記憶」이라는 글에서 자기 앞에 앉은 양복입은 일본 신
    사의 태도를 묘사한다. 그 일본 신사는 "'나는 二等손님이엇다' 하는 態度로 점잔을 길
    길이 빼고 잇다. 그는 제 地位를 자랑하고 財産을 자랑하는 것처럼 째째로 金時計를
    내엇다 너헛다 하고 잇슬 뿐이다. 그도 내게 말을 건네랴 아니 하얏다. 나도 그에게 말
    을 건네랴 아니 하엿다. 空然히 밉고 안이곱은 생각까지 들엇다."(『백조』 2호, 134면)

다. 그러므로 ①에서 사회계급의 타파와 기차 기선의 등급의 폐지는 같은 층위에서 제안된다. 이러한 자각이 이등실에 탑승한 한 지식인의 마음을 불편하게 하고 있다. 그러나 피로에 지친 육체는 이등실의 쾌적함을 거부하지 못하게 한다.[55]

②의 예문에서는 기차나 기선의 승객들을 가르는 또 다른 기준이 강력하게 작동하고 있다. 그것은 '민족'이라는 신분이다. 1920년대 현실 속에서 일본인은 "나보다 훨신 나흔 양반"으로 군림했다. 그가 "하층사회의 아귀당"이든 "하급관리부스럭지"든에 상관없이 식민모국의 적자라는 그의 신분은 식민지의 한 지식청년을 "한 손 접고 나려다" 볼 수 있게 한다. 기차나 기선의 밀폐된 공간 내에 일본인과 조선인은 섞여 있게 되지만, 이 공간이야말로 섞일 수 없는 서로의 타자성을 날카롭게 느끼게 만든다. 물질적인 경계 표지가 없어도, 이 공간에서는 "우리(조선인—인용자) 잇는 편은 지나인(支那人)만이요 대방(對方)은 일인(日人)쑨"[56] 하는 식으로 갈라져 자리가 정해진다. 특히 현해탄을 가로지르는 연락선은 정치적으로 이질적인 두 영역을 잇고 있는 교통 수단이기 때문에 식민지인이라는 민족적인 신원이 문제화될 소지가 더욱 많아진다. 이인화는 연락선으로 일본과 조선의 경계를 통과하는 중이다. 그가 연락선에 들어오기만 하면 느끼게 되는 험악한 공기나 덜미를 잡히는 것 같은 기분은 이와 관련이 깊다. 이 경계를 통과하기 위해서 그는 일본인과 다르게 모욕적인 방식으로 검문을 받아야 한다. 그는 휴대품 수색까지 당해야 했던 것이다.[57]

---

55) 이러한 심리적인 불편함과 육체적인 쾌적함은 김동인의 소설 「마음이 여튼 者여」, (『창조』 5호, 33면)의 한 대목에서 두 인물의 대화를 통해 다음과 같이 드러나기도 한다. "C, 一等만 타고 단닌나?" "웅, 왜?" "人道에 違反되지 안나?" "하々々々 어늬 틈에 그리 人道主義者가 되엿나?" "머 人道主義者가 된 바 아니지만……." "하々 바보의 소리야. 자긔의 能力으로 할 수 잇는 데까지 自己의 몸을 平安히 할 거시라네!"

56) 김엽, 「江戶에서 洞庭湖까지」, 『창조』 3호, 68면.

57) 이러한 검문 장면은 1920년대 동인지에서 쉽게 발견할 수 있다. 한 예를 들면, "貴下는 엇던 ○○事件에 嫌疑를 밧엇스니 될 수 잇난 대로 說明"하고 "今番 東京行 目的

검문뿐만 아니라 역전이나 부두에서 거쳐야 하는 검역 절차 또한 생활세계 곳곳에 스며있는 근대권력을 실감케 하는 일이었다. 검역증명서를 보이거나 혹은 이것을 소지하지 않았을 경우에는 출장주사실에서 주사를 맞아야만 기차나 기선에 탑승할 자격을 얻을 수 있었다.[58] 지리적인 이동은 정치적인 불온함이 없고 신체적인 청결함이 확인된 자에게만 용인되는 것이었다고 할 수 있다.

3. 자연—문명의 반대편, 자연미의 발견과 예술가의 영혼

앞에서 우리는 자연과의 전쟁에서 승리를 쟁취해 온 인간의 역사로부터 인간의 위대함과 "사람의 사른 참 모양"을 확인하는 김동인의 일면을 살핀 바가 있었다. 그의 「사람의 사른 참 모양」이라는 텍스트는 끝에 이런 부기(附記)가 달려 있다.

전에 엇던 新聞이나 雜誌에 이 글과 反對되는 말을 내가 써 본 일이 이스면 이 글 發表와 홈께 그 글은 지워버린다. 그때는 몰낫던 거슬⋯⋯⋯꼿⋯⋯⋯

사실 1920년대 동인지 곳곳에는 이런 부기가 숨어 있다고 해야 할 것

을 分明히 告하라"는 위협에 15분간 설명을 늘어놓아야 하는 한 지식청년의 모습을 보게 된다(東園, 「黑煙一叢」, 『창조』 7호, 39면).

58) 「나의 묵은 日記에서」(『창조』 9호, 51~52면)에는 호열자(虎列剌) 예방주사를 맞았다는 증명서를 소지한 덕택으로 다른 사람보다 빨리 배에서 내릴 수 있었다는 글쓴이의 경험이 진술되어 있다. 「標本室의 靑게고리」는 출장주사실에서 주사를 맞게 되는 장면을 보여준다. 이 소설에서 '나'는 출장주사실에서 주사를 맞아야 한다는 말을 듣고 여행을 포기하려고까지 한다. 출장주사실에서의 경험은 내게 상당한 불쾌감을 준 것으로 묘사된다.

이다. 그만큼 논리적인 균열들이 천연스럽게 노출되어 있기 때문이다.[59] 그러나 중요한 것은 이 균열을 지적하는 것이 아니라 균열을 가능하게 했던 인식의 지형을 읽어내는 일일 것이다. 김동인이 취소하고 싶어했던 "이 글과 반대되는 말"을 추론하기는 어렵지 않다. 우리는 이 장에서 주로 그가 지워달라고 주문한 것과 흡사한 종류의 텍스트들을 검토하게 될 것이다. '이 글의 말'과 '이 글과 반대되는 말'은 1920년대 동인지 문학의 공간 속에, 그리고 한 작가의 사유 속에 공존하고 있었다.

1920년대 초기에 '장발'은 예술가의 헤어스타일에 속했다. 1920년대 초기 남성의 헤어스타일은 크게 세 가지로 갈리는데, 각각의 스타일은 그 사람의 사회적인 성향이나 계층을 대변해주었다. 머리를 길게 땋아 내리거나 상투를 튼 사람은 전통적인 생활방식과 사고를 고수하고 있는 사람을 의미했다. 그는 농촌 사람일 확률이 높으며 신식 학교를 다닌 경험이 없다. 반면 '단발'형의 스타일을 한 사람은 도시 사람일 확률이 높으며 신교육 경험을 가졌을 가능성이 높다.[60] '장발'은 '단발'이 어느 정도 보편적이고 정상적인 헤어스타일로 정착된 이후의 헤어스타일이다. 극소수 예술가들의 머리 모양이었던 '장발'은 '단발'이 표상하는 사회적 가치에 대한 반항의 의미를 갖고 있었다.

---

59) 이에 대해 다음과 같은 류의 비난도 있었다. "남의 雜誌나 作物에서 一行이나 二行의 새 글을 보면 보는 대로 그대로 活用하는 까닭으로 한 時間 後에 한 말이 두 時間 後에가 달코 두 時間 後에 한 말이 세 時間 후에가 달라온다."(황석우, 「最近의 詩壇」, 『개벽』 5호, 1920.5, 90면)

60) 염상섭의 「만세전」에 이인화와 갓(笠)장수가 기차간에서 나누는 대화는 이 점을 잘 보여준다. '갓'이라는 물건은 전통적인 머리 모양에만 소용이 닿는 물건이다. '갓'을 만들거나 파는 일은 점점 전통적인 헤어스타일이 줄어드는 시세를 고려해 볼 때 사양산업에 속한다. 요새도 갓이 잘 팔리냐는 이인화의 질문에 갓장사는 "촌에서는 그래두 如前히 갓이 씨우니까요"라고 대답한다. 왜 머리를 깍지 않느냐는 이인화의 이어지는 질문에는 다소 길게 그 이유를 늘어놓는데, 여기에는 '단발' 스타일이 표상했던 사회적 의미가 잘 드러나 있다. "村에서 머리를 싹그려면 더 弊롭고 實上 돈도 더 들지요. 게다가 머리를 싹그면 內地語도 할 쭐 알고, 時體학문도 잇서야지요. 머리만 싹고 내지ㅅ사람을 만나도 對答 한아 똑々히 못하면 官廳에 가서든지 巡査를 만나서든지 더 구치 않은 째가 만치요."(『염상섭 전집』 1권, 77면)

"君이 只今까지 說明하는 自然이니 美的이니 하는 그 말을 나는 하나도 理解할 슈 없네. 그런데 大體 머리는 왜 싹지를 안코 그 모양으로 보기 실케 하여두나? 이것도 自然인가?" 뭇는 春光은 世民의 머리 긴 것을 비웃고 죠롱하는 말이라.

"머리말인가? 머리는 別노 必要는 업지만은 昨年四月브터 자라는 대로 그냥 내여버려 두엇더니 自然히 길어젓네. 自然히 자라는 것을 不自然하게 싹쓸 必要도 없으니까…… 自然히 나셔 自然히 살다가 自然으로 도라가는 人生이 구태여 人工을 加하여 自然을 不自然하게 할 必要가 없지! 나는 文明하엿다는 現代보다 오히려 世紀前 原始生活이 더욱 興味잇게 生각이 되니까……"61)

위 인용문에서 '단발'은 "인공"이나 "문명"의 이미지를 거느리고 있다. 이에 반해 '장발'은 "자연"이나 "세기전(世紀前) 원시생활"과 연관된다. '단발' 스타일을 한 춘광이라는 청년은 동경에 있는 모 대학교 정치경제과를 막 졸업한 인물로서 "위풍이 늠々하고 기상이 활발하며 말 잘하고 교제 잘함으로 유학생계에 명망이 잇는 사람이다." '장발'을 한 세민이라는 청년은 "예술에 천재를 가진" 미술학도다. 이 둘은 동문수학했던 고향 친구인데, 위 인용문이 암시하듯이 이들은 서로 다른 가치를 지향하고 있다. 미술학도 세민의 언어는 춘광에게 미친 사람의 '미친 소리'로 들릴 뿐이다. 그러나 세민의 관점에서 볼 때, 춘광의 언어는 그의 '통속적'이고 형이하학적인 정신적 수준을 드러낼 뿐이다.

예술가의 헤어스타일로서의 '장발'은 '자연'을 체현하고자 한 의식적인 스타일이었다고 할 수 있다. 세민이라는 인물은 "자라는 대로 그냥 내여버려 두엇더니 자연히 길어젓"다고 말하지만, 그의 '장발'은 "자연의 미를 나타내는 것"62)이라는 의식이 없었다면 만들어지지 않았을 스

---

61) 白岳, 「神秘의 幕」, 『창조』 1호, 33~34면.
62) 이 작품은 이세민을 간략히 소개하면서 시작한다. "李世民은 靑年 畵家이다. 藝術家의 흔히 하는 투로 머리는 자라는 대로 그냥 두어서 所謂 自然의 美를 나타내는 것이라 한다. 世民은 배달의 衰退한 藝術을 復興식히라 하는 理想을 품엇다."(20면) 춘광은 세민에게 관심을 드러내는 從妹 희경이에게 세민을 다음과 같이 소개하는데, 내용적으

타일이었다. 이 소설을 쓴 김환은 실제로 미술 전공자였는데, "미술은 자연의 모방"이라고 한 그의 「미술론」의 한 구절을 빌리면, '장발'은 '자연의 모방'인 셈이다.63)

그러나 김환은 이어서 자연을 연구하는 미술가(예술가)는 자연을 넘어서고자 하는 욕망을 갖는다고 말한다. 김환은 "미술은 자연에 인(人)을 가미한 것"이라는 말을 인용하면서 인간에게는 "Inspiration(영감)과 도덕적 원질(原質)"이 있기 때문에 "미술이 자연에 귀취(歸趣)하는 것만은 안이라고" 말한다.

> ① 學的 形式은 眞理를 벌거벗기고 裸體로 硏究하는 術이지만은 美的 形式은 眞理를 美 안에서 觀察하여 美 안에서 硏究하는 術이니 眞理를 不自然하게 人工을 加하야 裸體를 맨드는 것과 아름다운 自然 그대로 그냥 美라는 옷을 닙펴두는 이 두 가지 中에 어느 것이 우리 人生의게 價値가 잇고 趣味가 잇고 快感을 주겟슴니까? (⋯중략⋯) 宇宙 사이에 森羅한 萬象에는 自然의 美가 가득하엿고 眞理는 美 안에 숨어잇슴니다. (⋯중략⋯) 하나님은 우리 人生의게 眞理를 自然 속에서 自然이 깨닷게 하기 爲하야 우리의 마음과 耳目에 快感을 주는 自然의 美를 宇宙사이에 석거두섯슴니다.64)

> ② 그러나 우리가 만일 先哲의 自然說을 盲從한다하면 모르거니와 적어도 우리는 우리 自身의 智力이 밋는 데까지 自己ー아니ー人生을 爲하야 眞理를 發見하여야 되겟다는 好奇心이 잇다하면 不可不 自然이란 그 以上을 發見할 수 잇다는 自任과 自覺을 가져야 될 줄로 안다.65)

로는 위의 것과 별반 차이를 보이지 않지만 그의 어조에는 조롱이 실려 있다. "옹! 그 사람은 自己 父親이 絶對的 反對하는 환쟁이가 되겟다고 그림을 배호는 까닭에 自己 父親이 學費를 보내쥬지 아니하여 只今은 苦學을 하는 모양인데 半島에 衰退한 藝術을 自己가 復興식히겟다고 自任한단다. 그 머리는 所謂 自然의 美를 나타내이는 것이라고 길은다나!"(31면)

63) 김환, 「美術論(1)」, 『창조』 4호, 5면. 이 글에서 '미술(美術)'이라는 용어는 지금의 '예술'이라는 용어가 가진 의미의 층위에서 쓰이기도 하고, 문학 음악 등과 병렬할 수 있는 예술의 한 종류로 제한되어 쓰이기도 한다.
64) 김환, 「美術論(1)」, 『창조』 4호, 1면.

①에서 김환은 '학술'이 대상으로 삼는 '과학적 자연'과 '미술'이 대상으로 하는 '미적 자연'의 차이를 말하고 있다. 그에 따르면, 학술적 대상으로서의 자연은 '미'의 옷을 입고 있는 자연을 "부자연하게 인공을 가하야 나체"로 만든 것이다. 여기서 그는 '미'란 자연 본래의 속성이기 때문에 "인공을 가흐면 가흐니 만큼 자연의 미가 소모"되므로 "우리 인생은 할 수 잇는 대로는 자연의 미를 보존헤야 된다"는 논리로 나아가고 있다.66) 이 같은 논리에서 "미술은 자연에 인(人)을 가미한 것"이라는 주장은 수용되기 어려워 보인다.

그의 텍스트에서 이러한 모순을 매개하고 있는 것은 "미 안에" 감추어져 있는 것으로 설정된 '진리'다. 그는 학술도 미술도 진리의 탐구라는 궁극적인 지향에 있어서는 일치한다고 본다. 그러나 김동인이 "과학과 예술의 악수"를 말할 때의 문맥은 김환이 학술과 미술의 일치점을 설정하는 문맥과는 상당히 다르다. 앞에서 살폈듯이 김동인은 과학과 예술의 공통점을 인간의 창조적 표현력에서 찾았다. 이때 과학과 예술은 인간의 내부에서 악수를 나눈다. 김동인은 이러한 논리에 바탕해서 '자연미'를 넘어서는 위대한 '인공미'를 예찬할 수 있었다. 그러나 김환에게 있어서 '미'는 자연의 범주를 벗어나지 않는다. 그에게 있어서 '미술'은 '미'의 옷을 벗기지 않고 '미' 안에 감추어져 있는 진리를 투시하는 기술을 의미했다. 여기서 인간의 특별한 능력은 창조의 능력이 아니라 발견의 능력이다. '자연미'는 어떤 상처도 입어서는 안 된다. 그러므로 그가 ②에서 말하는 '자연 이상(以上)'이란 자연 속에 내재해 있는 어떤 것이다. 이 어떤 것을 김환은 '진리'라고 명명하고 이 '진리'를 학술의 궁극 목적과 일치하는 층위에 놓았다. 그래서 그는 "세인(世人)은 야만인들의게서 미술의 건설을 볼 수 없다고 합니다. 올소이다"(「美術論」(1), 8면)라고 말할 수 있었던 것이다. 그는 때로는 '자연미'를 말하면서 "세

---

65) 김환, 「美術論(2)」, 『창조』 5호, 65면.
66) 흰뫼, 「나의 묵은 日記에서」, 『창조』 9호, 49면.

기전 원시생활"(「신비의 막」)과 연관시키기도 하고, "미술의 성쇠(盛衰)"를 "문명의 성쇠"와 직결시키기도 한다.

'자연 속에 내재해 있는 자연 이상(以上)'이라는 자연표상의 구조는 동인지 문학에서 넓게 동의를 얻은 인식 틀이었다. 일반적으로 동인지 문학인들은 '자연 以上'을 예술가의 고유한 영혼만이 접촉할 수 있는 신비로운 영역으로 생각했다. 그것은 예술가의 영감과 직관을 통해서만 드러날 수 있다. 이러할 때 '자연 以上'은 자연 속에 내재해 있는 것이면서, 동시에 그것의 현시는 예술가만의 고유한 능력을 보여주는 일이기도 했다. 이러한 생각에 따르면, 예술은 자연에 대한 인식능력에 있어서 과학을 능가하고 예술가는 과학자보다 자연을 더 깊이 알고 있는 자이다.[67]

1920년대 동인지 문학에서 '자연미'의 발견은 예술가로서의 자각의 계기와 종종 연결된다. 이 시기의 예술가들은 자연미에 경탄하면서 동시에 '美'를 발견할 수 있는 자신의 미적 감수성에 대해 감탄하는 모습을 보여준다.

> 그는 西洋宣敎師 住宅의 담정 사이를 도라서 南山峴 禮拜堂 大門압헤 나섯다. 멀니 눈압헤, 다 한빗으로 덥혀노은 구비々々 버처잇는 大洞江과, 그 건너 茫々한 벌판과, 파랏코 히고 强하고도 細微한 曲線을 나타내인 玫繡峰의 봉어리 봉어리는 牛乳빗가치 쏘얀 夕陽의 치운 아지랑이에 싸혓는데, 구름 사이로 사여서 쏘아내려오는 붉근볏을 反射하야, 무어라고 形容할 수업는 眞實노 아름다은 色彩를 일우엇다. 이 至極히 莊嚴하고 至極히 美麗한 夕陽의 雪景을 내다볼 째에 그는 문득 가삼이 시언하고 정신이 깨끗함을 째다랏다. 그는 발을 멈추고 웃둑서서 한참이나 얼싸진드시 바라보고 잇다가 숨을 후-내쉬면서 혼자 중얼거렸다.
>
> 그는 果然 언제보든지 몹시도 아름다은 그 自然美에 견댈수 업는 憧憬과 愛着을 늣기여 한참이나 엑스타시(恍惚狀態) 가운데 드러갓섯다. 그리고 그 瞬間

---

67) 김상환, 「철학의 두 가지 초상」, 『예술가를 위한 형이상학』, 민음사, 1999, 124면.

의 엥닁을 그 自然을 엇더케든지 自己 손으로 表現하고 십흔 極히 强한 무럭무럭 니러나는 藝術的 衝動을 깨닷고 싸라서 全身의 피가 한번 새로 뒤끌어 도라가는 듯한 힘과 참 藝術家가 홀노 맛볼것 갓흔 깃붐과 滿足을 느겻다.[68]

이 소설에서 '그'가 "지극히 장엄하고 지극히 미려"하게 느끼는 풍경은 사실 그다지 별스러울 것이 없다. 그가 서 있는 곳은 특별히 '아름다운 장소'로 공인되어 있는 곳이 아니다. "南山峴 예배당 대문" 앞은 그의 생활 공간에 편입되어 있는 장소다. 여기서 중요한 것은 풍경 자체의 아름다움이라기보다는, 그가 그 풍경에 부여하는 아름다움이다. 익명의 풍경을 개인의 수준에서 발견해내는 그 순간 드러내게 되는 '개별적인 감각'이야말로 "참 예술가가 홀노 맛볼 것 갓흔 깃붐과 만족"의 원천이다. 그는 "자신의 눈동자에 비치는 것에 대해 성스러움이나 특권성을 자의적으로 자유롭게 부여" 할 수 있는 인간인 것이다.[69] 이러한 맥락에서 '자연미'의 발견은 "예술적 충동"을 동반한다. 개별적인 시선이 발견한 이 '자연미'는 공동체가 미리 부여해 놓은 것이 아니기 때문에 개인적인 '표현'에 의해서만 도드라질 수 있다.

준옥이난 세진이보다 몬져 이 모양을 바라보고 잇다가 형언홀 슈 업난 령계(靈界)에 무흔흔 인상(印象)을 감동흔 것과 갓치 세진의 말은 디답도 아니흐고 묵묵히 보고 잇슬 뿐이더니 머리를 좌우로 묵어움게 움작이면서 춤 선경이다. 선경! 흐고 가슴에 넘치이는 듯흔 깁흔 감탄의 호흡을 발흐엿다. (…중략…)
「준옥, 자네난 정말 미술에 천재(天才)일세. 천재가 아니고난 결코 령계(靈界)에 접촉(接觸)되지 못흔다난디, 자네난 이제 령계에 확실히 접촉되엿네. 그것이 자네가 천재되난 증거일세. 나난 열심으로 자네의 전도를 축복흐네.」[70]

---

68) 늘봄, 「生命의 봄(3)」, 『창조』 7호, 12면.
69) 李孝德, 박성관 역, 『표상 공간의 근대』, 소명출판, 2002, 88면. 저자는 근대적인 의미의 풍경화의 성립을 원근법의 도입과 더불어 공동체가 떠맡고 있던 영예로운 풍경이 개개인이 현실 공간 속에서 자유로이 절취(絶取)해낼 수 있는 풍경으로 변용된 데서 찾고 있다.

이 번역(번안) 소설의 경우에서, '자연미'의 발견은 예술의 천재성을 입증하는 계기로 작용한다. 장준옥이라는 인물은 청년 미술가인데, 그는 같은 풍경을 바라보고 있으면서도 친구 세진은 인식하지 못하는 '선경 (仙境)'을 본다. 그는 전혀 외부에 알려진 바 없는 어떤 어촌 마을의 자연 풍경에서 '성스러움'을 발견하고 황홀감에 사로잡힌다. 이에 대해 친구 세진은 '천재인 증거'라고 말하면서 예술가로서 걸어갈 친구의 앞길에 대해 축복까지 해준다. 여기서 작가는 '성스러움'을 평범한 자의 감각으로는 느낄 수 없지만 엄연히 자연풍경 속에 담겨 있는 것으로 설정하고 있다. 이것을 발견할 수 있는 감각을 예술적인 재능과 결부시키는 것은 낭만주의적인 발상이라고 할 수 있는데, 이럴 때 '자연미'의 표현은 단순히 자연의 물질적인 아름다움을 묘사하는 것에 그치지 않고 보이지 않는 '성스러움'을 드러내는 영매술(靈媒術)이 된다.

> C는 旅行쌕에서 스켓취북을 쓰내인다.
> 「하하하하 그림으루 그릴 작정인가? 것두 印象인가?」 K는 우섯다.
> C는 대답도 안하고, 曲線과 直線으로 된 알지못할 그림을 그린 뒤에, 한참 눈을 감고 잇다가 다시 쓰고, 그 線畫우에 물감을 칠하기 시작한다.
> (…중략…)
> 한참 볼 때에, K는 무어신지는 모른다, 어된지는 모른다, 엇더턴 그 그림 가운데서, 그 알지못할 五色으로 된 曲線과 直線과 面가운데서, 豊富한, 그 金剛의 위대한 경치와 情調와 靈氣를 發見하엿다.
> 「金剛山의 경치의 印象은, 말이나 글루는 못나타내겟네!」 C는 말햇다.
> 「됏네! 자넨 偉大한 印象畫家네.」[71]
>
> 金剛! 너는보고있도다─너의淨偉롭은목숨이 업대여있는가슴─衆香城품속에서생각의용소슴에끄을려 懺悔하는벙어리처럼 沈默의禮拜만하는나를!

---

70) 海夢生 역, 「愛」, 『태서문예신보』 1호.
71) 김동인, 「마음이 여튼 者여」, 『창조』 5호, 43면.

230   문학이란 무엇이었는가

金剛! 아, 朝鮮이란이름과얼마나融和된네이름이냐. 이表現의背景意識은 오
직 마음의 눈으로만읽을수있도다. 모—든것이 어둠에 窒息되었다가 웃으며놀
라깨는曙色의 榮華와 麗日의新粹를 描寫함에서—계서비로소 熱情과美의 源
泉인靑春—光明과智慧의 慈母인自由—生命과 永遠의 故鄕인默動을 볼수있
느니 朝鮮이란指奧義가여기숨었고 金剛이란 너는 奧義의集中統覺에서 象徵
化한 存在이여라.

금강! 나는꿈속에서몇번이나보았노라 自然가운데의 한聖殿인너를—나는눈으
로도몇번이나보았노라 詩人의노래에서 또는그림에서너를—하나, 오늘에야 나
의눈앞에솟아있는것은 朝鮮의 精靈이 空間으론宇宙마음에觸覺이되고 時間으
론無限의마음에映像이되어 驚異의創造로顯現된 너의實體이여라.[72]

금강산 풍경에서 받은 인상을 표현한 C의 그림은 사실적이지 않다. C
는 "말이나 글루는 못나타내"겠다고 생각하고는 스케스북을 꺼내 그 자
리에서 그림을 그리기 시작한다. 이 그림을 본 K가 '무엇인지' '어디인
지'를 알지 못하겠다고 한 데서 드러나듯이 C의 표현력을 발동시킨 것
은 사실적인 경치 그 자체에 있지 않다. C로 하여금 스케치북을 꺼내게
만드는 것은 금강산 풍경에서 그가 느끼는 '정조(情調)와 영기(靈氣)'였기
때문에 그의 그림에서 금강산은 구상적이기보다는 추상적으로 표현될
수밖에 없다. 이때의 '영기(靈氣)'란 산소나 탄소 등과 같이 과학적으로
입증되거나 분석될 수 있는 요소가 아니다.[73] 그것은 예술가의 특별한

---

72) 이상화, 「金剛頌歌」(『黎明』 2호, 1925.6), 『이상화』(정진규 편), 문학세계사, 1993, 43
~45면. 이상화는 작품 말미에 부기(附記)를 붙였는데, 여기서 이 시는 지난해(1924년)
어느 신문에 발표했던 것이라고 밝히고 있다. 김학동이 편한 『이상화전집』(새문사,
1987)에서는 발표연대와 다르게 「그날이 그립다」, 「夢幼病」, 「金剛頌歌」, 「淸凉世界」
등 4편의 산문시를 초기작품으로 다루고 있다. 이 작품들에는 대개 '구고(舊稿)' 또는
'제작연도'가 명시되어 있어 발표연대보다 상당히 앞서 쓰여진 작품임을 알려준다. 「金
剛頌歌」의 경우, 김학동은 서창순 여사의 말이나, 또는 이상화가 경성중앙학교를 수료
하던 1918년 여름에 금강산 일대를 주유했던 사실로 미루어 이 시의 제작 연대를 발
표 연도보다 훨씬 이전으로 잡을 수 있다고 보았다.
73) "그 近處의 空氣에는, 酸素 炭素 밧게 한 靈氣라 부를 만한 긔운이 包含 되어 잇

감수성에 의해 감지되고 표현될 수 있는 것이다. C의 금강산 그림은 주관의 소산이다. 왜냐하면, 결과적으로 이 그림이 드러내는 것은 육안(肉眼)으론 보이지 않는 것을 형상화한 것이기 때문이다. 이 그림은 금강산에 대한 C의 심상(心象)이라고 할 수 있다.

이상화는 시 「금강송가」에서 "오직 마음의 눈"으로만 읽을 수 있는 금강산의 "배경 의식"을 예찬한다. 이 긴 산문시에서 우리는 금강산의 구체적인 풍경을 묘사하는 데 쓰여진 어떠한 문장도 발견할 수 없다. 이 시에서 금강산은 "상징화한 존재"이며 시인은 이 '상징'을 해독하는 존재. '열정'·'미'·'청춘'·'지혜'·'자유'·'생명'·'영원' 등등의 관념어들이 금강산이라는 '상징'을 해독하는 데 동원된다. 이것들은 모두 금강산의 '배경 의식'이라고 할 수 있다. 또한 이것들은 시인이 추구하는 형이상학적인 가치들이기도 하다. 달리 말하자면, 이것들은 시인이 동경하는 고귀한 이념이었기 때문에 '마음의 눈'에 비춰진 금강산의 '배경 의식'으로 발견될 수 있었던 것이다. 이상화는 "아 자연의 성전이여! 조선의 영대(靈臺)여!"라는 감탄으로 시를 맺는다.

1920년대 동인지 문학에서 자연예찬은 이렇듯 미학적이고 형이상학적인 가치를 표상하는 데 바쳐지는 경우가 많았다. 그래서 "자연을 위한 자연(Nature for its own self)"이라는 문구가 "예술을 위한 예술(Art for art's sake)"이라는 문구와 같은 맥락에서 쓰일 수 있었다.[74] 그리고 다음과 같은 장면에서 볼 수 있듯이, 아름다운 자연에 애정을 표하는 행위가 스스로의 존재가치를 높은 수준에서 드러내는 일로 생각되었다.

바울의 한 말과 가치 모든 살은 가튼 살이 안이다. 김생의 고기가, 새고기와

다."(41면)

74) 오상순, 「宗敎와 藝術」, 『폐허』 2호, 15면. 이 글에서 오상순이 말하고 있는 '자연주의'는 루소이즘이다. "自然을 爲한 自然(Nature for its own self)이며 藝術을 爲한 藝術(Art for art's sake)이라 하는 叫聲이 얼마나 現代人의 胸底에 一種 禁치 못할 快感을 與하는가를 想하면 (…하략…)"

달은 깃처럼, 새고기가 生鮮고기와 달은 것처럼, 不信者의 살과 信者의 살은 달을는지도 모른다. 그와 一般으로, 가락지꼿에 입맛춘 내 입살은, 그러한 일을 하지 안는 사람들의 입살과 달을지도 모른다. 더욱이 그 驕慢한 발로 大地를 짓밟고, 풀과 꼿을 짓늑이기를 例事로 하는, 所謂 英雄들의 입살과 나의 입살은, 確實히 달을 것이다. 또 달너야만 할 것이다.75)

남궁벽은 가락지 꽃에 입을 맞추었기 때문에, 그리고 그 입맞춤은 '자연미'에 도취되어 이루어진 행위이기 때문에, '나'의 입술은 특별하다고 말한다. 그는 "불신자(不信者)의 살과 신자(信者)의 살"이 다르듯이 "내 입살"과 "교만한 발로 대지를 짓밟고, 풀과 꼿을 짓늑이기를 예사로 하는, 소위 영웅들의 입살"은 다르고 또 달라야만 한다고 강조한다. 나의 입술, 나의 육체는 '자연미'에 감응할 수 있는 고상한 영혼으로 말미암아 특별해진다. 남궁벽은 「풀」이란 시에서 풀과 꽃을 짓늑이기는 교만한 발걸음과 대조적인 시인의 발걸음을 보여주기도 했다. 시인은 이슬에 젖은 풀밭을 "애인의 입살에 입맛초는 맘으로" "삽붓삽붓 밟는다." 그의 시에서 '풀'은 '너'라는 인칭대명사로 불려지며 '땅의 입술'로 감각된다.76) 그는 자연을 통해 자신의 고상한 인격을 발견한다고도 할 수 있고 자연에게 고차원적인 정신을 부여한다고도 할 수 있다. 동인지 문학의 장에서 시인은 자연과 육체적으로도 특별하게 접촉하며 정신적으로도 특별한 대화를 나누는 존재로서 표상되었다. 시인(예술가)은 자연의 순결한 영혼을 더럽히고 파괴하는 침입자와는 전혀 다른 존재다. 위의 예문은 그러한 침입자가 역설적이게도 세상에서는 '영웅'으로 통할 수도 있다고 은근히 풍자한다. 인간사회의 역사를 "자연과 사롬의 개전(開戰)"77)으로 보고 이를 긍정하는 관점에서라면, "대지를 짓밟고, 풀과 꼿

75) 남궁벽, 「自然」, 『폐허』 1호, 72면.
76) 남궁벽, 「풀」, 『폐허』 2호, 48면. 그는 「풀」과 함께 「生命의 秘義」, 「大地와 生命」, 「大地의 讚」이라는 시를 실었는데, 이 시들은 모두 자연예찬을 주제로 삼고 있다고 할 수 있다.

을 짓닉이"며 서 있는 모습이 자연과의 전쟁에서 승리를 쟁취한, 달리 말해 인간의 역사를 진보시킨 '영웅'의 초상일 수 있다. 그러나 '영웅'이라는 어휘가 반어적으로 기능하는 위 글에서, '자연'은 정복의 대상으로 설정되지 않는다. 여기서 '자연'은 오히려 인간을 반성하게 만드는 대상이다. 인간은 '자연'을 거닐기에는, "그 정순(淨純)한 곳을 건너가기에는 내 발은 너무 더럽"78)지 않은지 생각해 봐야 한다.

다음의 시에서 작가는 알프스의 두 산봉우리가 나누는 대화를 상상하고 있다.

> 「下界는 어대든지 아적 그대로 잇소 프른 물 검은 숲(森) 灰色의 싸이고 싸인 돌. 그 가장자리로는 벌너지들이 如前히 도라다니오 그것, 저 아직 한번도 당신과 나를 더럽혀 보지 못한 두 발 가진 動物말이요」
> 「사람 말입닛가」
> 「그럿소 사람 말이요」79)

여기서 '사람'은 자연을 더럽히는 존재다. 인간은 "두 발 가진 동물" 심하게는 "벌너지"로까지 비하된다. 이때 사람은 자연의 대화에 낄 만한 수준의 존재가 못 된다. 그리고 인간 세상은 자연 아래인 "하계(下界)"로 명명된다.

이렇듯이 동인지 문학에서 자연표상은 세속적 가치를 전도시키는 기능을 했으며 영혼의 수준을 가늠하는 잣대로 작용했다. 자연표상은 예술가의 영혼을 특권화하고 예술의 고유한 영역을 설정하는 데에 깊이 관여하고 있었던 것이다.

---

77) 시어딤, 「사람의 사른 참 模樣」, 『창조』 8호, 25면.
78) 새별, 「生의 悲哀」, 『창조』 5호, 50면.
79) 투게네프, 羅彬 역, 「會話」, 『백조』 1호, 86면. 나도향은 이 번역시 끝에다 주를 달아 놓았다. 각주에 의하면, 투르게네프가 이 시를 쓸 당시에는 아직 한 사람도 이 두 산을 답파한 사람이 없었고, 1890년의 등반 성공이 첫 기록이었다고 한다.

4. 어린이—백지(白紙)와 미래, 순수와 자연과 시인, '어린이기'와 사라진 낙원

계몽의 수사학에서 '어린이'는 몽매한 존재, 즉 계몽되어야 할 존재를 표상했다. 계몽에 대한 칸트의 고전적인 정의에 따르면, "계몽이란 우리가 마땅히 스스로 책임져야 할 미성년 상태로부터 벗어나는 것이다. 미성년 상태란 다른 사람의 지도 없이는 자신의 지성을 사용할 수 없는 상태다. 이 미성년 상태의 책임을 마땅히 스스로 져야 하는 것은, 이 미성년의 원인이 지성의 결핍에 있는 것이 아니라 다른 사람의 지도 없이도 지성을 사용할 수 있는 결단과 용기의 결핍에 있을 경우이다. 그러므로 과감히 알려고 하라(Sapere aude)! 너 자신의 지성을 사용할 용기를 가져라! 하는 것이 계몽의 표어이다."80) 여기서, '미성년'은 연령(육체)과 무관한 표상인데, 이것은 마땅히 도달해야 할 지적 성숙에 이르지 못한 상태를 가리킨다.

① 이와 갓치 今日에 朝鮮人의 思想 及 事業이 新意味를 가지지 못하는 동안에는, 또 新産品과 新果實을 出치 못하는 동안에는, 우리는 모다 荒野에서 彷徨하는 小兒오 籠室과 伯樂과 卜占 等을 業으로 하는 (Gipsy)에 지나지 못한다.81)

---

80) Immanuel Kant, 이한구 편역, 「계몽이란 무엇인가에 대한 답변」, 『칸트의 역사철학』, 서광사, 1992, 13면. 이러한 수사학적 의미는 어원상으로 '어리다'가 연령 개념이 아니라, 지적인 어떤 수준을 가리키는 말이었음을 떠올리게 한다. 훈민정음은 창제 당시 '어린 백성'을 위해 만들어진 문자라고 선전되었는데, '어린 백성'을 현대적인 용법으로 바꾸면 '어리석은 백성' 정도가 될 수 있을 것이다. 17세기 이전에 프랑스를 비롯해 유럽에서는 어린이(children, 영어; garçon, 프랑스어)라는 관념이 의존이라는 관념과 결부되어 있었다. 주인(master)에 대해 의존을 필요로 하는 모든 사람들, 예를 들면 종복, 직공, 군인 등이 모두 어린이로 불려졌다(조형근, 「'어린이기'의 탄생과 근대적 가족모델의 등장」, 『근대성의 경계를 찾아서』(서울 사회과학연구소 편), 샛길, 1997, 135~136면).
81) 이병도, 「朝鮮의 古藝術과 吾人의 文化的 使命」, 『폐허』 1호, 9면.

② 죠선은 갓난애기라 합니다. 처음 보기에는 참 어리지요! 샛빨갓치요! 그러나 그 生長은 싸르고 그 發育은 기르는 법이 죠흐면 죠흘사록 完全純潔할 줄 암니다. 그런데 다른 方面 말은 말고라도 思想과 藝術이 놉흔 水平線에 邁進하려 하는 우리 앞길에 實노 아모 障碍도, 아모 難關도 없슬까요? 쑨안이라 우리의 力量의 不足을, 誠熱의 不足을 늣김니다.[82]

①에서 현재의 조선인은 소아(小兒)나 집시(Gipsy)에 비유된다.[83] 이 수사적 맥락에 의하면 근대적인 진보의 도정 바깥은 '황야'가 된다. 따라서 조선이 소아나 집시의 상태를 벗어나려면 예술, 도덕, 철학, 종교, 제도, 과학 등 제반 분야를 문명국 수준으로 발달시키기 위해 노력해야 한다고 글쓴이는 역설한다. ②에서 조선은 '갓난애기'라고 말해진다. 그런데 여기서 '갓난애기'는 단순히 존재의 열등함을 가리키는 데 그치지 않는다. '갓난애기'는 '생장과 발육'의 가능성이 무한한 존재다. 주요한은 '갓난애기'라는 표상을 통해 조선의 낙후성보다는 가능성을 말하고 싶어한다. 문제는 "기르는 법", 즉 계몽의 방법이다. 따라서 '계몽'을 선취한 자의 '역량과 성열(誠熱)'이 무엇보다도 중요하다.

'가능성'에 주목할 때, '어린이'는 '몽매한 어른'의 형상으로는 표상할 수 없는 특별한 의미를 가지게 된다. '어른'이 과거를 의미한다면 '어린이'는 미래를 의미한다. '어리석은 어른'을 '이미 잘못 쓰여진 책'에 비유한다면 '어린이'는 '채 쓰여지지 않은 책'이다. '어린이'는 아직 '어리석은 어른'이 될지 '현명한 어른'이 될지 모르는 존재다. 여기서, '어린이'는 연령과 무관한 표상이 아니라 연령이 지표가 되는 표상으로 등장한다. '어린이기(Childhood)'는 이렇게 발견된 것이다. 특별한 시기로서 '어

---

82) 벌꽂, 「長江어구에서」, 『창조』 4호, 59면.
83) 이광수는 몽매한 독자의 정신을 "아모 主見이 업는 小兒"나 "白紙"에 빗대기도 했다. 그는 문학의 영향을 '전염력'이라는 병리학적 수사를 동원하여 강조했다. 이러한 문맥에서 문학의 기능은 "오랜 睡眠을 쌔트리고 새로온 文化를 建設홀 만한 活氣잇는 精神力을 激發ᄒ는 것"에 놓여진다(「文士와 修養」, 『創造』 8호, 10면).

린이기'가 주목된 데에는 생물학적인 필연성이 있어서가 아니라 사회적인 요구가 있었기 때문이라 할 수 있다.[84]

시작의 순수성을 더욱 강조하기 위해서라면 '어린이'는 더욱 어려질 필요가 있다. 따라서 '갓난애기'는 계몽의 순결한 바탕으로 혹은 기원으로 간주된다.

> 廢墟의 밤은 깁허가고서
> 茫茫히 못업는 廢墟벌판 한 모퉁이
> 쓸々히 서잇는 한間 풀집 속에
> 싸우에 갓 써러지는
> 발거버슨 핏덩이 애기소래!
> 産苦를 닛고
> 새로 나는 이의 深刻한 복비는 敬虔한
> 廢墟의 어머니의 써는 소래
>
> 애기의 묵은 보곰자리
> 그의 녯 玉座인 胎살으는 불빗은
> 呻吟에 써는 '廢墟의 밤' 갈르는(剪)
> 알 수 없는 새로운
> 創造의 神의 거룩한 횃불!
>
> ― 오상순, 「廢墟의 祭壇」 부분(『폐허이후』, 6면)

『폐허』라는 잡지의 제명은 새로운 시작의 자리를 의미했다. 그것은 과거와 현재의 단절을 극적으로 드러내고자 했던 동인지 문학인의 의식이 반영된 제목이었다. 그러므로 '폐허'는 과거를 추억하는 장소가 아니라 시작의 다짐을 성스럽게 고백하는 자리였다. 그러한 폐허의 언덕에서 팔을 걷고 일어선 자들을 상상하는 한 동인지 문학인은 그들의 눈빛

---

84) Neil Postman, *Building a Bridge to the 18th Century*, New York : Alfred A. Knopf, 2000, pp.116~124 참조.

[眼光]에서 "희망과 결심의 불길"을 본다.85) 위의 시는 새로운 시작을 목전에 둔 '전야(前夜)'라는 시간적인 배경을 부여하여 '폐허'라는 공간의 의미를 더욱 강조한다. 인용한 부분은 이 시의 마지막 부분이다. 시인은 "폐허의 밤"을 가르는 "거룩한 햇불", 곧 어둠과 빛의 선명한 대비로 시를 맺고 있다. 여기서 햇불은 과거와 현재를 잇는 탯줄을 사르는 역할을 한다. 이로써 "발거버슨 핏덩이 애기"는 "묵은 보곰자리"인 어머니의 자궁으로부터 완전히 분리된다. 이 아기의 울음소리는 폐허의 밤을 가르는 햇불처럼 밤(과거)을 찢고 아침(미래)을 여는 희망의 메시지다. 이 시에서 아이는 폐기해야 할 과거로부터 전혀 오염되지 않은 순결하고 성스러운 존재로 표상된다. 아이는 '폐허 이후'를 의미하는 존재인 것이다.

'순수함'은 '어린이'와 결합되어 있는 가장 강력한 표상적 의미라고 할 수 있다. 계몽적인 수사학에서 '어린이'가 특별한 존재로 부각되는 데에는 위에서 살핀 대로 부정적인 과거와 이상적인 미래를 단절적으로 금긋는 이분법적인 사고가 그 바탕에 깔려있다. 이때 어린이의 순수함은 부정적인 과거로부터 오염되지 않았다는 것을 뜻하며, 때문에 이상적인 미래의 순수한 기원이 될 수 있다는 것을 의미한다. 그렇지만 어린이의 의미는 여전히 '이상적인 어른'이 돼야 하는 존재로 제한되어 있다. 즉 '어린이'는 잘 교육되어야 한다. 교육 프로그램에서라면 어린이의 순수함은 교사의 말을 가장 잘 받아 적을 수 있는 '백지(白紙)'에 빗댈 수 있을 것이다.

그러나 어린이의 '순수함'이 '자연'이라는 표상과 결합할 때, '순수함'이라는 어린이의 자질은 교육 프로그램이 원활하게 작동할 수 있는 바탕으로서의 성질과 결별한다. '자연'은 '교육' 이전의 상태이며 그 자체로 아름다운(자족적인) 것이다.

---

85) 염상섭, 「廢墟에 서서」, 『폐허』 1호, 3면.

① 그리고 져 學校生徒가 적어도 열다슷 名은 되겟지. 그 가운데는 쾌 재간 잇는 '天才'도 이스렷다. 못나지 못난 '天痴'도 이스렷다. 쏘는 凶惡한 不良兒도 이스렷다. 손을 부칠 수가 업시 몹슨 아희가 이서ㅅ 내 말을 안듯고 속을 태우면 엇더커나, 걱정도 해보앗습니다. 아니다, 내가 잘못하면 不良兒를 만드러 놋키도 하고 잘하면 天才를 養成할 수도 잇고, 不良兒를 인도하야 優良兒를 만들 수도 잇다. 녯날브터 農村에서 詩人 文士가 만히 나고 偉人 傑士가 만히 낫다더라, 져 村이 어듸 콕커마우드나 쭈랭크쭐트가 되지 말며 캔터키나 아이슬네벤이 되지 말나는 法이 이스랴. 이런 생각을 하닛가 責任의 感으로 갑작이 짐이 무거워짐을 쌔다랏습니다. (23면)

② 七星은 모래 밧혜 펄적 쥐저 안젓는데 맛침 쎄를 지어 나라가는 기럭이를 바라보고 혼자서 興이 나서 노래를 부르든 거시더이다. 내 눈에는 아모리 하여도 七星이가 天痴 가치는 보이지 아니하더이다. 나는 속으로 '아—너도 自然의 아희로구나. 네가 詩人이로구나' 하엿습니다. (28면)

③ 나는 불상한 七星을 爲하야 힘도 만히 써보고 여러 가지로 硏究도 만히 해보앗스나, 별노 結果가 생기지 아니하고, 七星은 依然히 한 알 수 업는 아해이엇나이다. (…중략…) 七星의게는 네 것 내 거시 업섯나이다. 동모가 가진 시계나 길가에 잇는 나무쌥이나 다름이 업섯나이다. 그는 무어시나 異常한 거시 이스면 끗까지 보고야마는 熱心을 가젓섯나이다. 내 萬年筆을 썩근 것도 그것이어이다. 나는 그거슬 妨害하엿나이다. 나쑨 아니라 자긔 周圍에 잇는 사람은 모도 七星의 하는 일을 妨害하엿습니다. 그런 동내를 七星은 쩌낫습니다. (29~30면)

— 전영택, 「天痴? 天才?」(『창조』 2호)

이 소설의 '나'는 다양한 인생 경험과 직업을 가졌던 인물이다. 그는 한때 일본유학생이기도 했고 주사 노릇도 했으며 전도사 일을 하기도 했다. 뿐만 아니라 그는 외입쟁이, 열렬한 애국자, 전차차장, 농사꾼이기도 했다. 그리고 세 번씩이나 교사로 부임해 학생들을 가르치기도 했다. 이 소설은 그가 세 번째, 그러니까 마지막으로 교사가 되었던 때의 경험담이다. 그는 20원 월급 때문에 "혈기 있는 청년은 참말 못할 노릇"이라고 늘 생각해왔던 시골 소학교 교사 일을 받아들였다고 하면서도, 막상 학교 건물이 희미하게 보이자 책임감을 무겁게 느낀다. 교사가 어떻게 하느냐에 따라 아이들은 '불량아'도 '우량아'도 '천재'도 될 수 있다고 생각했기 때문이다. 따라서 ①에서의 그는 사명감 있는 교사다. 그리고 아이들은 교사에게 그 미래가 맡겨진 존재들이다.

그러나 그는 교육의 힘을 의심하게 만드는 한 아이를 만나게 된다. 칠성이라는 아이는 동네에서 천치라고 놀림을 받는 존재이지만, 그는 이 아이에게서 "자연의 아희"로서의 순진 무구함을 발견하고 어떤 감동에 사로잡힌다. ②에서 그는 이 아이의 순진 무구함에 대하여 '자연'과 '시인'의 표상을 부여한다.86) 또한 그는 우연한 기회에 칠성이란 아이가 가진 놀라운 발명의 재능을 발견한다. 이런 훌륭한 자질을 가진 칠성이가 사람들에게 천치로 통하는 이유는 그가 철저하게 '자연의 아이'이기 때문이다. 칠성이는 사회에 길들여지지 않는다. 이 아이에게 "동모가 가진 시계나 길가에 잇는 나무쌥이"는 하등의 차이도 없는 사물이다. 교사인 '나'는 칠성이에게 왜 길가의 나무껍질은 가져도 되고 친구의 시계는 가져서는 안 되는지를 이해시킬 수가 없다. '나'는 결국 칠성이에게 매질을 하게 되고 칠성이는 마을을 떠난다.

③에서 '나'는 자신의 교육적 노력이 칠성이의 자질을 북돋아 준 것이 아니라 '방해'한 것이었다고 고백한다. 여기서 '교육'은 '자연'에 대립되는 '인위'의 일종일 뿐이다. '자연'이나 '시인'으로 표상되는 '어린이'는 교육이나 계몽의 지평을 벗어나 있다. 칠성이는 "내 맘대로 쌔틸 너보고 내 맘대루 맨들고 그러카구 쏘 고흔 곽 만히 어들나고 페양 간다"는 쪽지를 자기 어머니의 옷 속에 남기고 마을을 떠난다. 이때 칠성

---

86) 김억이 『폐허이후』에 번역한 타고르의 다섯 편의 시(「海岸」,「그째에 그 理由」,「아기의 버릇」,「留意되지 안는 求景」,「비오는 날」, 103~109면)는 모두 '순진 무구함'이라는 어린이 표상과 긴밀히 관련되어 있다. 특히 「그 째에 그 理由」라는 시는 어린이 표상에 결합되어 있는 자연의 이미지를 잘 보여준다.

에에게 '평양'은 현실적인 지명이 아니다. 칠성이가 가고 싶어했던 평양은 다음 문단이 보여주듯이 이 지상에는 없는 장소이다.

> 七星이, 친 바람 몹시 부는 거울에 버들나무 밋헤서 눈 우에 쪼그리고 안자서 두 손을 모읍고 호々 불면서 바들々々 떨다가 죽은 거슨, 오직 밤새도록 자지안코 반짝이든 하날의 별들이 내려보아슬 줄 아나이다. 가련한 七星은 지금, 자긔 하는 일을 방해하는 오마니도 업고 자긔를 째리는 외삼촌이나 훈장도 업고 자긔를 놀려먹는 동모도 업는 곳으로―져 구름 위로 별 위로 올나가서 마음대로, 하고 십흔 것 하고 평안이 이슬가 하나이다. (30면)

칠성이는 평양을 찾아가다가 길에서 얼어죽는다. 그러나 작가 전영택은 이 죽음을 낭만화한다. 현실은 칠성이의 창조적 자질과 순진 무구함을 포용하지 못한다. 칠성이는 죽음을 통해 이 현실을 초월하여 "져 구름 위로 별 위로" 나아간다. 그 초월적인 공간에서만 칠성이는 "마음대로 하고 십흔 것 하고 평안이" 있을 수 있다. 『백조』 1호에 실린 「무지개 나라로」라는 외국 동화에서도 주인공 아이의 죽음은 아이들의 행복이 보장되는 "무지개 나라"로 초월하는 계기로써 낭만화된다.[87] 이 동화에서 아이를 죽음으로 몰고 가는 것은 궁핍하고 비참한 노동자의 현실이다. 아이가 죽은 후 아이의 어머니는 "우리 노동자에게는 아희를 나을 권리가 업습니다"고 선언하면서 이혼을 요구한다. 동인지 문학에 자주 등장하는 '어린이의 죽음'이라는 테마는 현실의 속악함과 모순을 극적으로 드러내고, 어린이를 '순결한 영혼'으로 표상하는 작용을 한다.

---

87) 에로시엔코, 吳天圓 역으로 소개된 이 작품은 등장인물의 이름이나 명절 등이 우리식으로 바뀌어져 있다. 주인공 아이의 이름은 玉星이다. 다음은 이 아이와 아버지의 대화다. "아버니, (…중략…) 勞動者의 아희들이 배불느게 밥을 먹으며 아름다운 옷을 닙고, 비가 새지 안는, 겨울이 되야 찬바람이 드러오지 안는 房 안에서 살수 잇는 나라가 어느 곳에 잇슬까요?" "잇다. 그런 나라가 分明히 잇다. 그 나라의 일홈은 무지개 나라라고 한단다."(75~76면)

그의 더럽히지 안코
그대로 흰보에 싸고 또 싸가지고
짓튼 물결 일어나는
死의 바다의 고요한 물우으로
서투른 나그네의 航路를 찻도다.

인저는 너의 눈을 쓰라
보기 실튼 苦痛은 다라낫도다
그리고 멀이 詩神의 아버지를 바라보고
弱한 손으로 노를 젓고 노래하여라.

너는 새 王國에 다다를 제
푸른 새(青鳥)와 붉은 밤(赤夜)을 보리라.
그리고 너의 아버지의 긴 꿈속의
리톱가진 코소리를
드르리라

　　　　　　　—懷月, 「어린이의 航路」 부분(『백조』 1호, 55~56면)

　　이 시에서 '어린이의 항로'란 죽은 아이의 망령(亡靈)이 새로운 왕국을
향해 나아가는 죽음의 여정이다. 이 죽음의 왕국에는 어린이의 영혼을
보살펴 줄 "시신(詩神)의 아버지"가 있다. 시신(屍神: 시체들의 신)이 아니라,
시신(詩神: 시의 신)이다. 시인은 '어린 망령'에게 이제 고통은 사라졌으니
눈을 뜨라고 한다. 한편 박영희는 자신의 다른 시에서 "잠자는 어린이
여! 깨지는 말어라"고 부르짖기도 한다.[88] 왜냐하면 이 경우는 잠에서
깨면 어린이의 영혼을 위협하는 타락하고 속악한 현실이 힘을 발휘하기

---

88) 懷月, 「微笑의 虛華市」, 『백조』 1호, 49~51면. 여기서 虛華市(속악한 현실)의 미소는
　　어린이의 웃음과 대조되는 타락의 표정이다. 타고르의 시 「비오는 날」(『폐허이후』
　　108~109면)에서 시인은 "아기야, 나아가지 말아라"고 만류하는데, 이때 현실은 위험하
　　고 거친 이미지("市場으로 가는 길은 거츨고, 江으로 가는 小路는 밋그럽습니다. 바람
　　은, 그물에 싸인 猛獸처럼, 대가지 틈에서 애를 쓰며 울부짓습니다")로 드러난다.

때문이다. 그러나 죽은 어린이는 고통스러운 현실에 속해 있지 않은 존재다. 고통스러운 현실의 반대편에 '죽음'의 자리가 마련되어 있는데, 이 초월적 공간에서 '시신(詩神)'인 아버지를 발견할 수 있으며 어린이의 본성이 보호받는다는 상상은 시인의 영혼과 어린이의 영혼이 동질적으로 표상되었다는 것을 보여준다. 즉 이 시에서 어린이의 영혼은 예술가의 내면세계와 지향을 표상하고 있는 것이다.

어린이에 대해 이러한 표상체계가 작동하기 시작하면 '어린이기'는 말할 수 없이 특별해진다. 어린이의 세계는 어른의 세계, 곧 현실로부터 보호되어 마땅한 세계이며 독자적인 가치를 가진 시공이다.

> 너희들의 어머니의 遺言書 中에서 가장 崇高훈 部分은 (…중략…) 어머니는 피눈물로 울며 너희들의게 다시 만나지 아니ᄒ리라는 決心을 변치 아니ᄒ엿다. 그것은 病菌을 너희의게 傳훌 것을 念慮훈 것만도 아니다. ᄯᅩ는 너희들을 봄으로 말매암아서 自己의 마음이 破裂훌 것을 念慮훈 것만도 아니다. 너희들의 맑은 마음에다 殘酷훈 死의 姿態를 뵈여서 너희들의 一生을 더욱더욱 어둡게 훌 일을 念慮ᄒ고 너희들의 잘 자라가지 안으면 아니될 靈魂에다 조곰이라도 큰 傷處가 남게 할 것을 念慮훈 것이다. 幼兒의게 죽엄을 알리는 것은 無益훌 ᄲᅮᆫ 아니라 有害훈 것이다. 出喪 째는 下人들의게 식여서 너희들이 자미스러운 하로를 보내도록 ᄒ라고 너희들의 어머니는 썼다.[89]

이 번역작품에서 어머니는 결핵으로 인해 죽음에 임박해 있다. 현실적인 죽음은 인간의 한계를 분명하게 드러내는 사건이다. 어머니는 육체적인 고통으로 일그러져 있는 자신의 모습을 아이들에게 보이지 않으려고 한다. 또한 유서에서 자신의 죽음을 아이들에게 알리지 말 것을 부탁한다. "잔혹훈 사(死)의 자태"가 아이들의 "맑은 마음"에 입힐 상처를 그녀는 두려워했기 때문이다.[90] 마음의 상처는 결핵균보다 아이들에게

---

89) 새별 역, 「어린 것들의게」, 『창조』 8호, 71면.
90) 민태원의 「어느 소녀」(『폐허』 1호)라는 작품에는 인생의 고통으로부터 전혀 보호받지

더욱 치명적이라고 그녀는 생각한다. 이 작품에서 그녀의 이러한 조치는 '숭고'한 배려로 말해진다. 어머니의 보호조치에 의해 아이들은 어머니의 장례식장에 들어가지 못한다. 아이들은 아무 것도 모른 채 즐거운 놀이에 빠져 있게 되는 것이다.

이러한 풍경은 전통적인 '장유유서'나 '효' 관념에 의해 작동되는 가족모델 속에서는 결코 묘사될 수 없는 것이다. '어린이기'가 특별해짐으로써 여성의 긍정적인 이미지가 도드라지는 자리는 '효부'나 '현처'에서 '자애로운 어머니'로 이동한다. '유년'의 공간은 '모성'의 공간이기도 하다.

> 이 나라의 죠흔 것은, 모다 아가 것이라고
> 내가 어릴 녯날에 어머니께서
> 어머니 눈이 끔적하실 쌔, 나의 입은 벙긋々々
> 어렴풋이 잠에 속으며, 그래도 조와서
> 모든 世上이 이러한 줄만 알고왓노라
> — 홍사용, 「꿈이면은?」 부분(『백조』 1호, 18면)

> 아기는 적은 新月의 王國 안에서 모든 束縛을 벗어바리고 自由엿습니다.
> 아기가 自己의 自由를 내여바림에는 理由가 업는 것이 아닙니다.
> 아기는 어마니의 맘世界의 적은 구석에는 끗업는 즐겁음의 房안이 잇음을 압니다, 하고 어마니의 사랑스럽은 팔에 잡히여, 안기우는 것이 自由보다도 더

못한 아이의 모습이 그려져 있다. 이 아이는 가난하고 무능한 홀아비 밑에서 여섯 살 때부터 밥을 짓고 매를 맞으면서 자란다. '애늙은이'라는 별명을 가진 이 소녀는 동심을 잃어버린 "비극의 산물"이다. 소녀의 모습은 다음과 같이 그려진다. "'默丹이' 하고 불으난 사람이 잇스면 對答을 하기 前에 爲先 그 사람의 얼골부터 처다보앗다. 그 사람의 눈치 그 녑헤 잇난 사람의 눈치까지도 非常한 速度로 돌나보앗다. 그리고 狩地에 놀난 고순도치 模樣으로 고개를 움츠리며 등을 꼬부리여 自衛의 準備를 하며 그 對答소리에 난 不快한 抵抗의 빗을 씌웟다. 萬一 그 사람 얼골에 조치못한 氣色이 일난 째에는 두 손으로 머리를 부둥켜안고 꽁문이부터 뒤로 쎄엿다."(109면) 아이의 이러한 "병적 습성"은 도저히 교정할 수 없는 "제2의 천성"처럼 '나'에게 받아들여졌지만, 나는 소꼽놀이나 숨박꼭질을 하는 아이에게서 희미하게나마 "어린애의 기분"을 발견한다.

甘味임을 압니다.
                              ―타고아, 김억 역, 「아기의 버릇」 부분(『폐허이후』, 106면)

　모성으로 충만한 공간은 아기에게 '끝없는 즐거움의 방'일 수 있다. 어머니의 팔이 그리는 테두리에서 아기는 절대자유보다도 감미로운 행복을 느낀다. 어머니는 "이 나라의 죠흔 것"은 모두 아기의 것이라고 말해주는 존재다. 이것은 세상의 모든 좋은 것을 아기에게 주고 싶은 어머니의 마음을 달리 표현한 것이라고 할 수 있다. 그러나 홍사용의 다른 시 「나는 왕(王)이로소이다」(『백조』 3호)에서는 어머니의 품속에서 "벙긋벙긋" 웃는 아이가 아니라 '울고 있는 아이'가 등장한다. 여기서의 어머니는 "속압흔 눈물"을 함께 흘려주는 존재다. 아이의 '웃음'이 순진 무구함의 한 표지라면, 아이의 '울음'은 상처받기 쉬운 영혼의 연약함과 순결함을 드러낸다. 시인은 유년의 공간, 모성의 공간을 티 없이 웃을 수 있고 마음껏 울 수 있었던 공간으로 추억한다.
　'어린이기'는 인생의 한 시기인 만큼 영원할 수 없다. '어린이기'는 추억 속에서 재구성된다. '추억'의 형식으로 혹은 '동경'의 형식으로 드러나는 '어린이기'는 돌아갈 수 없는 낙원의 이미지를 띤다. '어린이기'를 벗어나야 한다는 것은 '연민과 애정'(타고르, 위의 시)으로 가득한 모성의 세계를 떠나야 한다는 것을 의미한다.

　　한머니 산소 압헤 못 심으러 가든 寒食날 아츰에
　　어머니께서는 王에게 하얀 옷을 입히시더이다
　　그러고 귀밑머리를 단단히 짜어주시며
　　「오늘부터는 아모ㅅ죠록 울지말어라」
　　아! 그째부터 눈물의 王은!
　　어머니 몰내 남모르게 속깁히 소리업시 혼자 우는 그것이 버릇이 되엇소이다
　　　　　　　　　　　　　　　　　―홍사용, 「나는 王이로소이다」 부분

어느 날 어머니는 "오늘부터는 아모ㅅ죠록 울지 말어라"고 명한다. 어머니가 내게 흰 옷을 입히고 내 "귀밋머리를 단단히 따어주"고는 할머니 산소 앞에 데리고 가는 일은 '어린이기'가 끝났음을 말해주는 행위다. 이제 '나'는 죽음과 관련한 의식에 참석할 나이가 된 것이다. 이 통과제의에 앞서 나는 이미 "건넌 산 비탈로 지나가는 상두군의 구슬픈 노래"를 처음으로 들었고, 파랑새를 동무로 알고 쫓아가다가 돌부리에 걸려 무릎에 생채기를 남겼다. '나'는 인생의 비극을 어렴풋이 맛보았던 것이다. '어린이기'에 속하지 않는 '나'는 어머니 앞에서 마음껏 울 수 있는 권리가 없다. 나는 이제 "속깁히 소리업시" 울어야 하고 "혼자" 울어야 한다.

떠날 수밖에 없고, 다시 돌아올 수도 없는 '유년'의 공간은 '어린이' 표상에 '순진 무구함', '자연', '시인의 영혼' 등과 같은 낭만적인 의미가 결합함에 따라 근대문학작품에 자주 등장하게 된다. 동인지 문학인들에게 어른이 된다는 것은 "어느 의미로는 생장하고 발전"하는 것이겠지만, 다른 한편으로 그것은 "내면적 불순(不純)과 사기(邪氣)"를 기르는 일로 생각되었다. 유년 시절을 "아즉 생명의식의 분열 작용이 생기기 이전, 혼일순진(渾一純眞)"한[91] 내면적 통합이 이루어졌던 시기로 표상하면서 이들은 현실의 반대편에 유년의 추억을 배치한다.

---

91) 오상순, 「廢墟行」, 『폐허이후』, 122면.

5. 주변인들—사회의 낙오자, 예술가의 초상

1) 광인—'이성' 너머의 세계

'주변인'이라는 용어에는 이미 그 사회의 제도적이고 규율적인 시스템이 작용하는 범위와 그 중심이 전제되어 있다. 그 범위 내부의 논리로 볼 때, 주변인은 시대의 부적응자며 낙오자다. 이렇게 표상되는 주변인은 내부의 동일성을 확인시켜 주는 타자다. 주변인은 경계의 물질적인 표지다. 어떤 존재를 주변인으로 밀어내고 타자화하는 것은 경계 안쪽이 어떠한 논리와 규율로 구성되어 있는지를 드러내는 일이기도 하다. 그러나 주변인은 끊임없이 경계 안쪽의 가치에 대해 의심하게 만들고 경계에 균열을 일으키는 존재이기도 하다. 여기서는 주변인들(광인·아편중독자·거지·방랑인)의 표상이 미학적인 맥락에서 어떻게 재조정되고 재구축되는지를 보게 될 것이다.

1920년대 초기에 새롭게 부각된 문학적 감수성은 예술가들을 '잠재적인 광인'으로 규정할 만한 요소를 갖고 있었다. 김우창은 염상섭의 초기 소설을 말하는 자리에서 1920년대 초 동인지 작가들이 처해 있었던 내면적 위기를 "過上昇(Verstiegenheit)"으로 진단했는데, '과상승'이란 "주관적 에너지의 확대 속에 세계를 한꺼번에 취하려" 할 때 일어날 수 있는 실존적 증상이다.[92] 동인지 문학인들은 "과도(過度)는 가장 우미(優美)한

---

92) "페르슈티겐하이트(Verstiegenheit)"는 "오르는 것(Stiegen)"이 "잘못되거나 지나치게 되는 것 Ver"이다. 이것은 상황의 상대성을 인정하지 않고 어떤 결정이나 믿음을 절대화할 때 일어난다(김우창, 「리얼리즘의 길」, 『염상섭전집』 9권, 424~428면 참조). 이 과상승(過上昇)의 증후는 동인지 문학에 빈번하게 등장하는 '무한' '절대' '영원'과 같은 어휘에 내재되어 있다. 다음의 문장은 김우창이 지적한 과상승의 욕망을 잘 보여준다. "우리는 우리 以上의 것 卽 永遠한 生命을 愛하기 때문에, 그리고 그곳에, 가쟝 自由와 情熱이 充滿한 生活의 永遠味에 透徹하려 願하는 故로 時代 속에, 時代를 爲하여, 우리를 惱케 하는 것이 안인가."(오상순, 「時代苦와 그 犧牲」, 『폐허』 1호, 62면)

예술에 생기잇는 정신이다. 우리는 항상 과도함을 맨들고, 또 더욱 풍부한 과도를 차저야 한다"[93]와 같은 주장에 대개 공감하고 있었다. '지나침'이 예술가적인 기질로 받아들여졌고, 예술가는 '신경과민형'의 인물로 표상되었다. 당시 예술가들이 의식적으로 가장 많이 앓았던 병은 '신경쇠약'이라고 할 수 있다. 그러므로 예술가는 오히려 '정상인'보다 '광인'에 더 근접한 인물로 생각되었다. 이런 생각은 "천재는 무서운 질병이다"라는 말에 단적으로 드러난다.[94]

동인지 문학에서 광기는 무엇에 대한 결핍으로 규정되지 않고 과잉으로 사유된다. 즉 광인은 '정신이 (빠져)나간' 존재가 아니라 어떤 특권적인 경험을 누리고 있는 존재로 표상된다. 광인은 "알아서는 아니 될 그 무슨 비밀을 억지로 알랴고 한 까닭에 그 죄로 벌을 밧"게 된 존재인 것이다.[95] 홍사용은 정신병이 들었다고들 하는 사촌동생을 예수, 석가, 공자도 도달하지 못한 절대진리를 깨달은 자로 평가한다.[96]

---

93) 懷月, 「生의 悲哀」, 『백조』 3호, 182면. 이 글에서 박영희는 "無限의 慾望과 不凋의 美와 眞理잇는 知識"에 대한 요구가 "現代人의 弱한 神經을" 피곤하게 한다고 말한다. 이와 같은 "意識이 强하야지면 强할스록 우리의 滿足치 못하는 苦痛은 더욱더욱 神經을 破滅케 한다."(177면) 즉 과도한 요구는 신경쇠약에 이르게 하고, 이 과정에서 '생의 비애'가 발생한다는 것이다.

94) 이 말은 김억이 번역한 「프로예르論」의 첫머리에 나온다. 그것은 발자크의 소설 중의 일절이라고 하는데, 그 부분을 옮겨보면 다음과 같다. "天才는 무서운 疾病이다. 天才的 作家는 누구든지 그 맘 가운데 感情이 니러나면 곳 먹어바리는 Monster를 撫育한다. 어느 것이 勝利者가 될가? 疾病이 사람을 이기겟는가 또는 사람이 疾病을 이기겟는가? 人格과 天才와의 새에 完全한 平衡을 建設할 수 잇는 사람은 偉大한 사람일 것이다. 詩人이 巨人이 아닐진딘, 헤큐리쓰의 兩肩을 가지지 못할진딘 그는 엇지할 수 업시, 맘을 쌔앗기우든가, 또는 才能을 쌔앗기우든가 하게 되지 안을 수가 업다."(『폐허』 2호, 72면)

95) 露雀, 「그리움의 한묵금」, 『백조』 3호, 201면.

96) 露雀, 위의 글, 199~203면. 「標本室의 靑게고리」(『염상섭 전집』 9권, 39면)에서 광인 김창억은 "人間에게 許諾된 以外의 感覺을 하나 더 가지고, 人間의 侵入을 許諾치 안는 幽邃美麗한 神話의 世界에 들어갈 招待狀을 가진 하누님의 寵兒"로 소개되기도 한다.

그는 눈을 감고 생각에 잠기어 잇섯다. 그러다가 그가 눈을 쓸 때에 불빗가티 充血되어 붉은 눈방울이 번적어리며, 입으로 「解決이다」 한 마듸를 소리처 질럿다. 어쎄케 解決을 하얏는지 그것은 몰라도, 엇더튼 無條件으로 解決은 한 것이다. 그래서 사람들이 그를 보고 미칫나 하는 것이 그에게는 解決을 한 것이다.

사촌동생의 '해결'은 세상 사람들에 의해 '광기'로 받아들여지며 '병'으로 규정된다. 광기를 정신병으로 규정한 근대인은 더 이상 광인과 교통할 수 없다. 푸꼬의 논리로 말하면, 광기가 '질병'으로 규정되는 지점에서 작용하고 있는 것은 이성과 이성 아닌 것을 분리시키는 '이성의 독백'이다.[97] 광기의 언어는 이성의 언어로 환원되지 않기 때문에 광인은 치료받아야 하는 존재로 취급되는 것이다. 그러나 광기를 이성의 결여가 아니라 초(超)이성적인 현상으로 사유한 동인지 문학인들에게 광기는 자기 범위, 즉 인간적인 범위를 넘어서는 꿈꾸기의 위태로움을 보여주는 것이었다. 홍사용은 사촌동생이 성했을 때보다 "힘도 세이고 말도 잘 하고 성격과 행동이 성하게 타는 불길과 같이 불굴적, 용진적(勇進的), 개방적, 열정적"이고 "달관이 잇는 듯"한데, "그것이 병이 아니고 참말로 그런 사람이 되엇스면 조켓다"고 말한다. 홍사용이 사촌동생에게 갖는 연민은 세상사람들의 동정과 다른 층위에 놓여 있다. 왜냐하면 그는 광기로부터 긍정적인 자질들—불굴적·용진적·개방적·열정적인 성질을 발견하고 있기 때문이다.[98] 이 자질들은 모두 '흘러넘침'의 이미지를 갖

---

97) 미셸 푸꼬, 김부용 역, 『광기의 역사』, 인간사랑, 1991, 12~13면. 그의 말을 조금 더 옮겨 보자. "18세기 말 광기를 정신병으로 규정함으로써 대화는 명백히 단절되었고, 양자(이성의 인간과 광기의 인간)의 분리는 이미 이루어진 것으로 추정되었으며, 그럼으로써 광기와 이성 사이의 교통을 가능하게 하는 구체적인 구문론도, 더듬거리는 불완전한 단어들도 침묵 속으로 사라져 갔다. 광기에 대한 이성의 독백에 불과한 정신분석학의 언어는 그와 같은 침묵에 근거해 있다."

98) 박영희의 소설 「生」의 한 대목에서도 이와 흡사한 인식을 찾아 볼 수 있다. "미첫다는 것은 미친 사람은 알 수도 업시 다르고 이상한 나라를, 가지고 잇는 것을 알앗다. 不屈, 自由, 哲理…… 이 여러 가지를, 미치지 안혼 사람보다 더욱 자유롭게 가진 것을

고 있다. 그의 연민은 다만 이렇게 흘러넘치는 동생의 언어가 세상에서 철저하게 묵살당하고 모욕당할 것이라는 애틋한 염려에서 비롯한다.

동인지문학에서 광기의 원인은 종종 '연약함'·'섬세함'·'민감함' 등의 여성적인 감수성과 결부된다.

①아, 도적놈의 죽일 숨, 쉬듯한, 微風에 부듸쳐도,
설음의 실패꾸리를, 풀기 쉬운, 나의 마음은,
하늘꼿과 地平線이, 어둔 秘密室에서, 입마추다.
죽은 듯한 그 벌판을, 지내려 할 째, 누가 알랴,
어여쁜 계집의, 씹는 말과 가티,
제혼자, 지즐대며, 어둠에 쓸는 여울은, 다시 고요히,
濃霧에 휩사여, 脈풀린 내 눈에서, 썰덕이다.

②바람결을, 안으려 나붓기는, 거믜줄가티,
헛웃음 웃는, 미친 계집의 머리털로 묵근―
아, 이내 신령의 낡은 거문고 줄은,
靑鐵의 녯 城門으로 다친 듯한, 얼빠즌 내 귀를 뚤코,
울어들다―울어들다―울다는, 다시 웃다―
惡魔가, 野虎가티, 춤추는 깁흔 밤에,
물방아ㅅ간의 風車가, 미친 듯, 돌며,
곰팡스런 聲帶로 목메인 노래를 하듯……

③저녁 바다의, 꼿도업시 朦朧한 먼 길을,
運命의 악지바른 손에 끄을려, 나는 彷徨해 가는도다,
嵐風에, 돛대 썩긴 木船과 가티, 나는 彷徨해 가는도다.

④아, 人生의 쓴 饗宴에, 불림바든 나는, 젊은 幻夢의 속에서,
靑孀의 마음 우와 가티, 寂寞한 빗의 陰地에서,

알앗다."(『백조』 3호, 119면)

柩車를 쌀흐며 葬式의 哀曲을 듯는 護喪客처럼 —
털싸지고 힘업는 개의 목을 나도 드리고,
나는, 넘어지다 — 나는, 걱굴어지다!

⑤ 죽음일다!
부들업게 뛰노든, 나의 가슴이,
줄인 牝狼의 미친 발톱에, 찌저지고,
아우성치는 거친 어금니에, 깨물려 죽음일다!
　　　　　　　— 이상화, 「二重의 死亡」 부분(『백조』 3호, 15~16면)

　　이상화는 이 「이중(二重)의 사망」이란 시가 친구 박태원의 사망에 붙
이는 헌시임을 그 제목 밑에 밝히고 있다. 이 시는 친구의 관을 실은 영
구차를 뒤따라가며 장송곡을 듣게 된 시의 화자가 친구의 죽음을 추체
험하는 구도로 이루어져 있다. 「이중의 사망」이라는 제목은 '나'의 가상
죽음체험에 친구의 실제 죽음이 겹쳐져 있음을 시사해준다. 이상화는
친구의 죽음이 육체적인 손상에 의한 것이 아니라 정신적인 상처에 의
한 것이라고 판단하고 있다. 그는 이 시에서 친구의 죽음을 통해 자신의
정신에도 끊임없이 가해지는 유형 무형의 폭력과 그 상처에 대해 말하
고자 한다.
　　'나'는 (또한 죽은 친구는) 연약한 영혼의 소유자다. 상처에 민감하다
는 것은 내면을 향해 있는 자의 표징일 수 있다. ①과 ②는 '나'의 내면
을 공간화하여 보여준다. 정체를 숨겨야 하는 도둑의 입에서 나올 법한
숨소리란 보통의 청각이나 촉각으론 잘 감지하기 어렵다. 그러나 이와
같이 극히 미세한 자극에도 내 마음은 "설음의 실패꾸리를 풀"게 된
다.99) ①에서 실패꾸리에 비유되었던 나의 영혼은 ②에 오면 "낡은 거

---

99) 이 "微風"은 ③의 "嵐風"의 기미일 수도 있다. 박영희의 시 「月光으로 싼 病室」의 다
　음 시행은 '미풍'과 '광풍'의 역학을 단적으로 보여준다. "어둠 속에, 낫츨가린, 微風의
　한숨은／ 갈 바를 몰라서, 애쑤진 사람의 마음만／ 부지럽시도, 미치게 흔들어 노토다."

문고 줄"이라는 새로운 비유를 얻는다. 이 비유는 마음의 표현이 그대로 악기의 연주와 같이 예술적인 표현이 된다는 생각을 깔고 있다. '나'의 "거문고 줄"은 "나붓기는 거믜줄"이나 "미친 계집의 머리털"에 다시 비유되는데, 이것은 요동하는 내면의 상태를 잘 보여준다. 그러나 내 마음에서 울리는 소리는 "내 귀를 뚫고" 흘러 들어갈 뿐이다. 세상의 소리에 대해 방어태세를 갖추고 있는 내 귀가 듣는 것은 내 마음속에 "악마"며 광기다. '나'의 거문고 줄은 세상을 향해 퍼지지 않고 자폐적인 독백의 형식에 갇혀 있다. 이 형식 속에서 상처와 고통은 자기 증식을 한다. ⑤에서 나의 가슴을 찢고 물어뜯는 "빈랑(牝狼)의 미친 발톱"이나 "거친 어금니"는 내면에서 증폭된 어떤 폭력이라고 할 수 있다. 결국 '나'를 죽음의 가상체험으로까지 몰고가게 되는 이 야수적인 폭력성은 민감한 영혼이 펼치는 모노드라마의 위험성을 보여주는 것이다.

> 미첫다함은 '生'을 긴장시키어서 그 열도를 최고에 달하게할 쌔에 비롯오 터저나오는 超理的 放散임을 생각하얏다. 그런고로 열도 이상에 열을 가진 미친 사람은 사람을 죽이기까지한다는 말도 들엇다. 이가티 생각을 하다가 나 안즌 방으로 들어오는 옥순이를 다시 보앗다. 그는 방안에 무슨 큰 공포를 보는 것처럼 조심성스럽게 한발 한발, 佛像을 안즌 殿閣으로 들어가는 승녀와 가티 그윽하게, 엄숙하게, 들어오면서 방안을 둘러보기 시작한다. 구석구석을 가장 주의를 다하야 가면서 들어온다. 미친 사람도 두려움이 잇는 것 가탓다. 아니다. 그것보다도 성한사람의 행동이, 미친 사람에게는 미들 수 업는 공포를 가진 것 가탓다. 마치 국경을 다르게 한 적군과 가티 보는 것 가탓다.[100]

위의 인용문에서 우리는 광인과 정상인이 맞닥뜨린 장면을 볼 수 있다. 여기서 박영희는 광인을 '생(生)의 긴장'이 최고조에 달한 자로 규정한다. 이 극도의 긴장으로 말미암아 광인은 사람을 죽일 수도 있는 난폭함을 내장한 인물로 생각된다.[101] 때문에 광인은 정상인에게 공포의 대

---

100) 懷月, 「生」, 『백조』 3호, 119면.

상이 된다. 그러나 이 인용문이 인상적인 것은 정상인이 광인에게 느끼는 두려움이 아니라 반대로 광인이 정상인에게 느끼는 공포심을 묘사하고 있다는 점이다. 미친 여자인 옥순이는 정상인인 '내'가 앉아 있는 방을 아주 조심스럽게 들어온다. 그녀의 난폭한 발작을 상상하면서 두려워했던 '나'의 예상은 완전히 빗나갔다. 그녀는 오히려 정상인인 내게서 지독한 공포를 느끼고 있는 것처럼 보인다. 박영희는 '광인'과 '정상인'의 경계를 "국경"이라는 지리적이고 군사적인 용어로 표현한다. '국경'은 한 쪽에 아군을 반대쪽에 적군을 배치하고 있고, 이 명확한 경계가 어지러워지는 일은 곧 전쟁의 발발을 의미한다. 이 글은 '광인'의 입장을 생각해봄으로써 '아군'과 '적군'의 자리를 역전시킨다. 옥순이가 느끼는 공포는 통상적인 '정상인-아군/광인-적군'의 배치를 뒤집어 정상인이 적군의 자리에 놓일 수 있다는 것을 보여준다. 이렇게 뒤집힌 '배치'는 '정상'과 '비정상'에 대해, 그 '경계'에 대해 다시 사유하도록 이끈다.

2) 아편중독자─데카당스의 전략

1920년대 초기 문인들은 술이나 아편 따위에 취해 비틀대는 명정(酩酊)의 상태에 대해 특별한 의미를 부여했다. 『백조』 동인들이 '순례'로 명명한 것은 명월관이나 국일관 같은 요정 출입이었다.[102] 이 같은 낭

---

101) 이 난폭함은 때로 예술가의 창작행위에 수반되는 종류의 것으로 긍정된다. 김동인의 「광염소나타」는 방화를 저지르고 그 흥분 속에서 천재적인 예술성을 발휘하는 음악가를 주인공으로 삼고 있다. 이러한 광폭한 예술행위는, 염상섭의 「標本室의 靑게고리」에 나오는 광인 김창억이 3원 50전으로 손수 지은 삼층집을 불태운 뒤 느꼈을 감흥을 상상하는 다음 문장과 오버랩될 수 있다. "아─그 偉大한 建物이 紅焰의 狂亂 속에서, 구름탄 仙人가티 燦爛히 써오를 際, 그의 歡喜는 어쩌하얏슬가. 그의 입에서는 반듯이 '할레누야!'가 連發하얏슬 것이요 그리고 ─篇의 詩가 흘러나왓슬 것이요 ─마치 '네로'가 紅焰 가운대의 羅馬 大都를 바라보며, 하─모니에 마쳐서 詩를 을프듯이."

만적인 어휘가 이들 사이에서 진지하게 통용되는 자리에 박종화의 시극(詩劇) 「'죽음'보다 압흐다」(『백조』 3호)가 놓여 있다. 막이 열리면 무대는 '어느 요리집의 한 방'이다.

場：어느 料理집의 한 房, 힌 褓로 덥힌 食卓을 가운대로 하고 젊은 男女 대여섯 사람이 둘러안젓다. 强한 술냄새 자욱한 담배 연긔 붉고 鈍濁한 불빗은 倦怠와 '데카단'의 기분을 무르녹게 멘든다. 半쯤 열려진 들창으로는 푸르고 힌 달빗이 고요히 쏘아내린다.

여기서의 "권태와 데카단의 기분"이란 이광수가 "데카당스의 망국정조"라고 했던 예술가 집단의 풍조에 가까운 것이다.[103] 이것은 1920년대 초

菴 柱 碩 安 『醉』

안석주, 〈취(醉)〉, 『백조』 3호. 취한 육체에는 몇 개의 실루엣이 교차하고 있다. 이 실루엣의 흔들림을 통해 현실을 지우면서 동시에 새로운 감각이 눈뜨는 '망각의 리듬'을 보여주려 했던 것일지도.

기에 유행한 '예술적인 정서'의 한 유형이었다. "강한 술냄새 자욱한 담배 연기 붉고 둔탁한 불빗"은 '권태와 데카단의 기분'을 연출해 낼 수 있는 무대장치였다.

---

102) 박영희, 「草創期의 文壇側面史」 3회, 『현대문학』, 1959.11; 박종화, 『역사는 흐르는데 청산은 말이 없네』, 443면.
103) 이광수, 「文士와 修養」, 『창조』 8호.
104) 抱耿, 「'懊惱의 舞蹈'의 出生된 날─岸曙君의 詩集을 닑고」, 『창조』 9호, 73면.

달님이 춤춥듸다
달님이 춤춥듸다
아편째는 사람보고 달님이 춤춥듸다
昏絶과 痲痺로 흐르는 달빗
가슴이 출렁 달고도 슯흐다

박종화는 화가 방태한과 기생 김주의 '죽음보다 아픈' 사랑의 서사를 본격적으로 극화하기 전에 위와 같은 내용의 코러스를 통해 '권태와 데타단의 기분'을 한껏 고조시킨다. 여기서 그는 "아편째는 사람"의 감각을 달빛에 전이하여 드러낸다. '달'은 밤의 눈[目]이다. 달빛은 이성의 빛(낮의 눈)이 관장하지 않는 영역—비합리적이고 주관적인 세계를 비춰준다. 1920년대 초기 일군의 예술가 그룹에게 "혼절과 마비"는 현실을 지우는 망각의 경험이면서 동시에 새로운 감각이 열리는 경험으로, 즉 초월의 기제로 받아들여졌다. 그것은 "망각의 리씀(리듬) 우에서" "악마는 신(神)다려 결혼을 청"하고 "죄악과 선미(善美)는 화의(和意)"하는 장면을 보여준다.[104] 이들은 현실의 논리와 구속을 벗어난 도취상태를 통해 절대 자유의 감각을 향유할 수 있으며, 신의 영역에 가까이 갈 수 있다고 생각했다. 이들에게 있어서 환각은 이성적인 관찰력의 결여 상태라기보다는 인간적인 능력 이상으로 감각이 확장된 상태를 의미했다. 변영로는 "우리의 소위 바루 본다는 것은 흔히 물건의 압이나 모퉁이 밧게 보지 못하나, 착각상태(錯覺狀態)에서는 의례는 못된다도 갓금 모든 것의 진수(眞髓)와 핵심(核心)을 본다"고 말한다.[105] 그러나 이 경험이 일상처럼 반복되어 일탈의 신선함과 자극성을 잃어버리면, 그것은 더 이상 영웅적인 경험으로 예찬될 수 없다. 다음 시는 초월의 에너지가 고갈되어 버린 환락적인 생활의 피곤함과 권태를 전형적으로 드러내고 있다.

---

104) 抱耿, 「'懊惱의 舞蹈'의 出生된 날―岸曙君의 詩集을 넑고」, 『창조』 9호, 73면.
105) 樹州, 「芥子 몃 알」, 『폐허이후』, 82면.

'주금'은 깨끗한 그림자
샘물 가튼 눈ㅅ동자
淸雅한 목소리로
길게 困한 나를 부른다,
그러나 鴉片의 꿈가티,
담배의 푸른 내,
단 술, 쓴 쑬송이 香氣가티
'삶'이 나를 매고, 나를 에워
내 눈을 감기고
내 렴통을 쥐어
내 가슴에 비췬
거룩한 '주금'의 빛을
흐려 버린다.

아름다움의 씃인
'주금'이어
너를 바라기 오래다,
淫蕩한 '生'의 꿈에 짬 배어
말근 달빛에 홀로 깨면
거긔서 긔두린지 오랜
오오 나의 '주금'이어,
내 노래는 多情스럽고
네 얼골은 그리 어엽버,
간절히 願하기는
그 보드러운 품속에
平安히 안기기를
그러나 엇더한 魔醉藥이
다시 生의 핏빗 꿈 속에
무덧는가? 이 몸을.

— 주요한, 「生과死」 부분(『창조』 7호)

이 시에서 아편은 "생의 핏빛 꿈" 속에 '나'를 파묻히게 하는 마취약이다. 이것은 "담배의 푸른 내, 단 술, 쓴 쑥송이 향기"와 어울려 지극히 권태롭고 퇴폐적인 분위기를 만들어 내는 시적 장치라고 할 수 있다. 여기서 '나'는 어떤 창조적인 정열도 드러내지 못한다. 나는 환락적인 생활의 환멸과 염증에 시달리고 있다. 그리고 단지 죽음을 아름다움의 완성으로 미학화하고 찬미할 뿐이다. 죽음은 완전하고 영원한 마비 상태라고 할 수 있다. 그렇지만 퇴폐적인 삶을 환멸로 드러내면서도 그것을 거부할 수 없는 유혹으로, 나아가 예술적인 삶이나 미학적인 계기로 역전시키는 데카당스의 전략을 위의 시는 보여준다. '환멸'과 '황홀'의 거리는 그다지 멀지 않다. 그것은 "달고도 슯흐다"는 모순 형용과 같이 나란히 놓일 수도 있는 것이다.

술·담배·아편 등에 대한 동인지 문학인들의 태도는 형이상학적이었다고 할 수 있다. 김동인의 소설 「목숨」에 나오는 표현을 빌리자면, 술, 담배, 아편은 "생리학상의 위생"에는 해로운지 모르지만 "정신적 위생"에는 좋은 것이라는 생각을 이들은 대체로 공유하고 있었다.106) 「목숨」이라는 소설의 주인공 시인 M은 병원 입원실의 금연 규칙을 비웃으며 감춰둔 담배를 꺼내 문다. 그는 담배를 맛있게 피우면서 "의사들은 바보다"고 말한다. 실제로 M에게 적용된 근대적인 의학지식의 권위는 죽음을 선고받았던 그가 멀쩡히 살아 있다는 사실에 의해 크게 실추된다.

그러나 이러한 생각을 의식적이고 극단적으로 개진했던 1920년대 초기 일군의 예술가들 중에 실제로 알콜중독자나 아편중독자였던 예를 찾기란 어렵다. 주목해야 할 것은 알콜 중독자나 아편중독자에게 투영했던 이들의 미학적인 욕망이다. 이들에게 '술병'은, 예술가의 헤어스타일로서의 장발이 그랬던 것처럼, 예술가의 의상이며 표징이었다.107) '술병'

---

106) 김동인, 「목숨」, 『창조』 8호, 35면.
107) 「標本室의 靑게고리」의 다음 대화를 보자. "그런데 瓢簞이란 무엇이야" "흥흥흥, 한 마듸로 쉽게 說明하면 爲先 X君 自身인 同時에, X君의 人生觀을 씸볼한 X君의 술瓶

이 예술적인 장식으로 통용될 수 있었던 이들의 논리와 감수성에 의해 아편중독자의 현실은 문학적인 관심 영역에 포섭된다.

『창조』 5호에 실린 「살기 위하여」라는 희곡 작품에는 아편중독자들의 공동체가 등장한다. 이 공동체의 일원들은 모두 청년이다. 시대는 현대로 설정되어 있고 장소는 경성이다. 1920년대 초기 서울의 청년이라면 시대의 전위로 호명될 만한 지리적 조건과 연령적 조건을 갖추고 있다고 할 수 있다. 그러나 이들은 하나같이 '봉두구면(蓬頭垢面)에 남루한 의복'을 하고 있으며 자립 능력과 그럴 의사가 전혀 없는 존재들이다. 아편으로 인하여 '패가(敗家)'한 이들은 현재 추위와 굶주림이라는 생존의 한계 상황에 처해 있다. 이런 이들에게 있어서 아편은 이미 위의 시와 같은 퇴폐적이고 예술적인 분위기를 연출해 줄 수 없다. 이들이 '주사 시기'라고 부르는 때는 아편을 주입해 주어야 할 시간을 말함인데, 시간에 맞춰 아편주사를 맞을 수 없는 이들은 이때가 되면 "(아이구! 소래를 지르고 압흐로 펄석 누으면서) 아이 배야"라고 외치면서 육체적인 고통을 호소하게 된다. 어떤 정신적인 고상함도 개입할 틈이 없어 보이는 처지에 이들은 놓여 있는 것이다. 이 작품은 한 청년에게 집에 들어가 돈을 구해오라고 여러 청년들이 강권하는 장면으로부터 시작한다. "우리들도 집 쩌러먹고 살님 쩌러먹고, 부모처자까지 다잡아먹어도 배곱흔 쩨에는 할 수 없더라! 너는 무엇이라고 염치찻고 코치찻니?"와 같은 대사는 이들의 비참한 형편을 잘 보여준다.

그런데 이 장면에서 우리는 계몽적이고 낭만적인 비전을 생경하게 개진하는 한 청년의 목소리를 듣게 된다.

이랄까……" "옹? X氏의 人生觀……인 同時에, X氏 自身의 ……무엇이야? 어때, 나가튼 놈은 알아들 수가 잇나" "아니랍니다. 내가 일전에 서울서, 어썬 商店에 갓던 길에 瓢簞 貌樣으로 맨든 琉璃正宗瓶이 마음에 들기에 사가지고 왓더니 여럿이 놀린답니다."(18~19면)

① 우리들은 父母의게 累를 아니 끼치는 同時에 制裁와 拘束을 안이 밧을 것을 生覺하여야 할 것이 안인가? 말하쟈면 惡이든, 善이든, 우리들의 生活은 우리가 스사로 意識하여야 한다는 말일세.

② 더구나 우리들은 人間世界에 잇스면서 超人間 世界의 絶對樂園에 逍遙할 特權과 自由를 가졋다고 나는 생각하네!

③ 世上에 우리들처럼 情義가 깁고 共産的 生活을 하는 者는 다시 없는 줄 아네! 世界同胞主義니! 四海兄弟니! 하지만 다 거즛말이네! 그러나 우리들은 잇스면 갓치 쓰고 없으면 갓치 굼고, 안이 하여왓나! (81~83면)

'청년 제 5인'으로 표기되고 있는 이 인물은 자신에게서 사랑의 자유와 신앙의 자유를 몰수해 간 부모와 의절했다고 밝히고 있다. 그리고 자신의 오늘날의 처지는 "나의 의식대로 생활하는 소원"에 따른 결과라고 말한다. ①의 대사가 그의 이러한 사연과 의지를 요약해주고 있다. 그는 세상의 기준으로 볼 때 자신의 행동이 타락으로 표상된다는 것을 알고 있지만, 결코 세상사람들과 비교해서 자신이 도덕적으로 열등하다고 생각하지 않는다. 스스로 선택하는 자발성이야말로 개인의 가치를 선포하고 신장하는 근대적인 행위의 바탕이기 때문이다. 이러한 자부심은 ②, ③과 같이 과대망상적인 수준으로 나아가게 된다. 그에 의하면 아편중독자 몇몇이 모여있는 여기는 유토피아적인 비전이 성취되는 장소다. 그러나 유토피아("초인간 세계의 절대낙원")를 설명하는 그의 언어는 이 "우인(友人)"들 사이에서 이해되지 않는다. 이들의 반응은 "우리는 그런 어려운 말은 몰나!"에 집약되어 있다. 여기서 주목할 것은, 현실의 비참을 유토피아적인 이념과 환상으로 가려버리는 청년 제5인이 광인이 아니라 지식청년에 가깝게 설정되어 있다는 것이다. 그의 생각은 현실로부터 완전히 유리되어 있는 황당한 것이었음에도 불구하고, 지식의 권위에 의존하고 있기 때문에 어느 누구도 쉽게 그의 말을 비웃거나 조롱하지 못한다.

그러나 현실에서 이들은 모두 문제적인 부랑자일 뿐이다.[108]

巡査 : 이놈 잘못한 것이 무엇이야? 왜 이놈 四肢가 멀쩡한 녀석이 편々이 놀
면서 (捕繩을 내여 두 손을 묵그며) 남의 밥을 도적질하느냐? 이 녀석, 아편쟁
이로구나, 보쟈, 네 일홈이 무엇이냐? (귀를 잡아 얼골을 불빗츠로 대이면서) 응,
이놈, 너 鄭가지? (房안에 잇든 靑年들이 이 소래를 듯고는 불을 확 끄고 散之
四方하여 간다.) (84면)

이들은 순사의 취조 소리를 듣고는 모두 도망간다. 순사에게 붙들린
한 청년은 여러 차례 전례가 있는 인물이다. 순사가 그의 얼굴에 불빛을
비추는 장면은 방안에 있던 청년들이 불을 확 끄는 장면과 선명한 대비
를 이루고 있다. 이들은 모두 순사에게 얼굴을 가려야 하는 존재들인 것
이다. 현실에서 아편중독자는 "사지가 멀쩡한 녀석이 편々이 놀면서 남
의 밥을 도적질"하는 존재로 취급될 뿐이었다. 아편중독자가 미학적인
인간으로 표상되기 위해서는 "초인간 세계의 절대낙원"이라는 예술적인
가상과 결합해야 했다고 할 수 있다.

3) 거지－자본주의 논리의 안과 밖

거지는 '구걸'을 해서 먹고 사는 존재다. 거지는 통상적으로 사회의
자선사업이나 구제사업의 대상일 뿐이며 성실하고 근면한 사람들의 금
전적인 지출에 기생하고 있는 존재로 규정된다. 달리 말해 거지는 '무능
력'과 '나태'의 표상이며 진화론적 법칙에 의해 도태된 인물이라고 할

---

108) 식민지 권력은 직업이나 거주지가 분명하지 않으면서 술에 취해 휘청대며 거리를 돌
아다니는 자를 부랑자로 지목했으며 격리해야 할 존재로 여겼다. 「만세전」의 다음 대화
는 이러한 정황을 잘 보여준다. "金議官이 留置場에 드러갓다가 그적게야 나왓다
우……'모닝코-트'를 입구, 하々々" "웅? 하々々. 무슨 일루?" "누가 아우. 밤中에 料理
ㅅ집에서 浮浪者 取締로 붓들려 드러갓다가 二週日만에 나왓다우. 하々々" "아, 참 너
두 밤出入하지마라. 요새는 浮浪者 取締로 퍽 甚한 모양인데……"(『염상섭 전집』 1권,
87~88면)

수 있다. 즉 거지는 개인적인 결함에 의해 낙오한 존재인 것이다. 이광수는 사람의 생명은 '직업'에 있다고 보았다. 그는 일을 하지 않는 자는 "국가나 사회의 죄인"이라고까지 말한다.[109]

그러나 국가나 사회의 정당성을 의심하고 그 결함을 문제시하게 되면, '거지'는 개인적인 층위에서의 무능력이 아니라 국가나 사회적인 층위에서의 불합리를 드러내는 표지가 된다. 또한 '돈'과 '사람'의 가치가 전도되는 자본의 논리를 비판하는 관점에 서게 되면, 거지는 본연의 인간성을 간직한 인물로 낭만화되기도 한다. 더욱이 '예술적인 작업'이 자본의 논리로부터 배제되어 있다는 예술가의 소외감은, '금전'이 개인의 능력이나 가치의 척도로서 기능하지 못하고 오히려 가치의 왜곡을 심화시킨다는 인식에 대한 경험적이고 심정적인 근거가 된다.[110] 1920년대 동인지 문학에서 거지는 대체로 이와 같은 인식 지평에서 새로운 의미를 부여받게 된다.

① 動物 中에서 가장 劣等이라는 (人間이 專斷으로 그러한 價値的 評定을 붓친) 개의 앞헤 돈을 더저 보라. 百圓자리 紙錢이나 一錢자리 銅錢이나 그의 눈에는 다가티 한푼엇치의 價値도 업다. 그는 어늬 째든지 傲然히 無關心이다.

---

109) 이광수, 「민족개조론」, 『이광수 전집』 17권, 205면.
110) 이광수는 문학인이 상인과 같이 이익을 위해 물품을 판매하는 자는 아니라고 말한다. 그러나 문명국에서는 문학인에게 '정신적 보상'으로서 존경과 칭호를 주고 '물질적 보상'으로서 금전으로 작품을 구독하고 상금을 수여하여 문학의 가치에 보답한다고 그는 생각했다. 그는 "文學者와 貧窮은 古來로 配偶"라 하지만 문명에 비례하여 문학자의 보수는 높아질 것이라는 낙관적인 견해를 피력한다(「文學이란 何오」, 『이광수 전집』 1권, 517면). '문명'에 대한 이러한 기대는 1920년대 동인지에게서도 발견할 수 있지만 '문학인'에게 '가난'의 표상이 강력하게 결부된 것은 '문학인'이 하나의 '직업인'으로 분화된 근대에 들어서면서부터다. 김동인의 「마음이 여튼 者여」에 나오는 다음의 발언은 상업적인 유통망 속에서 '문학'이 다루어지는 방식을 보여준다. "나는 서울 잇슬 동안에 論文하나와 創作하나를 썻다. 나는 아직것 무엇을 쓰던지 벗들의 發行하는 雜誌에만 發表하엿지만, 이 모든 物價 빗 싼 째에 그리만 할 수가 업서서 論文을 어느 新聞社에 가지고 가니싼 죠케 許諾하더니 原稿料 問題가 니려남애 그것은 뜻도 안하엿든 바라고 물니친다. 그 뒤에 創作을 엇던 書店으로 가지고 가서 사라고 하닛싼, 原稿 八百쟝이나 되는 것을 百圓만 주겟다는 고로 도로 가지고 도라와 버렷다."(『창조』 3호, 42면)

우리는 개의 이러한 超然한 태도를 볼 째에 果然 얼마나 自己의 生活이 不自然한가를 깨닷지 안을 수 업다.

②그러나 나는 엇더한 길모퉁이를 지낼 째에 이러한 可憐한 부르지즘을 들엇다. 甲「제기를할껴. 돈업는 놈의 나라로나 좀 갓스면」乙「나는 돈 잇는 놈의 世上에나 가보앗스면」이 두가지의 哀願을 들을 째에 나는 적지 아니한 깨다름을 어덧다. 甲은 업기를 바란다. 또 乙은 잇기를 願한다. 이와 가튼 두 가지의 부르지즘이 果然 얼마나 우리 生活의 徹底한 苦悶을 말함인가?[111]

①문단은 물질적인 욕망이 인간을 부자연스럽게 만든다는 것을 보여준다. '돈' 앞에서 인간은 '개'처럼 오연한 무관심을 보일 수 없다. '돈' 앞에서 인간은 품위를 유지하기 매우 어려운 유혹을 느끼는 것이다. 위의 장면에서, '던져진 돈'은 인간과 개의 서열을 전도시키는 계기로 작용하고 있다.

그러나 자본주의 사회에서 '돈'은 엄연히 능력을 측정하는 잣대로서 작용하며 새로운 신분을 창출하고 더불어 사람들 사이에 위화감을 조성한다. ②에서 갑(甲)과 을(乙)은 서로 상반되는 소망을 피력하고 있는 것처럼 보이지만, 실제로는 두 인물의 말 모두 자본의 불평등한 분배에서 비롯한 소외감의 다른 표현에 지나지 않는다. 위의 글은 편집 후기에 해당하는 「동인기(同人記)」에 김정진이 쓴 것인데, 같은 책에 실은 「기적불때」라는 희곡작품에서 그는 자본으로부터 철저하게 소외된 노동자의 절망을 비극적으로 그려내기도 했다. "이 놈의 세상을 웃지하면 조흔가! 쌔가 빠지도록 버러도 버러도 살 수 업는=자식을 죽이고 아비를 죽여가면서도 살 수 없는 이런 웬쉬의 놈의 세상을 언제나 쌔쑤드려 부시나……"라는 한 노동자의 절규는[112] 갑(甲)과 을(乙)이라는 익명의 인물이 놓여 있는 불합리한 현실을 대변해 준다. 이런 현실에서 가난은 단순히 게으름의 표지일 수는 없는 것이다.

---

111) 雲汀, 「同人記」, 『폐허이후』, 133면.
112) 雲汀, 「汽笛불 째」, 『폐허이후』, 50면.

1920년대 동인지에서 상당히 비중 있게 다뤄진 외국 작가에 속하는 투르게네프의 작품 중 「거지」는 『학지광』·『태서문예신보』·『창조』·『백조』 등에서 번역되었다.[113] 이 정도로 거듭해서 번역된 경우는 매우 드문 예라고 할 수 있는데, 이것은 그만큼 이 작품에서 형상화한 '거지'의 표상에 대해 당시 작가들이 공감을 느꼈다는 것을 말해준다.

> 나는 거리를 걸엇다…… 늙고 힘업는 비렁방이가 나의 소매를 잇끈다.
> 벌핫고 눈물고인 눈 프른 입살 襤褸흔 옷 검웃검웃흔 죵처쓰리…… 아々 엇더케 밉살스럽게도 가난이라는 놈이 이 불상흔 生物을 파먹어들엇노!
> 그는 붉고 부엇든 더러운 손을 나의 압헤 내여민다. 무엇이라 탄식ㅎ며 울면서 積善ㅎ라고 흔다.
> 나는 폭켓트 안을 차자보앗다…… 만은 돈지갑도 업고 時計도 업고 적은 手巾좃차 업섯다…… 나는 가진 것이라고는 아모 것도 업섯다.
> 그래도 비렁방이는 아직 기달린다…… 그가 내여밀고 잇는 손은 힘업시 썬다.
> 엇더케 홀지를 몰으고 나는 이 더럽고 쩌는 손을 힘잇게 잡앗다…… 「용서ㅎ여 주게 兄弟여 나는 아모 것도 가진 것이라고는 업네 兄弟여」
> 비렁방이는 그 벌흔 눈을 내게 向ㅎ고 고 프른 입살에는 웃음을 씌우며 나의 찬 손가락을 꽉잡앗다. ㅎ고 주저리는 말이
> 「고맙슴니다 이것도 積善이지요」
> 나도 나의 兄弟에게서 積善밧은 것을 나는 理解ㅎ엿다.
> ― 쓰르쩨네쯔, 김억 역, 「비렁방이」(『창조』 8호, 110면)

이 시의 화자가 구걸하는 거지에게서 처음에 느낀 감정은 단순한 동정심이었다. '나'는 걸인의 늙고 더러운 육체에서 가난의 비참함을 목도하면서 그에게 적선하기로 마음먹는다. 그 순간까지의 '나'는 걸인보다 우

---

113) 『학지광』 4호(1915.2, 50면)에서는 夢夢이 「乞食」이라는 제목으로 번역했고, 『태서문예신보』 5호(1918.11.2)에서는 김억이 「비렁방이」라는 제목으로 번역했다. 김억은 또한 이 번역시를 『창조』 8호에 약간의 수정을 가해 재수록했다. 『백조』 1호에는 나도향 번역의 「거지(乞食者)」가 실려 있다.

월한 존재일 수 있었다. 그러나 나의 주머니 속에는 적선을 베풀만한 그 어떤 것도 없다. 이것을 확인한 '나'는 이제 '거지'와 동등한 위치에 놓이게 된다. 내가 할 수 있는 일은 걸인의 손에 동전을 떨어뜨리는 것이 아니라, 그의 손을 잡고서 "용서ᄒ여 주게 형제여 나는 아모 것도 가진 것이라고는 업네 형제여"라고 말하는 것으로 바뀐다. 이 시에서 나와 걸인 사이의 관계의 반전은 여기에 그치지 않는다. 이 시의 묘미는 나의 이런 태도에 대한 걸인의 반응에 있다. 내게 구걸하던 거지는 나의 손을 잡아주는 존재로 격상한다. 내 손을 잡고 "고맙습니다 이것도 적선이지요"라고 말하는 걸인에게서 나는 도리어 적선을 받았다고 느끼게 되는 것이다. 이제 나는 걸인에게서 진정한 형제애를 느끼고 있다고 할 수 있다.

> 一年열두달 열어보는 일이 업시 꼭 다츤 普通門 밧게, 보금자리 가튼 집덤이 속에서 우물우물하기도 하고, 或은 그 압 普通江가에로 돌아단이는 乞人은, 오즉 大洞江가의 長髮客과 兄弟거나, 다만 乞人으로 알 쑨이오, 洞里에서도 누구인지는 아모도 몰랏다.[114]

염상섭의 「표본실의 청개구리」의 특이한 캐릭터인 광인 김창억은 자신이 예언한 "하우님이 천사를 보내시어 ᄶ며노흐신 옥좌"를 마지막 거처로 삼고 있지 않다. 그는 걸인이 되어 평양 주변을 배회한다. 그는 사람들에게 걸인 이상(以上)으로 여겨지지 않는다. 다만 사람들은 "대동강가의 장발객과 형제"일지도 모른다고 추측할 뿐이다. 그런데 사람들이 보이는 이 심상한 추측을 통해 염상섭은 광인 김창억에게 여전히 '일상인 이상(以上)'의 의미를 부여하고자 한다. 이 "대동강가의 장발객"은 소설의 화자 '내'가 여행 중에 우연히 본 적이 있는 인물이다. 그때 나는 그에게서 "동경 근처에서 보던 미술가"를 떠올린다. 그는 신경질적인 하얀 얼굴을 가졌으며 등에까지 장발을 드리우고 있었는데, 이 외모는

---

114) 염상섭, 「標本室의 靑게고리」, 『염상섭 전집』 9권, 47면.

1920년대 초기 예술가의 표상이었다. 내게는 이러한 그가 단순한 부랑자가 아니라 "진정한 행복"을 누리고 있는 자유인으로 느껴진다. 걸인과 이러한 장발객을 형세로서 연관짓는 것은, 평양의 보통 생활인의 경우에는 주변인의 무리로 뭉뚱그리는 데에 불과하겠지만 동인지 문학인의 경우라면 좀더 각별한 의미를 부여할 것이다. 1920년대 초기의 문학적인 표상 공간 속에서 '거지'는 예술가적인 삶을 살아내고 있는 인물이기도 했다. 우리는 1920년대 동인지 문학 속에서 다음과 같이 부르짖는 예술가 지망생을 만날 수 있다.

> 네 저는 거지가 되렵니다. 거지가 더 자유스러워요. 더 행복스러워요. 지금 져는 거지 안인 듯 십흐십니가? 아바지의 밥 엇어먹고 잇는 거지입니다. 그러나 마음은 항상 괴로워요. 차라리 찬밥 한덩이를 비러먹드레도 마음 편하고 自由러운 거지가 더 좃읍니다.[115]

이러한 발언은 세상물정 모르는 젊은이의 한 시절의 객기로 치부될 법하다. 그러나 중요한 것은 거지에 대한 이와 같은 예찬이 동인지 문학 공간에서 진지하게 받아들여졌다는 점이다.[116] 여기에서 동경의 대상이 되는 거지는 "그리운 방랑의 생활"을 향유하는 보헤미안이다.

이러한 거지는 때로 "재화 난발(才華爛發)한 시인의 읍는 애곡(哀曲)"을 넘어서는 피리소리의 주인일 수도 있다.[117] 이러할 때에 구걸 행위는 참으로 예술적으로 표현된다고 할 수 있을 것이다.

---

115) 나도향, 「젊은이의 시절」, 『백조』 1호, 37면.
116) 東園 이일의 「乞食의 禮讚」이라는 시는 이 점을 분명하게 보여주는 예다. 일부를 인용해 보면 다음과 같다. "君王의 사는 집이나 먹는 밥은 / 피와 눈물로 생긴 것이지만 / 그의 生活은 해뜰 째부터 질 째까지 / 平和의 그것이다 // 大地를 깔개 삼아 / 돌로 베게 베고 / 靑天을 이불 삼아 / 별로 燈불 달고 / 罪 업는 잠을 자니 / 그이는 平和의 君王이다."(『조선문단』 3호, 1924.12, 40면)
117) 流浪兒, 「夜笛」, 『태서문예신보』 13호.

窮巷無名의 눈먼 이의 도움을 비는 한 曲調 ― (…중략…) 거문고의 맑고도
원망ᄒ는 듯한, 피아노의 雄儼ᄒ면서도 그윽한 哀音, 끼타의 졸리는 듯한, 창
자를 끈는 듯한 哀願의 만도린……이것들은 形容할 슈가 잇스나 이 短笛 ―
曲은 形容할 말좃차 잡기 어려운 눈먼 이의 갸륵한 傷心의 暗愁을 알외는 어
두운 찬 밤의 空氣를 울니는 한 曲調 ― 나는 엇지할 줄을 몰랏다.

여기서 눈먼 거지의 내면은 예술가의 내면과 오버랩된다. 그의 '상심
(傷心)' '암수(暗愁)'는 예술적인 표현의 원천이며 또한 감동의 원천으로
기능하고 있다. 그것은 예술의 재료인 것이다.

4) 방랑인―구도자, 자유인, 반항아

1920년대 초기 동인지 문학에서 '방랑인'은 대체로 자유인의 표상으
로 나타난다. 방랑인은 외부적인 구속이나 간섭을 벗어던지고 '내부 생
명'의 흐름에 따라 사는 존재로 형상화된다. 그의 발걸음을 인도하는 것
은 현실적인 필요가 아니라 내면의 욕구다. 동인지 문학인들은 방랑인
의 표상을 통해 현실과 내면의 배타성을 일상공간과 여행공간의 차별성
으로 옮겨 놓는다. 이러한 사유구조에서 여행은 '자아발견'을 위한 행위
로 인식된다.

사흘 후에 英淳이 어데갓다 오후에 드러와서 아조 沈着한 목소래로
「여보 나는 아모래도 쩌나야겟소 내 問題는 解決된 것 갓해도 아직 안되엇
소 사람이 된다고 햇스니 무어시 解決이 되엿소? 이 地境에서 버서나야겟소
무어시나 하나 되어야 하겟소 이러케 지나가지고는 안되겟소 세상에 낫든 보
람을 하야겟소 참 不安하지만 나는 내일 곳 쩌나겟소이다.」 감정이 극해서 이
러케 말햇다.
「팬치 아너요 쩌나시지요」

英善은 얼는 대답을 하엿다. 그리고 써날 준비를 급히급히 하엿다. 그러나 그 날 밤에 잘 쌔에는 말도 아니하고 눈물노 베개를 평々 적셧다.118)

주인공 영순이는 종교와 문학 사이에서 번민을 거듭하다가 여행을 결심한다. 영순이가 감정이 고조되어 "나는 내일 곳 써나겟소"라고 할 때, 그는 분명한 목적지를 아내 영선이에게 말해 줄 수 없다. 왜냐하면 그가 이곳을 출발해서 경유하게 될 장소나 도착할 장소에 대해서는 그 스스로도 모르고 있기 때문이다. 그의 여행은 즉흥적이고 충동적이다. 또한 그가 여행을 통해 발견하고자 하는 "세상에 낫든 보람"이란 대단히 추상적이고 주관적인 문제다. 다만 그가 여행을 통해 그것을 찾을 수 있다고 믿는다는 것, 이 점이 1920년대 초기 동인지에서 '여행' 모티브나 기행문이 새롭게 부각되는 맥락이다. 영순이는 "굿바이 마이쒸어"라는 이국적이고 문어적(文語的)인 인사를 남기고 이튿날 어딘가로 떠난다. 소설 「생명의 봄」의 결말에 해당하는 이 '여행'의 착상 또한 당시에는 '굿바이 마이쒸어' 같은 인사말이 풍겼을 법한 낯설음과 모던함을 지니고 있었을 것이다. 물론 진지하게 '굿바이 마이씨어'라고 말하는 것이 금세 경박하고 유치한 포즈로 생각되어 사라진 반면, '자아발견의 계기로서의 여행'이라는 모티브는 근대문학사를 통해 오늘날까지 계속해서 변주되어 왔다.

客이여! 너는 放浪者로다 너는 漂泊者로다 苦痛과 悲哀와 哀愁가 네 입에서 석기여 나오도다 쌔이오린 悲曲의 피안노 伴奏갓튼 靜快하고 柔軟하고 그윽한 만흔 旋律이 쩔어여 나오는 것 가치 너는 노래 부르도다

客이여! 너는 어듸로 가랴는가?

그대의 故鄕은 어느 곳인가? 客이여 웨 그더는 슬픈 노래를 부르나?

客 : 나는 아름다운 곳츨 차지려 단임니다 그러나 나는 곳치 어듸서 피는지는 몰나요 그리하야 나는 그 곳피는 곳을 차지려 단임니다 그곳에 나의 故鄕이 잇

118) 전영택, 「生命의 봄」, 『창조』 7호, 20면.

다고 해요 내가 눈물을 흘릴 쎄마다 그 눈물이 써러지는 곳에는 그 꼿치 픰니
다 그러나 손으로 짜려고 하면 업서짐니다. 그러면서 그 꼿치 하는 말이

　꼿 : 그대의 故鄕에 가서 나를 차지라

　客 : 나는 저 구름과 갓치 흐르럼니다. 그 구름빗치 붉음니다 아마 그 꼿의 빗
치 비치는 것인 것 갓해요 나의 故鄕은 모름니다 그러나 나는 그리로 가려고
나섯슴니다. ……

　　客! 客! 너의 머리 우에 그대가 찻든 꼿치 핀 것을 모르나! 바람에 불려 花瓣
이 날이도다

　　客! 客! 그대의 고향을 찻거든 일으라!

—懷月, 「客」(『백조』, 1호, 104면)

위 시에서 '객(客)'이라는 어휘는 '방랑자', '표박자'로 풀이된다. 1920
년대 동인지에 '방랑', '표박'은 문학적인 어휘로 등록되어 있었다고 할
수 있는데, 이 시의 나그네가 보여주는 방랑은 특별히 미학적이다. 나그
네는 슬픈 노래를 부르면서 '아름다운 꽃'을 찾아다닌다. 바이올린이나
피아노 같은 이국적인 악기의 음색에 비유되는 나그네의 노래는 그의
방랑을 더욱 시적으로 만들어 준다.[119] 또한 나그네가 찾아 헤매는 '꽃'
은 그가 추구하는 가치가 지고한 아름다움과 관련되어 있음을 드러낸
다. 그 꽃은 그의 '눈물'이 떨어질 때, "고통과 비애와 애수"가 어떤 절
정에 다다를 때 피어나며, 잡으려고 하면 홀연히 사라지는 존재다. 즉
꽃은 실제 공간에 물질적인 형태로 존재하는 것이 아니다. 꽃은 사라지
면서 "그대의 고향에 가서 나를 차지라"고 말한다. 꽃이 목소리를 내고
있는 이 장면을 단순히 의인화 기법에 의한 표현이라고 할 수는 없다.
꽃은 나그네의 외부에 놓여 있는 객관적인 존재라기보다는 나그네의
'눈물' 속에서 현현하며 목소리를 내는 내적인 부분이며 주관적인 가치

---

119) 김동인의 「배짜락이」(『창조』 9호)에서 '운명의 힘'에 밀려 떠돌아다니는 인물로 설정
되어 있는 사내가 '애처로운 그리움'에 젖어 부르는 영유배따라기의 선율도 사내의 방
랑을 낭만적이고 미학적인 것으로 만드는 데 중요한 기능을 한다.

라고 할 수 있다. 따라서 나그네의 행로는 '보이지 않는 꽃'과 처음부터 함께 하고 있었다. 나그네는 "저 구름과 갓치" 흐르겠다고 말하는데, 그 구름빛은 꽃의 빛이 비쳐 붉게 물들어 있다. 구름의 길로 비유되고 있는 나그네의 길은 꽃빛인 것이다. 꽃은 궁극적인 목표이면서 과정 자체에 내포되어 있다. 여기서 꽃이 자신의 확실한 소재지로 스스로 밝힌 '그대의 고향'을 나그네는 모른다고 말한다. 그곳은 나그네의 육체적인 고향이 아니라 정신적인 고향이기 때문이다. 그는 훼손되지 않은 '본연의 자아'를 찾고 있는 것이다. "객(客)! 객(客)! 너의 머리 우에 그대가 찻든 꽃치 핀 것을 모르나!"라고 외치는 이 시의 화자는 나그네의 고향이 나그네의 내면임을 말해주고 있다.

> 그 길손은 自己의 집에 오기까지 흔집흔집 異邦사람의 門을 두다리서이다. 그리고 흔 사람은 마그막에 가장 그윽흔 神殿에 니르기 위흐야 온갓 地球 外의 世界까지도 헤매이고 잇서이다.
> 나의 눈은 내가 눈을 감고 「神은 여긔에 계시다!」이러케 말흐는 압흘 밀니 딥히 彷徨흐고 잇서이다.
> 「오오 어나 곳에?」이러흔 疑問과 부르지즘은 一千의 시내의 눈물로 녹아버리서이다. 그리고 「自己!」(I am)하고 흐는 確信의 汎濫이 世界를 洪水로 흐서이다.[120]

'너 자신에게로 가장 가까이 오는 길이 가장 먼 항로(航路)'라고 말하는 이 시에서 '길손', 나그네가 마지막에 다다른 "가장 그윽흔 신전"은 "자기(I am)"다. 이 시의 길손이 찾으려 했던 '신'은 앞에서 보았던 '꽃'에 대응시킬 수 있으며, "자기의 집"은 "고향"에 대응시킬 수 있는데, 이들 시에 나타나는 방랑은 결국 '자기'에 대한 확신을 획득하는 것으로 귀결된다. 이러한 성격의 방랑은 실제 지도 위에 그려질 수 없는 "지구 외의 세계"까지 그 여정 안에 담고 있다.

---

120) 타쿠르, 天園 역, 「씨탄자리」, 『창조』 8호, 106~107면.

『백조』1, 2호에 걸쳐 「표박(漂泊)」이라는 제목의 소설을 연재했던 노자영은 같은 책 2호에 「나의 항상 사모하는 표박의 길 우에 계신 우연애(牛涎愛) 형에게」라는 편지글을 실었다. 그의 이 편지는 우연애라는 인물에게 닿을 수 없는데, 왜냐하면 그는 수신자의 주소를 알 수 없기 때문이다. 그의 이 편지는 우연애라는 특정 인물을 향해 있다기보다는 『백조』의 독자인 불특정 다수를 향해 있다고 할 수 있다. 실제로 그의 편지에는 방랑 중에 우연애가 노자영에게 보낸 몇 통의 편지가 그대로 삽입되어 있다. 편지 속에 편지의 형식으로 우연애라는 인물은 노자영 자신이 동경하는 표박의 삶의 한 전형으로 다수의 독자에게 소개되고 있는 것이다.

① 아즉까지, 一定한 住所가 업시, 물 우에 흐르는 浮萍과 갓치, 물결과 바람을 쪼차, 이리저리 漂迫하고 잇다. 아!! 이 漂泊의 生涯! 나는 이 속에서 '無限美'와 '無限苦'와 '無限愛'를 맛보고 잇다. 마음대로, 그리고, 생각대로, 살아간다는 것이, '靑春의 快樂'을 遺憾업시 發揮한 것이라고 생각한다. 그러나, 古國을 생각하니, 눈물 매치는 鄕愁의 熱火가, 가슴 우에 타오른다. 언제나 歸國할는지? (35~36면)

② 다못 형님을, 永遠의 客으로만 생각하든 나는, 이 年賀狀 하나로, 다시 새 勇氣를 얻고, 다시 새 期待를 어덧나이다. (…중략…) '봐이갈' 湖水를 지나고, '우랄' 山을 넘어, 數萬里를 跋涉하신, 그 苦鬪의 歷史를 알고 십소이다. '시베리아' 一幅에 싸인 눈과, '모스코' 帶에 부는 바람을 目擊하시고, 느끼신 눈물의 生涯를 듯고 십소이다. 그동안 싸우고, 헤매신 總決算의 報告를 알고 십소이다.

아!! 兄님? 漢陽을 생각하실 째, 이 아우를 잇지 아니하시겟지요? 그와 同時에, 나의 苦悶生涯를 생각하여 주시겟지요? 나의 內的 戰鬪는, 아즉까지, 解決이 업나이다. 나는 다못 最後의 批判만 기다리고 잇소이다. 울음은 마르고, 웃음은 슬어져, 기름업고, 生氣업고, 潤澤업는 '生'을 持續하고 잇소이다. (38~39면)

①은 우연애라는 인물이 보내온 편지의 한 부분이다. ②는 노자영이 우연애의 방랑을 생각하고 자신의 생활을 돌아보고 있는 글이다. "청춘의 쾌락을 유감업시 발휘"하고 있는 우연애의 능동적인 삶과 대비되어 노자영 자신의 생활은 "웨 사는지도 모르면서, 그저 살아가는" 수동적인 것으로 그려지고 있다. 그러나 노자영이 스스로의 삶을 요약하고 있는 "고민 생애", "내적 전투"라는 어휘는 자신에게 국제적인 지리공간속에 펼쳐지는 우연애의 방랑에 견줄 수 있는 내면의 드리마가 있음을 은근히 드러낸다. 실제로 그의 소설 「표박」에는 표박에 상응하는 실질적인 행위가 등장하지 않는다. 이 소설에서 노자영은 사랑에 빠진 한 청년의 내면에 '표박'의 표상을 부여하고 있을 뿐이다.[121] 즉 노자영의 "내적 전투"와 우연애의 "고투의 역사"는 스케일의 차이에도 불구하고 같은 층위에서 비견될 수 있는 것이다. 그렇지만 '내적 전투'가 답보상태에 빠져있다고 느껴질 때, "어대든지 가야하겠다"는 충동적인 외침이 터져나오게 되고,[122] "봐이갈 호수를 지나고, 우랄 산을 넘어, 수만리를 발섭(跋涉)"하는 방랑인의 존재는 동경의 대상이 된다.

'방랑'에 대한 동경은 "부자유하고, 불공평하고, 자미(滋味)업는 사회"(33면)라는 현실인식을 배경으로 삼고 있기도 했다. 불합리한 현실은 '내적 전투'의 의욕과 활기를 앗아가는 거대한 힘이다. 우연애의 방랑은

---

121) 이 소설의 주인공이 "석달 동안 한 일은 혜선의 幻影을 가슴에 그리고 懊惱를 느끼고 憂鬱을 싸핫스며 寂寞을 感覺한 쓰리고 애닯은 눈물과 피가 잠긴 感傷의 歷史 뿐이다."(2호, 132면) 주인공 영순이란 청년이 첫사랑의 감정을 고백하지도 못하고 주체하지도 못하면서 보낸 석달 동안 그의 "生活은 每日 이러하엿다. 아츰에는 新聞社에 가고 저녁에는 旅館에 도라와서 혼자 각급히 惠善을 생각하다가 那終 컬컬징이 나서 견딜 수가 업스면 南山이나 北岳山이나 되는 대로 散步를 가는 것이다. 이것이 그의 하로도 쌔아노치 아니하고 每日 繼續하는 日課다."(2호, 124면) 노자영은 영순의 '공상' 과 '산책'에 '표박'의 표상을 부여했다고 할 수 있다.
122) 이것은 「標本室의 靑게고리」에서 우울과 권태에 눌린 '나'의 내면으로부터 울리는 외침이다. "如何間 이 房을 면하여야겟다" "어대던지 가야하겟다. 世界의 끗까지. 無限에. 永遠히. 발끗자라는 데까지. ……無人島! 西伯利亞의 荒凉한 벌판! 몸에서 기름이 부지직 타는 南洋! ……아―아"(13면)

사회에 대한 반항의 의미를 띠고 있다. 그는 다음과 같이 말한다. "이 사회의 모든 도덕이나 법률은, 모다 자본가를 위하야 만들어 노앗다. 돈 잇는 자에게는, 그 법률과 도덕이, 모다 금과옥조이나, 돈업는 자에게는 그 법률과 도덕이 모다 원수요, 장애물이다." 노자영은 그의 생각에 공감을 표시하면서 "단연히 펜을 던지고 인력거를 쩌는" 한 친우의 소식을 전한다. 그 친우에게서 노자영은 "현대사회의 모든 불평을 저주하는 반항의 부르지즘을" 분명히 들었다고 하면서 편지를 맺고 있다. 여기서 방랑길에 오른 지식인과 인력거를 끄는 지식인은 부자유하고 불공평한 현대사회의 반항아로서의 면모를 공유하고 있다. 그러나 식민지 조선의 현실을 '현대사회'의 현실로 추상화하고 있어서 그 특수한 국면이 제대로 드러나진 못한다. 우연애가 현실 비판적인 시각을 드러내는 대목에는 검열에 의해 지워진 글자들이 많이 보이는데, 이 지워져야만 하는 글자의 존재야말로 현실의 구체적인 부자유를 말없이 대변해준다고 할 수 있을 것이다.

　동인지 문학에서 '방랑인'은 현실 바깥으로 밀려난 시대의 낙오자가 아니라 현실 바깥을 스스로 선택한 적극적인 인물로 표상된다. 그는 구도자이거나 자유인이며 반항아다. 즉 그는 평범한 일상인보다 정신적으로 우월한 자이다. 1920년대 초기 일군의 예술가들은 이러한 '방랑인'의 표상에 자신을 투영함으로써 현실 이상(以上)을 살고자 했다.

제 **6** 장
결론

1920년대 초기의 『창조』·『폐허』·『백조』 등의 동인지들은 문학영역을 특성화한 최초의 정기간행물이었다. 1920년대 초기 '문화운동'의 풍토 속에서, 동인지의 기획은 근대적인 분화와 전문화의 논리에 기반해서 '신문학운동'을 전개하려는 데 있었다. 지금까지 이 책에서는 동인지 문학의 장(場)에 분포되어 있는 다양한 층위의 텍스트들이 어떠한 논리로 배치되어 있었으며 어떤 기능과 효과를 발휘했는지 살펴봄으로써 1920년대 초기 문학의 지형을 새롭게 드러내고자 했다.

2장에서는, 식민지 근대의 성격과 1920년 전후 새로운 지식 계층의 지적 지평을 살펴보았다. 이를 통해 1920년대 초기 동인지 문학이 놓여 있었던 시대적 지형을 구체화하고 동인지 담론이 위치해 있는 지점과 작동 방식을 가늠해 볼 수 있었다.

동인지 문인들의 계몽의 욕망이 투사된 영역은 정치적인 장이 아니라 문화적인 장이었다. 이들은 동시대 지식청년들이 전개했던 '문화운동' 내부에서 자신들의 담론을 차별화시키려는 노력과 함께 그 내부에 속해 있음을 또한 분명하게 드러내려 했다.『창조』 2호부터 동인으로 영입되었으며『백조』 동인으로도 이름을 올렸던 이광수는 동인지 이전의 문인으로 쉽게 과거화시킬 수 없는 존재였다. 이광수와 동인지 작가들이 동시대의 지평에서 어떻게 연관되어 있었으며 또 어떤 논리로 자신들의 입장을 변별시켰는지 살펴보았다. 이광수와 동인지 작가들은 봉건적인 인습과 권위로부터 자아의 해방이라는 계몽의 과제를 감정의 해방을 통해 실현하려고 했다는 면에서 공통된다. 양자는 모두 감정을 자아의 본질로 그리고 문학의 본질로 보았다. 이광수는 감성적인(有情한) 사회, 문화적인 사회를 계몽의 궁극적인 목적으로 삼았다. 여기서 그는 감성적인 사회의 척도를 '동정(同情)'에서 찾고, 문화적인 사회의 척도를 '인격'에서 발견한다. 이처럼 계몽의 내용이 도덕화하게 되는 계기에는 퇴폐적이고 유미적인 경향의 문학에 대한 대타의식이 작용하고 있다. 그는 인간의 모든 감정을 긍정하거나 존중해서는 안 되며, 감정 중에는 억압해야 하는 '열등감정'도 있다고 말함으로써, 감정의 해방에 스스로 제약을 두었다. 이광수는 철저한 자아의 해방, 개성의 해방, 감정의 해방이라는 계몽주의의 노선을 온건하게 수정함으로써 낭만적 성향의 문학과 그 간극을 넓히게 된다. 1920년대 동인지 문학을 담당했던 이들은 자아와 감정의 가치를 절대화했다. 이 가치는 어떠한 도덕적 허위나 인습과도 타협할 수 없는 이상적인 것이었다. 이렇게 이상화된 절대적 가치의 실현은 현실적인 노력을 통해 획득할 수 없는 것이 된다. 완전한 자아 해방이라는 이들의 요구는 상상과 환상 속에 스스로를 고립시키는 데로 나아가기도 했다. 환상적 실재인 예술을 향수함으로써만 더 고상하고 차원 높은 생활을 할 수 있다는 이들의 생각은 문화적 계몽주의와 유미주의의 유착을 보여준다.

『태서문예신보』 특유의 텍스트 배치와 그 논리를 검토하여 1920년대 초기 지식 청년들의 일반 계몽 담론과 동인지 담론의 상호관계를 유추해보았다.『신보』의 편집인들은 '취미'와 '실익'이라는『신보』 발간의 취지에 따라, 예술을 통해 '고상한 취미'를 고양시키고, 자본주의적 성공비결을 소개함으로써 '실익적 내용'을 확보하고자 했다. 『신보』에서 부각시킨 청년상은 열렬한 계몽주의자의 얼굴을 하고 있기도 했고, 고독한 예술가의 표정을 짓고 있기도 했다. 세계적 대발명가 에디슨이나 세계의 제일 큰 실업가들이 투르게네프·베를레느·쏘로굽·모파상 등과 함께 동일한 평면에 배치될 수 있는 시대의 지평을 「신보」는 보여준다. 여기서, 동인지 문학인들이 근대적인 분화의 구도에서 점유하고자 했던 예술적인 근대성이 사회적인(자본주의적인) 근대성과 관계한 한 양상을 확인해볼 수 있다. 사회적인 근대화 노선과 동인지 문학인들의 미학적인 기획은 전근대에 대한 수정과 혁신의 비전을 공유하고 있었기 때문에 두 가지 근대성 사이에는 시대적인 연대감이 흐르고 있기도 했다.

3장에서는, '문학' 개념과 '예술가' 관념을 구성해 낸 논리와 함께 장르 체계에 대한 인식과 개별 장르를 특성화시키는 논리에 대해 검토했다.

'문학' 개념의 전환에 있어서 이론적으로 결정적인 역할을 한 것은 '지(知)·정(情)·의(意)'론이었다. '지·정·의'론은 '情(감정)'의 요소를 강조함으로써 계몽 기획에 포섭되기도 했고, 문학의 특권적인 위치를 구축하는 데 토대가 되기도 했다. 유교적이고 봉건적인 사회가 '정'의 자연스러운 유로를 차단하는 권위적이고 억압적인 사회로 규정되면, '정'의 강조는 유교적인 위계와 습속을 해체하는 데로 이어진다. 그리고 문학은 '정'의 유로가 보장되는 영역이라는 데서 그 가치가 주장될 수 있었다. 1910년대 중반 이후 뚜렷이 부각되기 시작한 '정(情)-예술-미(美) / 지(知)-과학-진(眞) / 의(意)-도덕-선(善)'의 삼분 구도를 의식하면서, 동인지 문학인들은 문학의 자율성과 위상을 정립해나가고자 했다. 이들은 동인지라는 독자적인 문학의 장(場)을 기획함으로써 문학의 자율적 영역을 구축하려는 이론적인 모색에 물질적인 형상을 마련하고 '시작'을 선포했다. '문학과 도덕' '문학과 과학' 사이의 차이와 연관성을 새롭게 설정하고자 한 다양한 시도에서 이러한 모색의 구체적인 양상을 살필 수 있다. 예술의 독자성을 부각시키고자 할 때, '미'는 다른 가치들과 날카롭게 대립하게 된다. 미적 가치와 도덕적 가치와의 차이를 드러내는 것은 이 대립을 선명하게 하고 문제적으로 만드는 데 상당히 효과적이었다. 이러한 맥락에서, 일군의 동인지 작가들은 '데카당스'한 도발적인 수사학을 통해 전략적으로 물의를 일으키려 하기도 했다. 문학 영역을 과학 영역과 구별해내는 것은 문학과 도덕과의 차이를 마련하는 일에 비해 심리적인 저항감이 거의 없었다. 문학과 과학은 주관과 객관, 이성과 감성의 이분법에 의해 뚜렷이 구별되었다. 그런 만큼 오히려 둘 사이의 친연성은 부담 없이 논의될 수 있었는데, 이 시기에 예술과 과학은 '창조성'이라는 인간의 무한한 능력을 증명해주고 실현시키는 영역으로 생각되었다. 따라서 '예술가'와 '발명가(과학자)'의 이미지는 자주 겹쳐진다.

예술가 의식이 부상한 것은 자율적 영역으로서의 예술을 담당하는 전문가 의식이 뚜렷해지게 된 것과 깊은 연관이 있다. '천재'라는 표상과 함께, 예술가의 핵심적인 자질로 여겨지게 된 '감정'·'상상력'·'직각력'·'창조력' 등이 학습이나 훈련을 통해 획득되는 능력이 아니라 특별한 천품으로 간주됨으로써 예술가를 특별한 존재로 부각시키는 데 효과적으로 기능했다. 예술을 제대로 이해하지 못하는 사람은 천박하고 속물적인 존재로 절하되었으며, 현실로부터 이해받지 못하는 예술가의 소외와 고독감을 피력하는 것은 예술가상에 '정신적인 귀족'의 이미지를 부여하는 일에 연결되기도 했다. 동인지 작가들은 독자대중의 기호에 영합하는 통속문학과 독자대중의 기호와 무관하게 예술적인 순수성을 추구하는 참다운 문학을 구분해내고자 하였다. 또한 문학의 생산자로서의 특권적인 작가의식이 강화되면서, '표절'은 작가적인 양심에 비추어 가장 파렴치한 행위로 여겨지게 되었다. 동인지 작가들은 직업 문인으로서의 현실적인 권익이나 명예에 대해서도 생각하기 시작했는데, 원고료 문제나 '문사조합(文士組合)'과 같은 단체에 대한 제안이 이 지점에서 떠오르고 있었다.

동인지 문학인들은 대체로 주요 장르의 표지로 시·소설·희곡·비평의 네 갈래를 생각하고 있었다. 개별 장르의 특성화 논리는 구성되고 있는 중이었는데, 이러한 논리들에서 새로운 방식으로 주체를 정립하고 세계를 설명해 내고자 하는 시도와 욕망을 살필 수 있다. 이 논문에서는 시, 소설, 비평에 국한해 개별 장르에 있어서 동인지 문학인들이 보여준 근대성을 향한 모색과 그 특성화 논리를 살펴보았다.

'자유시'는 겉으로 드러나는 율격적 질서가 없이도 '시'가 성립될 수 있다는 새로운 사고를 반영하고 있는 용어로서, '산문시'·'구어시(口語詩)'라는 용어와 혼용되어 쓰였다. 이때, 정형적인 시형식이 부정되는 논리는 시의 외재적 형식이 시인 내면의 자유로운 흐름을 왜곡하거나 억압한다는 것이었다. 시를 통해 드러내야 하는 것은 주체의 '내면'으로 설정되었고, 그 '내면'은 투명하게 드러나야 하는 것이었다. '자유시'에 '구어시'라는 용어가 겹쳐져 있는 데서, 내면의 투명한 발현을 꿈꾸는 것과 언문일치의 욕망이 연관되어 있다는 것을 알 수 있다. 음성언어는 문자언어에 비해 내면에 훨씬 더 가까운 것으로 생각되었던 것이다.

'근대소설'을 특성화하는 데 있어서, 빈번하게 출현했던 것은 '묘사'라는 글쓰기 방법이다. '새로운 소설'은 '말해주기(telling)'가 아니라 '보여주기(showing)'가 되어야 한다고 여겨졌으며, 이러한 맥락에서 '묘사'라는 용어가 적극적으로 활용되었고 '그림'이나 '사진'의 비유가 애용되었다. 1920년대 초기 동인지에서 '묘사'라는 어휘는 '현실성'·'사실성'·'객관성' 같은 관념과 결합되어 있었고, 소설과 관련해 부각된 작가로서의 자질은 '상상력'이 아니라 '관찰력'이었다. 그리고 작가의 '감정'은 독자의 '감정 이입'을 위해 배제되어야 한다는 생각되었다. 소설가를 '관찰자로서의 주체'로 내세우고 '묘사'를 강조했던 데에는 주객의 분리의식이 개입해 있었는데, 소설 쓰기의 경우 주객의 분리를 의식하고 그 분리감에 주목했던 지점에서 '언문일치'의 기획이 작동하고 있었다. 이 시기에는 '자연주의'가 사조적 특수성과 무관하게 근대소설의 경향을 대변하고 있는 것같이 얘기되었고, 종종 극히 낭만적인 소설도 자연주의로 설명되곤

했다. 이것은 '자연주의'라는 표상을 빌었을 때, 분명하게 떠오르게 되는 '객관적인 태도'를 문학적인 태도로 새롭게 부각시킬 수 있었기 때문이었다.

'비평'은 문학 전문지가 마련되고 문단이 형성되면서 새롭게 부상하게 된 장르였지만, '문학' 행위를 무엇보다도 창조적인 활동이라는 점에서 특권화하였고 작품의 의미를 전적으로 작가에게 돌렸던 1920년대 초기 문인들로서는 일차 텍스트를 기반으로 해서 존립하는 비평의 생리를 '문학적'인 층위 내에 쉽사리 수용하기 어려웠다. 1920년대 초기에 비평문이 불러일으킨 논쟁은 대체로 이러한 문제와 깊이 관련되어 있다. 비평의 객관성과 주관성 문제가 계속해서 논쟁의 씨앗이 되었고, 논쟁의 대립구도는 작가 대 비평가로 펼쳐지곤 했다. 한편에선 비평가의 독자적인 관점이나 주관이란 지워져야 하는 것이었고 다른 한편에서는 적극적으로 발휘되어야 하는 것이었는데, 이러한 과정에서 비평 영역에 대한 모색이 싹트고 있었다.

4장에서는, 동인지 문학의 장에서 상호 내적으로 긴밀히 연관되어 있으면서도 대립적인 면모 또한 분명히 드러내는 세 가지 인식의 층위를 고찰했다. 이 세 가지 유형의 사고는 '주체'의 태도와 위치를 어떻게 배치했는가와 밀접하게 관련되어 있다. 행위 주체와 '개조'의 기획(1절), 성찰 주체와 '내면'의 표현(2절), 관찰 주체와 '사실'의 발견(3절)이 자리하고 있는 각각의 지층과 내적 연관성을 탐사하는 일은 '계몽성' '낭만성' '사실성'이 얽혀 있는 동인지 문학의 지형을 전체적으로 파악하는 데 유용한 좌표를 마련해 준다.

1920년대 초기는 '개조'를 세계사적인 현상으로 규정하면서 '문화운동'의 강령으로 내걸었던 때였다. 동인지 작가들은 외부세계를 진단하고 수정하고 변혁해내는 인간의 능력에서 계몽의 비전을 보았다. 여기서 인간의 위대한 힘은 판단과 행위의 주체로서의 '나'로부터 발원하는 것이었다. 이 '주체성'은 각 개인이 나아가야 할 방향을 알려주는 나침반과 같은 것으로 생각되었다. 그러나 식민지 현실에서 이들이 드러낸 계몽의 열정과 비전은 이상적이고 관념적인 성향이 강했으며, 종종 '비극의 예감'에 싸여 일종의 비장미를 띠게 되었다. 이들은 자신들을 시대의 선구자로 내세우면서 동시에 시대의 희생자로 부각시켰는데, 이때의 고뇌나 절망은 고상한 것으로 간주되었으며 미학화되기도 했다. 이들은 계몽의 맥락에서 그리고 미학적인 기획의 맥락에서 '르네상스'나 '슈투름 운트 드랑(Sturm und Drang)'을 조명하기도 했으며, 자연주의 문학을 계몽과 '개조'의 요구와 관련해서 이해하기도 했다.

1920년대 동인지는 '내면을 들여다보는 인간'이 문학사에 본격적으로 등장하게 되는 장면을 보여 준다. '일기'가 새롭게 문학적인 욕망 속에서 부각되었고, '고백'은 내면의 표현으로 간주되었다. 이때의 표현은 '내 안의 무엇'인가가 흘러 넘친 것으로 생각되었고, '내면'과 '표현'을 매개하는 언어는 투명해져야 하는 것이었다. 동인지 작가들은 '내면'에 공간적인 형상을 부여하여 실체화하려 했다. 이 내면의 형상은 '밀실' '동굴' '물밑' 등등 비밀스럽고 폐쇄적인 이미지를 품고 나타났다. 또한 이들은 '내면'을 감각적으로 지각하게 되는 계기를 포착해내려 했는데, 여기서 '내면'을 특권화한 사유가 '상처'를 특권화하는 것으로 이어지는 논리를 볼 수 있다. 이들은 '내면을 들여다보는 자' '성찰하는 자'의 정신을 특권화했다. '유한한 물질계'와 '무한한 정신계'라는 위계적인 이분법을 작동시킨 인식론을 토대로 배타적인 '내면 공간'은 초월의 계기로 사유되었다. 이들은 초월적 비전이 수행되는 '내면 공간'을 보여주고자 했는데, 이들의 작품에서 '무한'을 향한 초월은 계속해서 좌절되고 연기된다. 이들은 이렇게 '움직이는 내면', '고뇌하는 내면', '고독한 내면'을 보여줌으로써 '내면'의 실감을 창출해내고 있었다고 할 수 있다.

'사실' 또는 '사실주의'라고 불리는 것이 '객관적'이라는 관형어를 거느리고 있는 것에는, '사실성'이 '주체 / 객체'의 이분법에서 주체가 객체를 그것 그대로 재현해내는 데서 형성된다고 생각되었기 때문이다. '주체 /

객체'의 이분법 자체가 선험적인 것이 아니라 역사적인 근대 인식론의 산물이듯이 '사실'에 대한 감수성 또한 역사적인 것이었다. '사실'을 만들어내는 데 있어서 강조되는 것은 주체가 외부대상과 감정적으로 연루되어서는 안 된다는 것이다. 이 연루는 '주체 / 객체'의 이항대립을 허물어 '객체'를 '객체'로 드러내는 데 방해가 된다고 여겨졌다. 대상을 사실적으로 드러내기 위해서라면 주체는 '관찰자로서의 태도'를 견지해야 했다. 여기서 '관찰자의 시선이라는 것'이 '특정한 방법적 시선'이라는 점은 이를 수사학상으로 근대화가나 조각가의 원근법적 시선에 대응시키는 데서 엿볼수 있다. 한편, '현실 / 이상'이라는 이분법이 가동되면, '사실적인 것'이란 내용이나 소재에 있어서 평범한 것, 더 나아가 불쾌한 것, 누추한 것, 추악한 것, 비참한 것 따위와 연결된다. '사실적인 것'은 '현실적인 것'인데, '현실적인 것'은 '이상적인 것'과 대립되는 것으로 설정돼 있기 때문이다.

5장에서는, 주체가 대상과 관계 맺는 방식을 내장하고 있는 '표상'들의 의미 형성과 그 작용을 살펴봄으로써 근대적인 욕망이 동인지 문학에서 구체적으로 작동되는 양상을 검토해보고자 했다. 이 과정에서 주체의 욕망이 표상에 투사되고 표상작용이 주체의 욕망을 산출하는 상호 관계를 확인할 수 있었다. 여기서 주목한 '연애', '기차와 기선', '자연', '어린이', '주변인들(광인 · 아편중독자 · 거지 · 방랑인)'은 근대라는 역사적인 국면에서 그 의미가 새롭게 조정되고 배치됨으로써, 근대와 근대미학을 표상하는 데 있어서 특별한 기능과 효과를 발휘하게 된 것들이라 할 수 있다.

동인지 문학은 '연애'라는 당대의 화두가 빚어낸 새로운 감수성과 문제적인 장면들을 보여준다. 1920년대 초기 동인지 문학에서 '연애'는 일종의 유행이었으며, 전근대적인 사회를 향해 던지는 문제제기의 형식이었고, 예술적인 초월의 계기로 고양되기도 했다. 당대의 문맥에서 '연애'를 한다는 것은 유교적이고 봉건적인 관습에 따르지 않고 근대적인 삶의 형식을 선택한다는 의지의 표명일 수 있었는데, 기존의 결혼제도와 결혼관계를 무효화하려는 데까지 나아가기도 했다. 이들에게 연애는 순수하고 열렬한 감정이 가장 잘 표출되는 사건으로 여겨졌으며, 연애로 인한 고민은 다른 어떤 것보다도 진지하고 엄숙한 것일 수 있었다. 동인지 작가들은 '연애'나 '사랑'이 일으키는 내면의 파노라마를 보여줌으로써 '자아'에 실감을 부여하기도 했다. 또한 이들은 '사랑'을 이상화하고 신성화함으로써 그 '사랑'에 참여하고 있는 자신의 정신을 이상적인 경지에서 발견할 수도 있었다. 사랑을 배신한 여성은 육체적인 욕망과 물욕에 사로잡힌 존재로 여겨졌고, 이와 반대로 실연의 고통은 내 사랑의 진실함을 증명해주는 것으로 생각되었다. '연애'에 개입되기 마련인 육체적인 욕망은 대개 불순한 것으로 취급되었으므로, '순결'은 한 여성의 가치와 직결되었고 '첩의 자식'이 새롭게 물려받게 되는 것은 어머니의 사회적 신분이 아니라 어머니의 불결하다고 말해지는 육체였다. 육체적인 사랑은 '영(靈) / 육(肉)'의 구분을 초월하는 절대적인 사랑이라는 표상을 통해서만 긍정될 수 있는 것이었다. 이렇듯이 연애에서 극적 표현과 드라마를 얻게 되는 '정신 / 육체'의 이분법과 그 역학이, '이상 / 현실', '무한 / 유한', '진리 / 오류' 등등의 이분법적 사유와 계열을 이루면서 철학적이고 미학적인 인식론과 겹쳐지는 자리에서 "예술이냐? 연애냐?"라는 발언이 가능해지게 되었다. 문학 작품은 연애의 참고서로 간주되기도 했고, 그 한편에선 연애가 예술의 계기로 관념화되면서, '낭만적인 사랑'이라는 근대의 새로운 신화가 더욱 깊게 뿌리를 내리게 되었다.

기차와 기선은 대표적인 근대의 교통수단으로서 새로운 지리적인 경험을 가능하게 해준 것이었다. 사람들의 생활 반경을 획기적으로 확장시켰으며 더불어 생활 패턴도 변화시켰다. 기차나 기선은 문명의 산물이자 문명의 엔진으로 표상되었다. 이러한 맥락에서 그것의 속도는 진화론적인 시간으로 인지되었으며, 철로나 뱃길은 진보의 길로 표상되었다. 한편, 기차나 기선의 위용과 속도에 감각적으로 익숙해지면서, 그것들에 강력하게 고착되어 있는 문명의 표상과 다른 층위의 의미와 욕망들이 배치되고 있었다. 기차나 기선에 몸을 싣고 어디론가로 이동하고 있는 시간은 자신의 삶을 반추하는 사색의 시간이기도 했으며, 자신과 어떠한 이해관계도 없는 타인을 사심 없이 관찰할 수 있는 시간이기도 했다. 이때에 기차와 기선에서 표상되는 시간은 진화론적인 것이 아니라 인생론적인 것일 수 있었다. 또한 기차와 기선은 일등실·이등실·삼등실과 같이 차등화된 공간으로 분할되어 있어서 사회적 위계구조의 축도로 인식되기도 했다. 더구나 지리적인 이동에는 검문이나 검역과 같은 사회적인 검열 장치의 통과 절차가 따랐는데, 이 경험은 식민지인의 부자유를 확인하게 되는 계기로 작용했다.

1920년대 초기에 예술가의 헤어스타일로 말해진 장발은 단발이 표상하는 사회적 가치에 대한 반항의 의미를 갖고 있었다. 단발이 '인공(人工)'이나 '문명'과 대응되었다면 '장발'은 '자연'에 대응되는 것이었다. 동인지 문학에서 자연표상은 세속적 가치를 전도시키는 기능을 했으며 영혼의 수준을 가늠하는 잣대로 작용했다. 자연표상은 예술가의 영혼을 특권화하고 예술의 고유한 영역을 설정하는 데 깊이 관여되어 있었는데, 예술가는 '자연 속에 내재해 있는 자연 이상(以上)'과 접촉할 수 있는 특별한 존재로, 다시 말해 과학자보다 자연을 더 깊이 알고 있는 자로 생각되었으며, 예술은 자연에 대한 인식능력에 있어서 과학을 능가하는 것으로 말해질 수 있었다. 이럴 때, 예술은 단순히 자연의 물질적인 아름다움을 모방하는 데 머무르는 것이 아니라, 보이지 않는 '신성(神聖)'을 드러내는 영매술로 여겨졌다. 동인지 문학에서 '자연미'의 발견은 예술가로서의 자각의 계기와 자주 연결된다. 동인지 작가들은 '자연미'에 경탄하면서 동시에 '미(美)'를 발견할 수 있는 자신의 미적 감수성에 대해 감탄했다. 익명의 풍경을 개인적인 수준에서 발견해내는 순간, 이것은 그 개인에 의해서만 '표현'될 수 있는 것이었다. 이러한 맥락에서도 자연미의 발견은 '예술적 충동'을 동반했다.

계몽의 수사학에서 '어린이'는 몽매한 존재, 즉 계몽되어야 할 존재를 표상했다. 이때의 '어린이'는 연령과 무관한 표상이기도 했지만, '가능성'

이라는 면이 주목되면 어린이는 '몽매한 어른'의 형상으로는 표상할 수 없는 특별한 의미를 갖게 된다. 어린이는 폐기해야 할 과거로부터 오염되지 않은 시작의 순수성, 계몽과 교육의 순결한 바탕으로 간주되기에 이르는 것이다. 그런데 어린이의 '순수성'이 '자연'이나 '시인의 심성'이라는 표상과 결합하면, '어린이'는 '자연' 상태, 다시 말해 '교육 이전'의 상태이기 때문에 그 자체로 자족적인 가치를 지니게 된다. 이렇게 되면 교육은 자연에 대립되는 인위의 일종으로 취급될 뿐이다. 동인지 문학에 자주 등장하는 '어린이의 죽음'이라는 테마는 현실의 속악함과 모순을 극적으로 드러내고, '어린이의 영혼'을 현실의 속성과 날카롭게 대립시키는 효과를 발휘했다. '어린이기(Childhood)'가 특별하게 여겨짐으로써, 어린이의 세계는 어른의 세계, 곧 현실로부터 보호되어 마땅한 세계이며 독자적인 가치를 가진 시공으로 간주된다. 이때, 여성의 긍정적 자질로서 '모성'이 유력하게 부각되었고, '유년'의 공간과 '모성'의 공간이 겹쳐지기도 했다. '유년'의 공간은 '어린이' 표상에 '순진무구함' '자연' '시인의 영혼' 등과 같은 낭만적인 의미가 결합되면서, 근대문학에 자리잡게 되었다.

'주변인'은 그 사회의 부적응자며 낙오자다. 동인지 문학은 이러한 주변인의 표상이 미학적인 맥락에서 어떻게 재조정되고 재구축될 수 있는지를 보여주는데, 이를 통해 동인지 작가들은 사회적인 가치(자본주의적 근대성)와 미적 가치(미적 근대성)의 '차이'를 구분해내려 했다. 1920년대 초기 동인지에서 '광기'는 무엇에 대한 결핍으로 규정되지 않고 과잉으로 사유되었다. '광인'은 이성이 결핍된 존재가 아니라 어떤 특권적인 경험을 누리고 있는 존재로 표상될 수 있었다. '광기'는 종종 예술가의 '연약하고 민감한 영혼'이나 '예술적인 열정'과 겹쳐지면서 예술가적인 기질과 가깝게 설정되기도 했다. 일군의 동인지 작가들은 또한 술이나 아편 따위에 취해 비틀대는 명정의 상태에 대해 특별한 의미를 부여했다. 이들은 이러한 도취상태를 통해 인간적인 능력 이상으로 감각을 고양시킬 수 있으며 초월적인 경험을 향유할 수 있다고 주장했다. 이들은 퇴폐적인 생활을 환멸과 권태로 드러내면서도 그것을 거부할 수 없는 유혹으로, 나아가 예술적인 삶이나 미학적인 계기로 역전시키는 데카당스의 전략을 보여주었다. 이러한 맥락에서 '아편중독자'는 미학적인 인간으로 표상될 수 있었다. '거지'는 통상적으로 '무능력'과 '나태'의 표상이자 진화론적인 세계에서 도태된 인물로 여겨졌지만, '돈'과 '사람'의 가치가 전도되는 자본의 논리를 의심하는 자리에 서게 되면 '거지'는 본연의 인간성을 간직한 인물로 낭만화될 수 있었다. 동인지 문학의 장에서 '거지'는 예술가적인 삶을 살아내고 있는 보헤미안으로 표상되기도 했다. 동인지 작가에게서 '방랑인'은 '거지'의 미학적인 표상과 오버랩되기도 하였다. '방랑인'은 대체로 외부적인 구속이나 간섭을 벗어 던지고 '내부 생명'의 흐름에 따라 사는 존재로 형상화되었다. 그리고 '방랑'은 '자아발견의 계기로서의 여행'과 같은 층위에 놓여 있기도 했다. 1920년대 초기 일군의 작가들은 현실의 중심으로부터 가장 원거리에 있는 주변인들에게 자신들의 미학적인 욕망과 비전을 투영했다고 할 수 있다. 이럴 때, 이들은 현실의 중심에서가 아니라 주변부에서 나아가 그 바깥에서 예술가적인 삶의 형식을 발견해내게 된다.

1920년대 동인지 문헌을 통해 '근대문학'이 구성되는 현장을 재구해 내는 작업은 근대문학의 기원을 들여다보는 일이었다. 이를 통해 문학사가 놓여 있는 선험적인 자리를 역사화해 보려 했다. '근대문학'의 개념이 자명해지면서, 전근대의 글쓰기 양식들조차 그것들이 산출된 시대의 지평이 아닌 근대의 지평에서 분류되고 가치매김되어 왔다. 근대의 산물이라 할 수 있는 문학사가 자신의 역사성을 보지 못할 때, '근대'의 시선은 한국문학사 전체를 가로지르면서 판단의 주체가 된다. 이 책이, 근대문학의 역사성을 드러냄으로써 현재의 문학적 지평을 상대화하고 문학사적 판단이나 평가의 방식을 반성적으로 되짚어 볼 수 있는 계기로 이어질 수 있기를 빈다.

참고문헌

1. 1차 자료

『소년』·『청춘』·『학지광』·『태서문예신보』·『창조』·『폐허』·『백조』·『폐허이후』
『장미촌』·『금성』·『개벽』·『조선문단』.
『매일신보』·『동아일보』.
『김동인평론전집』, 삼영사, 1984.
『이광수 전집』, 삼중당, 1964.
김 억, 『懊惱의 舞踊』, 廣益書館, 1921.
김 억, 『해파리의 노래』, 朝鮮圖書, 1923.
김소월, 『진달내 꽃』, 賣文社, 1925.
김치홍 편, 『염상섭 전집』, 민음사, 1987.
김학동 편, 『이상화 전집』, 새문사, 1987.
변영로, 『朝鮮의 마음』, 平文館, 賣文社, 1924.
정진규 편, 『이상화』, 문학세계사, 1993.
주요한, 『아름다운 새벽』, 朝鮮文壇社, 1924.

2. 국내 논저

강우식, 「한국 현대시의 상징성 연구」, 성균관대 박사논문, 1987.
강인숙, 『자연주의 문학론 I─佛·日·韓 삼국의 대비 연구』, 고려원, 1987.
_____, 『자연주의 문학론 II─염상섭과 자연주의』, 고려원, 1991.
고미숙, 『비평기계』, 소명출판, 1999.
_____, 『한국의 근대성, 그 기원을 찾아서─민족·섹슈얼리티·병리학』, 책세상,
       2001.
구인모, 「고안된 전통, 민족의 공통감각론─김억의 민요시론 연구」, 『한국문학연구』
       23집, 2000.12.
_____, 「『학지광』 문학론의 미학주의」, 『한국 근대문학연구』 창간호, 2000.
구인환, 『한국 근대문학의 비평적 탐구』, 삼지원, 1997.

구정화, 「한국 근대기의 여성인물화에 나타난 여성이미지」, 『한국 근대미술사학』 9
　　집, 2001.

구중서·최원식 편, 『한국 근대문학 연구』, 태학사, 1997.

권보드래, 『한국 근대소설의 기원』, 소명출판, 2000.

_____, 「연애의 형성과 독서」, 『역사문제연구』 7호, 2001.12.

권복연, 「근대 아동문학 형성 과정 연구」, 연세대 석사논문, 1999.6.

권영민, 「국문체란 무엇인가」, 『한국문학이란 무엇인가』(이문열·권영민·이남호
　　편), 민음사, 1995.

_____, 『한국 현대문학사』 1, 민음사, 2002.

기혜경, 「1920년대 미술과 문학의 교류 연구─카프 형성과정을 중심으로」, 『한국 근
　　대미술사학』 8집, 2000.

김기봉, 『'역사란 무엇인가'를 넘어서』, 푸른역사, 2000.

김기주, 『한말 재일 한국유학생의 민족운동』, 느티나무, 1993.

김동리, 「자연주의의 究竟─김동인론」, 『문학과 인간』, 청춘사, 1952.

김동식, 「연애와 근대성」, 『민족문학사연구』 18호, 2001년 상반기.

_____, 「풍속·문화·문학사」, 『민족문학사연구』 19호, 2001년 하반기.

_____, 「한국의 근대적 문학 개념 형성과정 연구」, 서울대 박사논문, 1999.

김동환, 「근대 초기 소설의 현실 묘사 양상과 그 미학적 근거」, 『한양어문연구』 13호,
　　1995.12.

김명인, 「민족문학과 민족문학사 인식의 전환을 위하여」, 『민족문학사연구』 19호,
　　2001년 하반기.

김민환, 『한국언론사』, 나남출판, 1996.

김병익, 『한국문단사』, 문학과지성사, 2001.

김복순, 『1910년대 한국문학과 근대성』, 소명출판, 1999.

김상환, 『예술가를 위한 형이상학』, 민음사, 1999.

김성기 편, 『모더니티란 무엇인가』, 민음사, 1994.

김수용, 『예술의 자율성과 부정의 미학』, 연세대 출판부, 1998.

김승환, 「근대성의 표상으로서의 돈」, 『현대소설연구』 14호, 2001.6.

김시준, 「中國 新文學에서의 낭만주의 변용에 관한 연구」, 서울대 박사논문, 1995.

김시태, 「한국 초기 근대시론 연구」, 동국대 박사논문, 1986.

김영민, 『한국 문학비평논쟁사』, 한길사, 1992.

김영택, 『문학사의 지평과 시각』, 이회, 2002.

김용직, 『한국 근대시사』, 학연사, 1986.

김우종, 『한국 현대소설사』, 선명문화사, 1974.

김우창, 「감각, 이성, 정신」, 『한국문학이란 무엇인가』(이문열·권영민·이남호 편),
　　　　민음사, 1995.

_____, 『궁핍한 시대의 시인』, 민음사, 1977.

김외곤, 「근대의 초극·포스트모더니즘·오리엔탈리즘」, 『세계의 문학』, 2001년 가을.

김윤선, 「1920년대 한국 소설에 나타난 성담론 연구」, 고려대 박사논문, 2001.

김윤식, 「『염상섭 연구』가 서 있는 자리」, 『발견으로서의 한국 현대문학사』, 서울대
　　　　출판부, 1997.

_____, 『근대 한국문학 연구』, 일지사, 1973.

_____, 『김동인 연구』, 민음사, 1987.

_____, 『한국 근대문학양식논고』, 아세아문화사, 1980.

_____, 『한국 근대문학연구방법입문』, 서울대 출판부, 1999.

_____, 『한국문학의 근대성 비판』, 문예출판사, 1993.

_____, 『한국 현대문학사』, 서울대 출판부, 1992.

김윤식·김우종 외, 『한국 현대문학사』, 현대문학, 1989.

김윤식·김현, 『한국문학사』, 민음사, 1973.

김인환, 『기억의 계단』, 민음사, 2001.

_____, 「白潮의 考察」, 고려대 석사논문, 1970.

_____, 『상상력과 원근법』, 문학과지성사, 1993.

김재용·이상경·오성호·하정일 공저, 『한국 근대민족문학사』, 한길사, 1993.

김진균·정근식 편, 『근대주체와 식민지 규율권력』, 문화과학사, 1997.

김진수, 『우리는 왜 지금 낭만주의를 이야기하는가』, 책세상, 2001.

김진호, 「1920년대 시의 '시적 주체'에 관한 연구」, 성균관대 박사논문, 1997.

김창현, 『한일 소설 형성사―자본이 이상을 몰아내다』, 책세상, 2002.

김 철, 「친일문학론 : 근대적 주체의 형성과 관련하여」, 『민족문학사연구』 8호, 1995
　　　　년 하반기.

김춘미, 『김동인 연구』, 고려대 민족문화연구소, 1985.

_____, 「일본문학사 재편성에의 제의―스즈키 사다미(鈴木貞美) 著 『일본의 '문학'
　　　　개념』을 중심으로」, 『일본학보』 43집, 1999.12.

심학동 외, 『金岸曙 연구』, 새문사, 1996.

김학동, 『현대시인연구』 II, 새문사, 1995.

김행숙, 「『太西文藝新報』에 나타난 근대성의 두 가지 층위」, 『국어문학』 36집, 2001.11.

_____, 「근대시 형성기에 있어서의 '감정'의 의미」, 『어문논집』 44집, 2001.10.

김현양, 「민족주의 담론과 한국문학사」, 『민족문학사연구』 19호, 2001년 하반기.

김현주, 「기행문의 전개 양상과 문학적 기행문의 '기원'」, 『한국문학 연구의 새로운 가능성』(한국문학연구학회), 국학자료원, 2001.

_____, 「식민지 시대와 '문명'·'문화'의 이념」, 『민족문학사연구』 20호, 2002년 상반기.

김혜경, 『일제하 "어린이기"의 형성과 가족 변화에 관한 연구』, 이화여대 박사논문, 1998.

김흥규, 「1920년대 초기시의 낭만적 상상력과 그 역사적 성격」, 『문학과 역사적인 간』, 창작과비평사, 1980.

_____, 『한국문학의 이해』, 민음사, 1986.

나병철, 「근대문학의 기원과 주체의 계보학」, 『현대문학이론연구』 15집, 2001.6.

_____, 『근대서사와 탈식민주의』, 문예출판사, 2001.

_____, 『근대성과 근대문학』, 문예출판사, 1995.

노지승, 「1920년대 초반, 편지 형식 소설의 의미」, 『민족문학사연구』 20호, 2002년 상반기.

동국대 한국문학연구소 편, 『한국문학과 근대성의 형성』, 아세아문화사, 2001.

류시현, 「1910~20년대 일본유학 출신 지식인의 국제정세 및 일본인식」, 『韓國史學報』 7호, 1999.9.

류준필, 「'문명'·'문화' 관념의 형성과 '국문학'의 발생」, 『민족문학사연구』 18호, 2001년 상반기.

문학과사상연구회 편, 『20세기 한국문학의 반성과 쟁점』, 소명출판, 1999.

문학사와비평연구회 편, 『한국문학과 계몽담론』, 새미, 1999.

민족문학사연구소 편, 『민족문학과 근대성』, 문학과지성사, 1995.

_____, 『민족문학사 강좌(下)』, 창작과비평사, 1995.

박경수, 『한국 현대시의 정체성 탐구』, 국학자료원, 2000.

박계리, 「야나기 무네요시(柳宗悅)와 朝鮮民族美術館」, 『한국 근대미술사학』 9집, 2001.

박상준, 「1920년대 초기 소설 연구」, 서울대 석사논문, 1992.

박영희, 「草創期의 文壇側面史」, 『현대문학』, 1959.11.

박정애, 「1910~1920년대 초반 여자일본유학생 연구」, 숙명여대 석사논문, 1999.

박종화, 『歷史는 흐르는데 靑山은 말이 없네』, 삼경출판사, 1979.

박찬승, 『한국 근대정치사상사 연구』, 역사비평사, 1992.

박헌호, 「한국 근대소설사에서 단편양식의 위상」, 『민족문학사연구』 16호, 2000년 상반기.

박현수, 「1920년대 초기 소설의 근대성 연구」, 성균관대 박사논문, 1999.

_____, 「과거시제와 3인칭대명사의 등장과 그 의미」, 『민족문학사연구』 20호, 2002
      년 상반기.

박혜경, 「『무정』의 계몽성과 근대성 再考」, 『국어국문학』 129호, 2001.12.

백낙청, 「문학과 예술에서의 근대성 문제」, 『창작과비평』, 1993년 겨울.

_____, 「한반도에서의 식민성 문제와 근대 한국의 이중과제」, 『창작과비평』, 1999년
      가을.

백 철, 『신문학사조사』, 신구문화사, 1999.

상허학회, 『1920년대 동인지 문학과 근대성 연구』, 깊은샘, 2000.8.

_____, 『1920년대 문학의 재인식』, 깊은샘, 2001.8.

서경석, 『한국 근대문학사 연구』, 태학사, 1999.

서동욱, 『차이와 타자』, 문학과지성사, 2000.

서영채, 「이광수 사상에 대한 한 고찰」, 『한국 근대문학 연구의 반성과 새로운 모색』
      (문학사와비평연구회), 새미, 1997.

_____, 「위기의 담론 : 인문주의와 근대성」, 『세계의 문학』, 1994년 여름.

_____, 「한국 근대소설에 나타난 사랑의 양상과 의미에 관한 연구－이광수, 염상섭,
      이상을 중심으로」, 서울대 박사논문, 2002.2.

서울사회과학연구소 편, 『근대성의 경계를 찾아서』, 새길, 1997.

서정주, 『한국의 현대시』, 일지사, 1969.

성기옥, 「현대시 리듬론의 전말과 자유시의 행방」, 『문학사상』, 1999.5.

손광은, 「한국시의 상징주의 수용양상 연구」, 충남대 박사논문, 1986.

손정수, 「한국 근대 초기 소설 텍스트의 자율화 과정 연구」, 서울대 박사논문, 2001.

_____, 「자율적 문학관의 기원」, 『민족문학사연구』 20호, 2002년 상반기.

손종업, 『극장과 숲－한국 근대문학과 식민지 근대성』, 월인, 2000.

송두율, 『계몽과 해방』, 당대, 1996.

송명희, 『이광수의 민족주의와 페미니즘』, 국학자료원, 1997.

송하춘, 『1920년대 한국소설 연구』, 고려대 민족문화연구소, 1985.

송현호, 「한국 근대소설론 연구」, 서울대 박사논문, 1989.

송희복, 『한국문학사론 연구』, 문예출판사, 1995.

신용하, 「'식민지 근대화론'의 재정립 시도에 대한 비판」, 『창작과비평』, 1997년 겨울.

심원섭, 『한·일 문학의 관계론적 연구』, 국학자료원, 1998.

심재추, 「한국 소설의 '근대성' 연구」, 건국대 박사논문, 1999.

안병직, 「한국 근현대사 연구의 새로운 패러다임」, 『창작과비평』, 1997년 겨울.

양문규, 「이인직과 이광수 문학에 나타난 식민지 근대와 민족문제」, 『민족문학사연
　　　　구』 13호, 1998년 하반기.

역사문제연구소 편, 『한국의 '근대'와 '근대성' 비판』, 역사비평사, 1996.

연세대 국학연구원 편, 『춘원 이광수 문학연구』, 국학자료원, 1994.

오생근·이성원·홍정선 편, 『문예사조의 새로운 이해』, 문학과지성사, 1996.

오세영, 『문학연구방법론』, 시와시학사, 1993.

_____, 『한국 근대문학론과 근대시』, 민음사, 1996.

_____, 『20세기 한국시 연구』, 새문사, 1989.

_____, 『한국 낭만주의 시 연구』, 일지사, 1980.

우정권, 「1900~10년대 한국 근대 고백적 단편서사의 양상 연구」, 『국어국문학』 127
　　　　호, 2000.12.

우찬제, 「한국 현대소설의 경제적 상상력 연구」, 『현대소설연구』 14호, 2001.6.

유시욱, 『1920년대 한국 시 연구』, 이회문화출판사, 1995.

유희석, 「보들레르와 근대」, 『창작과비평』, 1997년 겨울.

윤병로, 『박종화의 삶과 문학－미공개 월탄일기 평설』, 서울신문사, 1992.

_____, 『한국 근·현대문학사』, 명문당, 1991.

윤충의, 『한국 근대소설론 연구』, 고려대 민족문화연구소, 1994.

윤평중, 『푸코와 하버마스를 넘어서』, 교보문고, 1990.

이　경, 『한국 근대소설의 근대성 수용양식』, 태학사, 1999.

이경훈, 「『무정』의 패션」, 『민족문학사연구』 18호, 2001년 상반기.

_____, 「춘원과 『창조』」, 『현대소설연구』 14호, 2001.6.

이광호, 『미적 근대성과 한국문학사』, 민음사, 2001.

이동재, 「식민지 근대인의 초상」, 『문예연구』 31호, 2001년 겨울.

이미순, 「한국 현대시와 언어의 수사성」, 서울대 박사논문, 1997.

이보경, 『문(文)과 노벨(novel)의 결혼－근대 중국의 소설이론 재편』, 문학과지성사, 2002.

이상경, 『한국 근대여성 문학사론』, 소명출판, 2002.

이상규 편, 『이상화시전집』, 정림사, 2001.

이상천, 『한국 근대시의 비평적 성찰』, 국학자료원, 1990.

이숭원, 『근대시의 내면구조』, 새문사, 1988.

이승훈, 『한국 현대시의 이해』, 집문당, 1999.

이영섭, 『한국 현대시 형성 연구』, 국학자료원, 2000.

이인범, 『조선예술과 야나기 무네요시』, 시공사, 1999.

이재선, 『한국 소설사―근·현대편』 1, 민음사, 2000.

_____, 『한국문학의 원근법』, 민음사, 1996.

이정우, 「개항기의 사진과 회화 속에 나타난 전통적 여성이미지와 여성주체」, 『한국
　　　 근대미술사학』 9집, 2001.

이주형, 『한국 근대소설 연구』, 창작과비평사, 1995.

이진경, 『근대적 시·공간의 탄생』, 푸른숲, 1997.

_____, 『맑스주의와 근대성』, 문학과학사, 1997.

이창배, 『20세기 영미시의 형성』, 민음사, 1979.

이철호, 「「무정」과 낭만적 자아」, 『한국문학연구』 23집, 2000.12.

이혜령, 「한국 근대소설의 섹슈얼리티 연구」, 성균관대 박사논문, 2001.

임규찬, 『한국 근대소설의 이념과 체계』, 태학사, 1998.

임 화, 『신문학사』, 한길사, 1993.

장도준, 「상징주의 시와 그 한국적 전개 양상」, 『한국전통문화연구』 12호, 1997.12.

장사선, 「한국 근대비평에서의 리얼리즘론 연구」, 서울대 박사논문, 1988.

장석주, 『20세기 한국문학의 탐험』 1, 시공사, 2000.

장수익, 「1920년대 초기 소설의 시점 연구」, 서울대 박사논문, 1998.

전복희, 『사회진화론과 국가사상―구한말을 중심으로』, 한울아카데미, 1996.

전봉관, 『1920년대 한국 낭만주의 시의 미적 특성에 관한 연구』, 서울대 석사논문, 1995.

정연희, 「김동인 소설의 서술자 연구」, 고려대 박사논문, 2002.

정종진, 『한국 현대시론사』, 태학사, 1988.

정주환, 『한국 근대수필문학사』, 신아출판사, 1997.

정한모, 『한국 현대시문학사』, 일지사, 1974.

정한숙, 『현대 한국문학사』, 고려대 출판부, 1982.

정호웅, 「『만세전』을 다시 읽는다」, 『문예연구』 31호, 2001년 겨울.

조계숙, 「한국문학비평에 나타난 묘사론 연구」, 고려대 박사논문, 2002.

조동일, 『동아시아문학사 비교론』, 서울대 출판부, 1993.

_____, 『한국문학사상사시론』, 지식산업사, 1978.

_____, 『한국문학통사』(1, 4, 5권), 지식산업사, 1989.

조동일 · 조남현 · 박철희 · 박병수, 『한국 근대문학의 쟁점』 I, 한국정신문화연구원, 1991.

조연현, 『한국 현대문학사』, 인간사, 1961.

조영복, 「동인지 시대의 담론과 '내면-예술'의 계단」, 『한국 현대시와 언어의 풍경』, 태학사, 1999.

조은숙, 「근대계몽담론과 '소년'의 표상」, 『어문논집』 46호, 2002.10.

조현설, 「동아시아 신화학의 여명과 근대적 심상지리의 형성」, 『민족문학사연구』 16호, 2000년 상반기.

지명렬, 『독일 낭만주의 총설』, 서울대 출판부, 2000.

차한수, 「李相和詩研究」, 인하대 박사논문, 1990.

차혜영, 「1920년대 한국소설의 형성과정 연구-근대형성의 내적 논리와 단편소설의 양식화 과정을 중심으로」, 한양대 박사논문, 2001.

최문규, 「철학적 · 사회적 현대성에서 '심미적 현대성'으로-독일 문학이론가 칼 하인츠 보러」, 『문학동네』, 1996년 겨울.

최석영, 『한국 근대 박람회 · 박물관』, 서경문화사, 2001.

최선미, 「1920년대 동인지 문학의 예술인식」, 동국대 석사논문, 2002.

최수일, 「1920년대 문학과 『개벽』의 위상」, 성균관대 박사논문, 2002.

최원식, 『한국 계몽주의 문학사론』, 소명출판, 2002.

_____, 「한국문학의 근대성을 다시 생각한다」, 『창작과비평』, 1994년 겨울.

_____, 『한국 근대문학을 찾아서』, 인하대 출판부, 1999.

_____, 『한국 근대소설사론』, 창작과비평사, 1986.

최원식 · 김동노 · 성민엽 · 한기형, 「좌담 : 한국문학에서 식민지 근대와 민족문제」, 『민족문학사연구』 13호, 1998년 하반기.

최재철, 『일본문학의 이해』, 민음사, 1995.

하정일, 『20세기 한국문학과 근대성의 변증법』, 소명출판, 2000.

하태환, 「묘사에 관하여」, 『외국문학』, 1997년 여름.

한계전 외, 『한국 현대시론사연구』, 문학과지성사, 1998.

한국미학예술학회 편, 『예술과 자연』, 미술문화, 1997.

한금윤, 「1920년대 전반기 소설의 문학사적 특성 연구」, 연세대 박사논문, 1996.

한기형, 「1910년대 단편소설과 낭만성」, 『민족문학사연구』 12호, 1998년 상반기.

한점돌, 『한국 근대소설의 정신사적 이해』, 국학자료원, 1993.

홍신선, 「근대시론의 전개양상」, 『현대문학』, 1988.5~6.

황광수, 「염상섭 소설의 현재성」, 『창작과비평』, 1997년 겨울.

황종연, 「근대성을 둘러싼 모험」, 『창작과비평』, 1996년 가을.

_____, 「낭만적 주체성의 소설 – 한국 근대소설에서 김동인의 위치」, 『김동인 문학의 재조명』(문학사와비평학회), 새미, 2001.

_____, 「문학이라는 역어」, 『한국문학이란 무엇인가』(이문열 · 권영민 · 이남호 편), 민음사, 1995.

황폐강 · 김용직 · 조동일 · 이동환 편, 『한국문학연구 입문』, 지식산업사, 1982.

황호덕, 『1920년대 초 동인지 문학의 성격과 미적 주체 담론』, 성균관대 석사논문, 1997.

3. 국외 논저

동양

姜尙中, 이경덕 · 임성모 역, 『오리엔탈리즘을 넘어서』, 이산, 1997.

高橋幸八郞 · 永原慶二 · 大石喜一郞 편, 차태석 · 김리진 역, 『일본 근대사론』, 지식산업사, 1981.

久野收 · 鶴見俊輔, 심원섭 역, 『일본 근대 사상사』, 문학과지성사, 1994.

柄谷行人, 박유하 역, 『일본 근대문학의 기원』, 민음사, 1997.

柄谷行人 외, 송태욱 역, 『근대일본의 비평』, 소명출판, 2002.

三好行雄, 정선태 역, 『일본문학의 근대와 반근대』, 소명출판, 2002.

上原一慶 외, 한철호 · 이규수 역, 『동아시아 근현대사』, 옛오늘, 2000.

鈴木貞美, 김채수 역, 『일본의 문학개념』, 보고사, 2001.

伊藤整, 고재석 역, 『근대일본인의 발상 형식』, 소화, 1996.

伊藤整 외, 유은경 역, 『일본 사소설의 이해』, 소화, 1997.

李孝德, 박성관 역, 『표상 공간의 근대』, 소명출판, 2002.

佐々木健一, 민주식 역, 『미학사전』, 동문선, 2002.

丸山眞男, 김석근 역, 『일본의 사상』, 한길사, 1998.

丸山眞男·加藤周一, 임성모 역, 『번역과 일본의 근대』, 이산, 2000.

檜山久雄, 정선태 역, 『동양적 근대의 창출』, 소명출판, 2000.

서양

Abrams, M. H., *The Mirror and the Lamp*, New York : Oxford Univ. Press, 1953.

Abrams, M. H. 외, 김재환 역, 『노튼영문학개관』 II, 까치, 1984.

Anderson, Benedict, 윤형숙 역, 『민족주의의 기원과 전파』, 나남, 1991.

Anderson, Perry, 김영희·유재덕 역, 「근대성과 혁명」, 『창작과비평』, 1993년 여름.

_____, 신광현 역, 「문명과 그 내용들」, 『창작과비평』, 1996년 여름.

Bataille, Georges, 최윤정 역, 『문학과 악』, 민음사, 1995.

Baudelaire, Charles, 박기현 역, 「현대적 삶의 화가─모더니티, 댄디, 예술가」, 『세계의 문학』, 2002년 봄.

Benjamin, Walter, 반성완 역, 『발터 벤야민의 문예이론』, 민음사, 1983.

_____, 박설호 역, 『베를린의 유년 시절』, 솔, 1992.

Berman, Marshall, 윤호병·이만식 역, 『현대성의 경험』, 현대미학사, 1994.

Bohrer, Karl Heinz, 최문규 역, 『절대적 현존』, 문학동네, 1998.

Bourdieu, Pierre, 하태환 역, 『예술의 규칙』, 동문선, 1999.

Béguin, Alber, 이상해 역, 『낭만적 영혼과 꿈』, 문학동네, 2001.

Calinescu, Matei, 이영욱·백한울·오무석·백지숙 역, 『모더니티의 다섯 얼굴』, 시각 과언어사, 1993.

Cassirer, Ernst, 최명관 역, 『국가의 신화』, 서광사, 1988.

_____, 박완규 역, 『계몽주의 철학』, 민음사, 1995.

_____, 유철 역, 『루소·칸트·괴테』, 서광사, 1996.

Coop. J. C., 이윤기 역, 『그림으로 보는 세계문화 상징사전』, 까치, 1994.

Deleuze, Gilles, 권영숙·조형근 역, 『들뢰즈의 푸코』, 새길, 1995.

Deleuze, Gilles & Guattari, Félix, 최명관 역, 『앙띠 오이디푸스』, 민음사, 1997.

_____, 김재인 역, 『천개의 고원』, 새물결, 2001.

Eagleton, Terry, 방대원 역, 『미학사상』, 한신문화사, 1995.

Foucault, Michel, 이광래 역, 『말과 사물』, 민음사, 1987.

_____, 이상길 역, 「비판이란 무엇인가」, 『세계의 문학』, 1995년 여름.

_____, 오생근 역, 『감시와 처벌─감옥의 역사』, 나남출판, 1994.

_____, 김부용 역, 『광기의 역사』, 인간사랑, 1991.

_____, 박정자 역, 『비정상인들』, 동문선, 2001.

Furst, Lillian R., 이상옥 역, 『Romanticism』, 서울대 출판부, 1978.

Habermas, Jürgen, 이진우 역, 『현대성의 철학적 담론』, 문예출판사, 1994.

Hamilton, Paul, 임옥희 역, 『역사주의』, 동문선, 1998.

Horkheimer, Max & Adorno, Theodor W., 김유동·주경식·이상훈 역, 『계몽의 변증법』, 문예출판사, 1995.

Jauβ, Hans Robert, 『미적 현대와 그 이후』, 문학동네, 1999.

Jenks, Chris, 김경식 역, 『문화란 무엇인가』, 현대미학사, 1996.

Kant, Immanuel, 이한구 역, 『칸트의 역사철학』, 서광사, 1992.

Kopper, Joachim, 최인숙 역, 『계몽철학 그 이론적 토대』, 서광사, 1994.

Langer, Susanne K., 이승훈 역, 『예술이란 무엇인가』, 고려원, 1982.

Lefebvre, Henri, 이종민 역, 『모더니티 입문』, 동문선, 1999.

Marcuse, Herbert, 최현·이근영 역, 『美學과 文化』, 범우사, 1982.

Meschonnic, Henri, 김다은 역, 『모데르니테 모데르니테』, 동문선, 1999.

Payne, Geoff ed., Socilal Division, New York : Macmillan Press, 2000.

Postman, Neil, Building a Bridge to the 18th Century, New York : Alfred A. Knopf, 2000.

Robinson, Michael, 김민환 역, 『일제하 문화적 민족주의』, 나남, 1990.

Said, Edward W., 박홍규 역, 『오리엔탈리즘』, 교보문고, 2000.

Sarsby, Jacqueline, 박찬길 역, 『낭만적 사랑과 사회』, 민음사, 1985.

Schacht, R., 정영기·최희봉 역, 『근대철학사―데카르트에서 칸트까지』, 서광사, 1993.

Schivelbusch, Wolfgang, 박진희 역, 『철도 여행의 역사』, 궁리, 1999.

Touraine, Alain, 정수복·이기현 역, 『현대성 비판』, 문예출판사, 1995.

Weinberg, Kurt 외, 최상규 역, 『낭만주의 문학의 재조명』, 예림기획, 1998.

Wilson, Edmund, 이경수 역, 『악셀의 성』, 문예출판사, 1997.